국민국가의 지식장과

문화정치학

-일본 근대의 기독교 지식인과 여학생의 미디어 공간-

국민국가의 지식장과

문화정치학

-일본 근대의 기독교 지식인과 여학생의 미디어 공간-

岡田章子 著
Okada Akiko
鄭毅 · 廉松心 · 全成坤 譯

學古房

본 역서는 중국 2015년도 國家社會科學基金을 받아 수행된 연구임(15ASS004).

서 문

> "화려한 불빛 아래 곱게 치장한 신사숙녀들이 서양 무도회를 열고 있는 광경은 나이어린 나에게 공상을 자아내게 해다. 그것은 도시의 천박한 문화에 대한 동경을 의미하는 것이 아니라 그 무도회에서 흘러나오는 신시대의 공기가 견딜 수 없을 만큼 신선하고, 일본 여성에게 무엇인가 해방적인 것이 존재했기 때문"이라고 생각한다. 이렇게 서구를 지향하는 시대적 상황을 배경으로 부인의 개량을 주장하던 『여학잡지』가 당시 젊은 여성들에게 끼친 영향은 매우 큰 것이었다. 그 지면에 흘러넘치는 커다란 이상과 새로운 지식은 봉건시대의 암울한 생활에서 벗어나려는 젊은 여성들에게 어둠 속의 한줄기 빛과 같은 것이었다(요시오카 야요이〈吉岡彌生〉(간자키〈神崎〉 1941=1998, 72쪽).

『여학잡지(女學雜誌)』는 일본 최초의 부인잡지 『여학신지(女學新誌)』(1884년 간행)를 모태로 1885년부터 1904년까지 발행된 잡지이다. 특히 기독교 사상에 바탕을 둔 계몽적인 '부인잡지'였다. 편집인 이와모토 요시하루(巖本善治)가 교장을 역임한 메이지(明治)여학교를 중심으로 기독교 여성교육을 널리 창도한 역할을 한 미디어였다. 『여학잡지』는 적극적으로 서구문학을 소개했을 뿐만 아니라, 기타무라 도코쿠(北村透谷)와 시마자키 도손(島崎藤村) 등을 배출한 『문학계(文學界)』의 선구적 역할을 담당한 것으로도 유명하다.

위에서 인용한 것처럼, 요시오카 야요이(吉岡彌生)는 『여학잡지』를 통해서 갖게 된 서구에 대한 동경(憧憬)을 로쿠메이칸(鹿鳴館)과의 연상 속에서 논했다. 로쿠메이칸을 무대로 서구화 정책이 한창이었을 때 『여학잡지』는 창간되었고, 실제로 창간 초기에는 로쿠메이칸에 모이는 유명인사 부인들의 서구 동경 내용으로 잡지를 채색하고 있었다. 그렇지만 이와모토 요시하루가 편집을 담당하게 되고 메이지여학교를 통한 기독교 여성교육에 빠져들어 감에 따라 무도회로 상징되는 현란한 로쿠메이칸은 엄격한 청교도주의 입장에서 비판의 대상이 된다. 요시오카의 회상에는 '계몽적인' 것을 내세운 형식성에 대해 배려하면서도, 그것은 단순하게 '도시의 천박한 문화'에 대한 동경이 아니라고 변론했다. 그렇지만 여기에는 당시의 젊은 한 여성독자로서 서구적 현란함에 대한 동경이라는 점에서 '따질 것도 없이' 『여학잡지』를 로쿠메이칸에 연결시켜버리는 것에 대한 심정을 토로한 것이다.

이러한 심정으로 '커다란 이상과 새로운 지식'이 매우 간단하면서도 자연스럽게 '신시대의 분위기'로서 서구적 풍속, 즉 패션(실제 요시오카의 회상에 의하면 그 후 잡지가 제창한 머리모양에 대한 이야기로 이어진다)과 연결시켜버리는 상황은 현대 일본여성에게도 어딘지 모르게 익숙한 광경이 아닐까 싶다. 즉 영어와 프랑스어, 혹은 영문학과 프랑스 역사를 배우는 것이 무언가 세련되거나 혹은 진보적인 것과 연결된다는 착각, 그것은 오늘날에도 일부의 여성잡지들이 만들어내고 있는 이미지의 결과물이라는 점에서 동일하다.

오늘날 소비문화와 밀접하게 관련된 패션을 기축으로 하는 현대 여성잡지의 '서구'와 『여학잡지』에서 다루는 그것과는 물론 잡지가 놓여 있는 사회적인 맥락과 독자층 등 여러가지 의미에서 크게 다르다. 그러나 요시오카가 이야기하는 '서구에 대한 동경'을 심정적으로 어느정도 이해할 수 있는 부분으로, 현재에도 서구는 여성문화 속에서 특유한 헤게모니를 쥐고 있는 것이다.

이를 상정하면서 본서에서는 메이지기 『여학잡지』에서 '서구화'란 어떠한 의미에서 오늘날 이러한 여성잡지 또는 더 큰 문맥에서 여성문화의 '기원'이 되었는지를 살펴보고자 한다.

목 차

서장
『여학잡지』와 '서구화'를 둘러싼 문제

제1장
『여학잡지』의 성립과 전개

제2장
상반된 두 미디어 양상과 관계자들

제3장
동상이몽으로서의 서구화

제4장
언론의 장으로서 저널리즘의 형성과 『여학잡지』의 위상

제5장

여성교육의 서구화와 애국주의

제6장
'여학' 문학에서 문학장 형성으로

第7장
가정 실용잡지의 전신『여학잡지』

종장
『여학잡지』의 서구화 구조

일러두기

- 일본어의 한글표기는 외래어 표기법의 원칙에 따랐다.
  어두와 어중에 한하여 격음을 피했다. 그리고 장음을 피해 단음으로 표기했다. 그렇지만 '메이지'처럼 일반화된 용어나 고유명사 중에서 'ㅔ+ㅣ' 발음이 있는 것은 '에이'라고 표기한 것도 있다.
  예) 大阪: → 오사카, 和英女學校: → 와에이여학교

- 잡지명은 한국어발음으로 표기했고, 처음 부분 혹은 본문 중간 부분에 한 번씩 괄호에 한자를 넣어 표기했다. 그렇지만 메이로쿠만은 일본어로 표기했다.
  예) 『女學雜誌』: → 『여학잡지(女學雜誌)』, 『여학잡지』
  예외) 『明六雜誌』: → 『메이로쿠잡지(明六雜誌)』

- 신문명은 일본어 발음과 한국어 발음을 병기했다.
  예) 『讀売新聞』: → 『요미우리(讀売)신문』

- 여학교 이름은 일본어 발음과 한국어 발음을 병행하여 표기했다.
  예) 明治女學校 → 메이지(明治)여학교

- 인명은 일본어 발음으로 전체 통일하여 표기했다. (본문의 〈표 4〉 참조)
  예) 嚴本善治 → 이와모토 요시하루(嚴本善治), 이와모토 요시하루

- 원문에서는 「니오케루(における)」라는 표현이 상당히 많은데, 이를 '에 있어서'가 아니라 '에서' 라든가 '의'라는 표현으로 그때 그때 문맥에 맞도록 선택하여 표현했다. 그렇지만 부득이하게 '에 있어서'라고 표현한 부분도 있다.

- 본문 각주에서는 페이지를 '쪽'으로 표기했지만, 참고문헌에는 원저서가 표기한 'p.', 'pp.'를 그대로 사용했다.

- 본문에서는 '여자・남자'를 '여성・남성'이라고 표현했는데, '여자대학'같은 고유명사는 그대로 여자로 사용했다.

- 에이젠트, 리터러시, 내셔널리즘, 서브컬처 등은 그 뉘앙스를 살리기 위해 영어식 발음을 그대로 사용했다.

- 본문에서는 '서구화, 차이화, 본질화, 장르화, 이상화' 등등의 표현을 그대로 사용했다.

- 본문에서 사용된 장(場)을 그대로 사용했다. 단독으로 사용된 지(知)의 장(場)이나 문학장, 언론장이 하나의 장소라는 의미라기보다는 그 공간, 상황, 입장 등등을 함의하고 있다고 보아 장(場)을 그대로 표현했다.

- 본문에서는 주로 능동형적 문장보다는 수동형/피동형 문장이 많다. 이는 원저자의 의도적 문체로 이해하여 그것을 살리려 했다. 예를 들면 '계승된 전통이다'라는 문장투가 그것이다. 이는 전통의 창출이 이루어졌다는 의미로도 해석되지만, 그 뒷면에는 '되어야만 했던', '되어진'이라는 측면을 강조하고 있는 듯하여, 그대로 사용하기로 했다.

서장

『여학잡지』와 '서구화'를 둘러싼 문제

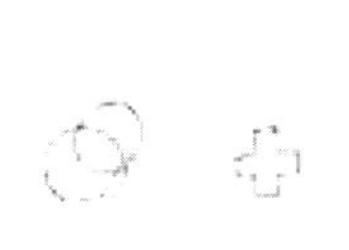

• • •

Ⅰ. 잡지 미디어 『여학잡지』와 전략으로서의 서구화

1. 잡지미디어 『여학잡지』와 혼교성(混交性)

본서는 메이지기의 본격적인 계몽 부인잡지인 『여학잡지』에서 이야기되고 있는 '서구화'가 '여성 잡지문화'와 '여성의 모습'을 어떻게 규정하고 있었는지를 살펴보려 한다. 이를 위해 그 담론을 사상적인 일관성에서 이해하려는 것이 아니라, 시대상황에 적응하는 잡지 미디어의 능동성에서 파악하고자 한다. 즉 잡지에서 서구를 참조 축으로 하는 담론 실천을 편집인의 일관된 사상 표명이라고 보는 것이 아니라, 잡지관계자 집단이 미디어공간 속에서 자신의 지반(地盤)을 구축하기 위한 전략이라는 측면에서 이해하는 것이다. 그 주요 멤버는 기독교 지식인과 여학생들로서, 그들은 새로운 도덕과 가치관을 표방하고 있었다는 점에서 소수파의 주변적 존재였다.

『여학잡지』는 메이지 중엽에 성행한 서구화주의를 배경으로 기독교에 근거하여 진보적인 여성교육을 제언하고, 여성을 문학으로 유도했다는 의미에서 '혁신적인' 여성상을 제시한 잡지였다. 또한 『여학잡지』의 편집인 이와모토 요시하루(巖本善治)가 특이한 여성교육가였던 점, 그리고 이 잡지가 「소공자(小公子)」라는 명번역서를 탄생시키고 『문학계(文學界)』 동인을 배출하는 등 메이지문학에 커다란 일익을 담당했다는 점에서 여성사와 문학사, 혹은 사회사에서 다양한 형태로 많은 연구가 이루어졌다. 그러나 그렇게 많은 연구가 축적되었음에도 불구하고, 잡지 그 자체를 미디어로 파악하고, 서구화와 관련하여 일본 잡지 문화의 전개나 더 나아가서는 미디어교육, 문학에서 젠더 의식의 형성에 어떠한 영향을 주었는지를 다루는 연구는 거의 없다.

예를 들면 일본에서 젠더 의식의 혁신과 젠더 의식 형성에 중요한 역할을 수행한 여성잡지인 『청탑(青鞜)』, 『주부의 벗(主婦之友)』, 『부인공론(婦人公論)』은 그 성립과정이나 젠더의식 형성에 있어서 수행한 역할, 사회적인 수용에 이르기까지 미디어연구라는 문맥에서도 많은 연구가 진행되고 있는데[1], 『여학잡지』는 그러한 의미에서 연구가 아직 충분하다고는 말할 수 없다.

그 이유 중 하나는 이 잡지가 여성해방이라는 관점에서 유교 규범으로부터의 해방과 서구류의 새로운 성별 역할분업의 장려라는 모순된 요소를 내포하고 있기 때문이다. 그리고 둘째는 잡지문화 창조기의 미디어였기 때문에 단순한 부인잡지, 문예잡지 혹은 평론잡지라고 규정

1) 예를 들면 『청탑』을 테마로 한 이다 유코(飯田祐子) 편(2002)이 있다. 그리고 주부의 상(像)을 구축한 『주부의 벗』에 대해 기무라 료코(木村涼子)(2010)가 있다. 전후(戰後)의 '진보적인 주부'라는 독자의식을 배양한 잡지로서 『부인공론』을 연구한 나카오 가오리(中尾香)(2009) 등이 있다.

하기 어려운 점이 있다. 즉 기존의 장르로는 파악할 수 없는 혼교적인 성질을 지니고 있기 때문이라고 여겨진다.

본서에서는 이 잡지를 통일된 사상을 가진 것이라는 측면에서 이해하기보다는 오히려 그 혼교성과 동태적(動態的)인 미디어라는 점에 주목한다. 즉 이 잡지의 역사적인 전개 그 자체가 근대 일본에 걸 맞는 부인상을 모색하는 과정에서 근대사회의 기능분화와 동반하면서 장르 형성을 선도한 것이라는 점에 초점을 맞추었다.

이러한 전개 상황에서 『여학잡지』가 늘 참조 축으로 삼은 것은 서구사회, 특히 프로테스탄티즘에 기반을 두는 영미(英美)사회였다. 이를 모델로 삼아 여성교육 제창과 여성들의 문학 참입을 환영한 담론은, 관계자들이나 그 관계자의 자손들뿐만 아니라 훗날 연구자들에 의해서도 자주 동경과 회고의 대상으로서 이야기되었다. 『여학잡지』를 둘러싼 동경과 상찬(賞讚)에는 잡지 그 자체에 대한 평가 이상으로 자주 서구적인 것을 동경하는 논리가 혼효되어 있었다.

편집인 이와모토 요시하루를 비롯한 전위적(前衛的)인 기독교 지식인들이 『여학잡지』의 지면에 정열적인 이상(理想)으로 전개한 서구에 대한 동경은, 억압적인 종래의 유교사상으로부터의 탈각이라며 열렬하게 이를 지지한 여성들의 소유물이기도 했다. 즉 서구에서는 본래 '전통적인' 가치관인 기독교를 '진보적인' 남녀평등의 가치관으로서 이상화 하는 논리는, 여성들 중에서도 고등교육을 받은 여성들이 자기 정당화를 확보해가는 과정에서 동반된 상징적인 의식이었다.

지금까지 『여학잡지』를 연구대상으로 삼아온 연구자들에게도 그와 같은 의식은 일부 세대에까지 깊이 침투해 있다. 즉 연구자도 또한 메이지 잡지에 묘사된 것을 모델로 삼아 서구를 본질화 하고, 그것으로부터의 차이성이라는 관점에서 잡지의 사회적 달성을 검토한다는 평가 기준에서 탈각하지 못하는 경향이 있다. 예를 들면 '여학' 사상은 기독교에 기반을 둔 '여성 해방 사상의 원류'인데, 여성 해방을 일본사회에 보급하려고 한 이와모토 요시하루는 청일전쟁과 러일전쟁의 국수(國粹)주의 반동 시류(時流)에 순응한 것[2]이라고 보며 시류론에 맞춘 평가가 그러하다. 그리고 여성의 국민화라는 틀에서 '여학' 사상을 훨씬 더 비판적으로 파악한 이노우에 데루코(井上輝子)의 논의도 결론적으로는 그 사상적 좌절을 국가의 시대적 상황 요인으로 귀결시켰다.[3] 물론 최근연구에서 기독교를 중심으로 한 이와모토 요시하루의 '여학' 사상 그 자체에 봉건적 가부장제와는 다른 형태의 근대적 가부장제라는 새로운 억압을 보는 연구[4]가 제기되었다. 또한 종래 일본의 봉건적 제도의 유물로 의문시되지 않았던 양처현모주의(良妻賢母主義)가 실은 서구를 모방한 근대국가로서의 사적 영역 재편이었고, 오히려 『여학잡지』는 남녀평등을 전제로 하면서도 여성의 역할을 가정으로 한정시키는 새로운 성별 역할분업관념 즉 양처현모주의를 최초로 소개한 잡지였다[5]는 지적도 있다.

이상과 같은 선행연구들 즉 『여학잡지』를 어떻게 평가하고 있는가 그 변천을 살펴보면, 평론·문예·가정론에 전개된 여성에 관한 이 잡지의 모순된 담론이, 일본여성을 교육·문학·가정이라는 장(場)에서 어떻게 자리매김 시켜야 하는가를 둘러싸고 벌인 모색에서 잉태된 것

2) 노헤지 기요에(野辺地清江), 1984.
3) 이노우에 데루코(井上輝子), 1968.
4) 미쓰이 스미코(三井須美子), 1988.
5) 이와호리 요코(岩堀容子), 1995.

이었음을 알 수 있다. 그리고 이때 늘 참조 축이 된 것이 서구였다. 이 서구 사회란 실은 당시의 실태를 반영한 것이 아니라, 서구의 전통적인 신앙을 진보적인 것으로 읽어낸다거나 혹은 일본적인 것과의 절충을 시도한다는 '조작'에 의해 정당화된 것들이었다.

따라서 『여학잡지』란 유교적 부덕(婦德)으로부터의 해방과 새로운 성별 역할분업관, 미디어・장르의 혼교, 서구적인 것과 일본적인 것, 이 세 가지 축에서 혼교물・융합물로서 성립되었던 잡지였다고 볼 수 있을 것이다. 본서에서는 이들 융합물의 형성과 분화・변용에 대해 잡지를 둘러싼 관계자, 즉 에이전트(행위자)의 '서구화'를 둘러싼 담론 전략이라는 관점에서 분석하고자 한다.

2. '구축된' 참조 축으로서의 서구화

『여학잡지』를 출발점으로 일본의 여성문화에서 이야기되어 온 '서구적인 것'은 메이지기 문명개화의 전반적인 과정 혹은 남성들에게 이루어진 것과는 또 다른 의미에서 절대적인 헤게모니를 쥐어왔다.[6] 그러나 지금까지의 『여학잡지』 연구에서는 서구의 진보성을 전제로 그 교육상・문학상의 성과를 추인・비판하는 것은 있었어도 그러한 서구화의 헤게모니에 대한 역사적인 구축성을 문제 삼으려고 한 연구는 없었

---

6) 예를 들면 전전(戰前)의 소녀 잡지가 서양적인 문화를 흉내낸 엘리트 여성을 위한 것이었다는 점과, 종교로서의 기독교가 마이너리티임에도 불구하고 기독교에 기반을 두는 여성교육기관이 동경과 권위를 유지해온 것(사토 야스코〈佐藤八壽子〉, 2006) 등을 들 수 있다.

다. 그래서 본서에서 『여학잡지』를 통해 문제로 삼는 것은 메이지기의 부인잡지에서 서구적인 것을 이상과 동경으로서 제시되었다는 점, 그것들이 이 잡지를 둘러싸고 전개되는 '상징의 정치학'에서 어떠한 의미와 효과를 지니고 있었는지를 밝히려 한다.

『여학잡지』에 게재된 서구화 담론은 오늘날 여성잡지 일반의 소비문화와 패션과는 달리 남성지식인에 의한 일본여성의 근대화 계몽의 일환으로서 이야기 된 것이었다. 그것은 당초 『메이로쿠잡지(明六雜誌)』의 경우처럼 계몽가들이 학술지상에서 논하고 있었던 근대의 여성 모습을 새롭게 여성 당사자들에게 직접 말을 건네는 방식으로, 여성 스스로의 개조를 촉구하는 담론이었다.

일본에서 서구화 문제는 문명개화의 중핵으로서 기술・경제・민주화의 발전 모델로서 메이지 초기부터 논의되었다. 그러한 기계적인 근대화를 지탱하는 비기계적인 서구화, 즉 생활과 문화적 측면에서 근대적 에토스의 도입, 특히 여성을 둘러싼 문화와 생활상의 그것이 중요하게 나타났다. 바꾸어 말하자면 사회사나 심성사에서 서구화는 지식인의 계몽담론으로서 메이지기 미디어의 기조(基調)를 이루었는데, 그것이 '어느 정도로, 또한 어떠한 형태로 일반 사람들에게 침투했을까'라는 문제를 자각적으로 논의했다고는 말하기 어렵다.

오히려 일본에서는 '화혼양재(和魂洋才)'라는 말로 상징되듯이 일반적인 견해로는 속되게 '흑선(黑船)'이라고 부르는 것처럼, 사회체제나 과학기술에서 서구화를 좋든 싫든 외부로부터 요구된 결과, 그 반동으로서 문화와 생활면에서는 전통적인 모습 온존에 고심해왔다고 보는 인상마저 엿볼 수 있다. 그러나 근대적 에토스의 섭취로서 서구화 없이 일본의 근대화가 달성 가능했던 것은 아니다. 그렇지만 '화혼'이라고 불리는 '전통적인' 에토스란 실은 서구로부터 배운 근대적 에토스를 일본적인 것으로 위장한 표현이라고 볼 수 있다.

이러한 문화적 측면에 있어서의 서구화 과정은 20세기 말이 되어서야 겨우 그 일본적인 것이라고 위장된 심성에서의 근대화 프로젝트라고 논의되었다. 예를 들면 소노다 히데히로(園田英弘)는 『서양화의 구조(西洋化の構造)』 속에서 서구화를 "서양 기원의 '기이'한 것을 도입하는 것으로 인해 야기된 '일본화' 혹은 동결(凍結)된 전통의 발굴 등 다양한 문화적 연쇄 반응까지 포함"[7]한 것으로 자리매김 시켰다. 최근에는 천황제 또한 메이지 정부가 고안해 낸 근대 시스템으로 파악하고 있다.[8] 특히 젠더론적인 시점에서 오랫동안 일본에서 '전통적인' 가족 시스템이라고 믿어온 이에(家)제도[9]와 양처현모주의[10] 또한 실은 서구로부터 이식된 산물이라고 보는 연구도 정착되고 있다.

이러한 에토스의 섭취는 일상생활의 구체적 '장면'과 관련되어 있을 뿐 실제 서구류 '그 자체'의 이식은 있을 수 없고, 그 과정 속에는 다양한 갈등이 내재되어 있다. 아니 오히려 다양한 갈등 끝에 서구화와 토착과의 독자적인 융합의 달성으로서 일본의 근대가 성립한 것이다. 따라서 일본여성의 모습을 규정하고 있는 근대적인 에토스란 일본 고유의 토착성도 아니고 충실하게 서구실태를 도입한 것도 아닌 것이다.

생각해보면 『여학잡지』에서부터 오늘날의 미디어에 이르기까지 서구는 늘 '바람직한 모델'로서 이야기되어 오고 있다. 그렇지만 최초의

---

7) 소노다 히데히로(園田英弘), 1993, 4쪽.
8) 요시미 슌야(吉見俊哉), 2011.
9) 우에노 치즈코(上野千鶴子), 1990.
10) 고야마 시즈코(小山静子), 1991.

실태를 보면, 메이지기 조차도 논했듯이 "19세기 서양은 일본보다 겨우 조금 앞서서 근대화·공업화·전문분업화를 이루어 낸 개발도상국"[11)]에 불과했다. 그렇지만 문명화에 필사적이었던 메이지기의 엘리트 지식인들은 물론 훗날의 연구자들에게서도 당시의 서구사회는 이미 완성된 '문명사회'라고 여겨졌다.

서구에 대한 그러한 시선 자체가 의식적이든 무의식적이든 '계몽'이라는 입장에서 구축된 것이고, 이러한 사회를 모델로 하여 일본여성들의 무엇을, 어떻게 변혁시켜야 하는가라는 문제도 그러했고, 담론을 전개하는 사람들도 자신이 처한 각각의 입장에 따라 필연적으로 취사선택을 동반하는 것이었다. 다시 말해서 다양한 사회세력과 그것들이 서로 대립하면서 전개된 『여학잡지』에서의 서구화 담론이란, 모순을 내포하면서도 말 그대로 잡지 및 그 관계자들에 의해 메이지 미디어 공간 내부에서 자신의 입장과 이상을 정당화하는 전략으로서 구축된 것이었다.

3. 전략으로서의 장(場) 구축과 신여성의 모습

본서가 다루고 있는 것은 서구를 이상화하는 『여학잡지』의 미디어 실천에 의해 어느 정도 일본여성이 그 이상에 접근했는지 혹은 좌절했는지에 있는 것은 아니다. 본서에서는 『여학잡지』라는 신시대 여성취향의 잡지를 전개해가는 미디어 실천 속에서 서구를 이상화하는 것이

11) 소노다 히데히로(園田英弘), 1993, 5쪽.

당시 미디어공간에서 어떤 이점이 되었으며, 그 이점을 지지하며 다양한 형태로 변주(變奏)해가는 것이 잡지에 종사하는 사람들에게는 어떠한 차이화의 의미를 지닌 것이었는지, 혹은 그 실천이 결과적으로 일본 특유의 어떤 여성모습으로 귀결한 것인지를 묻고 있는 것이다.

『여학잡지』가 잡지로서 확립된 메이지20년대는 일본에서 미디어의 창성기(創成期)라고 불리던 시기였다. 이 시기 잡지를 만들거나 읽고 혹은 투고한다는 실천은 거기서 자신의 지위를 구축하는 것으로 현재와는 비교할 수 없을 만큼 아주 깊은 가담성(加擔性), 즉 자기 투기(投企)의 의미를 지니고 있었다.[12] 즉 잡지를 창간한다는 것은 낯선 사람들이 어떤 한 이슈에 대한 관심을 공유하는 공동체와 연결되어가는 것과 동시에, 그것이 어느 일정한 공감과 반향을 일으키면 저널리즘의 공간 그 자체를 새로운 장(場)으로 구축하거나 혹은 재편해가는 힘을 지니고 있었던 것이다.

『여학잡지』는 이러한 창성기의 잡지 미디어였고, 이후에 생기는 '부인잡지'라는 성격 이상으로 평론잡지, 문예잡지로서의 내용을 포함하고 있었다. 특히 이 시대 여성을 독자로 하는 미디어에서 여성은 어떠한 리터레시(literacy)를 익혀야만 하는가라는 교육에 대한 논의가 필요불가결 했다. 메이지20년대 13개 잡지를 헤아리던 여성취향 잡지가 '여학' 잡지라고 총괄되어 불리게 된 것은[13] 여성이 배운다는 것이 무

---

12) 부르디외는 이를 가까운 의미에서 자신이 몸을 담는 각각의 세계(실업계, 정치계, 문학계, 예술계 등)에 스스로를 차이화 하면서 그 장(場)을 성립시키는 조건으로 형성 되어가는 강한 커미트먼트를 '환상(illusion)'이라고 표현하고 있다. 피에르 부르디외, 1992=1996, 83쪽.

13) 이시이 겐도(石井研堂), 1944, 538쪽.

엇인가라는 의미 그 자체를 논의하는 미디어였음을 말해주고 있는 것이다.

저널리즘, 교육, 문학, 가정(家庭)과 가사 등등 이들 내용 모두를 포함하면서 여성을 새로운 독자・집필자로 받아들인 『여학잡지』였다. 또한 『여학잡지』는 미디어로서 지위를 구축하려고 서구화 전략을 전개하는 가운데 근대사회에서 기능분화 해 가는 각각의 장에서 여성이라는 에이전트를 새로운 형태로 관계를 맺게했다. 그뿐만 아니라 동시에 그러한 사회 각각의 장(場)에 상응하는 저널리즘의 새로운 장르를 구축해가는 실천이기도 했다. 그와 같은 새로운 사회제도에서 여성모습의 모색과 그에 걸맞은 미디어의 장르화 사이의 상호관계에서 그러한 실천에 관련되는 잡지의 관계자 집단이 결코 하나로 통일된 것은 아니었다는 점이다. 바로 그것이 중요하다.

계몽하는 측의 남성지식인과 독자로서의 여학생들은 서로 각각의 입장에서 '서구화'라는 종교・교육・문학・풍속개량에서 반드시 동일한 '이상'을 그리고 있었던 것은 아니었다. 서로 다른 입장의 관계자가 이상화된 서구를 다른 전략으로 원용하는 것에서 교육・문학・가정 각각의 장에서 '서구화'는 좌절되고, 때로는 서구와 일본 쌍방이 날조되었고, 그와 동시에 토착과의 타협에 있어서 기묘한 융합물로 귀결되어 간 것이다. 그럼에도 불구하고 소위 국수주의 반동 세력과 대치하는 입장에서 서구의 이상화는 여성교육을 주도하는 기독교 지식인이나 여성 활동가, 여학생, 특히 이후 순수문학을 추구하는 청년문학자에게도 공유되었다.

그렇다면 각각 자신의 입장에서 상상한 서구의 이상이란, 어떠한 의미에서 어긋남을 초래했고, 또 그럼에도 불구하고 어째서 『여학잡지』

라는 하나의 '상상의 공동체'를 만들어낸 것일까. 그리고 그러한 어긋남을 내포한 공동체 성립과 전개는 여성을 둘러싼 담론실천의 과정에서 정치와 경제와 독립된 언론, 교육, 문학, 가정이라는 장에 대해 각각 어떻게 의미를 부여했고, 거기서 어떻게 여성을 자리매김 시켰을까. 필자가 보기에는 바로 거기서 그들이나 그녀들의 '전략으로서의 서구화'의 귀결을 엿볼 수 있지 않을까 싶다.

본서에서는 먼저 제1장부터 제3장까지 각각의 잡지 관계자들의 서구화의 다양한 전략을 검토한다. 그릭 이를 바탕으로 후반부인 제4장부터 제7장까지는 그러한 서구화의 다양한 전략이 저널리즘, 교육, 문학, 가정이라는 장을 어떠한 것으로, 변용시키고 동시에 그 장에서 여성을 어떻게 자리매김 시켰는지를 『여학잡지』 이외에도 다른 잡지를 통해 시각을 넓혀 살펴보기로 한다.

Ⅱ. 표상전략・장(場)・옥시덴탈리즘

『여학잡지』를 해독하는데 있어서 본서에서 채용하고 있는 사회학개념, 전략과 장(場), 그리고 서구화의 배후에 존재하는 옥시덴탈리즘에 대해 설명하는 것으로 시작하기로 한다.

1. '상징투쟁'에서의 표상전략과 미디어 실천

메이지기라는 사회변동 속에서 편집인 이와모토 요시하루를 비롯해 『여학잡지』에 관여한 사람들은, 현재적 시각에서 규정되는 것 같은 계몽가와 저널리스트라는 확립된 지위를 가지고 미디어 실천을 한 것은 아니었다. 오히려 창간당시 만 22세의 청년에 불과했던 이와모토는 메이지유신(明治維新)으로 구막신(舊幕臣)[14]이라는 불안정한 입장에 서 자신이 가진 특유의 문화자본을 구사하고 지식인으로서 새로운 모습을 모색하는 가운데 잡지를 주재했다. 그 후에는 메이지여학교 교장이라는 교육자 입장으로 이름을 떨치게 된다. 즉 그들은 『여학잡지』라는 하나의 집단 형성에 관여하는 과정에서 사회 내부에서 자신의 지위를 확립한 것이고, 잡지에서 펼친 고유한 '주의(主義)'나 '주장'은 그러한 터전이 되는 집단 구축의 표상전략이었다.

---

14) 역자주: 막신(幕臣)이란 막부(幕府)의 우두머리인 정이대장군(征夷大將軍)을 직접 주군으로 모시는 무사를 가리킨다. 막신은 박번(幕藩)체제 아래 특권을 인정받는 세습 무사 신분이기도 했다. 에도(江戸)시대 중엽부터는 경제적으로 곤궁하게 되어 신분을 매매하기도 하여 신분적 유동이 존재했다.

피에르 부르디외(Pierre Bourdieu)는 다양한 집단이 전략을 둘러싼 '상징투쟁'을 "사회의 정통적 견해를 산출하고 그것을 강요하기 위한 투쟁"[15]이라고 단정 짓고, 그 투쟁에서 "세계상(世界像)이나 집단을 '생산하고 재생산'하는 그 실천적 조작을 변화시킨다"[16]고 보았다. 그러한 형성력을 '상징권력'이라 불렀다. 부르디외에 의하면 "하나의 사회 속에는 늘 정통을 구분하는 견해를 강요하는 것, 즉 집단을 구축하는 것을 목적으로 하는 것이며, 복수의 상징권력 사이에 상극이 존재한다"[17]라고 기술했다. 그리고 그 복수의 상징권력은 각각 자기가 갖고 있는 상징자본에 의해 또 이것을 최대화하기 위해 다양한 표상상의 '전략'을 사용한다고 보았다.

여기서 말하는 전략이란 "게임 센스와 같은 실천 감각"[18]이라고 부르디외는 설명한다. 즉 잡지를 둘러싼 관계자의 다양한 미디어 실천을 이와 같은 의미에서 파악하려는 것은 대개 의식적이든 무의식적이든 그들의 표상행위가 단순히 잡지 미디어라는 장에서 규정화된 행위일 뿐만 아니라, 거기서 자기가 속하는 집단의 정통성과 존속의 필요성을 충족시키기 위한 상황 적응적이면서 동시에 자기의 이익을 최대화하는 실천임을 드러내기 위함이라는 것이다. 게다가 『여학잡지』가 창간된 메이지 중기의 일본은 미디어라는 장과 저널리즘의 규정이 구축되는 과정에 있었고, 그들이나 그녀들이 서구화를 구사한 미디어 실천 그 자체가 유동적인 상황에의 적응임과 동시에 스스로가 그것을 근거 삼

15) 피에르 부르디외, 1987=1988, 215쪽.
16) 피에르 부르디외, 1987=1988, 216쪽.
17) 피에르 부르디외, 1987=1988, 215쪽.
18) 피에르 부르디외, 1987=1988, 102쪽.

아 자리 잡을 수 있는 장(場)을 만들어내는 작업이기도 했던 것이다.

즉 그들은 스스로가 속하는 장의 구조에서 전혀 자유로운 개인이라는 것도 아니면서 그 구조에 복종하는 주체도 아니고, 그 구조가 구축되는 한가운데에서 전략을 둘러싸는 행위자인 에이전트로 파악해야만 할 것이다. 그러한 사람들에 의한 시대상황에 적합한 전략으로서 미디어 실천은 동시에 미디어라는 장과 거기서 관계자의 위치를 규정지어 가는 프로세스 그 자체였던 것이다. 권력은 '투쟁'이나 거기에 참가하는 원천으로서, '자본' 혹은 '전략'이라는 개념으로 본래 정치와 경제계의 흥망세계에서 논의되어 온 개념인데 부르디외는 문화현상에도 이러한 개념을 원용하여 문화의 능동성과 문화변용을 기술하고자 했다.

본 연구에서는 부르디외의 이러한 시도를 활용하여『여학잡지』관계자의 미디어 실천을 메이지기의 사회변동에서 새로운 형태로 자신의 터전을 확립하기 위한 실천전략으로 파악한다. 잡지문화를 역사적 산물로 파악하는 것이 아니라 문화변용의 동태로 파악한다면 거기에서 관계자가 말하는 '이상(理想)'도 자신이 존재하기 위한 근거로 삼아야 하는 장(場)을 만들어내기 위한 전략으로 이해할 수 있기 때문이다.

2. 미디어공간과 장르화로서 '장'의 개념

미디어란 현실을 재원으로 삼으면서 '그것과는 다른 독자적인 논리가 지배하는 공간이라고 간주하는 것'은 미디어연구 분야에서는 이미 어느 정도의 전제가 되었다.[19] 중요한 것은 미디어는 그러한 현실이나 리얼리티와의 관계에서 독자성을 갖는 장(場)임과 동시에 분화된 사회

제도로서도 소위 말하는 '저널리즘' 형태로서 다른 제도로부터 자율적인 '장'으로서의 성질을 지니고 있는 점이다. 미디어의 이중화된 공간성에 의해 미디어는 그것 자체가 독자적인 영역으로 존재하는 한편, 개개의 사회적 제도로서의 장(場)에 맞게 그 장을 현실의 재원으로 삼는 것에 의해 그것 자체 속에서 장르 체계를 형성하게 된다.

『여학잡지』가 등장한 메이지10년대부터 메이지20년대의 시대는 저널리즘이라는 미디어 공간 그 자체가 정론(政論)에서 분화되어 독자적인 기능을 갖고 전개되는 시기였다. 그러한 시기에 『여학잡지』는 학술지에서 일반평론지로서 『시사신보』등 타 저널리즘과 '부인문제'를 둘러싸고 논쟁을 벌이는 한편, 근대사회의 기능분화에 수반되는 저널리즘의 장르화를 잡지의 편집전략으로서 시도하고 있었다.[20)]

부르디외는 사회 내에서 독자적인 이론이나 규칙에 의해 자율화 된 영역을 '챔프(champ)', '장(場)' 혹은 '계(界)'로 개념화 하고, '문학장'을 예로 거기에 관여하는 에이전트가 스스로 '구축화 된 구조'—즉 이미 어느 권역의 독자적인 논리—에 따르면서 스스로의 기술행위라는 실천에 의해 종래의 입장과 형식을 차이화 하고 그 '장'을 새로운 것으

19) 예를 들어 사토 겐지(佐藤健二)는 독서공간이 가져 온 인식의 지평을 야나기타 구니오(柳田國男)의 '지(知)'의 기법으로 해석하는 것으로 서적이라는 근대의 미디어가 사회사상(事象)을 텍스트로서 '읽는다'는 새로운 인식 틀을 개척했다고 논한다(사토 겐지〈佐藤健二〉, 1987).

20) 처음에는 부인잡지뿐만 아니라 평론잡지, 문학잡지의 성격을 지니고 있었던 『여학잡지』는 집필자・독자층의 분리에 따라 잡지를 청년 취향의 흰색(白)표지와 부인 취향의 빨간색(赤)표지로 분할한다거나 혹은 『문학계』와 『평론』이 분리・독립하는 전개를 보이게 되었다(잡지의 구체적인 전개에 대해서는 제1장에서 상술했다).

로 구축해가는 프로세스를 '구조화 된 구조'라 불렀다. 부르디외는 문학의 사례를 이용하여 이러한 '장'의 구축성을 설명했는데, 문학이외에도 정치・예술・과학・학술이라는 영역에 대해서도 독자적인 '장'의 논리와 각각의 상황에 적합한 구축성이 있는 것을 보여주는 것이다.[21)]

본서에서는 『여학잡지』의 전개에 내재하는 장르 구축적인 측면을 부르디외가 말하는 '장'의 구축 과정 논리에서 고찰해보고자 한다. 실제 사회에서 '장'의 기능분화 즉 저널리즘, 교육, 문학, 가정의 자율화에 적합한 『여학잡지』에서 장르의 분화는 결국 그것들을 통합해주던 『여학잡지』의 독자성과 매력을 약화시키는 것이 되었다.

이러한 장르의 분화에 조력한 미디어 실천은 각각의 '장'에서 여성이 관여하는 것에 대한 의미를 아마 최초로 정위(定位)한 것일 것이다. 그러한 정위는 각각의 '장'에서 다시 문제 삼고, 타협을 강요당하면서 『여학잡지』가 지향한 것과는 또 다른 형태로 여성을 규정하게 된다. 그러한 자율적인 각각의 '장'에서 다른 세력과의 교섭과정이야말로 관계 에이전트들의 표상전략이었다. 그러한 교섭과정에서 그들・그녀들의 전략 중심 축이었던 서구의 이상화 논리는 좋든 싫든 다양하게 변주된다.

3. 담론으로서의 옥시덴탈리즘

본 저서에서는 서구의 이상화를 그대로 본질화 하는 것이 아니라 각 에이전트의 차이화를 위한 전략이라고 보았는데, 그것은 바람직한 근

---

21) 피에르 부르디외, 1992=1995.

대의 서구, 더 나아가 그 반조(反照)로서의 '전통' 담론을 구축된 '지(知)'의 편성이라고 보는 견해를 전제로 하고 있다.

에드워드 사이드(Edward Said)는 영국과 프랑스 지식인이 식민지 경영과 식민지지배의 권력과 호응하면서 문학과 학술보고서 속에서 구축해 간 '동양적인 것'을 '옥시덴탈리즘'이라 불렀다.[22] 그리고 이 옥시덴탈리즘은 실은 언제라도 그들이 안에 숨긴 '동양적인 것', 즉 옥시덴탈리즘을 전제로 하여 늘 그것에 대립되는 것으로 이야기해왔다. 특히 오늘날 지적되는 중요한 점은 본래 문화 인류학자를 비롯한 서양인 연구자가 동양에 대해 전제로 하고 있던 이 옥시덴탈리즘이 비서구사회에서도 광범위한 형태로 원용되고 있다는 사실이다.[23]

『여학잡지』에서 서구를 이상화하는 담론 또한 그와 같은 담론의 변주로 이해할 수 있다. 다만 오늘날 일컬어지는 옥시덴탈리즘이 반드시 서양을 이상화할 뿐만 아니라 비서양에서 '우리들'의 아이덴티티를 현현(顯現)하기 때문에 오히려 비판의 대상이기도 하듯이 『여학잡지』에서 서구화 담론도 또한 반드시 수미일관(首尾一貫)되게 이상적인 것이었던 것도 아니었고, 참여하는 다양한 에이전트 집단도 하나로 지지된 것도 아니다.

본서에서 주목하고 싶은 것은 오히려 수미일관화 된 이상으로서의 서구라기보다는 미디어의 외부나 내부에서의 절충, 혹은 에이전트 자신이 불가피하게 갖고 있는 토착성이라는 요인에 의해 그것이 좋든 싫든 겪어가는 우여곡절 그 자체과정이다.

---

22) 에드워드 사이드, 1978=1993.

23) 캐리어(Carrier), 1995.

Ⅲ. 본서의 구성

본서는 크게 두 부분으로 나누었다. 첫째, 잡지의 담론전략을 요동치는 시대상황과 동시에 입장이 다른 관계자 집단과 경쟁의 산물로 파악하고 그 동태성을 논한 부분(제1장부터 제3장)이다. 둘째, 잡지의 평론잡지, 교육잡지, 문예잡지, 부인잡지의 각 방면[24]에 대해 각각의 장르로 분화해 가는 과정 속에서의 『여학잡지』의 역할에 대해 논한 부분(제4장부터 제7장)으로 구성되어 있다. 따라서 잡지의 개요를 알고 싶은 독자는 전반부분을 중심으로, 또 『여학잡지』와 저널리즘, 교육, 문학, 가정・가사 일과의 관계 혹은 그 이후의 영향 관계에 대해 관심이 있는 독자는 후반부분을 중심으로 읽기 바란다.

전반 부분을 간단히 살펴보면 제1장에서는 편집전략으로서 서구화를 중심 축으로 하여, 잡지 창간부터 『여학잡지』가 잡지 미디어로서 지위를 확립하고 역사적으로 전개해가는 과정을 개관한다. 그리고 제2장에서는 선행연구에서 다룬 『여학잡지』에 대해 상반되는 두 개의 미디어상을 검토하고, 그 의미를 잡지에 관여하는 관계 집단의 다양성, 서로 다른 서구화의 수용법이라는 관점에서 해명한다. 특히 제3장에서는 그들 다양한 관계자 집단이 세대마다 혹은 성별마다 서구에서 무엇을 보았고, 그 이상화를 어떻게 차이화의 자원(資源)으로 삼았는지, 그리고 각각 다른 차이화가 하나의 잡지 미디어 속에서 어떻게 공존하고

---

24) 교육잡지, 문예잡지, 부인잡지라는 장르의 분화로 배당된 제요소는 나중의 주부잡지에서 기무라 료코가 지적한 '수양'(도덕담론), '위안'(소설), '유익'(실용정보)이라는 콘텐츠 구성 요소로도 계승된다(기무라 료코, 2010).

있었는지를 밝혀낸다.

후반 부분인 제4장부터 제7장까지는 『여학잡지』가 여성과 관련지어 다른 사회영역마다 어떻게 서구를 이상화했고, 그것에 의해 각각의 장(場)에 어떤 변용을 가져왔는지 혹은 그 장(場)에서 여성을 어떻게 규정했는지를 살펴본다. 좀 더 구체적으로 말하면 제4장에서는 메이지20년대의 저널리즘상황에서 여성을 주제화(主題化)하는 것의 의미와 『여학잡지』의 위치를 검토한다. 제5장에서는 여성교육 장(場)에서 기독교 도덕과 내셔널리즘의 융합이 어떠한 형태로 뿌리를 내리게 되었는지를 논한다. 제6장에서는 기독교를 근거로 하는 개량주의 문학이 일본의 근대문학에 미친 영향, 제7장에서는 가정 실용잡지적인 시도로서 서구 중류 가정의 모델 도입 시도와 그 변용에 대해 검토한다.

종장에서는 앞 절의 문제의식에 입각해서 이하 세 개의 논점에 호응하는 형태로 결론짓는다. 첫째, 『여학잡지』의 ‘서구화’가 에이전트의 어떠한 표상전략으로 전개되었는가라는 문제이다. 둘째, 『여학잡지』가 내부에서 끌어안고 있었던 각각의 ‘장’, 즉 저널리즘, 교육, 문학, 가정에서 어떠한 새로운 에토스(ethos)가 형성되었는가라는 문제이다. 셋째, 결과적으로 어떠한 것이 여성의 근대화 프로젝트로 달성되었는가 혹은 달성되지 못했는가를 총괄하기로 한다.

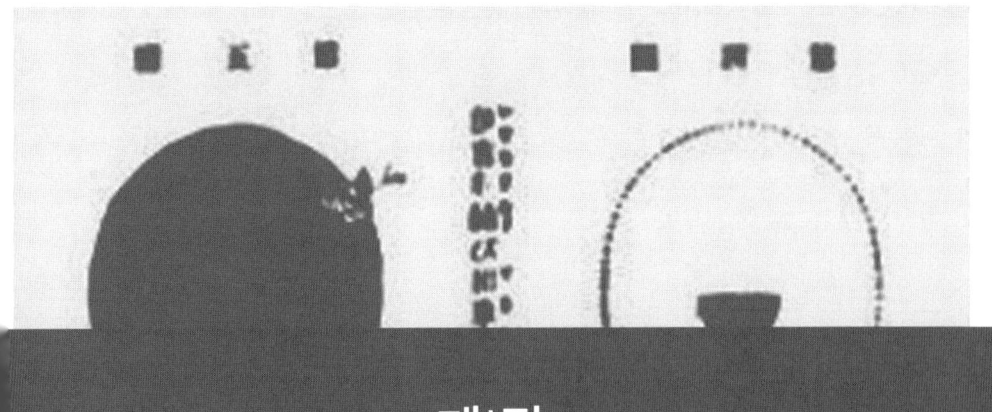

제1장

『여학잡지』의 성립과 전개

-편집전략으로서 서구화 원용-

• • •

일본에서 부인잡지의 전개는 메이지30년대 이후 고등여학교령(1899)의 공표를 거쳐 여성의 중등교육이 정착되어가는 흐름과 연동되어 발전한다. 예를 들면 박문관(博文館)의 『여학세계(女學世界)』(1901-1925)와 구니키다 돗포(國木田獨歩)가 직접 창간을 주재한 것으로 알려진 『부인화보(婦人畵報)』(1904) 등을 시작으로 『주부의 벗(主婦之友)』(1917- 2008)[1]에 이르기까지 상업 잡지로서의 활약이 있었음은 잘 알려진 사실이 있다. 『여학잡지』는 전사(前史)적인 것으로, 후술하겠지만, 계몽 학술잡지 『메이로쿠잡지』(1874-1876)의 동인들과도 관련성을 갖고 그 후계적인 계몽잡지의 위치에 있으면서 '부인잡지'로 발전해 갔다. 그리고 『여학잡지』는 '부인문제'뿐만 아니라 여류문학과 실용적인 가사에 이르기까지 폭넓은 기사를 다룬 최초의 본격적인 부인

---

1) 『주부(主婦)의 벗』은 『부인(婦人)의 벗』에서 하니 모토코(羽仁もと子)의 편집을 도와주고 있었던 이시카와 다케미(石川武美)가 실용정보를 중심으로 보다 대중화된 일반여성을 위해 창간한 잡지이다. 하니 모토코는 메이지여학교시절에 아르바이트로 『여학잡지』의 교정을 하고 있었던 경위에서 저널리스트가 된 인물이기 때문에 계보적으로 『여학잡지』의 가정 실용잡지적인 부분은 『부인의 벗』을 거쳐 『주부의 벗』으로 이어진 것이다.

잡지로 자리를 잡았다.

본장에서는 우선 『여학잡지』의 창간 상황 및 잡지의 구체적인 전개를 시간의 흐름에 맞추어 개관한다. 이때 유의할 점은 잡지의 성립과 전개를 현재에서 과거의 일들로 회고하는 것이 아니라 편집인 이와모토 요시하루(1886년 5월 15일, 23호까지는 곤도 겐조〈近藤賢三〉)가 중심이 되어 활동했던 미디어 실천을 당시의 다양한 상황에서 잡지 미디어로 승인되고 그 지위를 굳혀가는 상황에서 잡지의 독자성을 모색하는 끊임없는 편집전략의 일환으로 파악한다.

창간 당시 이와모토의 입장에서는 이 『여학잡지』가 1899년 연간 145,824부의 발행 부수를 기록하여 여성교육을 대표하는 잡지로 성장하리라고는 생각지도 못했을 것이다. 서양풍 속발을 소개하면서 붐을 일으키고, 메이지여학교 창설에 관여하는 것으로 '교육과 잡지'를 아주 긴밀한 상관관계로서 연결시켰다. 기독교를 기본방침으로 삼아 영미문학을 정열적으로 소개하여 일반평론지가 되면서 폐창운동의 논진을 펴기도 했다. 이것들은 모두 잡지 관계자가 시대상황 속에서 잡지의 상징투쟁을 무기로 차이화의 장(場)으로서 그것들을 활용한다는 실천과정 속에서 이루어진 것이다. 본론에서는 잡지의 성립과 전개과정 우선 그와 같은 각각의 잡지 관계자(에이전트들)의 전략에 맞추어가면서 그것을 전체로 통합해 가는 편집전략의 동태로 파악하기로 한다.

이와 같은 시점에 기반을 두고 먼저 『여학신지(女學新誌)』에서 『여학잡지』로의 변용 경위를 살펴보고, 특히 시대상황과 잡지의 주변상황에 맞춰 다양한 편집방침과 개혁 및 변화를 시도하던 시기의 잡지 전개에 대해 자세히 살펴보기로 한다.

Ⅰ. 『여학잡지』 창간의 배경과 경위

1. 문명개화와 여성계몽

일본에서 문명개화라는 새로운 사고방식과 사회모습을 잡지 미디어를 통해 일반사회로의 전달을 최초로 시도한 것은 『메이로쿠잡지』[2]였다. 『메이로쿠잡지』에는 매호의 서두에 '요즘 우인들끼리 모여서 사물의 도리(道理)나 진귀한 이야기를 나누는 것으로 학문을 절차탁마(切磋琢磨)하면서 불명료한 점을 없애 마음이 환해졌다. 그 모임에서 나눈 이야기를 적어보니 책이 몇 권이나 되어서 이것을 출판하여 동호인에게 나누어주려고 생각했다. 얇고 작은 책자이지만, 지식 증진의 도움이 되면 좋겠다. 1874년(갑술년) 2월, 메이로쿠샤(明六社) 적음'[3]이라는 문장을 내걸고 있는 것처럼 그 정보 전달대상은 '동호인'으로 되어 있었다.

---

2) 메이로쿠샤(明六社)의 기관지이다. 메이로쿠샤(明六社)란 1873년 7월 미국에서 귀국한 외무관료 모리 아리노리(당시 27세)의 제안으로 니시무라 시게키(당시 46세), 니시 아마네(당시 45세), 쓰다 마미치(당시 45세), 나카무라 마사나오(당시 42세), 후쿠자와 유키치(당시 40세), 가토 히로유키(당시 38세), 스기 고지(당시 46세), 미쓰쿠리 슈헤이(당시 49세), 미쓰쿠리 린쇼(당시 28세) 등 당시 저명한 학자가 찬동하여 설립한 일본 최초의 학술단체이다. 『메이로쿠잡지』는 1874년 4월 2일에 창간되었고(권두에는 3월 간행이라고 기록되어 있는데 실제 발행일은 다르다), 주로 메이로쿠샤의 강연내용을 수록했고, 발행 부수는 매호 약 3,200부였다. 1875년 6월 '참방률'·'신문지조례'가 발표되자 후쿠자와 유키치의 주장을 필두로 이 법령과 학자의 자유로운 논의가 양립하는 것이 불가능하다고 판단되어 같은 해 11월 제43호로 폐간되었다(오쿠보 도시아키, 2007).

3) 야마무로〈山室〉·나카노메〈中野目〉, 1999, 26쪽.

그렇지만 메이로쿠샤 서클 내의 연설회 내용을 기록하고 그 내용을 전달하는 미디어로 발행된 잡지는 학교교육과 우편[4]의 발달, 특히 신문 등의 다른 미디어에서도 왕성하게 다루어짐에 따라 인기가 없어 막을 내릴 뻔한 서클에 새로운 공명자들을 끌어들이게 되었다. 원래 학술적 서클 내에서의 강연이었던 메이로쿠샤 사원들의 목소리가 잡지라는 문자에 의해 미지(未知)의 지적인 공명판—말하자면 전국으로 확산되는 잠재된 지식인—으로 확산되어갔을 때 계몽가들은 예상외의 반향에 자신의 계몽 의도가 미지의 지지자에게도 확산되어가는 잡지라는 미디어로서의 공동체형성 기능을 실감했음에 틀림없다.

그리고 『메이로쿠잡지』에서 문명화의 필수조건의 하나로 논의되고 있었던 것은 가정・젠더의 재편 문제였다. 즉 『메이로쿠잡지』에는 서구를 모방하여 계약혼인을 실천한 모리 아리노리(森有禮)의 「처첩론(妻妾論)」을 비롯하여 후쿠자와 유키치(福澤諭吉)의 「남녀동권론(男女同權論)」과 나카무라 마사나오(中村正直)의 「선량한 어머니를 만드는 설(善良なる母を造る説)」 등 혁신적인 부인문제에 관한 논의가 게재되었다.

당시의 학술엘리트들에 의해 주창된 새로운 가족모습은 다른 평론잡지에까지 파급되었다. 무타 가즈에(牟田和恵)에 의하면 종합평론잡지적 측면에서 『메이로쿠잡지』는 "메이지20년 전후를 피크로 하여 가정의 단란함과 가족 구성원의 심적 교류에 높은 가치를 부여하는 새로운 가족 모습"이 부각되었다고 평가한다. 그렇지만 그러한 논의는 메

4) 『메이로쿠잡지』가 당시 3,200부를 넘는 파격적인 발행 부수를 기록한 것은 그 발행소를 『유빙호치(郵便報知)신문』과 같은 호치사(報知社)에 두고 우편(驛遞)을 활용한 것에 이점이 있었기 때문이라고 보았다(나카노메 도루, 1999, 459쪽).

이지20년대 후반부터 메이지30년대를 전환점으로 종합잡지에서는 공론의 대상에서 제외되었고, ‘가정란(家庭欄)’이라는 이름의 형태로 여성을 대상으로 한, 여성에게만 관련된 문제로서 이야기되어 간다.[5)]

특히 『태양(太陽)』의 ‘가정란’에서 가정(홈)의 가치와 그 가정에서의 이상적인 여성의 모습을 역설하고 있었던 것은 『여학잡지』의 편집인인 이와모토 요시하루[6)]와 그의 아내인 와카마쓰 시즈코(若松賤子)였다.[7)]

즉 이와모토는 계몽가가 논의하고 있었던 새로운 가정과 젠더 모습을 계몽의 대상인 여성을 타깃으로 한 미디어에서 전개한 선구자였다. 그렇지만 그와 같은 여성독자가 처음부터 타깃이 된 자명(自明)한 존재는 아니었다. 『여학잡지』 창간호의 ‘부인개량’을 테마로 실시한 현상논문 모집에서 111통의 응모 논문 중 여성응모가 15통밖에 없었다고 하듯이[8)] 계몽적인 부인잡지에서 여성독자라는 존재는 개개의 미디어 실천에 의해 점차적으로 ‘하나의 부류(층)’로 타깃화 되어갔던 것이다.

2. 『여학신지』에서 『여학잡지』로

이와모토 요시하루는 1863년 도쿠토미 소호(德富蘇峰)와 같은 해에 태어나 메이지 중기 여성교육의 선구자로서 일본 최초의 본격적인 부

---

5) 무타 가즈에, 1996, 54쪽.
6) 「가정은 국가이다(家庭は國家なり)」, 「가정단란(家庭の團欒)」, 『태양』 5・11호, 1896.
7) 「주부가 된 여학생의 경험(主婦となりし女學生の經驗)」, 『태양』 4호, 1896, 무타 가즈에, 1996, 66쪽.
8) 1886, 34호 부록.

인잡지가 되는 『여학신지』를 주재하고, 마침내 교장으로서 메이지여학교를 운영하게 된다.

이즈시번(出石藩) 출신인 나카무라 마사나오의 동인사(同人社)에서 수학한 후 1880년 쓰다 센(津田仙: 쓰다 우메코〈津田梅子〉의 아버지)의 학농사(學農社)[9]에 입사하여 『농업잡지(農業雜誌)』(1876년 1월 창간)를 비롯해 수정사(修正社)에서 『소학잡지(小學雜誌)』의 편집에 종사했다. 그 후 『여학신지』, 『여학잡지』, 『도쿄부인교풍회잡지(東京婦人矯風會雜誌)』, 『부인위생회잡지(婦人衛生會雜誌)』, 『재료신지(材料新誌)』, 『여학생(女學生)』, 『여학계(女學界)』, 『평론(評論)』, 『일본종교(日本宗教)』 등등의 잡지를 발행한 이와모토는 본래 교육자라기보다는 저널리스트로서의 자질을 가진 인물이었다고 말할 수 있을지도 모른다.

다만 그 경력이나 시대 배경적 성격에서 그가 직접 만든 잡지는 모두 문명개화로서 계몽·교육이라는 의도가 담겨 있었다. 이와모토와 마찬가지로 영미의 저널리즘을 바탕으로 기독교의 영향을 받아 『국민의 벗(國民之友)』(1887년 창간)을 창간한 도쿠토미 소호는 최종적으로 신문 창간(『국민(國民)신문』, 1890년)을 지향하고 있었던 저널리스트였는데, 이와모토의 경우는 스승인 나카무라 마사나오와 쓰다 센의 영향으로 잡지 미디어의 교육적인 측면에서 자신의 입지를 찾아냈다.

---

9) 쓰다가 1876년 도쿄에 개설한 농학교를 포함하는 농업사업조직을 말한다. 서구 농학 연구 및 실습을 조직적으로 실시함과 동시에 그 보급을 위해 『농업잡지』를 창간했다. 그러나 1883년에 해산되었다. 쓰다의 농학교에서의 활약과 가쓰 가이슈(勝海舟)의 며느리(아들 우메타로〈梅太郎〉의 아내), 클라라 위트니(Clara Whitney)와의 교류에 대해서는 후쿠다 스미코(福田須美子)(2009)에 자세히 나와 있다.

그가 직접 만든 잡지 중에는 단명으로 끝난 것도 있는데 『여학잡지』도 일반이 믿고 있던 이미지와는 달리 일찍 마감했을지도 모르는, 아주 급하게 만든 미디어였다. 잘 알려진 것처럼 『여학잡지』는 원래 수정사의 『여학신지』에서 분리된 잡지인데 그 분리 경위를 보면 매우 단기간에 결정된 것이었음을 알 수 있다.

『농업잡지』에서 수정사로 옮기고 『소학잡지』를 직접 만든 곤도 겐조(近藤賢三)를 편집인으로 한 『여학신지』[10)]가 창간된 것은 1884년 6월이었다. 그러나 곤도와 이와모토는 이듬해 수정사를 퇴사하고, 1885년 7월 20일 만춘당(萬春堂)에서 『여학신지』를 창간한다. 수정사의 『신지(新誌)』는 곤도, 이와모토가 빠진 후에도 1885년 8월 20일 제26호까지 발행되었고, 곤도 겐조는 6월 30일 23호까지 편집인으로 명기되었다.

『여학신지』의 「곤도(近藤) 군의 이력」(1886년 6월 5일, 25호)을 보면 "1885년 5월, 수정사를 그만두다"라고 되어 있고, 특히 『여학신지』는 4월 10일 제20호의 지면개혁 예고에서 월2회 간행에서 월3회 간행하고 4페이지를 증면했다고 보고하고 있는데, 그것은 그들이 근무할 때 조금이라도 더 많은 것을 싣고 싶어 했던 것이다. 두 사람의 수정사 퇴사가 급했음을 엿보게 해준다. 이 지면개혁에는 '일본, 중국, 서양 여

10) 1884년 6월 15일 창간(1885년 8월 20일 종간), 소유주 겸 인쇄인 오카 덴베에이(岡傳兵衛), 편집인 곤도 겐조(近藤賢三), 수정사(修正社)였다. 발행 취지를 보면 "오늘날 새롭게 이 잡지를 발행하는 이유는, 밖으로는 미풍을 통해 일본의 여도(女道)를 발달시키고, 안으로는 고래 일본에서 행해지는 부도(婦道) 중 누폐(陋弊) 중 버려야 할 것은 모두 잘라내어 우아·온아·정열의 좋은 풍속을 결코 잃지 않도록 해야 한다. 그리하여 작게는 일가(一家)를 바르게 하여 가덕(家德)을 미덕(美德)으로 하고, 크게는 국가의 도덕을 발달시켜 동시에 영재(英才)준사(俊士)를 만들어내는 근본세우기를 바르게 하는 것에 있다"고 서술하고 있다.

인의 글'을 게재한다고 예고하고 있었고, 실제 7월 30일 제24호에는 그 모습을 드러내듯이 표지에 일본・중국・서양 여성을 배치하고 있었다.

미쓰이 스미코(三井須美子)는 『신지』의 분열을 "기독교에 의거하려는 이와모토와 그것을 좋아하지 않는 야마다 죠지(山田常治) 사이에 골이 깊게 생긴 것이 원인이었다"[11]고 설명했다. 그런데 『여학잡지』 창간호 「발간 취지」에는 기독교에 대한 언급이 없다. 기독교주의에 입각한다는 것을 분명하게 선언한 것은 만춘당에서 여학잡지사로 옮긴 1885년 12월 20일 제11호부터였다. 그 이전에 기독교에 대해 언급한 것은 「기독교 도덕의 노래」[12]의 소개 정도밖에 없었다. 기독교를 방침으로 삼는 것이 메이지여학교와 관계가 있었던 이와모토에게는 당연한 일일지도 모르는데, 잡지 판권과 발행처를 독립시킴과 동시에 그것을 선언한 것을 보면 만춘당 시절에는 아직 명확한 방침은 아니었던 것으로 여겨진다.

또한 『여학신지』의 편집을 담당하여 23호까지 『여학잡지』을 발행했던 곤도 겐조는 이와모토와 함께 쓰다 센의 『농업잡지』를 편집하고 있었음에도 불구하고, 『여학잡지』를 만들기 시작한 이후에도 이듬해 급서(急逝)하기까지 결국 기독교 신자가 아니었던 점을 감안한다면 창간 시 곤도 겐조가 기독교를 내세우는 것에 적극적이지 않았을 가능성도 있다.

그렇다면 곤도 겐조, 이와모토 요시하루가 '의기투합'하게 된 원인은 어디에 있었을까. 아마 기독교라는 문제 이전에 곤도와 이와모토가 승

---

11) 미쓰이 스미코, 1988, 9쪽.

12) 1885년 10월 25일, 7호.

복하기 어려웠던 것은 『여학신지』가 '중국'이라는 형태로 여전히 유교도덕을 끌어가고 있었던 것에 있다고 본다. 왜냐하면 그것은 문명화를 지향하는 당시의 부인계몽, 개량주의의 입장에서 보면 반드시 탈피하지 않으면 안 되는 봉건적인 유교도덕과 마찬가지였기 때문이다. 아마 『여학신지』에서 일본・중국・서양의 밸런스를 취한다는 미온적인 지면개혁에 대한 불만에서 두 사람은 독자적인 취향으로 여성을 위한 미디어 창업에 도전한 것은 아닐까.

나카무라 마사나오와 쓰다 센 밑에서 수학한 이와모토에게는 이미 기독교가 자신의 정신적인 지주였다. 정식적으로 세례를 받은 것은 고향 이즈시번(出石藩)의 선배인 기무라 구마지(木村熊二)의 영향에 의해서이다. 기무라는 1870년 모리 아리노리와 사절단 업무를 수행한 도야마 마사카즈(外山正一)의 추천으로 미국에 건너갔다가 1882년 귀국 후 이듬해부터 우에무라 마사히사(植村正久)의 뒤를 이어 시타야(下穀) 교회의 목사가 되었다. 이후 1885년 9월 메이지여학교를 창립하고 초대교장이 된다. 이와모토는 귀국 후 기무라와 처음으로 대면했고 1883년 4월 29일 시타야 교회에서 기무라로부터 세례를 받는다.[13)]

기무라는 미국에 건너가기 이전에 나카무라 마사나오에게 수학했었다. 귀국 후에 기무라를 이와모토에게 소개한 것이 나카무라였을지도 모른다. 어쨌든 이와모토는 기무라에게 깊은 감화를 받아 기독교 신자가 된 것이고, 특히 기독교를 『여학잡지』의 방침으로 삼기까지에는 기무라의 여성교육사업, 즉 메이지여학교에 관여하게 된 계기가 된 것이다.

이와모토는 메이지여학교의 발기인으로 이름을 내걸었는데, 그가

---

13) 기무라・이와모토에 관한 기술은 후지타 스즈코(藤田美實), 1984.

정식으로 메이지여학교 교원이 된 것은 『여학잡지』의 창간 이듬해인 1886년에 급서한 기무라의 아내인 기무라 도코(木村鐙子)[14]의 뒤를 이어받게 되면서부터이다. 그리고 기무라 구마지의 사임 후 이와모토가 교장이 된 것은 1892년의 일이다. 메이지여학교는 원래 도코(鐙子)가 1884년 가을 무렵부터 시타야 교회에 부인부를 개설하고 속발회(束髮會)의 간사가 되는 한편 일요학교에서 어린이들을 가르친 것이 학교로 발전하게 된 것이다.[15] 학교건설에 적극적이었던 것은 기무라 구마지보다 오히려 기무라 도코 쪽이었다고도 말할 수 있을 것이다.

아오야마 나오(青山なを)의 저서에 의하면 도코의 사후 학교운영을 둘러싸고 기무라와 이와모토 사이에 불화가 있었다고 적고 있는데,[16] 어쨌든 이와모토와 기무라의 만남이 『여학잡지』라는 잡지 미디어와 여성교육 네트워크로서의 기독교가 연결되었고, 그것이 결과적으로 잡지의 큰 이점으로 작용했다.

메이지기의 기독교 네트워크는 브라운(Brown)과 헤본(Hepburn)주쿠(塾)를 발상지로 하는 요코하마 밴드와 요코이 쇼난(橫井小楠) 유파를 조직한 구마모토(熊本)양학교, 도시샤(同志社)영학교에서 수학한 그룹들이 중심이 된 구마모토 밴드라는 두 개의 유파가 있다.[17] 기무라와 이와모토는 시타야 교회와 관련되어 있었기때문에 전자의 그룹에 속해 있었다. 전자를 살펴보면 오시카와 마사요시(押川萬義)의 도호쿠가쿠인(東北學院), 우에무라 마사히사의 『복음주보(福音週報)』[18]가 있다.

---

14) 다구치 우키치(田口卯吉)의 누나이다.
15) 후지타 스즈코, 1984, 19-20쪽.
16) 아오야마 나오(青山なを), 1970.
17) 그밖에 삿포로(札幌)밴드, 시즈오카(靜岡)밴드 등이 있다.

후자를 살펴보면 니지마 죠(新島襄)의 도시샤(同志社), 도쿠토미 소호의 『국민의 벗』, 고자키 히로미치(小崎弘道)의 『육합잡지(六合雜誌)』처럼 각각 학교와 미디어가 설립되었고, 그것들은 유기적으로 연결되어 독자적인 지적(知的), 사회적 네트워크를 형성해 나갔다.

이와모토의 경우 여성교육이라는 분야에서 여전히 미디어와 학교 둘 모두를 점유하고 쌍방을 양분할 수 없는 것으로 다루었다. 이를 바탕으로 특히 부인잡지라는 새로운 미디어 장르와, 특히 여성교육에서 독자적인 영향력을 가지고 이른바 '미션 스쿨'[19]이라는 독특한 학원문화 창출에 기여해 나갔던 것이다. 즉 『여학잡지』가 하나의 전형적 장르로서 일본에서 부인잡지가 정착하기 위해서는 기독교 여성교육과의 연결이 불가피했고, 또한 여러 기독교 학교에서도 잡지라는 미디어가 그 학원문화의 이미지 형성에 커다란 역할을 수행하고 있었다.

『여학신지』 종간 후 야마다 죠지(山田常治)가 그것을 『여학잡지』와는 다른 형태로 계승하여 1885년 12월 『여학총지(女學叢誌)』[20]를 창간했

---

18) 나중에 『복음신보(福音新報)』로 바뀐다.

19) 미션 스쿨이란 전도 단체·선교사 단체의 경영에 의한 학교로서, 영어로 말하면 'missionary school'을 가리키며 종교에서도 기독교로만 한정되는 것은 아니다. 또한 기독교주의 학교라도 해외의 선교사 단체와 독립하여 일본인이 운영하는 도시샤와 메이지여학교는 엄밀하게 말하자면 미션 스쿨은 아니다. 그러나 여기서는 일본에서 일반적으로 이미지화 되어 있는 기독교주의 학교를 광의의 의미로서 '미션 스쿨'이라고 따옴표를 붙여 사용하고 있다. 자세한 정의에 대해서는 제3장 제2절을 참조하기 바란다.

20) 1885년 12월 19일 창간(68호, 1887년 8월 5일 종간), 소유주 겸 인쇄인 마쓰모토 요시히로(松本義弘), 편집인 야마다 죠지(山田常治), 객원(客員) 다지마 쇼지(田島象二)(닌텐〈任天〉). 『묘묘잣소(妙々雑俎)』(1878년 간행)와 『동락총담(同樂叢談)』(1879년 간행)의 풍자잡지를 주재한 다지마는 『신지(新誌)』의 1885년 7월 30일호, 8월 10일호, 8월 20일호에도 객원으로서 편집에 참가하고 있기 때문에

다. 이것이 1887년에는 리뉴얼되어 최초의 실용가정잡지 『귀녀의 벗(貴女之友)』[21]이 되었다. 이 『귀녀의 벗』은 1888년 당시 『여학잡지』, 『이라쓰메(以良都女)』[22](주필 야마다 비묘〈山田美妙〉)와 함께 3대 여학잡지가 되었다.

당시의 『요미우리(読売)신문』에 의하면 "『여학잡지』는 집안의 부인, 『이라쓰메』는 심창(深窓)의 처녀, 『귀녀의 벗』은 남편을 잘 섬기는 아내(世話女房)"라고 형용하고 있는데, 각각 당시 부인잡지의 교육이나 평론 잡지적인 측면(오피니언지적인 측면), 문예잡지적인 측면, 실용부인잡지적인 측면을 대표하는 것[23]으로 되어 있다.

그렇지만 이 세 가지 측면은 정도의 경중을 나타내는 것에 불과했다. 1887년대의 여학잡지에는 이들 세 가지 요소가 경중의 차이가 있었지만 모든 잡지에 혼재되는 것이 보통이었다. 그러한 전제가 있었기에 『여학잡지』가 오피니언 잡지적인 측면을 대표하는 잡지[24]가 되는 것은 여성교육에서 기독교 도덕의 필요성을 주장하고 당시의 교육과 도덕논쟁에 도전해가는 것이 있었기 때문일 것이다.

그 인연으로 『총지』에도 참여한 것으로 보이며, 「발행에 대한 주의(主義)」도 게재했다. 표지는 양장차림의 귀부인 일러스트를 사용했다.

21) 1887년 9월 5일 창간(80호, 1892년 2월 종간). 편집인 호모리 긴고(甫守謹吾), 도쿄교육사. 가계부를 최초로 소개한 잡지이다. 표지는 일본복식 차림의 여성과 양장차림의 여성 두 명을 배치한 디자인을 사용했다.

22) 1887년 7월 9일 창간(84호, 1891년 6월 22일 종간)되었다. 편집인 야마다 비묘에 의한 여성 취향의 문예 투고잡지였다. 잡지와 신묘한 언문일치 문체와의 관계에 대해서는 히라타 유미의 저서(1999=2011)에 구체적으로 제시되어 있다.

23) 1888년 12월 1일, 138호, 『귀녀의 벗』 41호가 각 잡지의 평판을 정리한 표를 옮겨 실었다.

24) 『여학잡지』를 오피니언잡지로서 연구한 것은 이노우에 데루코(1971)가 있다.

실제 이 평가에 대해 『여학잡지』는 "단지 여성에게만 설파하는 것이 아니라 남성에게도 함께 호소하는 것이다. (중략) 다만 위안적, 실용적, 적용적 잡지가 아니고 실은 여학(女學)을 연구하려는 것이다"라고 부연 설명했다. 그러나 노헤지 기요에(野辺地清江, 1970)가 지적하듯이 『여학잡지』는 어쩌면 가장 중요한 이러한 측면을 필요불가결한 요소로 삼으면서도 '부인'에게 실제적인 생활의 가르침에 대해서 포기하지 않았다. 이에 더하여 서구화의 영향이 짙은 문예적인 색채는 동경(憧憬)의 기호로서 젊은 여학생 독자의 마음을 자극시켰다.[25] 계몽과·교육의 이상과 여학생의 문예적 로망화나 동경, 그리고 여성의 새로운 라이프 스타일의 제안, 이 세 가지 요소를 하나로 묶어내는 '서구화'라는 문명개화의 메이지기 특유의 의미를 컨셉으로 지니고 있었다.

이 서구화가 『여학잡지』의 각 측면에서 어떻게 구현화 되었는지에 대해서는 집필자를 중심으로 하는 기독교 지식인, 그리고 독자를 비롯한 여성들의 표상 전략을 제2장과 제3장에서 상세히 살펴보기로 한다. 이에 앞서 가격, 광고, 발행 부수를 개관하고 『여학잡지』가 당시의 상황에 맞춰 어떻게 서구화를 편집상의 전략으로 구사하고 있었는지를 지면 개혁에 초점을 맞추어 살펴보기로 한다.

---

25) "도쿄로부터 『여학잡지』가 도착할 때마다 그 붉은 표지를 펼치면 숨이 막힐 것 같은 문화 정취에 가슴이 뛰었다"(요시오카 야요이 회상)(이노우에 데루코, 1968).

Ⅱ. 『여학잡지』의 전개

1. 가격·광고·발행 부수

① 가격

〈표 1〉『여학잡지』의 가격 변천

발행기간	가격	비고
1885.7.20-1886.7.15	4전	창간 당시 월 2회 간행. 1886년부터는 달력 숫자 5로 끝나는 날 간행 (월 3회)
1886.7.25-1888.12.29	5전	1887년부터 1월 15일 주간 간행(월 4회)
1889.1.5-1894.10.24	6전	1893년 4월 15일부터 격주 간행(월 2회) 1894년부터 주간 간행(월 4회)
1894.10.27-1904.2.15	10전	1894년 10월 27일부터 월 간행. 1896년 10월 10일부터 10일, 25일 간행(월 2회)

가격은 〈표 1〉에서처럼 4전(錢)에서 10전으로까지 변했다. 1887년대 초기의 물가수준을 어림잡아[26] 예를 들면 엽서 한 장에 1전, 메밀국수 한 그릇에 1전, 소학교 교원 초임 월급이 5엔(円)이었기 때문에 주간지 5전은 가격 면에서 충분히 고급잡지였다고 말할 수 있다. 덧붙여 말하면 인텔리 층을 겨냥한 신문인 『시사신보(時事新報)』는 1885년 9월 당시 1매(枚)에 3전, 1개월에 65전, 1887년에 창간된 월간지 『국민의 벗』은 8전이었다.

---

26) 『일본의 물가와 풍속 135년 변천(日本の物價と風俗135年のうつり変わり)』을 참조하기 바란다.

② 광고

광고료는 당시의 다른 신문이나 잡지와 마찬가지로 속표지에 게재되었다. 예를 들면 90호의 광고료는 1행(27자 기준) 1회 선금 10전, 3회 이상 10%할인, 6회 이상 20%할인, 10행 이상 10%할인, 20행 이상 20%할인, 30행 이상 30%할인이라고 되어 있다.

『여학잡지』에서 특징적인 것은 '특별광고' 규정인데, "부녀자에 관한 협회・회합 등의 기록을 게재하는 것은 모두 무료로 한다"고 되어 있다. 이것은 여성 동료의 집회나 교제 모임을 활발하게 하여 그 정보를 상세하게 『여학잡지』에 규합시키기 위해 고안한 것이었다. 게다가 "지면 반 페이지 분량의 광고를 실을 때마다 잡지 10부의 주문을 요구하고 반 페이지마다 10부 증가의 비율을 정한다"[27]고 하여 광고료를 면제하는 대신에 광고주에게 잡지를 일정 부수 주문하게 했다. 『여학잡지』는 고답적인 부인계몽 이상으로 이러한 여성 관련 정보를 모으고 집회를 장려하고 여학교와 기독교 사회를 중심으로 네트워크를 만들어 냈다. 바로 이점에 커다란 의의가 존재했다.

『여학잡지』는 후에 미국의 여성잡지에 소개된 '보스톤(Boston) 부인교육 및 직업동맹회'를 모방하여 뒷 표지의 안쪽에 '교순(交旬)안내'를 만들고[28] 여성의 직업 알선도 실시했다. 이것은 직장을 구하는 여성들과 가정부, 보모, 그리고 가정교사를 구하고 있는 고용주의 정보를 동시에 게재하면서 『여학잡지』가 이를 중개한다는 구인 광고 기획이었다.

---

27) 1887년 12월 24일, 90호.

28) 1888년, 98호.

다만 수수료를 받지않고, 중개 성립을 '기쁜 은혜'로서 또다시 지면에 발표했다. 말할 것도 없이 이러한 상부상조적 논리의 기획 배경에는 기독교가 있었고, 그 상부상조와 자선활동을 통한 네트워크는 당시 일본의 지식 계층에 신앙 그 자체 이상으로 중요한 역할을 완수했는데 그것에 대해서는 제2장과 제3장에서 각각 상세히 살펴보기로 한다.

③ 발행 부수

1885년 12월 8일 제10호 광고에 게재된 각 호마다 부수는 매호 2,500부이고, 〈표 2〉의 부수는 경시청(警視廳) 사무연표에서 작성한 연간 발행 부수의 누계이다. 1885년의 경우 1호당 인쇄부수 2,500부에 대해 판매부수가 각호 1,600부 전후이다. 1886년부터 1889년에 걸쳐 누계부수를 호수로 나눈 것이 1호당 평균부수라고 생각된다.

1887년과 비교하여 1888년의 매출이 급격히 감소한 것은 1887년 9월 이노우에 가오루(井上馨) 외무대신의 사임으로 로쿠메이칸 시대가 끝났다는 점과, 시대흐름이 서구화에서 급속도로 반동적 사회로 변화했던 점에서 기독교계 여학교의 입학자 숫자가 급격히 감소하는 등의 영향을 받았기 때문이다.[29)]

---

29) 『여학잡지』418호(1896년 1월 25일)의 부록 「신일본여학론사(新日本女學論史)」는 메이지20년대의 여성교육을 추종하는 상황에 대해 다음과 같이 논하고 있다. "여학계의 가장 융성시기인 1885년, 1886년, 1887년도 마침내 지나고 1889년에 이르러 헌법이 발표되었어도 사회의 진보는 모두가 예견한 것처럼 나아가지 않았고 자유민권설에는 이미 싫증이 났으며, 조약개정 담판 중지는 배외(排外)사상을 일으켰다. 이런 까닭으로 세력을 일으키고 있는 보수적 반동의 강폭(強暴)한 풍조는 천하로 하여금 국수(國粹) 보존설로 나아가게 했다. 앞으로 나아가는 것이 아니라 오히려 뒤로 되돌아가는 이러한 경향은 사회진보를

〈표 2〉『여학잡지』외에 잡지 연간 발행 부수(경시청사무연표를 참조하여 작성).
(발행 부수는 연간 합계. 『여학잡지』에 대해서는 당해에 몇 호분 발행인지를 부기함)

년도	『여학신지』	『여학잡지』	『여학총지』	『귀녀의 벗』	『이라쓰메』	『국민의 벗』
1884	38,475*1)					
1885	24,955	16,966/11호	789			
1886		36,061/34호	20,449			
1887		70,362/45호	13,338	11,214	4,482	80,549
1888		13,023/52호		31,413	13,217	275,753
1889		19,394/51호		9,817	10,698	446,727
1890		102,813/51호				421,044

*1) 표에는 『여학잡지』라고 되어 있는데, 『여학신지』를 잘못 표기한 것으로 보인다.

『여학잡지』는 「여학 잡지류의 발행고(發兌高)」라는 제목으로 1888년 12월 중 다른 잡지의 배포고(配布高)를 〈표 3〉처럼 올리지만, 그 이후에도 발행 부수를 명시하지 않은 채 "우리 『여학잡지』는 판권소유자가 될 수 있다면 신고하지만 다행히도 모든 잡지에 비해 배포고(配布高)가 크게 뒤떨어진 적이 없다"고 적고 있었다.[30] 월 1회 발행의 『이라쓰메』가 1,299부, 『귀녀의 벗』이 월 2회 발행으로 2,009부, 만약 이와 같은 라이벌 잡지를 웃도는 숫자라면 부수를 명시했을 터인데 경시청 통계자료를 참조해 보면 알 수 있듯이 전술한 것처럼 1888년의 『여학잡지』는 이러한 숫자에도 못 미치고 있었다. 그러나 1890년에는 비

퇴보시킴과 동시에 앞선 이러한 활동 세력을 감소시키고 자연의 결과로서 여권신장과 남녀동권론은 그 폐해만 이야기되어 버려지고, 신여성 교육은 일시적인 공황이 엄습하여 마치 떡잎이 된서리(嚴霜)를 만난 것처럼 위축되거나 또는 흔들리지 않을 수 없게된 것은 비운"을 맞이했다.

30) 1889년 2월 23일, 105호.

약적으로 부수가 증가한다. 이는 1889년 10월부터 신문지조례에 의한 보증금을 지원받아 학술잡지에서 시사문제를 게재하는 일반잡지로 전환한 것도 큰 영향을 주었다. 덧붙여 말하자면 이 시기의 『여학잡지』 202호[31)]에 게재된 대일본(大日本)교육회의 조사에 의한 도쿄부(東京府)의 사립여학교 14개의 학생 숫자는 1,873명이다.

〈표 3〉 1888년 12월 발행한 『여학잡지』 이외의 부인잡지의 배포 부수
(『여학잡지』1889년 2월 23일, 105호를 참조하여 작성)

잡지명	발행 횟수	도쿄부에 배포	각 부현(府縣)에 배포	외국에 체류하는 일본인, 외국인에 배포*2)	계
『이라쓰메』	1	1,025	274	–	1,299
『문명의 어머니』	1	310	1.058	–	1,368
『귀녀의 벗』	2	1,360	649	–	2,009
『군자와 숙녀』	1	510	350	–	860
『일본의 여학』	1	2,028	984	–	3,012
『여(女)신문』	4	4,880	628	–	5,508
『정(情)』	1	524	224	–	748
『대일본(大日本)부인 교육회잡지』	1	548	–	–	548
『부인교육잡지』	1	77	535	–	612
『도쿄부인교풍잡지』	1	357	130	–	487
『부인교풍잡지』	1	1,150	1,282	–	2,432

*2) 외국 체류의 일본인 및 외국인에게 배포한 부수는 수치가 없다.

31) 1890년 3월 1일.

제4장에서 기술하겠지만 이 시기는 격심한 여학생 비난이나 기독교 여성교육 비난이 전개되는데, 이와 반대로 『여학잡지』가 발행 부수를 늘리게 된 것은 여성교육이 어느 정도 정착했기 때문이고, 비난이 일어나는 것 자체가 이미 여학생이 어느 정도 일정한 사회계층으로 인정받았다는 것을 반영하는 것이기도 했다. 일반잡지가 된 『여학잡지』의 개량주의적인 주장은 일반저널리즘에서는 주변화 되어 갔는데, 이 시기, 즉 제2, 제3의 지면개혁이 실시되는 4기, 5기의 다양한 시도는 여성의 새로운 문학과 고답적인 자세와 더불어 서구류의 진보적인 여성교육 잡지로서 자리를 잡은 중요한 시기였다.

구체적으로는 뒤에서 기술하겠지만 1892년에 흰색 표지(白表紙)와 빨간색 표지(赤表紙)로 분할된 『여학잡지』가 이듬해 또다시 한 권으로 통합된 이후에는 흰색 표지가 『평론』이 된다. 그리고 본 잡지의 별권인 『여학생』에서 활약하고 있던 문예집필자가 『문학계』로 옮겨가게 되어 내용적으로는 차츰 치밀함이 결여되어 간다. 그럼에도 불구하고 경시청 통계를 살펴보면 1899년의 『여학잡지』는 연간 145,824부를 발행하고 있었는데, 이 시기는 월 2회 간행이었기 때문에 1호당 6,000부 정도를 판 것이 된다. 이 숫자를 믿는다면 일시적으로는 국수(國粹)주의 반동적 영향은 있었어도 여학교와 여학생의 증가에 따라 『여학잡지』는 부인잡지를 대표하는 것으로 확실하게 사회로 침투되어 갔다. 덧붙이자면 1899년은 '고등여학교령'이 공포된 해이기도 하다.

2. 지면개혁의 변천과 서구화의 원용

이상은 잡지의 기본적인 데이터를 살펴보았는데 그 역사적 전개를 '서구화'라는 편집전략에 주목해 보기로 한다. 선행연구를 보면 『여학잡지』의 시대구분에 대해 노헤지 기요에(野辺地清江)는 잡지 형태의 변천을 중심으로 이를 4기로 나누었는데[32] 그와 같은 형태만으로 구분해서는 내용상의 중대한 변화를 조회(照會)하지 못한다. 이 구분에 의하면 잡지의 쇠퇴기에 즈음하여 잡지의 형태 변천이 심했기 때문에 잡지 창간에서 전성기, 그리고 쇠퇴기로 향하는 중요한 시기가 하나로 묶여 제1기가 된다.

또한 이노우에 데루코(井上輝子)의 연구를 보면, 제1기를 제1호[33]부터 제182호[34]까지, 제2기를 제183호[35]부터 제341호[36]까지, 제3기를 제342호[37]부터 제525호[38]까지 3기로 나누었는데[39] 이것은 잡지의 내용적인 충실도에 맞게 초기, 전성기, 쇠퇴기로 대응시켰다. 그렇지만 그것은 현재의 시점에서 볼 때 내용의 충실성에 맞는 구분이다. 예를 들면 앞서 언급한 것처럼 발행 부수만을 보아서는 전성기라고 하지만 오히려 쇠퇴기 쪽이 발행 부수가 상회하는 모순도 엿볼 수 있다. 그

32) 노헤지 기요에(野辺地清江), 1970, 189쪽.
33) 1885년 7월 20일.
34) 1889년 10월 5일.
35) 1899년 10월 19일.
36) 1893년 4월 9일.
37) 1893년 4월 15일.
38) 1904년 2월 15일.
39) 이노우에 데루코, 1971, 99-100쪽.

렇다 하더라도 여러 잡지의 새로운 시도는 대체로 발행 부수가 안정되어 있는 시기보다도 쇠퇴기의 시행착오가 잡지의 독자성과 인지도를 향상시킨 전성기와 맞닿아 있기 때문에 잡지가 어떻게 미디어로서 정착했는지를 생각한다면 당연히 후자 쪽에 착목할 필요가 있다.

그래서 필자는 잡지의 변천을 초기, 전성기, 쇠퇴기처럼 총체적으로 파악하는 것이 아니라 잡지의 독자성과 인지도를 겨냥한 상황에 맞게 그때그때마다 기획되는 편집전략의 변경, 즉 지면개혁에 주목한다. 왜냐하면『여학잡지』의 서구화는 분명히 그러한 편집전략의 중심으로서 다양하게 변주되었기 때문이다. 또한 지면개혁은 대부분 잡지의 장르를 어떻게 규정했는가에 따라 편집상의 의도 변경에 중요한 계기가 되기 때문이다.

구체적으로는 일곱 번의 지면 개혁이 이루어지는 가운데 어떠한 변경이 편집에서 나타나는지에 주목함과 동시에 그 이전 단계로서 창간 직후를 제Ⅰ기로 설정한다. 그리고 발행소를 만춘당에서 독자적인 여학잡지사로 바꾸어 판형을 국판(A5판)에서 46배판으로 변경하고, 기독교주의를 선언한 11호 이후를 사실상 최초의 지면개혁이라고 간주하여 이를 제Ⅱ기로 설정한다. 이후 잡지상에서 선언하고 있는 각 지면개혁에 따라 잡지의 전개를 이하 전체 9기로 구분한다.[40] 그것에 따라 잡지의 양상에 대해 모색하던 시기, 즉 이노우에 데루코가 말하는 초기, 즉 전성기에 이르기까지의 변화를 구체적이고 상세하게 검토하고

40) 참고로 노헤지 기요에(野辺地清江)의 제1기에 해당하는 것은 본론에서는 1-4기, 제2기가 7기에 해당하는 것처럼 구분이 약간 다르지만 제3기가 8기, 제4기가 9기에 해당한다. 또한 이노우에의 제1기에 해당되는 것이 본론에서는 1-3기, 제2기가 4-6기, 제3기가 8-9기에 해당된다.

자 한다. 이때 각 시기 구분에서 호수, 주요기사, 관련사건에 대해서는 〈표 4〉에 정리해 두었다. 특히 자세한 연보 및 관련사에 대해서는 권말(卷末)의 연표를 참조하기 바란다.

〈표 4〉『여학잡지』의 지면 개변(改變) 구분과 주요기사, 관련 사건

지면개혁 구분	호수	발행년월일	주요기사	관련사건(월, 일)
제Ⅰ기 여성교육의 상징 황후와 속발	1	1885.7.20	「신공황후(神功皇后)」「발행 취지」	
	2,3	1885.8.10 1885.8.25	부록「속발안내」	부인속발회 결성(7)
	4	1885.9.10	「여학교의 필요」「메이지여학교」「속발도해」	메이지여학교 창립(9)
	9	1885.11.5	「가조쿠(華族)여학교[41]*규칙」	가조쿠(華族)여학교 창립(11). 시타다 우타코(下田歌子)학감, 쓰다 우메코(津田梅子)영어교수보.
	10	1885.11.25	「가조쿠여학교 개교식」	
제Ⅱ기 기독교주의의 표명과 여학잡지사의 독립, 그리고 편집인 이와모토 요시하루의 탄생	11	1885.12.20	『여학잡지』의 개량을 축하하고, 그와 함께 우리들의 이력과 목적을 기술한다」「여교(女敎)의 유신」	여학잡지사로서 독립. 『여학총지』(편집인 야마다 죠지(山田常治)창간(12)
	25	1886.6.5	「곤도(近藤) 군의 내력」	편집인 곤도 서거(5), 24호부터 이와모토가 편집인이 됨.
	34	1886.9.5	「기무라 도코(木村鐙子)전기」	메이지여학교 교장 기무라 도코 사망(8)
	41	1886.11.15	「부인교풍회」	만국부인 기독교 금주회서기 메아리 레빗트 방일(6), 도쿄부인교풍회 설립(12)
	65	1887.5.21	「간음의 공기(空氣)」	이토(伊藤) 수상관저 가장무도회(4, 20). 무

지면개혁 구분	호수	발행년월일	주요기사	관련사건(월, 일)
				도회를 비판한 기사에 의해 발행금지 처분을 받음(5, 12-7.1)
제Ⅲ기 영미 여성잡지의 모방과 문예지향	98	1888.2.25	「교순(交詢) 안내」	
	111	1888.5.26	「문학의 해석(解)」	
	148	1889.2.9	「헌법발표」	대일본제국헌법 발표. 문부대신 모리 아리노리(森有禮) 사망(2, 11)
제Ⅳ기 종합교양잡지에의 모색과 폐창운동	183	1889.10.19	「『여학잡지』는 왜 신문지 조례를 준수하는가」	
	191	1889.12.14	부록「우에키 에모리(植木枝盛), 시마다 사부로(島田三郎) 부인교풍회, 부인백표클럽 공동개최 폐창연설회 필기록」	
	227	1890.8.23	와카마쓰 시즈코(若松賤子)「소공자」연재 개시	
제Ⅴ기 부인잡지의 의식화와 반동에의 대항	246	1891.1.1	부록「깨진 반지」시미즈 시킨(清水紫琴)	
	251	1891.2.7	「교육상 칙문(勅文) 예배하는 것을 논함」「제실(帝室)과 기독교」	우치무라 간조(內村鑑三) 불경사건(1.9)
	292	1891.11.21	「진지(震地) 전도대(傳道隊)」	노오(濃尾)대지진
	303/305	1892.2.6	「염세시가와 여성」기타무라 도코쿠(北村透谷)	
	305	1892.2.20	「구마모토(熊本) 영학교 사건」	구마모토영학교 사건(1, 11). 『교육시론』에 게재된 이노우에 데쓰지로(井上哲次郎)의 담화를 둘러싸고 「교육과 종교의 충돌」 논쟁이 시작됨(11)

지면개혁 구분	호수	발행년월일	주요기사	관련사건(월, 일)
	310-319	1892.3.26.-5.28	「영춘행」	
제VI기 흰색 표지와 빨간색 표지에 의한 평론잡지와 부인잡지의 분할	327(적)-333	1892.9.1.-12.10	「선교사파 여학교에 일책(一策)을 헌상한다」(전체 4회)	
	330(백)	1892.10.22	「한 청년의 이상한 술회(述懷)」시미즈 시킨	
제VII기 문예잡지, 평론잡지, 부인잡지의 분할	383	1894.6.9	「일본국민의 대포부」	청일전쟁 개시(8)
	388	1894.7.14	「『일본의 신부』의 저서」	'일본의 신부'사건(7)
제VIII기 전시(戰時) 저널리즘과 메이지여학교의 위기	405	1894.12.25	「대일본 해외 교육회」	
	421	1896.4.25	「이와모토 여사 1896년 봄 2월」 나카지마 쇼엔(中島湘煙)	메이지여학교 화재(2,5). 와카마쓰 사망(2,10)
제IX기 여성교육의 정착과 『여학잡지』의 종언	508	1900.3.25	「광독(鑛毒)문학」	아시오(足尾)광독문제 가와마타(川俣) 사건(2). 이와모토 상기 기사에 의해 신문지조례 위반으로 기소됨.
	511	1900.7.31	부록「여학잡지 공판기」	

41) **역자주:** 1885년 시타다 우타코(下田歌子)에 의해 설립된 학교로 가조쿠(화족, 華族) 자녀들 교육을 담당했다. 1906년에 가쿠슈인여학부(學習院女學部)로 변경되었다.

제Ⅰ기 여성교육의 상징 황후와 속발

창간시기의[42] 『여학잡지』는 판형(국판), 정가, 발행일 모두 『여학신지』를 답습하고 있다. 그 후 7월 30일 24호의 『신지』는 46배판으로 판형과 표지를 변경하고 있었는데, 『신지』 쪽에서는 『여학잡지』라는 경합 잡지의 등장을 상당히 의식하여 판형을 변경한다는 형태로 차별화를 꾀한 것이다. 그리고 실제 그 위기감이 적중하여 『신지』는 『여학잡지』로 바뀌었지만, 1885년 8월 20일 26호로 어쩔 수 없이 종간을 맞이한다. 원래 그것은 『여학잡지』와의 경합관계로 인해 『신지』 내부에서도 특히 잡지의 계몽이라는 입장과 여성교육에서 서구적인 면을 어떻게 다룰지를 둘러싸고 논의가 엇갈렸고, 같은 해 12월에 새롭게 『여학총지』로 바뀌었다.[43]

그렇다면 『여학잡지』가 『신지』를 대신한 이유는 무엇이었을까. 『여학잡지』는 앞서 기술했듯이 창간 당초부터 기독교주의를 선명하게 내세운 것은 아니었다. 물론 그렇다고 해도 이와모토는 쓰다 센과 기무라 구마지와의 관계에서 이미 기독교 여성교육의 네트워크에 관여하고 있었는데, 메이지여학교에 대한 기사가 처음으로 나온 것은 1885년 9월 10일 제4호의 개교 예고부터였다. 특히 9월 메이지여학교 개교를 전하는 기사와 비교해보면, 같은 해 11월 가조쿠(華族)여학교 개교에 관한 기사 쪽이 더 크게 다루어질 정도였다.

미쓰이 스미코에 의하면 『여학신지』 및 『여학총지』와 비교하여 『여

42) 1885년 7월 20일부터 12월 8일〈1-10호〉, '발행소: 만춘당, 편집인: 곤도 겐조, 발행일: 10・25일〈월 2회 간행〉, 판형: 국판'으로 되어 있다.

43) 『여학잡지』와 『총지』의 관계에 대해서는 제Ⅱ기에서 상술한다.

학잡지』가 두드러지게 눈에 띄는 특징으로 들 수 있는 것은 창간호의 「신공황후(神功皇后)」와 2호의 「궁중오우타카이의 그림(宮中御歌會の圖)」을 비롯한 황후의 기사였다.[44] 현재의 '황실=보수의 관점'에서 보면 위화감이 있는데, 당시 하루코(美子) 황후는 여성교육의 기수였다. 1872년에 개교한 도쿄여학교[45]는 황후가 주선한 것이고[46] 1885년에 개교한 가조쿠(華族)여학교는 황후의 영지(令旨)에 의해 설립된 것이다.

당시 일본에서 황실이란 제사(祭祀)를 포함해 문명과 함께 재생한 '새로운 것'이었다. 그렇기 때문에 기독교 이전에 특히 여성교육의 상징으로서 황후의 이미지를 선명하게 내걸고 있었다. 『여학잡지』에는 이후 잠시동안 황후의 생일에 반드시 축하의 기사를 실었으며, 이를 천장절(天長節)과 함께 지구절(地久節)로 제정하자고 호소하기도 했다. 국가의 최고 위치에 있는 여성, 즉 황후를 지면에서 현재화하고 여성의 지위향상을 호소하려는 전략은, 영국의 빅토리아여왕을 의식했다고도 말할 수 있다. 후술하듯이 『여학잡지』에는 빅토리아여왕에 관한 기사를 싣고 있다.

그러나 황후의 이미지 이상으로 독자의 마음을 사로잡은 것은 2호와 3호의 부록 『속발안내(束髮案內)』 및 4호와 5호 지면에 소개된 「속발도해(束髮圖解)」 〈그림 1〉였다.

44) 미쓰이 스미코, 1988, 9쪽.

45) 그 후 1875년에 설립된 도쿄여자사범학교로 흡수되어 1882년 도쿄여자사범학교 부속고등여학교로 변경된다.

46) 1875년 도쿄여자사범학교 개교식 때에도 황후가 행계(行啓)하고 이듬해에는 "닦지 않으면 구슬도 거울도 쓸모없듯이 배우는 길도 그러한 것이다"라는 노래를 하사했다. 히라카와 스케히로(平川祐弘), 2006, 189쪽.

『신지』에서도 속발회 기사가 다루어졌었는데[47] 부록과 도해(圖解)가 주는 효과는 타의 추종을 불허할 만큼 큰 것이었다. 서구를 모방한 단발은 메이지 초기 이시키카이이(違式詿違) 조례[48](1872년)에 따라 여성에게는 금지되었었다. 그 금지령이 있었기때문인지 금지가 풀린 후에도 속발은 화류계에서는 유행했지만, 로쿠메이칸 개막 때에 무도회에 등장한 상류부인은 속발과 양장을 망설였다고 한다.[49] 그 속발이 여학생에게 퍼진 것은 『여학잡지』라는 학술잡지, 즉 고급 잡지가 계몽이라는 입장에서 상류사회에 어울리는 것으로 인지되었기 때문이다. 혼다 가즈코(本田和子)는 "그녀들(저자주: 여학생)에의 속발 보급에 『여학잡지』가 크게 공헌하고 있다"[50]고 지적하고 있다.

---

47) 7월 30일, 24호.

48) 역자주: 메이지초기 범죄를 단속하는 형벌법을 말한다. 1872년 11월 8일 도쿄부(東京府) 포달(布達)로서 같은 달 13일부터 시행된 도쿄 이시키카이이(違式詿違) 조례가 최초이다. 이 조례는 총칙 5조, 이시키(違式) 죄목 23조, 카이이(詿違) 죄목 25조로 구성된 53조이다. 이듬해인 1873년 7월 19일 태정관(太政官)포고에 따라 각 지방 이시키카이이 조례가 제정되어 공포・시행되었다.

49) 곤도 겐조, 1980. 그와 같은 사정을 엿볼 수 있는 기사로서 「속발예기(束髮藝妓)」(1885년 10월 10일, 6호)와 「속발의 경황(景況)」(1886년 11월 25일, 42호)이 있다. 후자의 기사에는 "올 봄 무렵에 조금 쇠퇴했던 속발도 요즘 다시 크게 유행하고 있는데 야마노테(山の手) 오가와마치(小川町) 혼고(本郷)에는 중등(中等)이상의 부녀자 및 여학생은 반이상이 속발이다. 요즘은 기생과 같은 하급의 부녀는 속발이 거의 없는 것 같은데, 상층 사회 부인에게는 속발을 하는 자가 작년에 비해 3배나 많은 이유"처럼 속발이 '중등 이상의 부녀자 및 여학생'에게 어울리는 것임을 특별히 강조하고 있다.

50) 혼다 가즈코(本田和子), 2012, 32쪽.

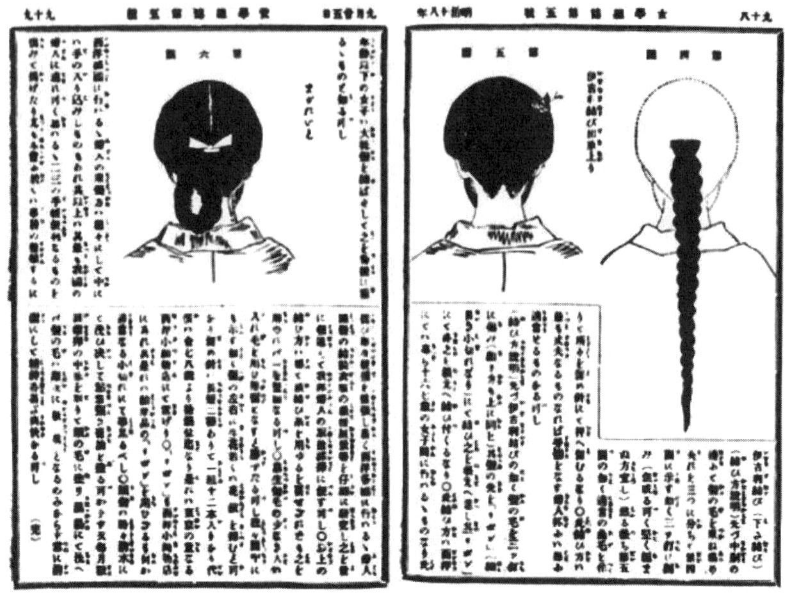

〈그림 1〉「속발도해(束髮圖解)」(『여학잡지』5호)

그러나 『여학잡지』 측에서 보면 속발이야말로 이 잡지를 여학생뿐만 아니라 일반사회에 인지시킨 계기가 되었다. 같은 해 11월에는 속발회 회원이 2,000명을 넘었다고 보도했고[51] 속발에 대한 사회적인 주목은 필연적으로 그 발신 근원지인 『여학잡지』로 향했다.

속발회는 원래 교회 부인조직을 기반으로 하고 있는데, 그 모임이 교회와는 달리 노구치 히데요(野口英世)의 스승으로도 잘 알려진 와타나베 가나에(渡辺鼎)라는 의사에 의해 위생을 목적으로 하는 모임으로 재편되었던 것도 사회적 인지를 넓힌 이유인지도 모른다. 어쨌든 이

51) 『요리우리신문』, 1885년 11월 7일.

참신한 도판(圖版)에 의한 협력으로 『여학잡지』와 속발회 쌍방이 대성공을 이루게 되었다.

제Ⅱ기 기독교주의의 표명과 여학잡지사의 독립, 그리고 편집인 이와모토 요시하루의 탄생

『여학잡지』의 중요한 전환기는[52] 만춘당에서 여학잡지사로의 독립과 기독교주의의 표명이다. 잡지의 판형도 국판에서 46배판으로 변경되었다. 1885년 12월 19일 『여학신지』에 남은 야마다 죠지(山田常治)가 『여학총지』를 새롭게 창간한 것에 맞춰 11호의 사설에 처음으로 「우리들의 이력」, 즉 『신지』 창간의 경위를 밝힘과 동시에 여학잡지사의 독립을 선언했다. 다만 『신지』와 교제를 단절한 이유에 대해서는 '말할 수 없는 불행을 만나'라고만 적고 있었다. 또한 향후의 편집방침으로서 "내외 여성교육과 관계있는 저서류를 번역하거나 집필하여"라고 적고 해외정보를 적극적으로 받아들일 방침을 시사했다.

특히 또 하나의 사설로서 「여성교육의 유신」이라고 제목을 고쳐 4호의 메이지여학교의 개교 때에도 언급하지 않았던 기독교주의를 표명했다. 이후 나중에 후쿠자와 유키치가 전개하는 여대학(女大學) 비판을 선점하여 전개한 것처럼 기독교 도덕에 기반을 두고 유교적 부녀(婦女)도

52) 1885년 12월 20일부터 1887년 12월 24일(11-90호), 발행소: 여학잡지사, 편집인: 곤도 겐조, 1886년 5월 25일부터 곤도의 급사로 이와모토 요시하루, 발행일: 5일, 15일, 25일(월 3회 간행), 1887년부터 제Ⅳ기까지 토요주간(월 4회 간행), 판형: 46배판.

덕의 비판을 수시로 전개한다. 여학잡지사의 독립과 기독교주의 표명은 『신지』에서 『여학잡지』로의 개변을 의식한 차별화 전략이기도 했다.

그렇다면 『총지』와 『여학잡지』를 나눈 미디어관의 차이는 무엇일까. 그것은 다지마 쇼지(田島象二)에 의한 『총지』의 「발행취지」에 "지금은 남성이 보는 신문잡지, 내용을 빠짐없이 준비하고 있어 다른 여지가 없다. 그리하여 여기에 여성의 신문잡지를 발간하기는 날을 만들었는데, 사물이 순서를 경과하듯이 지금이 가장 좋은 행복한 시기라고 보아야 할 것이다. 이에 『여학총지』를 발행하고, 바라건대 신문기자의 임무에 충실하여 여성의 앞날에 편의를 도모하고자 한다"고 기술한 것처럼 『총지』가 『신지』의 계몽적 측면을 오히려 손상시키고, 단순히 새로운 타깃으로서 여성을 대상으로 한 정보저널리즘을 지향한 것에 비해 이와모토 쪽은 쓰다 센이나 나카무라 마사나오를 비롯하여 메이로쿠샤 사원들의 영향에 의해 기독교에 기반을 두고 계몽적인 색채를 보다 강하게 한 점에 있었다.

나중에 미야타케 가이코쓰(宮武外骨)의 『돈지협회잡지(頓智協會雜誌)』에도 관여한 다지마 쇼지[53]는 『신지』에 관계하기 이전 『마루마루친분(團々珍聞)』(1877년 간행)[54], 『묘묘잣소(妙々雜俎)』(1878년 간행)라는 해학(滑稽)적 풍자잡지를 주재했는데, 가이코쓰와의 관계에서 생각해 보아도 세상을 적(敵)으로 대하고 그 일들을 우스꽝스럽게 묘사하는 소위 유신 이전부터 존재하는 문필가(操觚者)라는 것이 그 위치였다. 이것은 잡지와 교육기관을 동시에 계몽의 쌍두마차로서 주재하

53) 모토기 이타루(本木至), 1984, 34쪽・80쪽.

54) 역자주: 1877년부터 1907년까지 간행되었는데 해학삽입의 시국풍자 잡지이다.

는 이와모토나 또는 선각자로서 후쿠자와 유키치와 같은 메이지기 특유의 새로운 저널리즘의 모습과는 대조적이었던 것이다.

한편 그로부터 얼마 후 학농사(學農社)의 『농업잡지』 이래 함께 잡지의 편집사업을 맡아온 곤도 겐조가 급사한다. 이 갑작스런 사건은 궤도에 오르기 시작한 잡지 사업에 커다란 타격을 주었다해도 이상한 것은 아니었지만, 오히려 8월 기무라 도코의 죽음으로 인해 이와모토의 메이지여학교 교장의 계승과 함께 잡지도 여학교들 사이의 네트워크화가 강화되고 주간화(週刊化) 하는 등 점점 더 충실해져 간다.

프로듀서적이고 아이디어가 풍부한 이와모토는 광고란을 활용하여 여성교육과 여학교 정보를 규합함과 동시에 그 협력자들에게는 잡지를 제공하는 것으로 여학교 내에 잡지 침투를 꾀했다. 예를 들면 「전국 여학교 상황」이라는 기사 기획을 위해 전국 각지의 여학교 간사들[55]에게 각각의 여학교 소재지 지명, 관립과 공립 그리고 사립별 창립년도, 교원 명수 및 그 성명, 현재 학생 숫자, 졸업생 숫자를 알리는 광고를 실시한다거나[56] 각종 부인회의 운동 소식을 특별광고라는 형태로 무료 게재했다.[57] 또는 순차적으로 각 여학교 정보를 모으기 위해 각 학교마다 한 명씩 통신원을 모집[58]하는 방식을 썼다. 이에 대한 대가는 모두 잡지의 배포였고, 광고의 경우에는 일정 발행 부수의 주문을 통해 이를 대체하면서 정보수집과 동시에 『여학잡지』 그 자체가 자사 선전으로 이어지는 장치로 활용했다. 또한 통신교육의 선구로서 학교에 다

55) 이것은 학교 모든 사무·경영에 관여하는 직원을 가리키는 것이다.
56) 1886년 5월 25일, 24호.
57) 1886년 12월 25일, 45호.
58) 1887년 1월 15일, 47호.

니지 못하는 사람들이나 이미 결혼하여 아내가 되었거나 혹은 어머니가 된 여성을 위한 강의록 『통신여학(通信女學)』[59]의 발행도 기획했다.[60]

또한 이와모토는 주로 영미의 교회 부인조직을 소개하면서 그것을 모방한 각종 부인회 설립을 장려했다. 그중에서도 특히 만국부인 기독교 금주회(禁酒會)의 서기 마리아 뢰비트(Mary Lowith)의 일본 방문을 계기로 부인교풍회가 설립되는데, 이 때에는 이와모토 스스로 서기를 맡았고 사무소도 여학잡지사에 두었다. 금주(禁酒)보다도 폐창운동을 중시하는 운동방침은 영국 조세핀 버틀러(Josephine Butler)의 폐창운동에서 자극을 받은[61] 이와모토의 의향이 반영되었던 것이다. 이 외에 이와모토는 부인위생회의 설립에도 관여했다. 덧붙이자면 영미 여성잡지에 영향을 받아 잡지에 문예 색채를 시도 한 것도 이 시기였는데, 나카지마 쇼엔(中島湘煙)에게 소설을 집필하게 하고[62] 이와모토 자신도 연재소설을 집필했다.[63]

『여학잡지』는 1887년부터 『가디스 레이디스 북(Godey's Lady's Book)』[64], 『하퍼즈지(Harper's Magazine)』[65], 『퀸(Queen)』 등 13개 잡지에 이르는 영미의 여성잡지를 들여왔고 독자의 주문에도 대응하고

---

59) 『통신여학(通信女學)』의 발행 부수는 1887년 3월 577부, 1888년 546부이다.
60) 1887년 3월 12일, 55호, 다만 144호 이후 159호까지 본 잡지로 합병한다.
61) 관련기사로 41호 「매독검사조례」, 「버틀러 부인」.
62) 『선악의 기로(善惡の岐)』, 1887년 7월 30일-8월 20일, 69호・70호・72호.
63) 『장미의 향기』, 1887년 7월 9일-11월 12일, 66-84호.
64) **역자주**: 1830-1878년(48년)동안 루이스 가디(Louis A. Godey)가 필라델피아에서 출판한 19세기의 유명한 여성 잡지이다.
65) **역자주**: 미국의 대표적인 문예 평론지로서 1850년에 창간되었다.

있었다.[66] 이러한 영미 여성잡지의 참고, 번역, 전재(轉載)는 실은 『여학총지』가 먼저 실시하고 있었던 것들이었다.[67] 『총지』는 당시 주간 타블로이드(tabloid)[68] 판이었던 영국의 여성잡지를 배우기 위해 1886년부터 토요일로 주간화(週刊化) 하고, 1887년에는 표지에 영어타이틀 "The Ladies' Journal of Education"을 내거는 등 그 후 『여학잡지』가 추종하는 서구화의 요소를 선행하여 내걸고 있었다.[69]

그러나 이러한 경향이 계몽보다도 정보를 중시하고, 영미잡지에 대한 번역을 게재하지만 여전히 유교적인 중국의 현모(賢母)전설 등을 게재하는 『총지』보다도 기독교에 의한 계몽 색채를 강하게 내걸고 여학교 관계자를 핵심적인 독자로 확보하고 있었던 『여학잡지』에 어울리는 것은 당연한 것이었다.

1887년 5월 21일 65호의 「간음의 공기(空氣)」에 의한 『여학잡지』 최

66) 1887년 1월 5일, 4호. 『여학잡지』가 구입, 참조하고 있었던 영미잡지는 다음과 같다(「외국의 여학신문잡지」, 1887년 1월 5일, 46호 신보). 역시 같은 기사에는 "이것들을 직접 주문하여 독자의 편리를 제공한다"라고 되어 했고, 독자의 직접 주문에 대한 편리함도 논의하고 있었다. ① Godey's Lady's Book(미국), ② Harper's Magazine(미국), ③ Harper's Bazar(미국), ④ Harper's Weekly(미국), ⑤ Ladies Monthly Review(영국), ⑥ Our Little Men and Women(상세한 것은 불분명), ⑦ Women's journal(영국), ⑧ Woman's work(Quarterly News of Woman's work의 것일까? 영국), ⑨ The Lady(영국), ⑩ Queen(영국), ⑪ British Work Woman(영국), ⑫ Girl's Own Paper(영국), ⑬ Young Ladies Journal(영국) 등등이다.

67) 『시사신보』 광고(1886년 7월 6일)에는 『여학총지』가 주문해서 들여온 잡지로서 Queen Lady's News Paper, Lady's Treasury, Lady's Journal, New England Educational Journal가 있다.

68) 역자주: 신문지 2분의 1의 크기의 인쇄물을 말한다.

69) 『여학잡지』의 토요주간화는 1887년부터 또는 표지에 영어타이틀 "The Woman's Magazine"를 내걸은 것은 1887년 7월 9일부터이다.

초의 발행금지 처분은 나중에 아시오동산(足尾銅山) 광독문제를 다루어[70] 신문지 조례위반을 추궁 당했던 때와 같은 큰 손실은 아니었으며, 이토(伊藤) 수상관저 가장무도회의 고급관료의 타락을 비판하는 논조 그 자체는 여론의 방향성과 일치하고 있었다. 이와모토는 이 시기 단순하게 상류층의 풍속에 그치지 않고 여성교육에 기독교의 도입을 지향하고 있었기 때문에 처음과는 달리 청교도주의(Puritanism)적인 관점에서 상류사회의 무도회와 성적 문란을 격렬히 비판하게 되었다. 사회적으로도 이 가장무도회 사건을 계기로 로쿠메이칸시대는 종말을 맞이하게 되는데, 여론은 이러한 사태를 통해 반동적으로 국수주의로 돌아가면서 이와모토가 의도하는 청교도주의에 기반을 둔 여성교육을 비판의 대상으로 삼게 된다.

제Ⅲ기 영미 여성잡지의 모방과 문예지향

처음에 영미 여성잡지 기사를 적극적으로 받아들이겠다는 지면개혁 실천으로 모방이 더욱 현저해진 것은 바로 이 시기이다.[71] 특히 1887년 12월 24일 90호의 「편집규칙 개정」을 예고했는데, 그것에는 여권여학(女權女學)의 신장론 뿐만 아니라 '미술, 유기(遊技), 전기, 소설, 역사, 비평 등의 기사가 많은' 미국의 『하퍼스 먼슬리(Harper's Monthly)』와 『센츄리(Century)』 같은 잡지로 할 것이라고 했다. 이를 위해 현재의 상주 집필자 이외에도 광범위하게 집필을 요구할 것과 문장을 가능한

70) 1900년 3월 25일, 508호.

71) 1888년 1월 7일부터 1889년 4월 27일, 91-159호.

한 평이하게 하고 시사에 관련되는 고도의 논의와 여학(女學)의 논설은 임시부록으로 하는 것을 표명했다.

평론잡지나 교육 잡지로부터 탈각하여 당시의 해외잡지를 모방함으로써 일반취향의 부인잡지・교양잡지로 접근하는 것을 지향했다. 이러한 『여학잡지』의 방향성은 기독교에 기반을 둔 교양잡지 『국민의 벗』의 성공에서 영향을 받은 것이라고 생각된다.[72)]

72) 『국민의 벗』의 연간 발행 부수에 대해서는 〈표 2〉를 참조하기 바란다. 순조로운 발행 부수를 뒷받침하는 것으로서 "소호 자신이 기록한 바에 따르면 이 『국민의 벗』은 창간호의 발행 부수 7,500부, 1년 뒤에는 14,000부에 달했다고 한다(『소호 자전』, 223쪽)"(마쓰모토, 1993=2012, 114쪽).

〈그림 2〉『여학잡지』 부록 카드

〈그림 3-1〉
'87년간 영국 여성 모자의 변천'

〈그림 3-2〉
동 '87년간 영국 여성 모자의 변천'

〈그림 4〉 87년간 영국 여성 모자의 변천 원 그림(『퀸(Queen)』에서 전재한 것)

The Woman's Magazine.
女學雜誌
一冊五錢
版權免許
各土曜日出版
第百貳拾壹號
社說
論說
批評
談話
小說
寄書
小供談
新報
外報

〈그림 5〉『여학잡지』의 표지

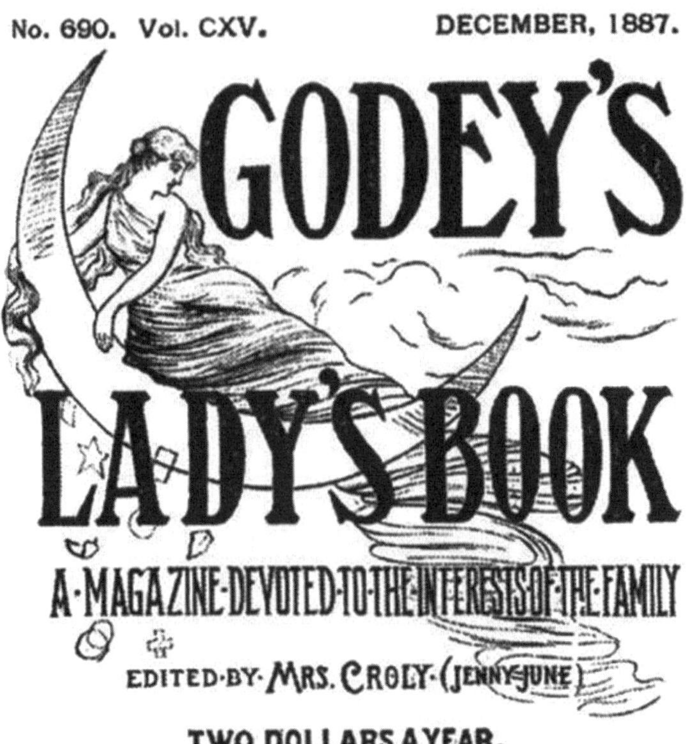

No. 690. Vol. CXV. DECEMBER, 1887.

GODEY'S LADY'S BOOK

A·MAGAZINE·DEVOTED·TO·THE·INTERESTS·OF·THE·FAMILY

EDITED·BY· MRS. CROLY·(JENNY JUNE)

TWO DOLLARS A YEAR.

PUBLISHED·BY·THE·CROLY PUBLISHING COMPANY 1024 ARCH ST PHILADA·PA·

Copyright [illegible] by Croly Publishing Company. Entered at the Philadelphia Post Office as second class matter.

The American News Company and all its branches are Agents for the Trade.

〈그림 6〉『가디스 레이디스 북(Godey's Lady's Book)』의 표지

지면개혁에 의해 1889년 1월 7일 91호에는 외국잡지의 도판이 포함되어 있는 달력 부록이나 화려한 장미꽃을 붙인 요일표 및 『여학잡지』 발행일을 기재한 카드를 부록으로 마련했다(〈그림 2〉). 그리고 1월 18일 94호와 2월 4일 95호에는 영국 잡지 『퀸(Queen)』에서 전재한 「87년간 영국 여성 모자(女帽)의 변천」이라고 제목을 붙여 모자 유행의 변천을 전체 도판으로 게재했다(〈그림 3-1, 그림 3-2〉). 이 도판은 잡지 『퀸』의 1887년 10월 22일호에 게재된 것(〈그림 4〉)을 참고로 나카가와 노보루(中川昇)가 이를 그대로 모방하여 새로 만든 것이다.

이미 영미에서 나타난 복장개량론[73]을 지지하고 허리를 잘록하게 하기 위한 코르셋을 필요로 하는 건강에도 안좋아 보이는 양장, 즉 분위기만을 선도하는 서구의 패션을 처음부터 끝까지 비판하고 있었던 이와모토의 입장에서 보면 당시 서구에서 패션사진의 선구로서 여성잡지의 관심을 끄는 기획이었던 패션・플레이트(plate)[74]류를 채용하는[75] 것은 기이한 느낌이 들기도 한다.

그러나 속발과 함께 모자를 장려하고 있었기 때문에 지면의 좋은 소재 혹은 '속발도해(圖解)'의 붐과 같은 것을 노린 것이었을지도 모른다. 그 후 패션・플레이트를 모방하는 것은 아니었지만 초상화(portrait)와 소설 삽화, 서양의 사물을 모사(模寫)한 도판, 사진 등[76] 『여학잡지』는

73) 이와모토와 마찬가지로 여성잡지를 주재하고 있던 오스카 와일드(Oscar Wilde)가 있다.

74) 역자주: 감광제를 바른 유리판이나 셀룰로이드판으로, 사진의 건판・습판・필름 따위를 말한다.

75) 오늘날에 말하는 패션사진을 판화로 표현한 것이다. 당시의 영미부인잡지에는 빠뜨릴 수 없는 유행 전달미디어였다.

76) 156호(1889년 4월 6일) 부록에는 '영국 옥스퍼드, 비콘스필드(Beaconsfield)교회'

당시의 잡지로서는 지면의 비쥬얼화에 적극적이었는데, 그것 역시 영미의 여성잡지가 염두에 두고 있었기 때문일지도 모른다. 특히 1888년 8월 4일 121호부터 1889년 12월 29일 142호까지 채용된 표지(〈그림 5〉)는 당시의 『가디스 레이디스 북(Godey's Lady's Book)』의 표지(〈그림 6〉)를 모방한 것이었다.

그밖에 해외잡지로부터 영향을 받은 지면편집의 예는 앞의 광고란에서 언급한 여성을 위한 직업알선 광고, '교제나 모임 안내'로, 이것은 1888년 1월 7일 91호 권말(巻末)에 『가디스 레이디스 북』에서 초역으로 소개되었던 「보스톤 부인교육 및 직업동맹회」의 구조를 모방한 것이다. 또한 해외문학작품으로서 에드워드 불워 리턴(Edward George Bulwer-Lytton)의 『폼페이 최후의 날』을 시작으로 번역 작품을 적극적으로 소개한다.

덧붙여 말하면 여성교육에 대한 역풍의 한가운데에서 이와모토는 영미의 여성잡지를 수용하는 것으로, 여성의 고등교육과 함께 여성취향 잡지에서 문학의 중요성과 의미를 보다 깊이 인식하고 있었던 것이 아닐까 생각된다. 그것은 「여학의 설명」에서 '서국(西國)'을 염두에 둔 "'다나베 가호(田辺花圃) 여성의 학문', 즉 '여성교육'"의 중요성을 환기하려는 주장과도 일맥상통한다. 다나베 가호와 기무라 아케보노(木村曙)의 등장과 더불어 해외의 여성작가를 모델로 '여성이 집필할 것'을 적극적으로 지지한 것은 여성을 소설의 독자로 훗날 '부인잡지'나 '소녀잡지'에서 문예장르를 확립시키는 것으로 이어진다.

의 도판, 222호(1890년 7월 19일)에 풍경사진, 223호(1890년 7월 26일)부터 규수작가의 초상사진이 한 명씩 게재되어 있다.

이러한 잡지의 급진적인 서구화는 로쿠메이칸 시대 종언 이후 오히려 급속히 반동화 되는 사회 상황에 역행해 갔기 때문에 판매부수가 대폭적으로 감소했다. 물론 그 이유로 1888년 4월에 『여학잡지』와 분리되어 『도쿄부인교풍잡지』가 창간된 것도 하나의 영향일지도 모른다.

그리고 이 시기 속발회의 주재자 와타나베 가나에(渡辺鼎)가 주창한 양복론은 창간시의 속발 붐과는 달리 코르셋 비판과 일본 복장의 유지 보존의 논리와 함께 시류로서는 도저히 받아들일 수 없는 것이었고, 기독교계 여학교도 대폭적으로 입학자가 줄어들고 있었다.

그럼에도 불구하고 문학에서 개량주의적 경향과 보조를 맞춰 해외 문학을 소개한 것은 『국민의 벗』과 같은 교양잡지를 지향하고 대학생과 지식층 청년도 독자로 의식하고 있었던 것과도 관련되어 있었을 것이다. 이 시기 서구잡지의 직접적인 모방은 시대의 역풍 속에서 잡지의 역경을 초래하는 것이었지만, 이러한 '모방의 단계'를 거쳐 『여학잡지』는 독자적인 서구 이미지를 획득해 가게 된다.

제Ⅳ기 종합교양잡지의 모색과 폐창운동

157호 광고에서 예고된 160호로부터의 두 번째 지면개혁[77]이란 13개 잡지에 달하는 다른 '여류잡지'와의 차별화를 상정한 것이었다. '여성을 위로하는 것'에 그치지 않고, '사회를 향해 나아가고 더 널리 퍼지는' 종합잡지로서의 발전을 꾀하는 것이었다.

---

77) 1889년 5월 4일부터 1890년 11월 22일, 160-240호.

구체적으로는 여학(女學) 이외에 시론(時論)이나 시사문제를 폭넓게 다루고, 보다 폭넓은 장르의 서적을 비평하는 것을 목표로 하여 투고나 '여흥의 재료가 되는 라쿠고(落語), 수수께끼, 그림자놀이(影繪), 퀴즈' 등의 기고를 찾고 있었다. 또한 183호부터는 지원금을 지원을 받는 '신문조례령'에 따라 '학술잡지'가 아닌 '일반잡지'가 되어 정치적 비평도 적극적으로 게재하려고 한 것은 종합잡지 모색이라는 측면에서 보면 당연한 귀결이었다. 또 하나는 군마현(群馬縣)이 1893까지 폐창을 연기한다고 발표하면서, 이에 반대하는 폐창운동이 활성화된 것도 이유였다.

일반잡지가 된 『여학잡지』는 폐창문제를 중심 축으로 삼았는데, 다른 신문잡지와의 논쟁도 활발해졌다. 그것은 국수반동화의 시류 속에서 기독교 지식인이 일치단결하고, 이러한 반동에 대해 사회개량과 여성교육의 진전을 주장할 필요가 있었기 때문이었다. 이처럼 사회개량에 참여하는 것과 병행하여 문학 분야에서는 『여학생』을 창간[78]했고, 여학생에게 '직접 집필할 것'을 보다 적극적으로 장려했다. 이 잡지에서는 1900년 1월 1일호 부록에서 「기념물」로 주목받은 와카마쓰 시즈코가 번역소설 「소공자(小公子)」를 비롯해 『여학잡지』가 키운 여성작가에 의한 여성을 위한 문학이 본격화되어 간다. 이 잡지가 키운 여성 번역자의 등장은 '집필하는' 여학생들의 숫자를 넓힌 것은 틀림없다. 그리고 그 숫자의 확대는 역으로 아마추어의 첨삭[79]에 만족하지 못하고 지도자 역할을 한 문학청년들의 『문학계』에의 이반(離反)을 초래하게 된다.

---

78) 1890년 5월 21일.

79) 『여학생』은 주로 기독교계 여학교의 문예서클, 문학회를 중심으로 하는 여학생의 투고와 그에 대한 첨삭지도가 주요 내용이었다.

제V기 부인잡지의 의식화와 반동에의 대항

238호에서 예고한 241호의 지면개혁[80]은 이전 1889년 5월에 실시한 지면의 고도화나 '종합잡지화'와는 역방향의 개혁이었다. 즉 문자를 평이하게 하고 실제적인 기사를 늘리고 실용기사의 전문성에 맞게 8명의 여성 기자를 배치한다는 '부인잡지화'를 굳히는 개혁이었다. 그와 같은 배경에는 사회의 반동화에 의한 전체적 여성교육의 저조함이 있었다.

이전 지면개혁 때에는 '여학잡지'가 13개 종류를 헤아릴 정도로 성황이었다. 그렇지만 결과적으로 지속되는 잡지는 거의 없었고 1년 남짓 사이에 『여학잡지』 외 3개의 잡지만이 남게 되었다. 편집전략을 보면 경합 잡지가 많았던 1889년에는 종합잡지적인 것을 지향하여 차별화를 꾀했는데, 경합 잡지가 감소한 1890년 후반에는 역으로 부인잡지의 특징을 강력히 내세우는 것으로 잡지의 독자성을 발휘할 수 있었다.

구체적인 개혁으로서 239호 「여학잡지의 개진(改進)개략」에서 언급된 것을 보면, 지면란의 증설, 사설의 세분화, 언행이나 잡록(雜錄), 가사(家政), 소설, 아람(兒藍), 비평, 문학, 이학(理學), 에미구사(笑草), 문답, 기고(寄書), 감상(隨感), 시사, 신지(新誌), 여보(女報), 주보(週報), 물가, 통계, 소개 등 20개의 코너를 마련하고 특히 사외(社外) 여성기자 8명과 그 담당 부분을 소개하고 있다.

시사문제에 나카지마 도시코(中島俊子),[81] 소설에 와카마쓰 시즈코와 다나베 가호, 위생이나 간호에 오기노 긴코(荻野吟子), 이학에 요시

---

80) 1890년 11월 29일부터 1892년 5월 28일, 241-319호.

81) 기시다 도시코(岸田俊子), 호는 쇼엔이다.

다 노부코(吉田伸子), 담화 속기에 안도 다네코(安藤たね子), 가사일(家政)에 고지마 기요코(小島きよ子), 주필 및 편집에 시미즈 도요코(清水豊子:紫琴)가 이에 해당된다. 그럼으로써『여학잡지』는 '가정 잡지' 즉 서양에서 말하는 홈 저널이라고 선언했다.

이 시기는 우치무라 간조(内村鑑三)의 불경사건[82]을 통해 단적으로 알 수 있듯이 국수주의적 반동화가 정점에 이르고 있었는데, 그럼에도 불구하고『여학잡지』는 다방면에 걸쳐 여성 기자를 채용했다. 특히 문학에는 와카마쓰 시즈코, 다나베 가호,「깨진 반지(こわれ指環)」[83]로 데뷔하는 시미즈 도요코가 활약했다. 다양한 취재기사나 홈(Home)이야기, 전화의 구조 해설을 비롯한 이학(理學)[84] 등등 지면개혁의 광고에 다름없는 가정교양 잡지로서의 충실함을 엿볼 수 있다. 정론(政論)으로서는 '개진(改進)' 및 기독교를 내걸고 반동세력의 반발에 부딪쳐 궁지에 몰리기도 했지만, 그것이 곧 여성교육의 부진함을 말하는 것이 되어『여학잡지』가 부인잡지적인 충실함을 보인 것은 오히려 귀중하게 다루어지고, 이 시기 부인잡지로서 사회에 인정받게 된다.

부인잡지로서의 인지가 고조됨에 따라 여론에서 여학생 비난도 강해졌기 때문에 사설부분에서는 국수파와 날카롭게 대립했다. 그러나 '국수'를 기반으로 구축된 논리로서 서구와 어깨를 나란히 하려는 기개가 있었는데, 그러한 의미에서 가정과 문명의 중요성을 의심받은 적은 없었다. 한편 서구와 어깨를 나란히 하려는 기개가 천황을 받든다는 점에서도 이와모토를 비롯한『여학잡지』에 모인 다른 기독교 신자들도

82) 1891년 1월.
83) 1891년 1월 1일, 246호.
84) 1891년 3월 7일, 255호.

이에 뒤지지 않는 애국주의자였다. 양쪽의 날카로운 대립에도 불구하고 공유하고 있었던 가치, 그것은 국가의식과 이를 위한 가정의 충실함, 그리고 문명의 가치였던 것이다.

오히려 정치적으로 기독교 급진파적 입장이었던 『여학잡지』는 이와모토가 비판한 관리와 교육가라는 상층의 가정에서도 마침내 질 좋은 가정잡지로서 인정받는다. 그리고 그러한 가정잡지의 필요성 그 자체가 널리 공유되고 있었기 때문에 이 시기 보수파 측에서 새롭게 『여감(女鑑)』이 창간[85]되기도 했다.[86]

이와모토가 간사이(關西) 여행에서 여행담을 기록한 「영춘행(迎春行)」은 기행문이라기보다 기독교관련 조직[87]의 시찰 기록이었고, 지방의 풍물 소개보다는 사회상황, 종교사정에 기반을 두면서 오히려 지방여성의 '미개'함이 역설되어 있다. 이 '미개'를 깨뜨린다는 의미에서 이를 용인하는 토착불교에 대한 기독교 개량주의 자세가 명확하게 주장되었다.

---

85) 1891년 8월 8일.

86) 우치무라 간조 불경사건에 관한 사설 및 여성교육론에서 『여학잡지』의 서구화와 애국주의 담론의 관계에 대해서는 제5장에서 상술한다.

87) 고베(神戶)의 소년회, 오카야마(岡山)의 고아원 등이다.

제Ⅵ기 흰색 표지와 빨간색 표지 평론잡지와 부인잡지의 분할

이시기 개혁[88]의 동기로서는 1892년 3월부터 5월에 사이에 이와모토의 간사이(關西), 주고쿠(中國), 시코쿠(四國), 규슈(九州)의 여행이 있었다. 이와모토는 각지역의 미션 스쿨을 방문하여 폐창연설을 실시했다. 특히 시코쿠 지역 기독교 관계자와 교류했는데, 그 양상을 순차적으로 「영춘행」이라는 제목으로 『여학잡지』에 게재했다. 「영춘행」은 도쿄의 개화모습과는 다른 지방의 모습과 현상에 대한 개탄과 놀라움을 적었다. 그래서 지방 독자를 위하여 『여학잡지』의 의의를 설명하고 이를 편집 내용에서 재고하기에 이르렀던 것이다. 319호 지면개혁 예고에 다음과 같은 글이 적혀 있다.

> 『여학잡지』의 편집자(編者)는 최근 주고쿠, 시코쿠, 규슈를 돌며 세상의 모습을 상세하게 보았고, 그와 동시에 수년 동안의 본 잡지를 애독한 애독자와 이야기를 나누면서 터득한 것이 많았다. 날로 진보하는 문명을 동경하는 젊은이들이 『여학잡지』가 게재하는 사회개량 논설, 문학 비평, 인물론, 또는 시, 노래, 하이카이(俳諧), 소설 등을 의외로 좋아한다며 이러한 경향에 대한 요구를 이야기했다. 그런데도 만학(晩學)의 부인, 또는 실제 가사일을 담당하는 주부, 혹은 부인회 등의 회원들은 『여학잡지』가 게재하는 가사일, 아람(兒藍), 이학(理學)에 관한 이야기, 문답, 열녀현부(烈女賢婦)의 전기, 육아, 간병, 자식에 관한 이야기 등이 효과가 있다며 다른 것을 줄이고 가능한 한 이러한 종류를 많이 게재하기를 원했다.

---

88) 1892년 6월 4일부터 1893년 3월 25일, 320-341호를 가리킨다.

서로 다른 두 부류의 독자층을 위해 "『여학잡지』를 두 종류로 나누어 하나는 청년 남녀를 위해 다른 한 종류는 만학 또는 나이가 조금 있는 부인[89]을 위한" 잡지로 만들어 전자를 갑호(甲號) 흰색(白)표지, 후자를 을호(乙號) 빨간색(赤)표지로 하는 것을 광고했다. 이후 주간(週刊)으로 흰색 표지와 빨간색 표지가 발행되었다.

이 두 종류의 분할을 어떻게 평가할지는 잡지를 보는 관점에서 따라 의견이 나뉘게 된다. '사업'으로서 잡지의 전개[90]나 독자의 요구에 따라 보다 구체적으로 대응한다는 점에서 보면 한권으로 서로 다른 장르를 다루는 것이 아니라 각각의 장르가 독립되어가는 것은 리터러시(literacy)의 확대와 사회의 기능분화, 그에 따른 저널리즘의 장르화라는 흐름 속에서는 자연스러운 대응이었다.

그러나 독자층이 한정되어 있었던 이 시대, 이러한 매체의 분할과 매주 구독이외에 흰색 표지 또는 빨간색 표지를 격주로 구독 가능하게 하는 영업 전략은 독자의 확대에 공헌하기보다도 반대로 각자의 니즈에 따른 필요한 잡지만을 읽는 독자가 생겨나서 발행 부수를 감소시키는 결과를 초래했다. 그러나 동시에 분할로 알게 된 점은 『여학잡지』의 매력이 부인잡지이면서 지식층 청년도 읽을 수 있다는 오피니언 리더 잡지라는 매력이었다. 즉 비유하자면 여성뿐만 아니라 후타바테이 시메이(二葉亭四迷)의 소설 『뜬구름(浮雲)』의 분조(文三)와 오세이(お勢)와 같은 젊은 남녀가 함께 읽을 수 있다는 점에 있었다.

---

89) 성숙한 혹은 가정을 가진 부인이라는 뜻이기도 하다.

90) 다만 메이지의 기독교도라는 입장에서 운영하는 '사업'이란 '영리'라기보다도 계몽으로서의 사업일 것이다. 그들의 실천적인 의미에 대해서는 제4장에서 상술했다.

그렇지만 특별하게 여성독자에게 그 내용 분배가 적절했었는가는 의심스럽다. 왜냐하면 지식욕이 왕성한 여학생이 중심독자였는데, 그 독자가 관심을 갖고 있던 문학이 흰색 표지와 빨간색 표지로 분산되었다. 빨간색 표지에는 여성교육론과 지식욕의 동기부여가 될 수 없는 가사일(家政)에 대한 실용정보가 병존하고 있었기 때문이다. 이와모토는 물론이고 당시의 계몽가들은 미국 중류가정을 모델로 홈(home) 건설을 위해 '가사일'을 당연한 것으로 '여성교육'의 필요성이라고 결론을 맺고 있었다. 그러한 가사일에 대한 실제 기사는 리터러시와 상류 계층의 여성독자들이 바라던 내용과는 미묘한 차이가 있었다. 그리고 그 차이는 그대로 '가사일'과 '여성교육'의 본질적인 모순의 노정이었다.

이 분산은 약 1년 동안 지속되었는데, 1893년 4월에 흰색 표지는 제목을 바꿔 신잡지 『평론』이 되었고 『여학잡지』는 원래의 모습으로 돌아가 격주 주간지가 되었다. 그에 앞서 1893년 1월에는 『여학생』이 발전되는 형태로서 『문학계』가 창간되었다.[91] 따라서 흰색 표지와 빨간색 표지의 분리는 여학잡지사의 출판물을 다양화시킴으로써 잡지 미디어의 장르화를 체현했는데, 또 다시 통합된 본 잡지 속에서 평론과 문학과 여성에 관한 정보가 절묘한 밸런스로 성립되는 '재미'가 되살아나지 못했다.

이노우에 데루코와 후지타 스즈코(藤田美實) 이외에 많은 연구자들이 발행 부수가 안정되면서 확대되어가는 1897년대보다도 1887년대 전반의 『여학잡지』에 주목하고 있다. 필자도 이 견해에 찬성하는 이유는 지금까지 서술한 것처럼 잡지가 다양한 전략을 구사하여 미디어의 방

---

91) 『여학잡지』와 『문학계』의 관계에 대해서는 제6장에서 상술했다.

향성을 찾아가는 과정이 지면개혁 속에서 동태적으로 파악되고, 그러한 편집의도가 잡지와 함께 사회에서 잡지관계자의 지위를 확립시켜간다는 의미에서 어느 정도 성공을 거두어왔다고 볼 수 있기 때문이다.

제Ⅶ기 문예잡지, 평론잡지, 부인잡지의 분할

1893년『문학계』의 창간에 이어 흰색 표지가 신잡지『평론』으로, 빨간색 표지가 개진되어[92]『여학잡지』가 되는 것[93]은 지금까지 잡지 속에 공존하고 있던 문예잡지, 오피니언잡지, 부인잡지 세 측면이 각각 하나의 잡지로 분할되는 것을 의미했다. 따라서 원래 문학관의 차이로 인해 나눠진『문학계』 관계자는 그쪽으로 집필의 중점을 옮겨갔다. 마찬가지로 1893년 11월에는『도쿄부인교풍잡지』(1888년 창간)가『부인교풍잡지』가 되어 전국으로 확대되었기 때문에 교풍회 관계자들의 기고도 급격히 감소했다. 이러한 사정에 대해 이노우에 데루코는 다음과 같이 적는다.

> 『여학잡지』는 1894년까지 이어졌다고 말할 수 있는데『여학잡지』의 오피니언, 저널리즘으로서의 역사적 역할은 1893년으로 끝났다고 생각해도 틀린 것은 아니다.[94]

92) 1893년 4월 8일부터 1894년 10월 24일, 341-402호.
93) 빨간색 표지를 계승하고 격주간지(월 2회 간행)로 출발, 361호(1894년 1월 6일)부터 또다시 주간지화로 된다.
94) 이노우에 데루코, 1971, 132쪽.

이노우에가 지적한 것처럼 1893년을 경계로 『여학잡지』는 혁신적인 저널리즘에서 여성교육 잡지로 정착되어갔다. 1887년대 전반 국수반동과 날카롭게 대립하고 있었던 기독교 관계자들은 청일전쟁을 문명화 일본의 위신이나 비약으로 보고 이를 지지했다. 이와모토도 물론 포함되어 있었다.

이것은 전향이나 변절이 아니라 서양을 모델로 하는 문명화가 만든 국민국가화를 지지하는 입장에서 보면 어쩌면 당연한 귀결이었다. 동시기에 일어난 '일본의 신부(花嫁)'사건[95]에 대해서도 이와모토는 처음부터 저자 다무라 나오오미(田村直臣)에게 비판적이었고[96] 그를 탄핵 추방한 우에무라 마사히사와 오시카와 마사요시 등 기독교 관계자의 조치에 동조하고 있었다.[97] 바로 여기서 기독교도인들이면서 동시에 국가주의자인 것에 아무런 모순을 느끼지 않았음을 알 수 있다.

95) 스키야바시(數寄屋橋)교회 목사 다무라 나오오미(田村直臣)가 미국에 건너갔을 때 출판된 일본의 봉건적인 결혼제도를 고발하는 영문저서 'The Japanese Bride'를 둘러싼 사건이다. 『만조보』와 『일본』이 이것을 '일본의 수치를 외부에 폭로한 것'이며 '국가를 모독하는 것'이라고 비판했다. 1894년 마침내 일본기독교교회가 다무라의 교직을 박탈시켰다.

96) 1893년 9월 2일, 352호.

97) 1894년 7월 14일, 388호.

제Ⅷ기 전시(戰時) 저널리즘과 메이지여학교의 위기

여섯 번째 지면개혁[98]에서는 『평론』을 또다시 『여학잡지』로 합병하고 이것을 월간지화 했는데, 이는 쇠퇴기의 시작이었다. 월간지화의 이유에 대해서 『여학잡지』403호 광고란에 해외전도 사업을 일으키기 위함이라고 설명했다. 해외전도 사업이란 이와모토 요시하루와 오시카와 마사요시 등이 책임을 맡은 '대일본해외교육회'를 말한다. 이 '교육회'는 청일전쟁을 계기로 조선의 식민정책에 협조한 전도와 계몽 사업이었다. 편집인 이와모토가 이러한 사업에 경도되어 주간지에서 월간지로 바꾼 『여학잡지』는 전시색이 짙어지고, 그때까지 실시하던 여성독자의 관심에 호응하는 내용을 담지 않게 되었다.

'대일본해외교육회'는 이후 기독교도 이외에 정재계(政財界), 교육이나 언론계의 유력자들을 끌어들여 1896년 9월 조선에 경성학당을 설립하게 된다.[99] 그리하여 조선의 사정도 자주 지면에 다루었는데[100] '서구'와 '미개'의 조선을 두고 양쪽 사정에 정통한 일본인이 조선을 계몽해야한다는 논조가 눈에 띄게 많아졌다. 특히 이와모토는 1895년 봄 『일본종교(日本宗教)』라는 잡지 발간에도 관여하게 된다.

> 신도를 포함한 기독교, 불교, 유교 등의 종교잡지가 지금까지는 망라적이었다. 창간호의 사설 다음으로 미야케 세쓰레이(三宅雪嶺)가 글을 싣고 있는데, 말 그대로 미야케 세쓰레이적 발상이라고 말할 수 있다. 그러나 주창자는 요시하루일 것이

98) 1894년 10월 27일부터 1896년 9월 25일, 403-426호.
99) 도이 데루오(土肥昭夫), 1996, 328쪽.
100) 예를 들면 「조선인에 대한 서양인의 관찰」, 1896년 10월 13일, 401호.

다. 여학잡지사는 이미 시모로쿠반쵸(下六番町)의 메이지여학교 부지 내로 옮겼는데 『일본종교』의 출판소도 같은 곳에 두었기 때문이다. 그뿐만 아니라 그 집필자로는 아오야나기 유비(青柳有美), 도가와 잔카(戶川殘花), 유타니 시온(湯穀紫苑) 등 메이지여학교 관계자가 많은 것에서도 알 수 있다. 그밖에 가토 히로유키(加藤弘之), 오시카와 마사요시, 니토베 이나조(新渡戶稲造) 등이 있다. 아마 '대일본해외교육회'와 표리일체를 이룰 것이다. 『일본종교』가 1897년 10월호까지 이어진 것은 『여학잡지』의 광고로 알 수 있었는데, 이 이후에는 나오지 않았다. 1898년 1월 『사회잡지』로 병합되었다고 기록되어 있다.[101]

이와모토가 말하는 전도 사업에는 이제 기독교의 필연성조차 없어졌다. 특히 사업으로 분주한 사이에 메이지여학교가 화재로 소실되었고, 그 영향으로 이전부터 병을 앓고 있던 와카마쓰 시즈코가 급서(急逝)하는 뜻밖의 비극이 찾아오게 되었다.

제Ⅸ기 여성교육의 정착과 『여학잡지』의 종언

일곱 번째 지면개혁은 10일과 25일 월 2회 간행과 발행횟수를 또다시 늘리는 한편 429호[102]에서 불교잡지 『야마토고코로(大倭心)』를 합병하게 된다. 『야마토고코로』는 1896년 9월에 발행된 불교계 부인잡지로 이미 그 경영에 어려움을 겪고 있었는데, 『여학잡지』에 '야마토고코로(大和心)'라는 코너를 마련하는 형태로 합병되었다. 합병 경위에

101) 후지타 스즈코, 1984, 65쪽.
102) 1896년 10월 10일부터 1904년 2월 15일, 427-526호.

대해서는 『야마토고코로』의 편집자였던 나가이 유키(長井行)가 설명했다(429호). 이는 『여학잡지』 지면에 『야마토고코로』를 흡수하는 형태로의 합병인데, 메이지여학교는 이전에 있었던 화재로 인해 재정적으로도 핍박받고 있었는데, 지면을 제공해주면서 대가를 받아 경영에 보태었다.

여하튼 이전의 『일본종교』의 출판에 대해 "보아라, 불교융성의 땅은 대체로 음풍(淫風) 또한 융성하지 않는가"[103]라고 단적으로 비평할 정도로 불교를 적대시하고 있었던 것에서 보면 180도 전환한 합병이었다. 종교를 넘어 교화(教化)의 의미로서 미디어에 요청된 것은 시대 흐름이었을지 모르지만, 그것은 역으로 『여학잡지』의 기독교주의가 신앙상의 문제라기보다도 편집상이나 교화상의 전략을 갖고 있었던 측면이 노골적으로 드러난 것이다.

1899년 고등여학교령에 의해 여성교육은 이와모토가 처음에 그렸던 자유주의적인 것과는 동떨어진 것이었을지라 하더라도 그런대로 정착해 나갔다. 1897년대 초기의 발행 부수 확대는 여학교 증가와 여학생 증가에 의한 것이다. 그러나 『여학잡지』와 메이지여학교는 여학교교육이 본격화되는 시대에 살아남지 못했다. 그 이유는 변함없는 독실한 지지자에게만 의지하지 않으면 안 되는 경영기반의 약함이 있었고, 또 하나는 이와모토의 여성관계를 둘러싼 스캔들이었다.[104] 새로운 여성

---

103) 「영춘행(迎春行)」, 1892년 1월 25일, 314호.

104) 여성관계가 분명하게 나타난 것은 메이지여학교의 여학생과 연인사이가 된 제국대학 대학생으로, 그녀가 이와모토와의 관계를 고백하자 분격하여 칼을 들고 이와모토를 뒤쫓아 간 사건이라고 되어 있다. 사건 경위는 노가미 야에코의 소설 『숲(森)』(노가미 야에코, 1985)에 자세히 나와 있다.

교육을 창도한 여학교 교장의 스캔들로 인인해 잡지사가 받은 상처는 치명적인 것이었다. 결국 잡지는 511호[105] 이후 제3차 장기간의 휴간이라는 세 번의 휴간을 거치게 되었다. 524호[106]에는 편집인으로 아오야나기 다케시(青柳猛)를 지명했지만, 1904년 러일전쟁 직전 526호[107]로 종간호를 간행하게 되었고, 메이지여학교는 조금 늦은 1908년에 종언을 맞이했다.

최초의 장기휴간 계기는 508호의 기사「광독문학」, 즉 아시오동산(足尾銅山) 광독문제 가와마타(川俣)사건에서 체포, 구속된 피해농민을 옹호하는 기사를 실었는데 이것이 신문지조례 제17조 2항에 위반된다고 하여 형사고소된 것이다. 이 형사고소는 결과적으로는 승소하면서 저널리스트로서 체면을 살렸지만 결국 이와모토에게는 저널리즘을 견인할 기력이 남아 있지 않았다. 휴간이 장기화된 이유를 이와모토는 다음과 같이 서술하고 있다.

> 세상이 만약 여학(女學)을 냉대하고『여학잡지』를 한대하는 시절이 오면 우리들은 뼈를 깎고, 때로는 수명이 줄어든다고 해도 결코 절규를 멈추지 않을 것이다. 우리들로 하여금 절규하게 하는 커다란 자극은 대체로 이러한 것들이다. 단, 지금 여학 잡지들이 속출한 것, 메이지20년대 전후 혹은 메이지30년대 전후에 세상에 이러한 사업을 벌인 것은 특별히 많았다. 이와 같은 시기는 우리들을 태만하게 했고 무엇보다도 이것이 일상이 되어 버렸다.[108]

105) 1900년 7월 31일.

106) 1903년 12월 20일.

107) 1904년 2월 15일.

108)「신년잡감」, 1901년 1월 25일, 512호.

즉 저널리스트로서 사업의 선두에 나섰을 때에는 재정난이나 주위의 비판도 역으로 원동력이 되었지만, 여성교육이 정착됨에 따라 선구자적 입장에서 다른 잡지들이 추격을 받는 입장에 서게 되고, 더욱이 여학교의 경영난은 여전히 해소되지 않았으며, 개인적인 불운으로 인해 『여학잡지』에 이전만큼 정열을 느낄 수 없게 되었다는 것이 이와모토 개인의 심경이었다.

결국 이와모토의 계승자가 된 것은 메이지여학교에서 수학하고, 『여학잡지』에서 교정을 보던 하니 모토코(羽仁もと子)에게 사실상 인계되었다. 그녀는 1903년 4월 『가정의 벗(家庭之友)』을 창간하고, 러일전쟁이 한창이던 중에 가계부를 통한 검약을 제창했다. 그리고 당시 증가하고 있던 중간층 가정실용잡지로서 이를 정착시켜 나갔다. 하니 모토코가 『가정의 벗』을 경험하고, 이후 1908년에 새롭게 창간한 『부인의 벗(婦人之友)』[109]은 오늘날까지 교양 부인잡지의 일익을 담당하고 있다. 또한 그녀는 기독교에 기반을 둔 자유 학원(學園)을 열어 학원과 계몽미디어 사업을 계승했다.[110]

---

109) 나중에 『부인의 벗(婦人の友)』으로 개제한다.
110) 『가정의 벗』에 대해서는 제7장에서 상술한다.

Ⅲ. 시대에 순응하는 서구화 담론과 여성

이상으로 『여학잡지』의 성립과 그 전개를 훑어보았는데, 이를 조감해 볼때 무엇인가 일관된 방침이나 사상을 찾아보기 어렵다. 선행연구에서는 페미니즘 사상과 교육사상을 찾으려했기 때문에 이와모토의 자세와 모순을 만나게 된 것이다. 그것을 비판할 것인지 무시할 것인지에 대한 논의를 세우지 않으면 안 되었지만, 오히려 "시대정신을 증언한다"111)는 잡지의 역할에서 보면 그가 편집자로서 그 역할을 충분히 완수했다고 볼 수 있다. 또한 역으로 그것을 완수했기 때문에 사상적인 일관성을 추구하는 것이 곤란했었는지도 모른다. 왜냐하면 "시대정신 행동(actuality)은 그 일체성과 명석함 이상으로 잡지에서는 중요하기"112) 때문이다.

이와모토는 당대적 시대상황과 미디어 상황에 맞게 혹은 생각지도 못한 행운과 불운에 농락당하면서 '서구화'를 편집 전략의 중심 축에 두고 여성의 존재를 대상으로 삼은 것으로 '시대'에 부응하려는 미디어를 실천한 것이다. 여기서 부르디외적인 의미에서의 편집 전략이 존재하는데, 그것은 언론이나 교육이라는 '장(場)'에서 자신의 입지를 굳게 하려는 행위인데, 그것은 반드시 '주의(ism)'에 구애받는 것을 의미하지는 않는다.

그것은 '서구화'라는 전략을 상황에 맞게 튜닝(tuning)하는 것을 의미한다. 지면개혁의 경과를 보더라도 잡지의 다양한 개변은 '서구를 모

111) 벤야민(Benjamin), 1921-22=1979, 11쪽.

112) 벤야민, 1921-22=1979, 11쪽.

방할 것/일본적일 것' 사이(間)를 시대상황과 미디어상황에 따라 요동쳤다. 특히 지면개혁을 분석함으로써 알 수 있었던 것은 서구화 전략과 마찬가지로 반드시 자명한 존재라고 여겨졌던 것이 아닌 여성독자가 대상이 된 점이다. 편집전략으로서 서구화가 '서구를 모방할 것/일본적일 것'의 사이를 왕복운동하고 있었던 것과 마찬가지로 대상화도 역시 '새로운 여성독자/(대부분은 남성지식층의) 일반 독자' 사이에서 어떻게 밸런스를 맞추어야 할지를 모색하고 있었던 것이다.

이처럼 편집전략과 대상화의 두 개 축에서 생겨난 흔들림은 잡지가 시대에 순응하여 그 잡지의 지위를 구축하고 이를 존속시켜 간다는 의도적 기획에서 이루어진 모색이었다. 즉 시대를 비추는 거울로서 잡지를 세상에 존재하게 하려는 편집인 이와모토가 자신도 모르는 사이에 수행한 사명이었던 것이다.

한편 그처럼 잡지가 시대정신을 체현해가기 위해서는 독자를 포함하여 잡지에 관여하는 에이전트가 거기에 깊이 밀착해 가는 계기가 없어서는 안 된다. 『여학잡지』는 부인잡지, 평론잡지, 문학잡지와 마침내 잡지가 분화해가는 과정에서 다양한 이유로 각각 다른 에이전트 집단을 매혹시키는 요소를 지니고 있었다. 앞서 언급한 것처럼 '서구를 모방할 것/일본적일 것' 사이를 왕복하는 편집전략, 그리고 '새로운 여성독자/(대부분은 남성지식인층의) 일반 독자' 어느 쪽을 중요한 대상으로 삼아야 할까라는 시행착오는 결국 보다 많은 에이전트에게 잡지의 어필 포인트(appeal point)를 상황에 맞게 만들어내는 작업이었다. 그러한 어필 포인트를 만들어낸 노력은 각각의 에이전트 집단이 다른 입장에 있었기 때문에 때로는 차이와 이반(離反)을 초래하지 않을 수 없었던 것이다. 그러나 그것은 어쨌든 『여학잡지』라는 미디어에서 다양한 참여 집단이 자아내는 꿈 공존 장면이 존재했던 것이다.

다음 장에서는 선행연구에서 지적한 『여학잡지』에 대한 두 개의 미디어 상(像)을 검토하면서 잡지에 관계하는 에이전트 집단마다 그 관련 방법, 즉 표상과 해석 전략의 차이를 살펴보고자 한다.

제2장

상반된 두 미디어 양상과 관계자들

• • •

종래의 『여학잡지』는 기독교에 기반을 둔 ‘여학(女學)’, 즉 여성의 지위향상을 계몽하는 정통적인 평론잡지로서 자리매김 되어왔다. 그것은 이노우에 데루코가 지적한 것처럼 “‘여학(女學)’이라는 용어는 메이지20년대 일본에서 여성의 학문, 여성 교육이라는 의미 이외에도 여성에 관한 사상, 여성 실천 운동 등 여성과 관련되는 모든 사항을 가리키는 말로서 일반적으로 사용되고”[1]있었는데, 『여학잡지』는 그것을 대표적으로 정착시킨 잡지로 간주되었기 때문이다.

그러나 앞장에서 구체적으로 성립과정과 그 전개 과정에서 살펴본 바와 같이 창간 초기에는 기독교주의가 명확하게 선언된 것은 아니었다. 그리고 로쿠메이칸의 무도회 등 서구화 풍속에 대해서도 상류 사회의 하나의 동향으로서 소개되었으며, 그것은 청교도주의의 입장에서 그 풍속이 비판받았던 것도 아니었다. 『여학잡지』는 오히려 상류사회를 대상으로 하는 고급 학술잡지로 출발하면서 속발의 유행으로 인지도를 높였고, ‘여학잡지’라는 새로운 미디어 장르를 스스로 개척해 간 것이다. 그와 같은 사실에 초점을 두어 오로지 사상만을 중시하던

1) 이노우에 데루코, 1968, 38쪽.

'진실한' 잡지라는 이미지를 뒤엎고, 시대의 풍속을 투영하는 거울 같은 잡지라는 관점에서 『여학잡지』를 파악한 것은 혼다 가즈코였다.

본장에서는 우선 선행연구에서 제기된 계몽사상으로서의 『여학잡지』와 서구화의 풍속을 유행시킨 새로운 미디어로서의 『여학잡지』라는 두 개의 상반된 입장을 검토한다. 그리고 그러한 다른 파악방법이 잡지에 관련되는 각각의 에이전트가 초래한 다른 표상과 해석 전략에 기인하는 것의 관점에서 우선 잡지관계자, 즉 집필자와 독자뿐만 아니라 사업협력자와 지면에 등장하는 '사람들' 등을 포함해서, 세대, 성, 집단특성에 기반을 두어 분류한다. 또한 『여학잡지』가 앞서 서술한 것처럼 상반되는 두개의 미디어를 연결하고 있는 것에 대한 의미를 살펴보고자 한다.

Ⅰ. 서구화의 풍속과 '여학'사상
- 상반된 두개의 미디어 양상과 의미

혼다 가즈코는 『여학잡지』의 인지도를 넓힌 속발(束髮) 유행에 대해 다음과 같이 정리했다.

> 창간호가 그 상징인데 제공되는 여러 정보가 평균적인 서민 여성들과는 너무 관계가 없는 것들이었다. 예를 들면 로쿠메이칸을 포함해 상류 사회 뉴스, 그리고 반대편 화류계 여성들의 소문 등등이 그것이다. 이것은 어느 쪽도 일반적이고 평균적인 여성들의 일상과는 거리가 먼 것이며, 특성화 된 여성들의 신변잡기에 지나지 않는다. 자선파티에서 상류부인이 어떤 소동을 일으켰는지, 여인들이 댄스교사와 어떤 춤을 추든지 일반 여성들에게는 다른 세계의 사건이었다. 그러나 보통 여성들

이 사는 모습은 뉴스가 될 수 없었다. 잡지 상에서 세상의 이목을 자극하는 것은 역시 특별한 사람들의 사건인 것이다. 게다가 실제로는 볼 수도 없는 저 먼 곳의 사건을 잡지에 재현시켜 그것을 들여다보게 하는 것이 매스미디어의 기능인 것이다. 여성취향의 커뮤니케이션 잡지의 탄생이란 실은 이러한 것이었다. 그리고 무도회나 화류계의 유행과는 전혀 관계가 없는 여성들에게 속발 설명은 매우 현실적인 정보였다. 로쿠메이칸에 출입하지 않았고 외국인이 만든 드레스를 몸에 걸치는 일은 없었어도 헤어스타일 정도는 새롭게 꾸며볼 수 있는 것이었다. 그것도 모형을 보면서 자신의 손으로 완성할 수 있다고 한다면 더욱 그러했다. 어쨌든『여학잡지』에 소개된 서구식 속발은 상류 부인 취향의 모드 카탈로그(mode catalogue)에 예시된 무도회 때의 속발과 비교하면 그 간단함과 간편함은 매우 훌륭한 것이었다. 말 그대로 자신과 직접 관련을 가진 일신(一新)이었고, 직접적인 문명개화였다.

『여학잡지』의 창간호에서 나타난 상류층 지향성이나 '속발도해(圖解)'의 유행에 주목한 혼다 가즈코는『여학잡지』를 미디어라는 별개의 고차원적인 시점에서 파악하여 종래의 아오야마, 노헤지, 이노우에 등이 전개해 온 '여학'사상에 대한 접근을 근저로부터 쉽게 뒤엎는 것 같았다.

그러나 혼다 가즈코는『여학잡지』를 여성잡지라는 미디어로 파악하는 것을 고집한 나머지 시대라는 또 하나의 고차원적인 시점을 놓친 것 같다. 단적으로 말하면 혼다 가즈코는 메이지10년대 후반이라는 시대상황에 현대의 미디어관을 적용시키고 있다. 물론 문제의식으로『여학잡지』를 어느 정도 현대 미디어 상황의 사정(射程)에서 조망하려는 것은 충분히 이해할 수 있지만 그 사정은 거의 졸속한 것이다.

그것은 첫째로『여학잡지』전개 과정에서 개관해 온 것처럼 창간호가 결코『여학잡지』그 자체의 전형적인 것은 아니었다. 물론 창간호가 그 잡지의 특성을 대변하는 경우는 있지만 혼다 가즈코는 오히려 창간호에서 『여학잡지』의 예외성을 드러내고 있었다. 전개 부분에서 설명했듯이 『여학잡지』는 메이지기 잡지의 대부분이 그러했듯이 결코 치밀하게 준비해서 완성된 것이 아니었다. 그것은 『신지(新誌)』로부터의 분열 경위에서도 알 수 있듯이 '동호인'의 생각을 잡지 형태로 실행해 버린 것 같은 것이었다. 그렇기 때문에 격변하는 시대사조에 열심히 호응했던 것이다. 그러나 결국은 허무하게 사라져버릴 가능성도 있었던 그런 미디어의 하나로 출발했던 것이다. 그런 작은 잡지가 시도한 것을 현대의 매스미디어와 동일한 기능으로 간주하는 것에는 커다란 오해가 뒤따른다.

둘째로 『여학잡지』는 과연 상류층 부인 혹은 화류계의 모습을 현대와 같은 유명세적인 형태로 '들여다보게' 하는 잡지였을까. 오히려 그러한 상류계급의 세계를 공유하고 상류인사(人士)의 정보공유 미디어로서 출발한 것이 아니었을까. 당시의 발행 부수인 1,000부에서 2,000부 정도의 학술잡지나 고급 잡지가 일반 여성들의 읽을거리였다고는 도저히 생각할 수 없기 때문이다.

그렇다고는 하지만, 속발도해(圖解)가 『여학잡지』를 세상에 알리게 된 것은 사실이다. 속발도해는 최초의 제4호와 제5호에서 게재되었고, 그 이후에도 단락적이지만 여러 번 다루어졌다.[2] 아마 그 과정에서 다른 미디어, 신문—도저히 일반 여성의 손에 닿는 것은 아니지만—에서 속발이 소문, 화제가 됨으로써 『여학잡지』의 이름이 뭇 사람들의 입에 회자되었다.

---

2) 22・23・34・38・43호 등이다.

실제 혼다 가즈코의 논의에서 보다 중요한 점은 '여학'사상의 어프로치가 묵인해 온 유행풍속으로 눈을 돌린 것 이상으로 '머리모양(髮型)'과 같은 얼핏 보아 경조부박(輕佻浮薄)하게 생각되는 것조차 당시의 시점에서 보면 사회개량의 일환, 즉 계몽으로서 잡지에 등장했기 때문에 거기에는 지식인 남성이 실시한 위로부터의 계몽과 계몽을 받는 측인 여성과의 단절 및 대응이 엿보인다는 지적에 있다. 혼다 가즈코는 그 사정을 다음과 같이 기술한다.

앞에서 우리들은 단발과 속발을 둘러싼 여러 가지 소동(騷動)을 보았다. 그것이 의미하는 것은 분명 메이지유신 이후 지배층이 근대 시각으로서의 표징(表徵)을 많은 대중의 육체에 각인시키기 위해 갖가지 권력을 동원하는 궤적 그것이었다. 가장 비제도적인 '신체적인 것'을 제도에 편입시키기 위해 눈에 보이는 형태의 개변을 강요한다. 그러나 그렇다고 해서 이러한 움직임을 지배층의 의도적 실현이라고만 단순히 단정 짓는 것은 안될 것이다. 근대를 설정하는 모든 기호는 관제(官制)의 근대화와 대중의 욕망으로 채색되어 있었고, 메이지기의 에너지는 이 두 힘의 충돌이 소용돌이를 일으키면서 생겨나고 있었던 것이다. 이 구도는 『여학잡지』와 독자들에게도 적용시킬 수 있을 것이다. 물론 이 잡지가 지향한 여학 운동은 정부적 입장은 아니었고, 공권력도 관계가 없어 보인다. 그러나 그것이 남성들에 의해 주도된 것이고 창간호의 편집인이었던 곤도 겐조, 그 후의 책임자 이와모토 요시하루 모두가 여성들에게는 타자적 존재임에 틀림없다. 그들의 호소는 여성 측에서 보면 '타자로부터의 목소리'였던 것이다. 게다가 기존의 남녀 관계에서 보면 그것은 '위로부터의 힘'이라고 말할 수 있을 것이다. (중략) 그리고 여성들은 그러한 타자들의 움직임에 대해 단순하게 '외압'으로 받아들여 '위로부터의 계몽'에 순종했던 것은 아니다. 앞에서 서술했듯이 스스로 내부에 내재된 힘, 즉 신체적 욕망과 그 호소를 통해 그것을 자신의 것으로 받아들였던 것이다. 왜냐하면 속발 운동은 여성들에게 내재하던 '편리함'에 대한 갈망과 '변신'에 대한 동경이 결합되어 있었기 때문이다. 마게(髷)에서 해방되어 머리모양을 쉽게 만들 수 있는 것 그 자체는 그녀들의 육체에 다가온 자유의 예고였고, 동시에 새로운 옷차림을 통해 근대적인 자태로 사람들의 시선을 모으는 것은 여성들과 함께 투쟁하기로 선언한 남성들에게 사랑으로 가득 차 보이는 형태에서의 '응답'이기도 했을 것이다.[3)]

혼다 가즈코도 암시하듯이 계몽가의 의도와 벗어난 '응답'이란 속발이라는 하나의 풍속이 유행했다는 것만을 의미하는 것은 아니다. '관제적(官制的) 근대화와 대중의 욕망'이 충돌하면서 발생한 풍속의 변용과 그것 이상의 또 다른 뭔가의 변용, 즉 혼다 가즈코는 그 뭔가를 깊게 다룬 것은 아니지만 머리모양(髮型)에 그치지 않고 '서구화'에서 여성 독자들로 이루어진 계몽가와는 또 다른 해석—그것이야말로 근대 일본에서 여성 미디어 전개에 대한 열쇠를 쥐고 있었던 것은 아닐까. 게다가 『여학잡지』에서 속발을 제창한 남성들은 분명히 '관(官)'과 직접 연결되어 있는 사람들이 아니었지만 그 시대에 어떤 의미에서 '관제'와 다른 계몽이 '가능했을까'라는 점도 중요하다고 생각한다.

『여학잡지』가 어떠한 잡지 미디어였는지를 검토한 선행연구는 상반된 두 가지의 미디어상을 도출해냈다. 이노우에 데루코(1968)는 『여학잡지』를 오피니언 저널리즘이라고 파악했고, '여학'사상 혹은 거기에서 설파된 여성의 근대화 이론을 밝히려고 했다. 반면 혼다 가즈코는 그것을 오히려 여성미디어로서 정착하기위해 불가피하게 여성들을 사로잡은 '매력'이라는 측면에서 밝혀내고자 했다. 여기서 중요한 것은 이율배반적으로 어느 쪽이 '맞다 틀리다'라는 것을 논하는 것이 아니라, 오히려 두 연구자가 제시한 경직된 사상적 측면과 부드러운 동경

---

3) 혼다 가즈코, 2012, 39-40쪽.

이라는, 얼핏 보아 정반대적인 것처럼 보이는 이들을 접목시킨 논리가 무엇인지를 밝혀내는 일일 것이다.

본론에서는 『여학잡지』에서 서구화를 둘러싼 이 두 해석을 서장에서 서술한 '상징투쟁'에서 기독교 지식인들과 독자를 포함하는 여성들이라는 측면에서 각각의 입장에서 전개한 표상이나 해석전략을 다루고자 한다. 즉 『여학잡지』의 서구화를 둘러싼 표상과 담론에 대해 막부(幕府)의 몰락을 경험하면서도 저널리즘, 특히 교화(教化)라는 형태로 사족에 적합한 지위를 모색하는 기독교 지식인들의 전략과, 또 한편으로는 신시대에 전반적인 지위향상과 활약의 장을 모색하는 자각적인 여성들의 전략 관계에서 다루어 보고자 한다.

우선 집필자와 독자라는 커다란 틀에서 『여학잡지』에 관계한 에이전트를 세대와 성이라는 관점에서 나누어 본다. 또한 잡지 관계자 집단의 다양함과 잡지에 대한 두 가지 미디어의 관계에 대해서 고찰해 보고자 한다.

Ⅱ. 잡지관계자의 집단구성

『여학잡지』의 집필자구성에 대해서는 세대와 잡지의 흐름 내용을 대응시켜 구체적으로 분석한 이노우에 데루코가 있다.[4] 『여학잡지』의 집필자들은 메이지20년대의 기독교 지식인을 중심으로 하여 다양한

4) 이노우에 데루코, 1971.

형태로 사회개량이나 교육 혹은 문학 혁신운동에 관심을 기울인 사람들 등등, 목적별로 모임이 여럿 중첩된 집단으로 형성되어 있었다는 것이 특징이다. 특히 그러한 집단은 목적뿐만 아니라 세대와 성에 따라서도 특징적이었다.

본 절에서는 이노우에 데루코의 세대 분류를 참고로 우선『여학잡지』의 관계자(집필자로만 한정하지 않는다)를 세대와 성으로 분류한 표를 제시하고 이하 집필자와 독자로 나누어 각각 그 집단 분류를 소개하기로 한다. 이노우에 데루코는『여학잡지제색인(女學雜誌諸索引)』[5]을 참고로 '집필자 색인'에서 다루어진 집필자의 생년월일을 확인할 수 있는 121명 모두에 대해 세대분류를 실시했다.

그렇지만 본론에서는 편집인 이와모토와 메이지여학교 창설자인 기무라 부부 및『여학잡지 제색인』에서 다룬 주요 집필자 15명을 중심으로 필자가 제시하는 집단 분류표에 맞추어『여학잡지』및 메이지여학교의 주요관계자 46명을 특별하게 표기해 둔다. 그리고 그밖에 동시대의 주변인물과 동시에 독자로서『여학잡지』에 글을 집필한 집필자 30명을 생년월일 순서로 표 안에 추가로 작성했다. 세대분류에 대해서는 이노우에 데루코의 분류를 따르면서 본론에서는 1830년대와 1840년대 출생자들을 하나로 묶어서 1840년대 이전에 태어난 세대를 제1세대, 1850년대에 태어난 세대를 제2세대, 1860년대 메이지유신(1868년) 이전에 태어난 세대를 제3세대, 메이지유신 이후에 태어난 세대를 제4세대로 분류했다.

그리고 그 다음에 집필자와 독자 각 집단에 대한 설명으로 그 집단

5) 아오야마 나오 외, 1970.

에 속한 인물을 생년월일 순으로 열거하여 그 중심 계층이 가진 특징을 기술하면서 집단의 개략을 살펴본다. 잡지 관계자들 중에는 당연히 여러 집단에 소속되어 중첩되는 자들도 존재한다.[6] 그리고 와카마쓰 시즈코와 다나베 가호처럼 여학생 독자의 입장에서 투고자이면서 집필자가 된 여성도 있다.

『여학잡지』뿐만 아니라 취재망과 리터러시가 한정되어 있었던 메이지기의 미디어에서 투고를 통해 독자에서 집필자로 바뀌어가는 현상은 오늘날보다도 훨씬 일반적이었는데, 이와 같이 글을 투고하는 행위는 오히려 잡지라는 미디어를 통해 출세하는 등용문이기도 했다. 이러한 집필자와 독자 집단 확산을 소개하고, 그 다음으로는 그들이나 그녀들이 형성하는 에이전트 집단의 특질 및 해석과 표상전략을 집필자 중심으로 기독교 지식인과 독자를 포함하는 여성 측에서 검토한다.

---

6) 당연히 편집인 이와모토는 복수의 집단에 속해 있다.

〈표 5〉『여학잡지』 관계자 세대분류

세대	남성	여성
제1세대 40년대 이전출생	**가쓰 가이슈(勝海舟)** 1823-1899(文政6-明治32)	
	니시무라 시게키(西村茂樹) 1828-1902(文政11-明治35)	
	프리도린 벡키(Guido Herman Fridolin Verbeck) 1830-1898(天保元年-明治31)	
	나카무라 마사나오(中村正直) 1832-1891(天保3-明治23)	야지마 가지코(矢嶋楫子) 1833-1925(天保4-大正14)
	후쿠자와 유키치(福沢諭吉) 1834-1901(天保5-明治34)	
	가토 히로유키(加藤弘之) 1836-1916(天保7-大正5)	
	쓰다 센(津田仙) 1837-1908(天保8-明治41)	
	오쿠마 시게노부(大隈重信) 1838-1922(天保9-大正11)	아토미 가케이(跡見花蹊) 1840-1926(天保11-昭和元)
	니지마 죠(新島襄) 1843-1890(天保14-明治23)	미와다 마사코(三輪田眞佐子) 1843-1927(天保14-昭和2)
	기무라 구마지(木村熊二) 1845-1927(弘化2-昭和2)	나카지마 우타코(中島歌子) 1844-1903(弘化元-明治36)
	모리 아리노리(森有禮) 1847-1889(弘化4-明治22)	
	도야마 마사카즈(外山正一) 1848-1900(嘉永元-明治33)	**기무라 도코(木村鐙子)** 1848-1886(嘉永元-明治19)
	혼다 요이쓰(本多庸一) 1848-1912(嘉永元-大正元)	
제2세대 50년대 출생	**오시카와 마사요시(押川萬義)**[7] 1850-1928(嘉永2-昭和3)	**오기노 긴코(荻野吟子)** 1851-1913(嘉永4-大正2)
	야타베 료키치(矢田部良吉) 1851-1899(嘉永4-明治32)	

7) 오시카와 마사요시(押川萬義)의 생년월일은 여러 가지 설이 있는데, 새로운

세대	남성	여성
제2세대 50년대 출생	**시마다 사부로(島田三郎)** 1852-1923(嘉永5-大正12)	**사사키 도요주(佐々木豊壽)** 1853-1901(嘉永6-明治34)
	이부카 가지노스케(井深梶之助) 1854-1940(安政元-昭和15)	시모다 우타코(下田歌子) 1854-1936(1安政元-昭和1)
	다구치 우키치(田口卯吉) 1855-1905(安政2-明治38)	
	도가와 잔카(戸川殘花) 1855-1924(安政2-大正13)	**사쿠라이 치카(櫻井ちか)** 1855-1928(安政2-昭和3)
	고자키 히로미치(小崎弘道) 1856-1938(安政3-昭和13)	
	우에키 에모리(植木枝盛) 1857-1892(安政4-明治25)	
제2세대 50년대 출생	요코이 도키오(横井時雄) 1857-1927(安政4-昭和2)	
	우에무라 마사히사(植村正久) 1858-1925(安政5-大正14)	
	나루세 진조(成瀨仁藏) 1858-1919(安政5-大正8)	
	다무라 나오오미(田村直臣) 1858-1934(安政5-昭和9)	
	쓰보우치 쇼요(坪內逍遙) 1859-1935(安政6-昭和10)	
제3세대 60년대 유신 이전출생	**우치무라 간조(內村鑑三)** 1851-1930(文久元-昭和5)	오야마 스테마쓰(大山捨松) 1960-1919(萬延元-大正8)
	구로이와 루이코(黑岩淚香) 1862-1920(文久2-大正9)	**나카지마 쇼엔**(中島湘煙, 기시다 도시코〈岸田俊子〉)[8] 1861-1901(萬延元-明治34)
	모리 오가이(森鷗外) 1862-1922(文久2-大正11)	

자료에 기반을 둔 『도호쿠가쿠인 100년사(東北學院 100年史)』에 의해 가에(嘉水) 2년 12월 5일(1850년 1월 17일)로 했다.

8) 나카지마 쇼엔(기시다 도시코)의 생년월일은 1863년이라는 설도 있는데, 니시카

세대	남성	여성
제3세대 60년대 유신 이전출생	**니토베 이나조(新渡戶稲造)** 1862-1933(文久2-昭和8)	
	호시노 덴치(星野天知) 1862-1950(文久2-昭和25)	
	이와모토 요시하루(岩本善治) 1863-1942(文久3-昭和17)	
	도쿠토미 소호(徳富蘇峰) 1863-1957(文久3-昭和32)	
	후타바테이 시메이(二葉亭四迷) 1864-1909(元治元-明治42)	**와카마쓰 시즈코(若松賤子)** 1864-1896(元治元-明治29)
	야마지 아이잔(山路愛山) 1864-1917(元治元-大正6)	**쓰다 우메코(津田梅子)** 1864-1929(元治元-昭和4)
	이시바시 닌게쓰(石橋忍月) 1865-1926(慶應元-昭和元)	후쿠다 에이코(福田英子) 1865-1927(慶應元-昭和2)
제4세대 유신 이후생	**이소가이 운포(磯貝雲峰)** 1865-97(慶應元-明治30)	
	가와이 신스이(川合信水) 1867-1962(慶應3-昭和37)	
	기타무라 도코쿠(北村透谷) 1868-1894(明治元-明治27)	**시미즈 도요코(清水豊子, 시킨〈紫琴〉)** 1868-1933(明治元-昭和8)
	야마다 비묘(山田美妙) 1868-1910(明治元-明治43)	**다나베 가호(田辺花圃)** 1868-1943(明治元-昭和18)
	우치다 로안(內田魯庵) 1868-1929(明治元-昭和4)	
	바바 고쵸(馬場孤蝶) 1869-1940(明治2-昭和15)	
	기노시타 나오에(木下尚江) 1869-1937(明治2-昭和12)	

와 유코의 새로운 자료에 근거하여 여기서는 1861년(萬延元)으로 했다(니시카와 유코, 1986).

세대	남성	여성
제4세대 유신 이후생	**누노카와 세이엔(孫市・孫一)** 1870-1944(明治3-昭和19)	야스이 데쓰(安井てつ) 1870-1945(明治3-昭和20)
	도가와 슈코쓰(戸川秋骨) 1871-1939(明治4-昭和14)	고가네이 기미코(小金井喜美子) 1871-1956(明治4-昭和31)
	사쿠라이 오손(桜井鷗村) 1872-1929(明治5-昭和4)	요시오카 야요이(吉岡彌生) 1871-1959(明治4-昭和34)
	야마무로 군페이(山室軍平) 1872-1940(明治5-昭和15)	히구치 이치요(樋口一葉) 1872-1896(明治5-明治29)
	시마자키 도손(島崎藤村) 1872-1943(明治5-昭和18)	기무라 아케보노(木村曙) 1872-1890(明治5-明治23)
	히라타 도쿠보쿠(平田秀木) 1873-1943(明治6-昭和18)	**하니 모토코(羽二もと子)** 1873-1957(明治6-昭和32)
	아오야나기 유비(青柳有美) 1873-1945(明治6-昭和20)	
		오쓰카 구스오코(大塚楠緒子) 1875-1910(明治8-明治43)
		소마 곳코(相馬黒光) 1876-1955(明治9-昭和30)
	* 같은 해 출생자에 한해서는 사망한 해가 늦은 쪽을 나중에 기재했다.	노가미 야에코(野上彌生子) 1885-1985(明治18-昭和60)
	* 씨명은 『여학잡지』에 있는 필명을 기본으로 하여 ( )에 연호명을 붙였다.	히라쓰카 라이초(平塚らいてう) 1886-1971(明治19-昭和46)

1. 잡지관계자와 집필자

앞서 언급했듯이 당시 잡지 집필자는 '독자투고'라는 형태로 집필자가 되는 자도 적지 않았기 때문에 명확히 집필자인지 독자인지 나눌 수 없는 경우도 있다. 그렇지만 특히 주도적인 역할을 수행한 사람들을 잡지관계자와 집필자로 간주하기로 한다. 이러한 사람들을 세대와 성, 잡지에서 수행한 역할을 분류해 보면 ① 메이로쿠샤 관계자, ② 기독교 지도자와 그에 기반을 두는 사회개량파 저널리스트 및 교풍회 관계자, ③ 여성교육 관계자, ④ 여성작가, ⑤ 문예평론가나 『문학계』 동인관계자, ⑥ 이와모토의 후계자인 말기(末期) 『여학잡지』의 편집자들 등 대략적으로 여섯 개의 집단으로 분류할 수 있다.

① 메이로쿠샤 관계자를 중심으로 하는 중진지식인 세대

니시무라 시게키(中村茂樹), 나카무라 마사나오, 가토 히로유키, 쓰다 센[9]—제1세대

그들은 직접 기고자는 아니었지만 그들의 강연과 논설이 자주 지면에 소개되었다. 말하자면 『여학잡지』의 지적(知的) 후원자들이었다. 이와모토의 스승인 동인사(同人社)의 나카무라 마사나오와 학농사(學農社)의 쓰다 센은 둘 다 여성교육의 선구적 존재이다. 그리고 도쿄대학의 초대총장으로 알려진 가토 히로유키는 이와모토와 고향이 같은 이즈시번(出石藩) 출신이다.

모두 막부(幕府)말기부터 양학자로 활약했고, 니시무라나 가토는 막부의 양학교였던 번서(藩書)조소(調所) 교관이었다. 특히 나카무라는 쇼헤이코(昌平黌)[10]의 한학자였는데, 양학에 관심을 가져 1866년 영

9) 쓰다는 메이로쿠샤 멤버 중에서 중심적인 존재는 아니었지만 『메이로쿠잡지』에 평론을 1회 게재했다. 「회화(禾花)매조법(媒助法) 설(說)」(『메이로쿠잡지』41호, 1875년 8월 간행〈실제 간행일은 9월 5일〉)이다.

10) 역자주: 에도 막부의 학문소이다. 1632년 하야시 라잔(林羅山)이 우에노(上野)의 시노부가오카(忍岡)에 고시뵤(孔子廟)를 운영한 것이 기원이다. 도쿠가와 쓰나

국으로 건너가 새뮤얼 스마일즈(Samuel Smiles)의 저서 『자조론(self help)』을 번역한 『서국입지편(西國立志編)』가 메이지기의 베스트셀러가 되었다. 기독교 신자로서 도덕을 중시한 나카무라는, 양학자이면서 유교도덕을 중시한 니시무라와 가장 입장이 가까웠다.[11] 쓰다는 외국봉행(奉行)의 통역자로서 1867년 미국에 건너갔을 때 후쿠자와 유키치와 동행하여 미국의 근대 농법에 자극받아 학농사를 설립했던 것이다.

그들은 『여학잡지』 창간 당시에 이미 명실공히 시대를 대표하는 지식인이었고, 강연이나 전재 등을 따지지 않고 그들의 의견을 게재하는 것으로 『여학잡지』는 오피니언 잡지로서의 권위를 획득함과 동시에 그들 '현명한 지식 집단'이 문명화의 문맥에서 중시하고 있던 젠더 편성의 근대화 담론을 여학교 교육관계자와 학생들에게 알리는 역할을 수행했던 것이다. 실제 『여학잡지』는 메이지 지식인의 대표격인 그들을 후원자로 삼고 있었기 때문에 반동적인 국수주의 시대에 맞게 여전히 일정한 영향력을 가질 수 있었다고 말할 수 있다.

그밖에 『여학잡지』에 등장한 '중진'세대 지식인으로는 가쓰 가이슈(勝海舟), 도야마 마사카즈(外山正一)가 있다. 그들은 원래 메이지여학교 창설자 기무라 구마지(木村熊二)를 통해 이와모토와 알게 된 인물로 가토 히로유키(加藤弘之) 역시 마찬가지였을지도 모른다. 기무라 구마지는 1870년 모리 아리노리가 미국 주재 변무공사(辯務公使)로 부임하게 되어 도야마 마사카즈, 야타베 료키치(矢田部良吉)[12]와 함께 미국으로 건너갔다. 또한 오쿠마 시게노부(大隈重信)는 가쓰 가이슈와 함

요시(徳川綱吉)가 1690년에 간다유시마(神田湯島)로 이전시켰다.

11) 오쿠보 도시아키(大久保利謙), 2007, 232쪽.

12) 나중에 도쿄고등여학교 교장이 된다.

께 메이지여학교 설립 때 재정적인 지원을 했다. 어쨌든 『여학잡지』는 메이지여학교라는 교육기관을 통해 메이지 초기를 대표하는 인텔리(ntelligentsia)들을 찬동자, 지지자, 출자자로 그 미디어 그룹 안으로 끌어들였던 것이다.

② 기독교 관계자와 사회개량파 저널리스트 및 교풍회 관계자

오시카와 마사요시(押川萬義)[13], 시마다 사부로(島田三郞), 사사키 도요주(佐々城豊壽)[14], 우에키 에모리(植木枝盛), 우에무라 마사히사, 우치무라 간조, 니토베 이나조, 이와모토 요시하루—제2세대 혹은 1860년대 초에 태어난 기독교 신자 중심

메이로쿠샤 세대는 문명개화의 입장에서 기독교에 접근하고 기독교를 이해했지만, 나카무라 마사나오와 쓰다 센(津田仙)을 제외하고는 기독교 그 자체의 신앙을 믿은 것이 아니라 어디까지나 학술적이고 계

---

13) 오시카와 슌로(押川春浪)는 아들이다.

14) 사사키 도요주는 소마 곳코의 숙모로서 출신지 센다이에서는 남장을 하고 말에 올라타는 것 같은 여장부의 인재로 알려져 있다. 1872년 학업을 위해 상경하여 마리아 키더(Mary Eddy Kidder)의 학급에 참가하고 나카무라 마사나오의 동인사(同人社)에서 배웠다. 훗날 의사 사사키 본시(佐々木本支)와 결혼했다. 곳코의 언니는 야지마의 아들과 약혼했지만 혼담이 깨져 정신적 충격을 받았는데, 혼담이 깨진 이유로 사사키와 야지마 사이에 갈등이 있었다고 전해진다. 또한 도요주의 딸 노부코(信子)는 구니키다 돗포와 애정 도피하여 결혼했지만 곧 파국을 맞이했다. 아리시마 다케오(有島武郎)의 『어떤 여성(或る女)』의 모델이 이 노부코라고 전해진다(이상, 소마 곳코〈相馬黑光〉, 1936=1999; 우쓰 야스코〈宇津恭子〉, 1983; 야스타케 루미〈安武留美〉, 2005).

몽적인 관심에 있었다. 이에 반해 제2세대, 제3세대에 속하는 그룹의 사람들은 자각적으로 기독교 신자가 되어 그 입장에서 저널리즘과 사회개량에 참가하게 되었다.

우에무라 마사히사와 시마다 사부로는 메이지여학교의 발기인인 동시에 메이지여학교의 강사였고, 우치무라 간조도 한때 교편을 잡았었다. 우치무라는 주지하는 바와 같이 도쿄제일고등학교의 촉탁교원이었을 때 불경사건으로 국수파(國粹派)에게 공격을 받았다. 당시 『여학잡지』를 비롯한 『유빙호치(郵便報知)신문』 등에 오시카와, 우에무라, 이와모토 이외에 2명이 연명으로 「세상의 식자에게 고한다」[15]며 항의 성명을 발표했다.

오시카와 마사요시는 도호쿠가쿠인(東北學院)대학 창설자이며, 이와모토와 가장 친분이 두터웠다고 전해진다. 청일전쟁 이후에는 해외 전도사업 계획 찬동자이기도 했다. 우에무라 마사히사는 요코하마(横浜) 브라운(Brown)주쿠(塾), 도쿄 잇치(一致)신학교(현재 메이지학원)를 거쳐 1873년에 제임스 발라(James Hamilton Ballagh)에게 세례 받았다. 그리고 『복음주보(福音週報)』[16]를 주재하고 해외 선교사단에 의존하지 않는 도쿄신학사를 설립하는 등 생애를 전도자로서 일본의 기독교계를 주도했다.

여성교육 관계자를 포함하여 당시의 기독교 신자 대부분은 기독교학교 관계자와 영어교사라는 형태로서의 교육자가 많았다. 특히 저널리스트라는 입장에서 기독교에 공감하고 폐창운동에 적극적으로 관여

---

15) 1891년 2월 21일, 253호.
16) 1890년 창간, 이듬해부터 『복음신보(福音新報)』라 개제했다.

한 자는 시마다 사부로와 우에키 에모리이다. 무라카미 노부히코(村上信彦)는 "메이지기 폐창운동의 주체는 여성이 아니라 남성이었다. 여성의 폐창운동은 다음에 언급하는 부인교풍회를 제외하면 타 조직의 활동은 것은 거의 없었다"[17]고 지적했는데 이와모토, 시마다, 우에키 등이 그 폐창운동 초기에 논진을 편 대표적인 남성이다.

시마다 사부로는 쇼헤이코(昌平黌), 누마즈(沼津)병학교를 거쳐 요코하마를 떠나 『요코하마마이니치(横浜毎日)신문』[18] 기자로 근무하는 한편, 브라운 주쿠에 다녔고 우에무라보다 먼저 세례를 받았다. 이후에는 정치가로서도 활약했고, 1900년에는 폐창동맹과 1910년에는 곽청회(廓清會)를 조직하여 평생을 폐창운동에 몰두했다. 한편 우에키 에모리는 이타가키 다이스케(板垣退助)의 영향을 받은 민권파 저널리스트로 활약했는데 그는 메이로쿠샤 연설회의 열성적인 청강자였음은 잘 알려져 있다.

그렇다 하더라도 여성운동가가 없었던 것은 결코 아니다. 즉 이와모토는 여성 기독교 신자 및 동료 배우자들에게 손을 써서 부인교풍회 결성을 지원했다. 그 선두에 서서 『여학잡지』에 자주 기고한 것은 부인교풍회 부회장인 사사키 도요주(佐々城豊壽)였다. 부인교풍회 회장은 나중에 여자학원 초대교장이 되는 야지마 가지코(矢島楫子)[19]인데

17) 무라카미 노부히코(村上信彦), 1972, 89쪽.

18) 1894년부터 사장이 되었다.

19) 야지마 가지코는 도쿠토미 소호, 도쿠토미 로카의 숙모로 구마모토(熊本)여학교 교장이었던 다케자키 쥰코(竹崎順子)의 여동생이다. 주사를 부리는 남편과 35살 때 이혼한 후 상경하여 교사가 되었다. 사쿠라이(桜井)여학교 마리아(Mary T. True)의 영향으로 세례를 받고 기독교여성교육의 길에 들어선다. 1880년 사쿠라이여학교 교장, 1889년 여자학원장을 역임했다. 초기에는 금주운동에

『여학잡지』에서는 사사키가 중심으로 되어 있기 때문에 야지마는 거의 등장하지 않는다. 거기에는 사사키가 폐창운동에 힘을 쏟은 반면 야지마는 금주문제를 중시하는 등 운동에 대한 방향성의 차이도 관련되어 있다. 또한 『여학잡지』에는 운동의 모태인 만국부인기독교금주회(World Woman's Christian Temperance Union) 주재자 프란시스 윌러드(Frances Elizabeth Caroline Willard)와 함께 일본을 방문한 애커맨(Akerman)과 라마베이(Ramabai) 등의 강연이나 그의 전기에 이르기까지 적극적으로 소개하고 있다.

③ 여성교육 관계자

기무라 구마지, 기무라 도코[20], 사쿠라이 치카(櫻井ちか), 나루세 진조(成瀨仁藏), 쓰다 우메코(津田梅子), 사쿠라이 오손(桜井鴎村)—기무라 부부를 선구자로 각 세대마다 남녀로 구성되어 개화 초기에 여러 형태로 선교사 기독교 교육에 깊은 감명을 받아 스스로 그 길에 뜻을 가진 사람들이다. 다만 세대가 내려갈수록 시세에 대한 순응도 있었고, 기독교 신앙보다도 여성교육에 역점을 두었다.

기무라 구마지는 메이지여학교 창립자이고 그의 아내 도코는 초대 교장이다. 지면에서 구마지의 기고는 메이지20년대 전반에 집중되어

열심이었지만 1911년 화재로 요시와라(吉原) 유곽소실 때에는 신 요시와라 재흥 반대운동을 일으켰다. 이후 폐창운동에는 중상류층의 여성들을 끌어들였고 그 운동의 중심을 담당했다.

20) 친동생은 『도쿄경제잡지』의 창간자이며, 『일본개화소사』로 알려진 다구치 우키치(田口卯吉)이다.

있고, 도코는 1886년 급서 후 말하자면 메이지여학교의 상징적 존재로서 자주 언급되고 있다. 사쿠라이 치카는 사쿠라이(櫻井)여학교[21], 쓰다 우메코는 사쿠라이 오손[22]과 함께 죠시에이가쿠주쿠(女子英學塾)[23]를, 나루세 진조는 오사카(大阪) 바이카(梅花)여학교와 니가타(新潟)여학교에서 기독교에 기반을 두는 여성교육을 실천했으며, 미국유학을 거쳐 일본여자(日本女子)대학을 창설했다. 모두 기독교를 계기로 여성교육에 뜻을 둔 여성들이다. 또한 외국인 여학교 관계자로서 사쿠라이여학교 교장 마리아(Mary T. True), 요코하마공립여학교의 피어슨(Pierson) 여사를 '대가(大家)'로 특별기고자라 부르고[24] 그밖에 재일 서구지식인으로서 박언학(博言學)[25] 박사 이스트레이크(Eastlake)와 빌프리드 슈핀너(Wilfrid Spinner) 등도 여성교육에 대한 의견을 적고 있다. 다만 서구인의 여성교육론도 그 대부분이 고등교육보다 중등교육레벨에 대한 언급이 많았고 『여학잡지』 관계자의 논의와 거의 다르지 않았다.

게다가 초기에는 여학교 그 자체가 적었기 때문에 기독교의 틀에 얽매이지 않고 여성교육의 관계자라는 입장에서 가조쿠(華族)여학교 창

---

21) 나중에 신사카에(新榮)여학교와 합병하여 여자학원(女子學園)으로 바뀐다.

22) 에히메(愛媛)현 마쓰야마(松山)시 출신으로 메이지학원에서 수학했다. 니토베 이나조의 『무사도』의 최초의 번역자이기도 하다. 고향이 같은 오시카와 마사요시・슌로 부자와는 친척관계이다. 남동생은 전쟁문학 『육탄(肉彈)』의 저자 사쿠라이 다다요시(櫻井忠溫)이다. 세대적으로는 『문학계』의 동인과 같은 세대에 속하는데 그 관심은 문학보다도 교육에 있었고, 저작도 순수문학이 아니라 소년소설 쪽으로 기울어 있었다.

23) 나중에 쓰다주쿠로 바뀐다.

24) 1887년 7월 9일, 66호.

25) 언어학의 옛이름이다.

립멤버인 시모다 우타코(下田歌子)의 와카(和歌)와 이학・식물학자로 도쿄고등여학교교장을 역임한 야타베 료키치의 여성교육론 등도 게재・전재되었다. 아토미 가케이(跡見花蹊)는 『여학생』 창간 시에 제자(題字)[26]를 의탁했다.

④ 여성작가

나카지마 쇼엔(기시다 도시코〈岸田俊子〉), 와카마쓰 시즈코, 시미즈 도요코(시킨), 다나베(미야케) 가호(花圃)—제3세대부터 제4세대의 여성. 메이지기 새로운 여성교육을 언급한 첫 세대.

4명 모두가 1890년의 지면개혁에서 사외(社外) 기자로 채용된 여성들인데, 이들은 채용되기 이전부터 『여학잡지』와 깊은 인연을 맺고 있었다. 와카마쓰 시즈코와 『여학잡지』와의 첫 인연은 그녀가 페리스(Ferris) 재학시절에 시습회(時習會)라는 문예 서클과 동인지를 기획하고, 그 알림판을 게재한 것이 시작이었다.[27] 1890년 이와모토 요시하루와 결혼을 하면서 『여학잡지』에 「소공자」를 번역하여 연재했다.

친오빠가 이와모토의 친구인 다나베 가호인데, 가호도 『덤불 속의 휘파람새(藪の鶯)』로 작가로 데뷔하기 전인 메이지여학교 시절에 「서양에 있는 친구에게 보내는 글」[28] 등을 기고했다. 와카(和歌) 학원인 하기노샤(萩の舎)의 선배로서 여동생 데이코(弟子), 히구치 이치요(樋口一葉)

26) 역자주: 책의 머리나 족자・비석 따위에 쓴 글자를 말한다.
27) 1886년 1월 25일, 13호.
28) 1886년 4월 25일, 21호.

를 『문학계』에 추천했다. 그리고 1892년에는 철학자이자 『일본인(日本人)』을 창간한 미야케 세쓰레이와 결혼했다.

나카지마 쇼엔은 자유당 기관지인 『자유등(自由の燈)』에 「동포 자매에게 고한다」(1884년)를 게재했고, 여권운동가로 알려진 존재였다. 이후 자유당부총리 나카지마 노부유키(中島信行)[29]와 결혼하고, 1887년 페리스의 교사로 영접된다. 이와모토는 그녀의 정치연설을 좋아하지 않았지만, 당시 여성지식인의 제1인자로서 오랜 기간에 걸쳐 『여학잡지』에 기고했다. 그녀는 메이지기 여성작가 제1호로 불렸는데 본래는 정치평론이었다.

시미즈 도요코는 나카지마 쇼엔의 정치운동에 자극을 받아 후쿠다 에이코(福田英子)와도 협력하여 자유민권운동가로 활약한다. 그후 1890년에는 이혼을 하게 되어 오카야마(岡山)에서 도쿄로 상경, 『여학잡지』의 기자로 활동했다. 이듬해 『여학잡지』 신년호 부록에서 자전적 단편소설 「깨진 반지」를 발표하고 작가로 데뷔했다. 그리고 『여학잡지』에 인터뷰기사와 가사일 및 육아 잡감까지 추적하며 사실상 최초의 여성 부인잡지의 편집자라고도 말할 수 있는 족적을 남겼다. 1892년에는 농학박사 학위를 받았고 후에 도쿄제국대학 총장이 된 고자이 요시나오(古在由直)와 재혼한다.

『여학잡지』는 여성문학을 제창했을 뿐만 아니라 네 명의 각기 다른 개성 작가로 활동하는 장(場)을 제공했고, 그것을 현실에 실현시킨 것이다. 메이지20년대에 그녀들의 열성적인 활동에 의해 『여학잡지』는 평론잡지에 머물지 않고 문예잡지와 부인잡지다운 매력을 지닐 수 있었다.

---

29) 나중에 개진당을 거쳐 이탈리아공사를 역임한다.

그밖에 작가는 아니지만 위생이나 간호와 관련하여 오기노 긴코, 이학에 요시다 노부코, 담화 속기에 안도 다네코, 가사일에 고지마 기요코가 전속 여성 집필자로 기용되었던 것은 앞장 제2절 2에서 언급한 대로이다.

⑤ 문예평론가와 『문학계』 동인관계자

호시노 덴치(星野天知), 야마지 아이잔(山路愛山), 이시바시 닌게쓰(石橋忍月)[30], 이소가이 운포(磯貝雲峰), 기타무라 도코쿠(北村透谷), 우치다 후치안(内田不知庵)[31], 시마자키 도손(島崎藤村)―메이지유신 전후부터 1870년대에 태어난 남성.

아이잔, 닌게쓰, 운포, 후치안은 『여학잡지』에 글을 투고하는 것으로 문단에 데뷔한 사람들이다. 특히 운포는 1890년경 『여학잡지』에 문예평론을 중심으로 전속 작가와 같은 입장에서 기사를 게재했고 동시에 편집상 중요한 역할을 수행했다. 운포 이외의 나머지 세 사람은 『여학잡지』를 등용문으로 삼았고 이후에는 『국민의 벗』으로 옮겨갔다.[32]

닌게쓰, 후치안을 제외하고 이들 모두는 기독교에 깊은 관심을 기울인 문필가인데 평생에 기독교 신자임을 자인하고 있었던 것은 아이잔 뿐이다. 아이잔은 『여학잡지』에서 『국민의 벗』과 『국민신문』의 기자로 활동했다. 나중에는 도쿠토미 소호의 소개로 『신노마이니치(信濃每日)신문』

30) 아들은 문예평론가 야마모토 겐키치(山本健吉)이다.

31) 본명은 우치다 로안(内田魯庵)이다.

32) 이노우에 데루코, 1971, 110쪽.

의 주필이 된다. 또한 1903년에는 스스로 기독교잡지인 『독립평론(獨立評論)』을 주재하기도 했다. 그리고 보선(普選)운동 등 사회운동에도 적극적으로 관여했다. 『여학잡지』 이후의 활동은 오히려 앞서 언급한 ②의 입장에 가까운데 『여학잡지』에서는 「연애철학」[33]과 「영웅론」[34], 번안소설 「마일스 스탠디시(Myles Standish)의 연애」를 연재[35] 하는 등 문예색이 강했다.

이러한 아이잔의 대척점에 있었던 것은 기독교에서 벗어나 문학의 자율성을 주장한 호시노 덴치, 기타무라 도코쿠, 시마자키 도손 등 『문학계』의 동인이었다.[36] 그들은 메이지여학교에서도 교편을 잡은 청년 교사이며 문학자였다. 그런데 그들은 이와모토와의 문학관 차이로 호시노를 편집인으로 내세워 『문학계』를 창립하고 메이지기 낭만주의 문학의 일익을 담당했다. 도손은 나중에 『봄(春)』, 『벗꽃 열매가 익을 때(桜の実の熟する時)』를 집필하는데, 이는 메이지여학교를 모델로 한 것으로, 신선한 학원을 무대로 그들 문학청년들의 청춘 군상을 그렸다.

『여학잡지』와는 인연이 적었지만 오히려 『문학계』에서 활발하게 활동한 바바 고쵸(馬場孤蝶), 도가와 슈코쓰(戸川秋骨)[37], 히라타 도쿠보쿠(平田禿木)는 여성문학에 관심을 계속 갖고 히구치 이치요와도 깊은 교류를 맺었다. 게다가 그들은 여학생들이 회합하는 규수(閨秀)문학회의 강사가 되었는데, 그 문학회에 등장한 '신여성' 히라쓰카 라이

33) 1890년 11월 22일, 240호.

34) 1891년 1월 10일, 247호.

35) 1891년 4월 18일-6월 27일, 261-271호.

36) 아이잔과 도코쿠의 논쟁에 대해서는 제6장에서 상술하기로 한다.

37) 이 두 사람은 도손과 마찬가지로 메이지학원에서 배운 미션보이이다.

초(平塚らいてう)가 메이지말년부터 본격적인 페미니즘잡지 『청탑(青鞜)』[38]을 발간하게 된다.

⑥ 말기 『여학잡지』의 편집자

가와이 신스이(川合信水), 후카와 세이엔(布川静淵), 사쿠라이 오손, 아오야나기 유비—제4세대를 중심으로 하는 이와모토의 직속 후계자.

⑤의 『문학계』 동인과 세대적으로는 겹치지만 위의 사람들은 직접적으로 『여학잡지』의 말기에 편집을 담당했다. 이들은 메이지여학교에서 교편을 잡고 있던 이와모토의 직속 후계자라고도 말할 수 있는 사람들이다. 그중에서도 아오야나기 유비는 메이지여학교 출신의 구보 하루요(久保はるよ)와 결혼하면서 524호[39]부터 『여학잡지』의 편집인 겸 발행인이 되어 이와모토의 업무를 계승한다. 그렇지만 자금난과 여학교와 잡지 양쪽의 쇠퇴라는 시대적 흐름을 막을 수는 없었다. 그러나 아오야나기는 이후 여성에 관한 다양한 저술을 남기는 형태로, 가와이는 종교를 통해, 후카와는 사회사업과 더 나아가 사회학적인 관심으로 확대시키는 것으로, 사쿠라이는 쓰다 우메코와 함께 여성교육

38) 이 규수(閨秀)문학회에 다니고 있던 일본여자대학 학생 히라쓰카 라이초는 같은 학교 강사 모리타 쇼헤이(森田草平)와 동반자살 미수사건(소위 '매연사건' 혹은 시오바라〈塩原〉사건)을 일으키며 '신여성'으로서 미디어에 등장했다. 사건 후 마찬가지로 같은 모임 강사였던 이쿠다 조코(生田長江)가 히라쓰카 라이초를 주필로 삼아 창간시킨 '여성을 위한 문예잡지'가 1912년 창간된 『청탑』이다. 역시 사건의 경위에 대해서는 사사키(1994), 히라이시(2012)에서 상세히 다루고 있다.

39) 1903년 12월 20일.

에 몰두하는 것으로 이와모토의 일을 물려받게 된다.[40)]

2. 독자

『여학잡지』는 우선 '여학'이라는 이름을 내걸고 '부녀자에 관한 한 분과 학문'을 제창함과 동시에 여성교육의 필요성을 호소했다. 즉 "여학교 여학생들에게 하나의 안내적인 내용을 전수하는"[41)] 잡지라고 선언하고 있었다.

이렇게 본다면 우선 독자로 상정되는 것은 '여학교 여학생'인데, 당시의 부인계몽에 관한 논의의 양상과 기독교를 둘러싼 상황을 고려하면 여학생만을 독자로 상정하는 것이 아니라 여학교를 중심으로 하지만, 앞서 기술한 것처럼 집필자의 중층성에 맞춰 남녀를 불문하고 '부인문제'에 관심을 갖는 모든 사람들 그리고 교육관계자나 기독교 신자, 혹은 외국문학에 관심을 가진 문학청년 등 폭넓게 지식인층을 독자로 삼고 있었다.

필자는 이러한 논리를 바탕으로 독자층을 편의적으로 아래와 같이 그룹화 해 보았다. 물론 독자 중에는 집필자와 마찬가지로 복수의 그룹에 걸쳐있는 자도 있음을 감안했음을 밝혀둔다.

---

40) 제3장 1절 참조.

41) 「여학의 해석(女學の解)」, 1888년 5월 26일, 110호.

① 여학생

『여학잡지』가 여성교육에 대한 관심을 가진 것은 당연한 것이겠지만, 우선 무엇보다도 여학교 정보에 대한 충실성을 엿볼 수 있다. 『여학잡지』는 「내국여학교집보(內國女學教集報)」(26·27호), 「전국여학일람」(141호), 「일본 전국 기독교 신교파 여학교 현재표」(460호) 등에서 여학교의 개략적 정황을 전할뿐만 아니라, 광고란에는 여학교의 학생모집 광고 및 학교안내도 게재하고 있었기 때문에 현역 여학생은 물론 새로운 교육을 바라는 소녀들이나 교육에 관심이 높은 가정의 양친에게도 참조가 되는 경우도 있었을 것이다.

특히 1873년 기독교 금지령이 폐지되었기 때문에 사족(士族)을 중심으로 하는 네트워크와 관계를 맺는 경우가 많았을 것이다. 다만 창간 당초에는 여학교 자체가 아주 적었기 때문에 도쿄여자사범학교와 1885년에 개교한 가조쿠(華族)여학교 정보가 중심이 되었다. 그렇기 때문에 기독교학교 이외의 여학교 관계자도 독자였다고 상정할 수 있다.

실제 여학생 수는 앞서 기술한 『여학잡지』 202호[42]에 게재된 대일본교육회의 조사에서 도쿄부(東京府) 하의 사립여학교는 14개[43]였고

---

42) 1890년 3월 1일.

43) 세이리쓰가쿠샤(成立學舍)여자부(女子部), 가이간(海岸)여학교(현재 아오야마가쿠인〈青山學院〉 전신), 세이슈(靜修)여학교, 고우란(香蘭)여학교(현재 고우란여학교), 쓰우기(通議)여학교, 세이조주쿠(靜女塾), 아토미(跡見)여학교(현재 아토미가쿠인〈跡見學園〉), 메이지여학교, 고후(興風)여학교, 사쿠라이(桜井)여학교(현재 조시가쿠인(女子學院) 전신), 교리쓰(共立女子)여자직업학교(현재 교리쓰여자학원), 조시후쓰에이(女子仏英)학교(현재 시라유리〈白百合〉학원), 무라사키야마(紫山)여학교, 쇼우카(松香)여학교이다. 덧붙여 말하면 기관지 『여학생』(1890년 5월 21일 창간) 광고에 의한 가맹 여학교(기독교 여학교)는

학생 수는 1,873명에 불과했다. 여기에 가조쿠(華族)여학교와 도쿄고등여학교, 페리스여학교 등 요코하마 및 지방여학교[44]를 보태면 20여 개 정도인데, 당시 전국여학생 2,500명 정도가 전부 구독했다고는 볼 수 없지만, 그래도 학교나 친구 사이에 어떠한 형태로든 열람할 수 있는 기회가 있는 독자층이라고도 볼 수 있다.

② 대학생, 젊은 지식인, 교육관계자

한편 창간호 「점수따기 문제」(현상논문)의 응모 숫자는 총 111통이었는데, 이중 여성응모는 겨우 15통에 그치고 있었기 때문에 여학생뿐만 아니라 대학생, 청년지식층, 특히 기독교와 영학(英學)에 관심을 가진 청년도 적지 않은 독자였음을 알 수 있다. 이 현상논문의 테마는 제1회가 '일본부인 개량론', 제2회는 '여성교육론'이었는데, 당시 여성교육을 어떻게 해야 하는가에 대한 문제는 남성 지식인의 큰 관심사였던 것이다. 그리고 『조야(朝野)신문』에서도 『여학잡지』와 동일하게 '여성교육론'을 테마로 제1회 현상논문으로 다루었다.

이러한 사정을 반영이라도 하듯이 제1회 현상논문 당선자 3명 전원은 남성이었고, 그 중 병점(丙點) 입선인 와카미야 긴지로(若宮銀次郎)는 제10호에서 '전국 여교사 숫자'를 기고했는데, 이를 보면 교육관계자 임을 추측할 수 있다. 덧붙여 이 기사를 보면, 1884년 1월 조사의 여교사 숫자는 3,343명, 독자 중에는 여학교에서 가르치거나 또는 여

17개 학교이다.

44) 이와모토가 1892년 간사이(関西)를 방문했을 때 사설에 나오는 지방여학교는 도시샤(同志社)여학교, 바이카(梅花)여학교, 갓스이(活水)여학교 등이다.

성교육에 관심을 가진 남성교육자뿐만 아니라 여성교사도 포함되어 있었음을 쉽게 짐작할 수 있다. 여성교사 중에는 투고자로서 중요한 역할을 수행하는 자도 있었다.[45)]

또한 남성교육자인 경우 위에서 말한 『문학계』 관계자에서 고찰하면 반드시 프로 교사가 아니라 대학에서 문학을 배워 문필가를 지망하면서 아르바이트로, 특히 기독교계의 여학교에서 영어를 가르치는 청년층도 포함되어 있었다. 320호[46)]의 지면개혁에서 흰색 표지는 '청년 남녀를 위한 문학평론잡지'로 여겨졌는데, 그들은 확실한 독자층이었다.

③ 여학교 졸업생, 상층계급의 주부 및 부인회 관계자

여성독자로서 여학생들 이외에도 여학교 졸업생들을 예로 들 수 있을 것이다. 그녀들 대부분은 주부였는데, 기사에 가정부 다루기와 유모 선택방법과 같은 문제가 언급되어 있는 것으로 보아 적어도 경제적 여유가 있는 상층 주부였음을 알 수 있다.

제7장에서 후술하겠지만 잡지의 '가정란(家政欄)'에는 영미(英美)의 중산 계층을 모델로 삼아 기술하고 있었는데 메이지 중기에는 아직 그러한 계층은 적었다. 특히 잡지 창간 직후에는 로쿠메이칸 관계자들의 부인을 중심으로 조직된 부인자선회 모습이 구체적으로 언급되어 있는데[47)] 그녀들의 이토(伊藤) 백작부인을 비롯해 오야마(大山) 백작부인(오야마 스테마쓰〈大山捨松〉)[48)], 도쿠가와(德川) 후작부인 등 작위를

45) 후술의 ⑤투고자 참조하기 바란다.

46) 1892년 6월 4일.

47) 1885년 10월 10일, 6호.

48) 오야마 스테마쓰는 쓰다 우메코와 함께 미국에서 유학한 여학생 중의 한 명이다.

갖고 있는 귀부인 계층이었다.

이와모토가 적극적으로 활동을 호소한 부인회는 이러한 영국과 미국의 사교계를 모방한 자선목적을 중심으로 하는 것이었기 때문에 교회 부인부(婦人部)를 조직하는 등 전국으로 확산되었다. 원래 속발도 와타나베 가나에가 전국적으로 속발회를 조직하기 이전까지는 교회 부인부가 보급을 담당하고 있었고, '금주・평화・순결'을 슬로건으로 내걸고 있었던 부인교풍회는 기독교 여학교의 여성교육자들과 교회 부인부가 결합하면서 성립되었다.

『여학잡지』는 한때 부인교풍회의 기관지의 역할도 겸하고 있었는데, 이를 감안해서 보면 교회관계의 여성들도 독자였음에 틀림이 없다. 당시 여성교회 관계자들은 교육자, 문필가, 목사 가족이 많았고[49]

아이즈번(會津藩) 출신, 처음에는 사키코(咲子)라 명명되었는데 유학을 떠났을 때 어머니가 "버렸다고 생각하고 미국에 보냈지만, 부디 무사히 귀국하기를 기다린다(마쓰)"며 이름을 스테마쓰(捨松)라고 바꾸었다. 미국 바서(Vassar)대학을 졸업, 1882년 귀국, 이듬해 훗날 육군대신 오야마 이와오(大山巖)와 결혼한다. 로쿠메이칸 시절에는 정부 고관부인으로서 사교계의 중심에 있었다. 34년 애국부인회결성 발기인의 한 사람이 되어 같은 2월 이사로 취임했다. 러일전쟁 시기에는 적십자 아쓰시(篤志)간호부회를 운영했다. 또한 쓰다 우메코의 여자영학숙을 원조했다. 역시 메이지의 베스트셀러 소설 도쿠토미 로카의 『불여귀』는 오야마가를 모델로 한 소설로, 스테마쓰는 주인공 나미코(浪子)를 설정했는데, 냉대를 받은 외국에서 귀국하는 하이칼라적인 젊은 의붓어머니로 그려졌기 때문에 악평을 받았다(데라사와 류〈寺沢龍〉, 2009).

49) 예를 들면 『여학잡지』에서 『도쿄부인교풍잡지』(1888년 4월 창간)를 거쳐 창간된 『부인교풍잡지』(1893년 11월 창간)의 편집인은 다케코시 다케요(竹越竹代), 나중에는 야마지 다네(山路タネ), 발행인은 야지마 가지코(矢島楫子)였다. 다케코시 다케요(武越竹代)는 도쿠토미 소호의 민유사(民友社) 사원 다케코시 산사(竹越三叉)의 아내로 남편과 함께 『국민신문』의 기자로 활약했다. 야마지 다네는 야마지 아이잔의 아내로서 다케코시가(竹越家)와 야마지가(山路家)는 이웃에서

경제적 자본은 부족해도 기독교 신앙과 교육에 크게 관심을 가졌다는 의미에서는 진보적인 여성들이었다. 물론 당시 사회에서 그녀들은 아직 극소수에 불과했지만 『여학잡지』가 여학교 졸업생을 상정하고 있었던 것은 바로 그러한 여성들이었다.

320호[50] 지면개혁에서 빨간색 표지의 타깃으로 상정한 '노성(老成) 부인'이란 '만학의 부인 또는 실제 집안 가사일을 담당하는 주부 혹은 뭔가 읽을 거리를 찾는 부인회의 회원들'이라고 적고 있는데, 이러한 주부 중에는 여학교에 갈 기회가 없었기 때문에 통신교육과 같은 형태로 새로운 지식을 추구하는 여성도 있었고[51] 앞서 기술한 '특별광고'를 이용하는 주부들도 있었다.

④ 지방 독자

이러한 부인회는 기독교 네트워크를 통해 부(府)뿐만 아니라 지방에도 확산되었다. 도쿄나 오사카부에 비교하면 압도적으로 적은 숫자이지만, 지방에도 여학교와 교회 혹은 교육열이 높은 가정에서 『여학잡지』는 적지 않은 영향력을 지니고 있었다. 앞서 소개한 요시오카 야요이[52]의 증언은 지방에서 『여학잡지』를 동경하고 있었던 한 독자의 심경을 잘 대변하고 있다.

살았고, 야지마 가지코는 도쿠토미 소호의 숙모로 여자학원 교장이었고, 그 여자학원에 다니고 있던 기타무라 도코쿠의 아내 기타무라 미나코(北村美那子)는 다케코시가의 맞은편(건너편)에 살았다고 한다. 나가후치 도모에(永渕朋枝), 2002, 21쪽.

50) 1892년 6월 4일.

51) 예를 들면 『통신여학(通信女學)』의 독자와 같은 사람들을 말한다.

52) 1871년생, 시즈오카 출신이다.

요시오카의 후계세대 중에는 잡지에서 메이지여학교를 동경하여 실제로 진학하고, 이와모토에게 영향을 받아 나중에 활약한 여성들로 나카무라야(中村屋)의 여주인으로서 다양한 예술가를 지원한 소마 곳코(相馬黑光)[53], 『부인의 벗』과 자유학당의 창설자 하니 모토코(羽仁もと子)[54][55], 작가 노가미 야에코(野上彌生子)[56] 등을 예로 들 수 있다. 실제로 그녀들은 메이지여학교에 다니던 생활 모습과 스승 이와모토의 모습을 긍정과 비판을 포함하는 여러 가지 다양한 형태로 글을 썼다.

⑤ 투고자

여성작가 와카마쓰 시즈코와 다나베 가호가 대표적이지만, 유망한 여성 집필자 중 몇 명은 잡지에 글을 투고한 것이 계기가 되어 등단한 여성들이다. 역으로 독자층에서 작가가 탄생한 것이다. 특히 문학에 관심을 가진 여학생들이 『여학잡지』의 열성적인 독자였음은 상상하기 어렵지 않을 것이다. 『여학잡지』에 투고된 것은 이노우에 데루코[57]와 웰호이저(Wellhaeusser)가 지적하듯이 창간 당초에는 와카가 중심이었고, 대부분 지방 거주자들의 투고였다. 마침내 투고뿐만 아니라 작문이나 논문의 가작(佳作)으로서 메이지여학교 여학생의 작품이 게재되는 경우가 많아지게 되었다.

투고자의 연령표를 살펴보면 ‘간다(神田) 니시키쵸(錦町) 시오타(潮

53) 1876년생, 센다이(仙台) 출신이다.
54) 1873년생, 하치노헤(八戶) 출신이다.
55) 하니 모토코는 『호치신문』에 입사하기 전에 요시오카 야요이의 집에 기숙했다.
56) 1885년생, 오이타(大分)・우수키(臼杵) 출신이다.
57) 이노우에 데루코, 1971, 105쪽.

た), 여성(만 14세)'[58], '부요(武陽) 고마군(高麗郡) 구리쓰보무라(粟坪村) 호소다 센(細田せん)(11년 5개월)'[59], 이와키(磐城) 스즈키(鈴木)(12년 3개월)(1885년 10월 25일, 7호) 등등 인데, 이것은 특히 투고자가 어릴 경우에만 기입된 듯하다. 그밖에 초기 투고란에는 매호(〈표 3〉, 속표지의 안쪽 참조)에 게재된 잡학적인 질문들[60] 예를 들면 '도치기(栃木) 사범학교 와타나베 헤이(渡辺へい)'라고 적고 있는 것에서 학교 선생님이라고 추측할 수 있는 인물이 회답을 투고하는 경우도 있었다.

단골 투고자 중에는 예를 들면 '이와키(磐城) 아시노 아스카(蘆野明日香)'라는 경우처럼 가숙(歌塾) 교사라고 여겨지는 인물도 있었다. 특히 그녀가 편집을 담당하고 있던 『메이지여성와카집 제1편(明治女和歌集第壱編)』의 광고가 『여학잡지』 제5호의 〈표 4〉(속표지)에서 볼 수 있다. 와카뿐만 아니라 「여성을 만드는 글」[61], 「사람위에 있는 것」[62] 등의 글도 있어 투고자임과 동시에 집필을 의뢰받는 경우도 있었을 것으로 추측된다.

웰호이저(Wellhaeusser)가 지적한 것처럼 『여학잡지』는 메이지여학교 여학생의 우수 작품을 게재하면서 종래의 지식인 소양이었던 한시나 한문, 동시에 여성의 소양인 와카와도 또 다른 문체를 장려한 것이다. 예를 들면 유리카(百合香)라는 여학생의 서정적인 이마요우(今様)[63]가 "당시(唐詩)의 한문 등도 모두 폐지하고 새로운 문체를 사용

58) 1885년 10월 10일, 6호.
59) 1885년 10월 25일, 7호.
60) 예를 들면 결혼해도 자식을 점지해주지 않는 여성을 왜 '석녀'라고 말하는가 등이다.
61) 1885년 8월 25일, 3호.
62) 1885년 11월 25일, 9호.
63) 역자주: '이마요우우타(今様歌)'의 준말로 헤이안(平安)시대에 새로 생긴 7・5조

해라"[64]라며 이를 장려했다. 그 후에도 "1885년 관고(觀古)미술회의 기록"[65]이라는 오늘날의 에세이적인 산문, 즉 기록과 비평이라는 저널리스틱한 문장에 비중이 실리게 된다.

이처럼 『여학잡지』가 메이지여학교에서 실천되는 현대적인 교육과 연동되고, 또한 시대적인 역풍으로 잡지 그 자체가 논쟁의 대상이 되어감에 따라 투고 역시 소양으로서의 와카보다도 여성독자가 자기의견을 표명하는 것으로 변용되어 간다.

최초의 계기는 역시 속발논쟁이었다. 아마 여학생이라고 생각되는 비교적 젊은 아오야마의 '유키노사(雪の舎)의 모녀(楳女)'의 속발을 예찬하는 글을 투고한 것에 대해[66] 오사카여학교의 교사 '야마다 아쓰시라는 여성(山田淳女)'의 반론이 게재되었다.[67] 서양풍을 따르는 것은 도리에 어긋난 것이라고 보는 의견으로, 속발은 본래 매일 밤 풀고 아침에 다시 묶어야 함에도 불구하고 며칠씩이나 묶은 채로 있어 생활해서 보기 흉한 소녀들이 많다며 노골적으로 야유를 드러냈다. 이 '야마다 아쓰시라는 여성', 즉 야마다 아쓰코(山田淳子)는 가인(歌人)으로 당시 투고가로서도 잘 알려져 있었고, 에이와(英和)여학교[68]의 교사였다.[69] 투고는 아마 그 경험을 바탕으로 한 것을 적고 있었고, 또 다른 의견으로는 잡지 기사가 잘못된 것이라고 지적하는 경우도 있었다. 이

4구의 노래로 무기(舞妓)나 창기(娼妓)들이 불렀으며 궁중의 연회에서도 불려졌다.

64) 1885년 9월 25일, 5호.

65) 1885년 12월 8일, 10호.

66) 1886년 2월 15일, 15호.

67) 1886년 3월 15일, 17호.

68) 현재 고베(神戸)여학원을 지칭한다.

69) 후쿠이 쥰코(福井純子), 1998, 152쪽.

에 대해 의학박사 다카키 가네히로(高木兼寛)의 연설까지 내세우며 야마다 마쓰코의 반론에 대한 회답으로서 '모녀(楳女)'라는 글에서는, 위생상 속발의 효과를 호소하고, "당신은 모든 사람의 스승으로서 공경받고 있다고 판단하면 (후략)"라며 비꼬는 형태로 끝맺었다. 야마다는 마치 선생님이 학생에게 설교하는 것처럼 모두 가나(仮名) 문체로 재반론을 내놓았는데[70] 마치 수구파(守舊派) 여성교사와 신시대 여학생 간의 세대논쟁이라고도 볼 수 있는 양상을 드러냈다. 그런데 '모녀(楳女)'의 투서가 위생회의 연설 내용까지 인용하고 있는 것을 고려해 보면 아마도 『여학잡지』 내부의 창작일지도 모른다. 그러나 이 논쟁의 반향은 매우 컸다. 이 두 사람의 논쟁 이외에도 「묶은 머리」라고 제목을 붙인 7・5조의 단가[71]와 「속발은 일본 고유의 풍속(비츄〈備中〉 가와노 세이〈川野生〉)」[72]과 같은 투고 글이 게재되었고, 다른 투고 글도 많았다는 것을 보면 논의가 끓어올랐다는 것을 알 수 있다.

『여학잡지』는 「진언이칙(陳言二則) 편집인은 말한다」[73]로 논의를 정리했고, 이후 "투고 글은 가능한 한 단문이면서 직접적이고 실이익적인 것이어야 한다"고 호소했다. 따라서 25호의 '기고'란에는 「교육론 요코하마 페리스여학교의 가타야마 나오(片山なを)」와 함께 「세탁의 수칙, 에쓰고(越後) 후루시(古志)의 어부(漁夫)」・「아이 업기의 주의, 우시고메(牛込) 미나미쵸(南町)의 가토 히데(加藤ひで)」・「소고기를 먹는 일, 시타니(下谷) 가치시쵸(徒士町)의 한 여성」 등의 투고 글도 열

70) 1886년 4월 5일, 20호.
71) 1886년 3월 25일, 19호.
72) 1886년 4월 5일, 20호.
73) 1886년 6월 5일, 25호.

거하고 있었다. 그렇지만 '실익' 지향의 투고 글이 독자의 요구에 호응하는 것이 아니었는지 얼마 안 되어 사라졌다.

오히려 투고자 여성들이 처한 입장과 근대사회 체제의 모색이라는 시대상황과도 맞닿은 진지한 비평투고가 눈길을 끈다. 예를 들면 「시골부인 개량의 일단, 사이타마(埼玉)현 시라기군(新座郡) 니쿠라무라(新倉村), 구로스리우 온나(黑須りう女)」[74]에는 부인들 대부분이 문자를 읽을 수 없기 때문에 잡지에서의 개량론에는 한계가 있으니 지방 현지에서 연설회를 열어야만 한다고 호소하는 글도 있었다. 또한 「부녀자의 지위에 대한 의문을 묻는다, 이이다쵸(飯田町) 로쿠쵸메(六丁目)의 이시마루 쓰야코(石丸艶子)」[75]는 문명국가인 '영국과 프랑스에서도 아내가 무능력자로서 규정되어 있는 것은 왜일까' 라며 근대의 모순을 날카롭게 찌르는 물음을 제기하기도 했다.

이처럼 『여학잡지』는 여성교육의 도구(tool)임과 동시에 여성에 대해 논하는 평론잡지라는 측면을 지니고 있었기 때문에 저널리즘이라는 장에 불가피하게 여성을 참입시킨 결과로 투고자의 레벨에서 여성의 리터러시의 질, 즉 쓰는 형식과 내용까지도 변하고 있었고, 또한 그것은 지방의 유식 여성들에게까지 영향을 미쳤다.

그러나 당시는 리터러시와 미디어가 한정되어 있던 시대로 이러한 투고란은 일반 독자의 목소리를 반영한다기보다는 오히려 예비작가 배출이라는 측면이 강했다. 즉 창간 초기에 투고 글에 대해서도 잡지에 게재되지는 못했지만, 투고 글에 대해 '원고가 선정되지 않은 이유',

---

74) 1886년 12월 25일, 45호.

75) 1887년 2월 5일, 50호.

즉 앞으로 잡지에 게재하기 위해서 보충 설명을 추가한 문장을 순차적으로 게재했다.

그렇지만 44호[76)]에는 이것을 폐지한다는 내용이 알려지면서 기고란에 투고하는 것은 독자라기보다는 단골 집필자라는 양상을 드러내고 있었다. 초기 투고자였던 와카마쓰 시즈코, 이시바시 닌게쓰는 문예 분야에서, 사사키 도요주는 교풍회의 회원자격으로 평론을 게재하면서 여권론 분야에서 마침내 『여학잡지』에 빠져서는 안 되는 주요 필자가 되었다.

Ⅲ. 상반된 두 미디어상이 의미하는 것

이상으로 검토한 관계자 집단의 다양성을 앞장에서 다룬 요동의 시대 상황과 그에 대응하는 편집전략의 변천을 대응시키고 비교해보면 관계자 집단의 권력 관계도 편집방침의 변천과 그 지면의 특징에 따라 다양하게 변화했음을 알 수 있었다.

다만 여기서 중요한 것은 각각의 에이전트 집단이 전략을 고안한 상징투쟁은 단순히 계몽가와 독자를 중심으로 하는 여성들 사이에만 있었던 것은 아니라는 점이다. 제4장에서 후술하겠지만 『여학잡지』에서 '상징투쟁'은 동시에 메이지20년대의 언론계 안에서 서구화 대 국수라

76) 1886년 12월 15일.

는 대립구조 속에서도 존재했다. 오히려 후자의 '상징투쟁'에서는 『여학잡지』의 편집인이나 집필자 지식인과 투고자와 여성작가를 포함하는 여성들은 하나의 공동체를 형성하고 있었다.

일반적으로 메이지기의 미디어는 산업화와 분업화 된 미디어라기보다도 주필의 사상과 편집방침이 농후하게 반영되어 있었던 잡지라고 생각된다. 그런데 오히려 미디어 장르의 분화와 형성과정에 있어서 『여학잡지』는 단적으로 편집인의 사상 표명의 장이라기보다는 다양한 관계자 집단이 각각의 생각에 따라 그것에 참여하고, 그러한 다양한 집단을 끌어들임으로써 구축된 미디어공간이라고 할 수 있다. 그러므로 하나의 『여학잡지』가 두 개의 상반된 미디어 양상을 결합시킨 것은 『여학잡지』가 표방하는 서구화 담론이 지식인의 계몽과 그것과는 또 다른 여성들 측의 서구에의 동경이라는 두 개의 뉘앙스가 다른 표상전략을 병행하고 있었던 것의 증좌로 볼 수 있을 것이다.

그럼 다음 장에서는 이러한 뉘앙스가 다른 두 개의 표상전략이 어떻게 『여학잡지』라는 하나의 미디어를 지탱하는 관계였는지, 그리고 그와 같이 성립된 『여학잡지』란 당시의 사회에서 어떠한 의미를 지니고 있는지를 살펴보기로 한다.

제3장

동상이몽으로서의 서구화

-잡지에 관여한 집단의 표상 전략-

• • •

본장에서는 앞장에서 분류한 관계자 집단의 특징을 제시하고, 그를 통해 기독교 남성지식인들과 여학생 독자를 포함하는 여성들로 구별하면서 그 두 집단의 구체적인 '전략' 모습을 검토한다. 즉 각각의 집단이 어떠한 사회적 지위에 있었고 또한 어떠한 의미에서 서구화를 지지했는지에 대해 검토하려 한다. 여기서 과제로 삼은 것은 『여학잡지』의 서구화 담론이 어떠한 구도 아래에서 각각의 다른 표상 전략을 포섭하고 있었는지 또는 그와 같은 '서구화' 모습은 외부사회에서 어떻게 파악되고 있었는지를 밝히고자 한다.

Ⅰ. 남성기독교 지식인의 표상전략

앞에서 분류한 관계자 집단의 구성에서 알 수 있었던 것은 각각 개인이 기독교나 여성의 교육, 문학, 사회개량 등 별개에 관심을 가지면서도 각 집단이 중요 인물을 중심으로 하면서도 어떠한 방식으로든 서로가 연결고리를 갖고 있었다. 다시 말해서 동향(同鄕), 동문, 사제, 유학, 부모 자식이거나 친척이라는 관계성이 존재했는데, 그러한 관계성은 상호 중층적으로 네트워크를 형성하고 있었다.

『여학잡지』의 집필자인 교사는 이 잡지의 핵심적인 독자였던 여학생들과 매일 학교에서 얼굴을 맞대고 있는 관계임과 동시에 여학생 자신들 또한 원고를 투고함으로써 『여학잡지』의 집필자가 되기도 했다. 그리고 그 작품은 교사를 비롯해 『여학잡지』의 잡지 관계자가 비평하는 관계로 연결되는데, 그러한 의미에서 실제 생활과 미디어는 상호 복선화 되어 있었다.

그리고 각각의 장(場)에서 중핵적인 역할을 수행하고 있었던 것은 이와모토 편집인을 포함하는 제2세대, 혹은 1860년대 초기 출생의 기독교 지식인이었다. 그들은 세대적으로도 이미 권위적 위치를 차지고 하고 있었고, 대부분은 외국에서 갓 돌아온 제1세대의 지식인과 메이지기 출생의 젊은 지식인들의 중간에 있었다.

그렇다면 그들은 어떠한 사정으로 여성교육과 여성미디어의 중심에 위치하는 존재가 될 수 있었을까. 우선 그것을 그들의 사회적 에이전트로서의 실천에서 해독해 보기로 한다. 이를 위해 그들 즉 1850-60년대 출생의 기독교 지식인의 특질을 알아보기 위해서 앞 시대의 메이로쿠(明六) 사원들과, 그 뒤를 잇는 메이지기 출생 지식인과의 차이성에서 찾아보기로 한다.

1. 권위적인 메이로쿠샤 사원들

『여학잡지』의 중심적 역할을 담당하고 있었던 기독교 지식인들 입장에서보면, 『메이로쿠잡지』를 담당했던 멤버들은, 세대적으로도 또한 실제로도 그들의 스승에 해당되는 사람들이었다. 1850-60년대 생년월일을 가진 기독교 지식인들이 역설하지 않으면 안 되었던 여성교육의 필요성이나 문명화를 위한 젠더 재편의 문제는 막부(幕府)말기에 양학을 배웠거나 혹은 서구에 유학하여 문명개화의 정신적인 선도 역할을 담당한 메이로쿠샤 사원들에 의해 일찍이 제기된 문제였다는 것은 앞에서 이미 언급했다.

그중에서도 이와모토가 직접 사사를 받은 나카무라 마사나오와 쓰다 센은 기독교, 여성교육, 미디어를 통한 계몽이라는 점에서 이와모토 사업의 선구자였다. 쓰다는 1871년 이와쿠라(岩倉) 사절단으로 서구에 파견되었을 때 겨우 6살의 차녀 우메코를 미국유학 보낼 정도로 '문명적인' 교육관을 지니고 있었다. 쓰다는 감리교파의 선교사 도라 슌메이커(Dora E. Schoonmaker)가 만드는 여자소학교[1] 개교에 협력했다.[2] 그뿐만 아니라 쓰다는 미국과 유럽을 다녀 온 이후 근대농법을 받아들여 스스로 농업학교를 건립하고, 『농업잡지』를 창간한다.

또한 메이로쿠샤의 중심인물로 나중에 여성사범학교의 교장이 된 나카무라 마사나오는 시즈오카(靜岡) 학문소(學問所)에 재직하던 시기에 열성적인 기독교 신자였던 에드워드 워런 클라크(Edward Warren Clark)[3]의 영향을 받아 마리아 퍼트남(Mary Putnam Pruyn)을 중심

1) 나중에 가이간(海岸)여학교에서 아오야마(青山)여자학원으로 바뀐 학교를 말한다.
2) 무라카미 노부히코(村上信彦), 1969, 150-151쪽.

으로 하는 미국 미션 홈(mission home)[4] 창설에도 관여했다.[5] 나카무라의 동인사(同人社)에서는 당시 일본인에 의한 사숙(私塾)으로는 매우 드문 여학교를 창립했는데 야마카와 기쿠에(山川菊榮)의 어머니와 사사키 도요주(佐々城豊壽)도 여기서 수학했다.[6]

후쿠자와 유키치의 『학문의 권장(學問のすすめ)』과 함께 메이지기의 베스트셀러가 된 『서국입지편』[7]의 번역자[8] 나카무라는 이듬해에 번역한 존 스튜어트 밀(John Stuart Mill)의 『자유의 이치(自由之理)』(『자유론(自由論)』)는 당시 도쿄대학에서 학생들의 필독서였다. 나카무라의 여성교육에 대한 열의는 영국유학의 경험이 크게 작용했다고 전해진다. 자유주의 입장에서 여성차별에 반대했으며, 후에 『여성의 종속(女性の從屬)』을 쓴 존 스튜어트 밀의 영향을 받았다.[9]

---

3) 삿포르의 윌리엄 스미스 클라크(William Smith Clark)와는 다른 사람인 에드워드 와렌 클라크(Edward Warren Clark)이다. 가쓰 가이슈의 의뢰로 그리피스(Griffith)가 시즈오카(靜岡)학문소를 위해 소개한 인물로 1871년(1870년이라는 설도 있다)에 23세로 일본에 왔다. 전공이 화학이었는데, 철학, 윤리학, 법학 등에 관여했고 바이블클래스를 열어 종교 포교 측면에서도 많은 공헌을 했다. 후지타 스즈코, 1984, 11쪽.

4) 나중의 공립여학교, 현재 요코하마공립학원을 말한다.

5) 무라카미 노부히코(村上信彦), 1969, 334-335쪽.

6) 야마카와 기쿠에(山川菊榮), 1972.

7) 새뮤얼 스마일즈(Samuel Smiles)저서로, 1871년 간행되었다.

8) 『여학잡지』에는 와카마쓰 시즈코가 스마일즈의 「가족의 세력」을 다시 번역하여 게재했다(1888년 2월 11일, 96호).

9) 존 스튜어트 밀은 부인참정권운동의 중심을 담당한 포셋(Millicent Garrett Fawcett)을 지원한 것으로도 잘 알려져 있다. 그녀는 맹인 경제학자이자 국회의원인 남편을 도왔는데, 이 때문에 일본에서는 현명한 부인 모델로도 널리 알려져 있었다(세키구치 스미코〈関口すみ子〉, 2005, 305-306쪽). 『여학잡지』의 「영미의 여권」(1889년 1월 26일, 146호)이라고 제목의 기사에는 영국에 건너가 실제

이와모토의 요구에 의해 나카무라는 『서양품행론(西洋品行論)』을 번역했는데, 이 저서 속의 「어머니의 감화」 부분을 『여학잡지』에 기고하기도 했다.[10] 그 외에 『메이로쿠잡지』에 게재된 「선량한 어머니를 만드는 논설」이 있다. 이 때문에 나카무라는 소위말하는 양처현모주의의 유래를 보여준 현모양처 제창자라고 불리게 되었다.[11] 이 논문에서 나카무라는 여성교육이 필요한 이유를 다음과 같이 논한다.

> 인민으로 하여금 바람직한 상태의 풍속으로 바꾸고 개명(開明)의 영역으로 나아가게 하기위해서는 능력있는 어머니를 얻지않으면 안된다. 착한 어머니를 얻으면 착한 아이를 얻을 수 있다. 우리들이 이것을 이루게 되면 일본은 가장 좋은 나라가 될 수 있다. 이는 수신(脩身)과 경신(敬神)의 가르침을 받아들이는 인민이 되고 기예(技藝)나 학술의 가르침도 받아들이는 인민이 되도록 지식을 증진시키고 마음을 선량하게 가져 고상한 품행을 가진 인민이 되도록 해야 한다.[12]

즉 착한 국민을 얻기 위해서는 착한 어머니를 얻을 필요가 있으며, 이를 위해 여성교육, 특히 「모럴(Moral) 앤 종교(Religious), 에듀케이션(수신 및 경신〈敬神〉의 가르침)」이 필요하다고 논한 것이다. 나카무라는 '남녀의 교양은 동일해야만 한다'고 주장하면서도 여성교육은 국가를 위해서 이루어져야 하며 그것은 '수신 및 경신의 가르침'이라는 논리였다. 그렇기 때문에 개명파(開明派)의 여성교육론자가 동시에 양처현모주의[13]의 원조로 간주되는 역설적인 평가를 받게 된 것이다. 이

포셋의 연설을 들은 우에무라 마사히사의 감상이 게재되어 있다.

10) 1887년 10월 29일, 82호.

11) 고야마 시즈코, 1991.

12) 『여학잡지』105호, 1888년 4월 14일.

역설적인 평가는 『여학잡지』에도 적용되었다.

이처럼 문명국에서 교육을 받은 여성의 필요성은 단지 나카무라만의 주장이 아니라 『메이로쿠잡지』의 지식인 사이에서는 공통적인 견해였다. 나카무라와 마찬가지로 당시 시대적 부인론을 적극적으로 설파하면서도 마지막에는 기독교 신앙을 받아들이지 않았다는 의미에서 독자적인 입장을 지켜낸 것은 후쿠자와 유키치였다. 후쿠자와는 문명국에서 성규범의 중요성, 특히 일부일부제(一夫一婦制) 규범을 일찍이 인정하면서도 폐창운동에 대해서는 시종일관 비판적이었다. 구체적인 내용은 그가 주재하는 『시사신보』와 『여학잡지』 논쟁을 다음 장에서 언급하겠지만, 그 논쟁 자체가 당시 부인문제의 사회적인 확산을 의미하기도 했다.

그리고 나카무라와 후쿠자와 이상으로 교육행정이라기보다 실무적인 분야에서 부인계몽에 힘을 갖고 있었던 것은 메이로쿠샤 동인 중에서 가장 최연소로서 이것을 발안하고 마지막에는 사장자리에 오른 모리 아리노리였다. 그가 『메이로쿠잡지』에 연재한 「처첩론(妻妾論)」[14]은 『메이로쿠잡지』의 부인론 중에서도 가장 뛰어난 것으로 여성교육의 필요성, 남녀평등론을 주장함과 동시에 실생활에서도 히로세 쓰네(廣

13) 고야마 시즈코는 '양처현모주의'를 종래 생각해 온 것 같은 유교도덕의 잔재로서가 아니라 오히려 근대에 새롭게 성립된 사상이라고 보고 다음과 같이 논하고 있다. 즉 "양처현모사상을 에도(江戶)시대와 끊고, 전후와 서구의 여성관과의 유사성을 가진 '근대'사상으로서 파악하는 쪽이 그 사상적 특질을 명확하게 할 수 있는 것은 아닐까. (중략) '양처현모'라는 이데올로기는 근대사회의 형성에서 필요불가결한 것이고, 여성을 근대국가의 국민으로서 통합시켜갈 때의 중요 개념이었다고 말할 수 있을 것이다. 고야마 시즈코, 1991, 58쪽.

14) 8・11・15・20・27호.

瀨常)와 계약 결혼을 실천하는 등[15] 새로운 남녀의 모습을 몸소 보여 주었다.[16] 잘 알려진 것처럼 당시 문부대신(文部大臣) 재직 중 헌법 발표일에 암살당했는데, 그 당시 『여학잡지』에 초상화와 함께 추도기사가 게재되었고[17] 경의적(敬意的)으로 여성교육의 발전에 기여한 인물로 소개되었다. 그리고 그 다음 호에는 「처첩론」이 게재되었다.

메이로쿠샤에 참가한 지식인으로 이와모토와의 관계에서 중요한 또 한 사람은 같은 고향인 이즈시번(出石藩) 출신의 선배 가토 히로유키이다. 도쿄제국대학 초대총장으로서도 잘 알려진 가토는 처음에는 기독교 여성교육의 이해자로서 『여학잡지』에도 등장했는데[18], 그 이후에는 기독교 비판의 선봉에 서서 이와모토와 정면에서 대립한다.

이와모토와 가토와의 결별은 210호[19]에 게재한 이와모토의 비평인 「가토 히로유키 씨의 도덕론」에 적은 가토에 대한 통렬한 비판이었다. 가토가 기독교를 비판하는 방향으로 나아가게 된 것은 그 이후의 일인데 가토가 도쿄제국대학의 총장이 된 그 해에 게재된 비평 이후 그는 『여학잡지』에 거의 등장하지 않게 된다.

---

15) 보증인은 후쿠자와 유키치이다.

16) 히로세 쓰네의 불륜관계가 원인으로 이혼에 이르렀다고 하여 당시 스캔들이 되었는데, 진상을 보면 쓰네의 친척 중에 자유민권운동의 시즈오카사건에 관여한 자가 있었기 때문에 모리 아리노리의 입장을 고려하여 이혼했다는 지적도 있다(모리모토 데이코〈森本貞子〉, 2003). 모리 아리노리는 나중에 이와쿠라 도모미(岩倉具視)의 딸과 재혼한다. 철학자 모리 아리마사(森有正)는 손자이다.

17) 1889년 2월 16일, 149호.

18) 강연기록 「남존여비의 득실」(45-47호), 구술필기 「몸가짐 법」(101-102호), 비평 「가토 히로유키 씨의 여성교육론」(156호), 「오늘날의 여학생 수칙」(166호) 등이 있다.

19) 1890년 4월 26일.

> 진화론 주장은 우리들이 하나의 진리라고 생각하는 것으로 감히 가토 씨와 의견을 달리하는 것은 아니다. 그렇지만 우리들은 진화주의를 옳다고 인정함과 동시에 유신론도 옳다고 인정한다. 이 점에 있어서는 가토 씨와 의견을 달리할 뿐만 아니라 가토 씨의 의견에 모순이 있다는 것을 이것에서 발견할 수 있는 점도 많다.

그것은 위의 비판에서도 알 수 있듯이 처음부터 여성을 교육시키기 위해 편의적으로 "이익이 있다면 그 종교(저자주: 기독교)에 가입하는 것도 괜찮다"[20]라는 방식으로 기독교를 인정했던 가토의 논리에는[21] 이미 진화론에서 기독교를 부정하는 단계로 들어갔음을 시사하고 있는 것이다. 이후 가토는 국체(國體) 보존을 주장하고 보수화되어 갔다.

가토와 동일한 스펜서(Spencer)학자로서 알려진 도야마 마사카즈(外山正一)는 진보파로서 여성교육에 대해 "여성교육을 논하고 아울러 기독교의 확장법을 설파한다"(31-34호)며 계몽의 도구로서 기독교를 더욱더 진화시켜 미션 스쿨에 여성교육을 적극적으로 맡기는 것으로 기독교도 널리 확장시키는 것이라고 연결했다. 그러니까 기독교를 여성교육에 보다 적극적으로 활용하는 입장에서 논의를 전개한 것이다.

그 이외에도 초기 『여학잡지』에는 메이로쿠샤 멤버 중에서도 최고의 보수파로 분류되는 니시무라 시게키의 「남녀교제론」[22]이 자세히 소개되어 있다. 이것은 분명히 『시사신보』에서 후쿠자와 유키치가 적극적으로 주장한 자유연애, 이른바 「남녀교제론」에 대한 반론이었다.

---

20) 1889년 4월 6일, 156호.

21) 게다가 이 단계에서는 이와모토는 이 논의에 찬의를 표하고 있다.

22) 『학사회원잡지(學士會院雜誌)』에서 전재, 50호 부록~62・72호. 62・72호에는 니시무라의 논의에 대한 이와모토의 해설・찬의가 실려 있다.

이와모토는 이 점에 있어서는 오히려 보수파인 니시무라의 논의에 동의하여 남녀교제에 신중한 견해를 보였다.

이처럼 메이로쿠샤의 지식인을 동원하고 그 권위를 활용하던 초기의 『여학잡지』는 그 덕분에 평론잡지로서 확고한 지위를 얻은 반면 그 내용은 때로 메이로쿠샤 지식인의 한계점 즉 문명화를 위한 도구로서의 계몽을 승계해 가게 된 것이다. 그러한 한계점은 이후 천황 절대주의자가 되어 기독교를 비판하는 가토 히로유키에게서 여실히 드러나는데, 적어도 『여학잡지』의 출범 시점에서는 문명화에서 여성교육의 필요성, 그리고 그를 위해서는 서양류 노하우 도입이 불가결하다는 공통된 의식이 존재했었다. 『여학잡지』의 기독교 지식인들은 서구에 정통한 메이로쿠샤 지식인들의 권위를 빌리고 그것을 중심 사상으로 두면서 독자적인 활동을 전개해 나간다.

2. 『여학잡지』와 '메이지기 청년'세대의 기독교 지식인

이와모토와 같은 해에 태어난 1863년생으로서 기독교에 깊이 관련되어 있던 도쿠토미 소호는 '텐포(天保)의 노인, 메이지의 청년'[23]이라는 말을 던졌다. 이 말에는 '메이지문화의 창시자'라는 신세대의 자부심을 표현한 것이다. 소호는 '메이지의 청년들' 중에서도 특히 이로카와 다이키치(色川大吉)가 지식계급의 중핵적인 담당자로서 중시한 제2

23) 「텐포(天保)의 노인」이란 『여학잡지』와의 관계에서 말하면 나카무라 마사나오, 쓰다 센, 가토 히로유키 등 스승 격에 해당되는 사람들이다(이노우에 데루코, 1971, 102쪽).

세대[24])에 속했고[25]), 이들 대부분이 『여학잡지』에 관여한 기독교 지식인이었다. 그들은 관직을 얻은 것도 아니고 아카데미의 권위가 있는 것도 아니었다. 20-30대의 그들이 '메이지문화의 창시자'로서 세상에 나온 것에는 "일본 사회에 각종 학교에서 수천 명의 문화 종사자가 양성되었고 특정의 수용층도 생겨나 본격적인 '지식계급'이 성립되었다"[26])는 1880-1890년대의 시대적 배경이 존재했다. 이와모토는 기무라 구마지(木村熊二)와 친분을 갖게 되면서 미디어 『여학잡지』와 함께 메이지여학교라는 교육의 장에 관여한 셈인데, 미디어와 교육의 상승효과는 교육을 추구하는 계층이 생겨나기 시작하면서 실현가능했던 것이다.[27])

이와모토는 오랜 기간 동안 교장을 역임했기 때문에 메이지여학교의 창립자라고 간주되는 경우가 많은데, 실은 앞서 기술한 것처럼 학교의 발안 및 창설에는 같은 고향 이즈시번(出石藩) 출신의 선배인 기무라 구마지였다. 학교 창립의 경위를 살펴보면 기무라 구마지의 역할을 알 수 있다. 기무라 구마지는 신학(神學)을 수학하고 미국에서 귀국

---

24) 1850년대 후반부터 60년대, 70년대에 태어난 사람들을 지칭한다.

25) 이로카와 다이키치(色川大吉)가 열거한 사람들은 이와모토, 소호를 포함하여 전체인원 36명에 이르는데, 본론에 관계하는 사람들로 한정하면 에비나 단죠(1856년생. 후쿠오카〈福岡〉·야나가와〈柳河〉), 우에무라 마사히사(1857, 에도), 우치무라 간조(1861, 에도), 쓰보우치 쇼요(1859, 미노〈美濃〉·오타무라〈太田村〉), 후타바테이 시메이(1864, 에도), 기타무라 도코쿠(1868, 오다와라〈小田原〉), 히라쓰카 라이초(1872, 도쿄), 야마지 아이잔(1864, 에도), 쓰다 우메코(1864, 에도), 니토베 이나조(1862, 모리오카) 등이 속한다(이로카와 다이키치, 1970, 217쪽).

26) 이로카와 다이키치, 1970, 215쪽.

27) 예를 들면 나카무라 마사나오도 1879년에 여학교를 설립했는데 1년 만에 폐교했다.

한 후 우에무라 마사히사의 뒤를 이어 시타니(下谷)교회에서 목사가 되었고 동시에 자택에서 사숙을 열었다. 그 사숙의 학생 중 한명이 바로 이와모토였다. 이렇게 보면 이와모토를 고향 선배인 기무라에게 소개한 것은 두 사람이 모두 스승으로 모셨던 나카무라 마사나오였을지도 모른다.

한편 기무라의 아내 도코는 1884년 가을 무렵부터 시타니교회에 부인회를 결성하고 속발회의 간사로서 일요학교를 열어 어린이들을 가르치고 교회에서 부인운동의 중심적 역할을 했는데, 이 부인회가 메이지여학교 창설로 이어진다.[28] 이러한 경위를 거치면서 1885년 9월 기무라 구마지, 우에무라 마사히사, 다구치 우키치(田口卯吉)[29], 시마다 사부로, 이와모토 요시하루가 중심이 되어 메이지여학교는 창설된 것이다. 다구치 우키치는 그 당시 이미 『일본개화소사(日本開化小史)』[30]로 세상에 알려졌고 『도쿄경제잡지(東京經濟雜誌)』를 주재했다. 다구치는 기독교 신자는 아니었지만 여동생과의 관련에 의해 창립 멤버로 들어갔다. 메이지여학교와의 관련성에서 본다면 친인척인 것이었지만, 그럼에도 불구하고 잡지에서 이와모토의 '여학' 논리에 의문을 제시하면서 논쟁을 벌였다. 또한 시마다 사부로는 『요코하마마이니치(横浜每日)신문』 기자[31], 우에무라는 기독교 지도자로서 나중에 『복음주보(福音週報)』[32], 『일본평론』(1890년 간행)을 발간했기 때문에 결과

28) 후지타 스즈코, 1984, 19-20쪽.

29) 기무라 도코의 친오빠이다.

30) 역시 이 『일본개화소사』는 『여학잡지』의 광고를 통해 당시 많은 여학교에서 교과서로 채용되고 있었음을 알 수 있다.

31) 1879년 12월 『도쿄요코하마마이니치(東京横浜每日)신문』, 1886년 『마이니치(每日)신문』으로 변경, 1894년 사장이 된다.

적으로 창립 멤버 중에서 사장인 기무라를 제외하고 4명이 미디어의 주재자가 되었던 것이다.

미디어사업은 구막신(舊幕臣) 내지 사막파(佐幕派)[33] 출신으로 늦게 시작한 양학도(洋學徒), 즉 '메이지의 청년'들에게는 자신의 문화자본을 활용하는 유효한 장이었다. 왜냐하면 양학은 개화의 흐름 속에서 막번(幕藩) 출신자들에게는 중요한 카드이기는 했지만, 그들은 아직 젊은 메이로쿠샤 사원들만큼 학문을 달성하지 못했고 관직에 오르려 해도 출신과 더불어 양학 그 자체도 구세대만큼 진귀한 것이 아니게 되었기 때문이다. 어쩔 수 없이 재야의 입장이 된 것으로, 다구치는 경제라는 전공을 통해 세상에 데뷔했지만, 시마다, 우에무라, 이와모토는 기독교라는 정신적 지주를 얻고 더욱더 그것을 문화자본으로 삼아 자신의 지위를 구축했던 것이다.

메이지여학교의 창립자 중 다쿠치는 친인척이라는 입장, 이와모토와・우에무라는 기독교교육이라는 입장에서 참여한 것이다. 정치가나 저널리스트라는 입장에서 이에 참가한 것은 시마다 사부로(島田三郎)이다. 그는 오쿠마 시게노부(大隈重信)와 관련되어 1881년에 일어난 정변(政變) 때에 하야했고, 가나가와현(神奈川県) 의원을 역임하던 시기였다. 그는 1890년 입헌개진당에서 입후보하여 중의원의원이 되었다. 그와 동시에 『마이니치신문』도 정당지로 되었기 때문에 정당에 기반을 둔 정치가와 언론인을 중첩시킨다는 의미에서는 앞 세대 지식인 스타일에 가까웠는데, 이후에는 정치적 입장도 신문도 정당으로부터

32) 1890년 간행, 이듬해부터 『복음신보』가 된다.

33) 사막(佐幕)이란 막부말기(幕末期)에 사용된 말로, 막부(幕府)를 보좌하는 의미이다. 자주 도막파(倒幕派)와 대비시키기위해 사막파(佐幕派)라고도 부른다.

벗어나 독립을 지향하게 된다.

그러한 움직임의 근저에는 기독교 신자로서 사회개량에 참가하려는 자세가 내포되어 있었다. 그중에서도 앞장에서 언급한 것처럼 폐창운동은 시마다가 일생을 바친일이었다. 『여학잡지』에 게재된 그의 논문 기사 중 부인교풍회의 연설 기록인 「개화(開化)에 즈음하여 가져야 하는 부인의 마음가짐」(52-55호) 등등 그 대부분이 부인교풍회 및 폐창운동에 관련된 것이었다. 그리고 1888년 미국 방문 때에는 만국부인기독교금주회의 회장 프란시스 윌러드(Frances Elizabeth Caroline Willard)를 방문했는데 그 모습을 이와모토에게 편지로서 보냈고[34], 폐창연설회에서는 이와모토와 우에키가 함께 연설자가 되기도 했었다.[35] 또한 신문지 조례개정안 심의 때에는 여성 발행인을 인정하지 않는 조례 제6조 철폐를 요구했는데[36] 이것도 『여학잡지』를 의식하고 있었기 때문이라고 여겨진다.

시마다는 1886년 우에무라로부터 세례를 받았다. 우에무라는 시타니교회를 중심으로 한 요코하마밴드의 지도자로서 메이지여학교와 메이지학원에서 학생들을 가르치고 있었다. 1888년 시마다와 함께 미국과 영국을 방문했을 때에는 메이지여학교에서 「고별 연설」[37]을 했는데, 그 강의가 『여학잡지』에 게재되었다. 또한 귀국 후의 보고 내용도 메이지여학교 문학회의 연설기록으로 『여학잡지』에 게재되었다.[38] 미

34) 「미국여황통신(米國女況通信)」 1888년 6월 30일・7월 7일, 116・117호.
35) 191호 부록, 209호 호외(號外).
36) 『요미우리신문』, 1893년 2월 26일.
37) 1888년 3월 17일, 101호.
38) 「정치 및 사회개량에서 영미부인의 경황(景況)」, 1889년 2월 2・9일, 147・148호.

국과 영국 방문에는 '관비로 유학'한 당시의 소위 국가 엘리트와는 달리 여성교육을 포함한 교육과 복지사정을 시찰하고 있었던 점이 기독교 신자와 동일한 점 이었다. 우에무라는 나중에 메이지학원을 사임하고 선교사 모임에 의존하지 않고 스스로 도쿄신학사를 설립했는데, 이처럼 해외 선교사 단체에 의존하지 않고 일본인에 의한 기독교 교육의 필요성을 호소한 점은 이와모토와 공통점이었다.

그런데 우에무라로 이어지는 요코하마밴드의 기독교 관계자는 모두 메이지20년대 초기에 본격화된 개량주의의 산물이었다. 메이로쿠샤 사원들이 관료이거나 학자라는 입장과는 달리 지식인이긴 하지만 사회층 입장에서 보면 주변적인 기독교 신자의 입장보다 더 넓은 사회개량을 실천해갔던 사람들이다. 이러한 사람들의 대부분이 사족(士族)출신인 것은 이전부터 자주 지적되어왔다.[39] 특히 구막부의 신하 혹은 좌파 사막번(佐幕藩) 출신자가 많은 것이 특징이었다. 즉 그들은 막번 체제 붕괴 후 새로운 시대를 살아나가기 위해 제임스 발라(James Hamilton Ballagh)와 새뮤얼 브라운(Samuel Robbins Brown) 등 전도 선교사 혹은 구마모토(熊本)의 제임스나 삿포로(劄幌)의 클라크 등 정부가 초빙한 외국인 혹은 구 막부의 양학자 밑에서 영어를 배우고 관직의 길이 아니기 때문에 혹은 경우에 따라서는 이것을 자각적으로 거부하고 종교, 교육 혹은 문필에 몸을 담은 사람들이었다.

예를 들면 요코하마밴드의 주요 인물인 우에무라 마사히사, 오시카와 마사요시, 이부카 가지노스케(井深梶之助), 시마다 사부로에 관한

39) 사족, 그중에서도 무신(戊申)패전사족과 기독교와의 관계에 대해서는 모리오카 기요미의 저서에 상세히 나와 있다(2005, 4-8쪽).

경력을 살펴보자. 우에무라는 하타모토(旗本)의 아들이고, 오시카와는 사막파 마쓰야마번(松山藩)의 하급무사, 이부카는 아이즈번(會津藩), 시마다는 가인(家人) 집안의 아들이고, 우에무라와 오시카와는 바라주쿠[40], 이부카와(井深)이나 시마다는 브라운 주쿠[41]에서 배웠다. 1873년 바라주쿠의 성경연구회(Bible Class)가 브라운주쿠로 합병되자 우에무라와 오시카와는 브라운주쿠로 옮겨 이부카를 만났다.

시마다는 그 후 『요코하마마이니치신문』의 기자가 되었고, 한편 브라운주쿠에서 수학했다. 이 브라운주쿠는 도쿄 잇치(一致)신학교를 거쳐 도쿄 잇치영화학교, 에이와(英和) 예비교와 합병하여 1886년 메이지학원으로 바뀌게 되었다. 그 후 우에무라는 시타니교회 목사를 거쳐 이치반쵸(一番町)교회[42]의 목사를 역임하는 한편 『복음신보』를 간행하고 평론가로서도 활약했다. 오시카와는 1880년부터 센다이(仙台)에서 전도 활동에 종사한 후 1886년 센다이신학교[43]를 설립했다. 이부카는 도쿄 잇치신학교 교수를 거쳐 1891년 제임스 헤본(James Curtis Hepburn)의 뒤를 이어 메이지학원의 총리가 된다.

그리고 이 요코하마밴드 멤버들과 이와모토를 연결시켜준 것은 기무라 구마지였다. 기무라는 세대적으로는 오히려 모리 아리노리 등 메이로쿠샤의 젊은이들과 같은 세대이기도 한데 모리 및 도야마(外山)와 동행하여 12년 간 유학했고, 그 기간 중에 목사 자격을 얻었는데 이 점에서는 특이한 입장에 있었다. 메이지여학교 교장으로서 「독서의 필요

40) 제임스 발라(James Hamilton Ballagh)를 말한다.
41) 새뮤얼 브라운(Samuel Robbins Brown)을 지칭한다.
42) 훗날의 후지미마치(富士見町)교회를 일컫는다.
43) 1891년 도호쿠가쿠인이 되었다.

성을 논한다」[44]라든가 제7장에서 상술할 예정인 「가내 경제의 대요(大要)」[45] 등 주로 교육관계의 기사를 썼는데, 그 숫자가 교장인 이와모토가 쓴 수많은 여학교 관련기사 숫자에는 좀 못 미친다. 제1장에서 살펴본 것처럼 교장 기무라 구마지와 교감 이와모토와의 갈등 원인은 아마 학교운영에 적극적이지 않은 기무라의 태도에 있었던 것 같다.

결과적으로 기무라는 1892년 고모로기주쿠(小諸義塾)의 장(長)을 인수하는 형태로 메이지여학교 교장을 퇴임하고, 교장직을 이와모토에게 양도했다. 기무라는 메이지여학교와 함께 우에무라와 우치무라 간조 등 기독교 관계자뿐만 아니라 학교 지원자로서 자금을 제공한 메이로쿠샤 사원들과도 다른 중진세대의 실력자인 가쓰 가이슈, 오쿠마 시게노부라는 폭넓은 인맥까지도 이와모토에게 넘겨주게 된다. 즉 이와모토는 기무라의 메이지여학교 관계자 인맥을 『여학잡지』에서도 활용하게 된 것이다.

나중에 이와모토는 기무라 이상으로 가쓰 가이슈에게 심취하여 그에 관한 기사를 여러 번 집필했고[46] 전기까지 출판했으며[47] 가쓰의 아들과 결혼한 미국인여성 클라라 위트니(Clara Whitney)[48]는 메이

---

44) 1886년 8월 25일・9월 5일, 33・34호.

45) 1888년 4월 28일-10월13일, 107-131호.

46) 「사이고 난슈(西鄕南州)와 가쓰 가이슈(勝海舟)」, 1897년 4월 25일, 440호, 「가이슈(海舟)선생의 일상」, 1899년 2월 10・25일, 481・482호.

47) 『가이슈(海舟)여파』 1899년 간행.

48) 클라라 위트니(Clara Whitney)는 1875년 10대 때에 아버지 윌리엄 위트니가 초대 일본은행(日銀)부총재(나중에 2대째 총재) 도미타 데쓰노스케(富田鐵之助)에 의해 상법강습소(商法講習所)(히토쓰바시〈一橋〉대학 전신) 교수로 초빙된 것을 계기로 일본에 왔다. 일본체재 중 위트니(Whitney)가 도미타의 스승인 가쓰 가이슈의 비호(庇護)를 받은 인연으로 가쓰의 장남 가지 우메노스케(梶梅之

지여학교에서 가르쳤을 뿐만 아니라 『여학잡지』에도 등장[49]하면서 미국인 가정의 모습을 소개했다.

3. 기독교 지식인의 계승과 이반(離反)

요코하마밴드를 중심으로 한 기독교, 사막파 내지 구막부라는 출신성분, 선교사를 비롯한 외국인 『여학잡지』의 네트워크는 마침내 지리적으로는 구마모토밴드[50]와 삿포로밴드[51]로 이어지고, 세대적으로는 사쿠라이 오손(桜井鴎村)과 나중에 『문학계』를 만드는 시마자키 도손(島崎藤村)과 기타무라 도코쿠(北村透谷)로 확산되어 갔다.

『문학계』 동인의 시마자키 도손, 바바 고쵸(馬場孤蝶), 도가와 슈코쓰(戸川秋骨)는 이부카(井深)가 때마침 총리가 된 1891년에 메이지학원을 졸업한 미션 소년들로서[52] 메이지여학교에서도 교편을 잡았는데, 이 『문학계』 동인은 마침내 기독교를 떠나는 것으로 자신의 문학을 확립해 간다. 그것은 일본에서 문학자들과 기독교의 관련성이기도 한데, 우치무라 간조에게 배운 시라카바파(白樺派) 등 그 이후에 나타나는

助)와 결혼한다. 형 윌리스 노튼 위트니(Willis Norton Whitney)는 안과의사가 되어 아카사카(赤阪)병원을 개원(Whitney, C. 1976, M. C. Kaji, C. w. 1930=1995)하기도 했다. 윌리스와 윌리스의 의붓 남동생 조지 브레스웨이트(George Braithwaite)는 기타무라 도코쿠와 함께 대일본평화회의 창설에 참여했다(다카하시 마사유키〈高橋正幸〉, 1969).

49) 1888년 11월 3・10일, 133・134호, 1889년 2월 23일-3월 9일, 150-152호.

50) 이소가이 운포가 해당된다.

51) 우치무라 간조, 니토베 이나조가 해당된다.

52) 후지타 스즈코, 1984, 236・244쪽.

이반(離反)에 앞서서 실천한 것 같은 모습이기도 했다.

이와모토의 직속 후계자는 1895년 이후 『여학잡지』 집필과 편집의 중심을 담당한 후카와 세이엔(布川靜淵), 사쿠라이 오손, 아오야나기 유비(青柳有美)이다. 다만 그들은 이와모토의 활동 전체를 계승한 것이 아니라 각각 자신의 관심분야에 특화된 형태로 계승한 것이다. 즉 이노우에 데루코는 그들의 이와모토 여학의 수용에 대해 가와이 신스이도 포함하여 다음과 같이 정리한다.

> 후카와 마고이치(布川孫一)는 '여학' 사상의 사회개량적 측면을, 사쿠라이 오손은 '여학' 사상의 여성에 대한 계몽과 교육의 측면을, 가와이 신스이는 '여학' 사상의 종교적 측면을, 그리고 아오야나기 유비는 '여학' 사상의 근원에 있는 여성관련 논의에 대한 관심을 각각 계승함으로써 '여학' 사상의 후계자다운 면모를 보였다.[53]

한편 사회운동과 여성운동은 야마무로 군페이(山室軍平)와 야마무로 기에코(山室機惠子)의 구세군이나 기노시타 나오에(木下尙江)에게 계승되었는데 대개 운동 담당자는 기독교 신자에서 사회주의자로 옮겨갔다. 또한 폐창운동의 중심은 주로 교풍회 여성들이 담당하게 된다.

어쨌든 기독교도와 문학 혹은 저널리즘을 통해 여성교육과 부인문제에 진력하는 남성계몽가라는 존재는 이와모토, 우에무라, 시마다를 중심으로 한 메이지기의 청년세대 특유의 모습이었다. 그들의 활동은 다양한 반향을 불러일으켰지만 기독교를 종교로 뿌리내리지 못한 채 기독교주의 학원만이 여성교육에서 유산으로 남겨지게 되었다.

---

53) 이노우에 데루코, 1971, 115-116쪽.

다만 이것은 여성의 중등교육 부문에만 해당하는 것으로 양처현모주의 교육이 일본사회에 뿌리를 내려가는 메이지30년대에 아이러니컬하게도 이와모토가 서구의 양처현모주의와 함께 불충분한 형태로 소개하고 실천한 여성 고등교육은 시대의 역풍으로 맞게 되면서 기독교와 분리되게 되었다. 그리하여 실천한 것이 쓰다 우메코(津田梅子)와 사쿠라이 오손의 쓰다영학숙(津田英學塾)이고 나루세 진조(成瀨仁藏)의 일본여자대학이었다.

4. 새로운 지식인 기독교 신자의 표상전략

메이로쿠샤 사원들과 『여학잡지』 관계자의 입장을 명확히 나누었는데 그것은 학자 혹은 관리라는 직업적인 지위의 유무였다. 후쿠자와와 쓰다 센 이외의 멤버는 모두 신정부에 출사표를 던지고 있었기 때문에 『메이로쿠잡지』는 1875년 신문지조례 및 참방율(讒謗律) 제정, 태정관(太政官) 포달 119호[54]에 의해 폐지되었다. 아리야마 데루오(有山輝雄)는 후쿠자와가 발의한 폐지 이유를 다음과 같이 정리하고 있다.

> 참방율(讒謗律)과 신문지조례는 '학자의 자유반론과 양립'하지 않는다. 그러면 학자는 지조를 버리고 법령에 따르던가, 자유자재로 글을 써서 정부의 죄인이 되던가, 어느 쪽인가를 선택할 수밖에 없다. 어느 길을 갈 것인가는 '정신 내부'에서 결정할 일이며 '사원 소견'을 진정으로 하나 둘 듣고 이를 합쳐 하나의 몸이 되지

---

54) "관리인 자는 관보공고를 제외하고 외정무(外政務)를 신문지 등에 서술을 허용하지 않는다"는 것이 내용이었다.

> 않으면 실현되지 못한다. 그러나 메이로쿠샤는 설립 기간이 짧고 '회사가 하나의 몸이 되었다'고 볼 수는 없다. 따라서 둘 중 하나의 길을 선택할 수가 없는데, 출판 폐지밖에 길이 없다. 중간적 애매함은 피해야 할 것이다.[55]

메이로쿠샤의 사내외에서는 찬성론과 반대론이 있었고, 실제로 사원 중에는 미쓰쿠리 린쇼(箕作麟祥)처럼 직무에 직접 참방율 제정에 관여하게 되어 어쩔 수 없이 퇴사를 하게 되는 사례도 있었다.[56] 특히 메이지초기에는 관직에 종사하는 학자가 자유로운 언론인을 겸하기에는 한계가 있었다. 또한 후쿠자와가 기술한 것처럼 메이로쿠샤가 반드시 '사원의 소견'이 하나로 정리된 집단이 아니라 오히려 의견을 달리한 학자의 교류를 꾀하기 위한 집단이었다는 점도 『여학잡지』에 관계를 가진 지식인들과의 차이점이었다.

앞에서 살펴보았듯이 『여학잡지』와 관련된 기독교 지식인들은 저널리즘이나 독자적인 교육이라는 미디어에 의해서만이 스스로를 지식인으로서 표상한 사람들이었던 것이다. 처음부터 학자다운 지위가 존재하고 그 학문 내용을 실제 세계로 확산시키기 위해 미디어를 창출해낸 메이로쿠샤 사원들과는 미디어활용의 방향성이 정반대였다.

그와 더불어 메이로쿠샤 사원들은 당시 선구적인 학자나 관리라는 입장을 대부분 공유하고 있었지만,[57] '소견' 즉 사상이나 신조를 공유하는 집단은 아니었다. 물론 『여학잡지』에서도 예를 들면 종교자와 문학청년과의 입장 차이는 있었지만 기독교, 프로테스탄트 종파를 신봉

55) 『유빙호치신문』, 1875년 9월 4일, 아리야마 데루오, 2008, 32쪽.

56) 나카노메 도루(中野目徹), 1999, 448쪽.

57) 1880년에 설립된 도쿄학사회원은 메이로쿠샤가 모태로 되어 있다.

하는 관계자는 물론이고 대부분의 독자도 공통의 가치를 신봉하는 집단이었다. 역으로 그 가치가 공유할 수 없게 되자 『문학계』처럼 다른 잡지로 분리되었던 것이다.

그들처럼 기독교 신자가 미디어를 발행한다는 것은 기독교 전도이상으로 그 실천 자체가 스스로를 지식인으로 자리매김 시키는 행위이기도 했다. 게다가 그들은 기독교를 신봉하는 것으로 지식인이라는 것을 어필할 수 있었다. 즉 메이지기 기독교 지식인은 경제자본도 궁핍하고 정치적 특권으로부터 오히려 배제된 측에 속하는 사람들이 많았는데, 그러한 역경 속에서 획득한 기독교 신앙과 기독교 이해는 정신적 지주임과 동시에 양학에 대한 접근이 이루어졌으며, 동시에 성서를 이해하기 위한 한문 지식이라는 점에서 사실은 변형된 형태로 나타나기는 했지만 그것 자체가 고유의 문화자본이었다.

그리고 그때 활용된 것은 권위화 된 서구 지식이었고, 사족(士族)의 사회관계자본, 즉 지적 세계의 인맥이었다. 그리고 그 인맥으로 기독교를 통한 신(神) 앞의 평등이라는 원리로 여성을 받아들임으로써 종래의 사족 세계의 종적(縱的) 가족관계와는 다른 횡적(横的) 수평의 네트워크를 확립시켜 나갔던 것이다. 그것은 메이지유신 전후의 세대 간 차이를 의식화 했는데 그것은 신시대의 새로운 가치를 가진 집단에 어울리는 네트워크의 모습이었다.

그렇다 하더라도 그들이 지(知)의 양식(様式) 면에서 결코 선배와의 연결을 완전히 끊는 것은 아니었다. 메이지 일본의 기독교 신자가 압도적으로 사족이 많았던 것은 종래의 리터러시의 모습과 깊이 관련되어 있다. 즉 교육자본이 현저하게 한정된 가운데 선진적인 양학에 대한 축적과 관심, 그 기초를 가르치는 스승에게 접근이 가능했던 것은 사족 남성으로 한정되어 있었기 때문이다.

또한 성서는 일본어로 번역되기 이전까지는 중국어 번역서가 사용되었기 때문에 이것을 이해하기 위해서는 한문 소양이 필요불가결했다. 그러한 한정된 지식적 접근은 그들이 기독교 신앙을 깊게 갖는 것은 당연한 것이기도 했다. 이와모토가 그랬듯이 메이지유신을 전후로 탄생한 신세대의 기독교 지식인은 자신의 신분을 빼앗기거나 관직에 나가갈 수 없는 역경에 처해있었지만, 메이로쿠샤 사원들을 포함하여 그들이 가르침을 받은 스승이 되는 사람들은 당시 제1급의 양학을 익히고 구막부(舊幕府)의 학문소(개성소〈開成所〉)에서 교편을 잡은 사람들이었다. 그들의 가르침을 받기 위해서는 사족 네트워크—사회 관계자본이 큰 의미를 지니고 있었던 것이다.

그러나 그들은 고명(高名)한 스승에게 수학했다는 인맥, 그리고 최첨단의 양학과 어학을 문화자본으로 삼으면서도 이전 세대의 양학자와는 달리 유신으로 인한 사회변동으로 그 문화자본에 걸맞은 활약의 장(場)이 준비되어 있지 않았다. 그렇기 때문에 자립의 필요성을 양식으로 삼아 스스로를 사회에 승인시키기 위한 전략으로서 교육, 저널리즘의 장을 자력으로 개척해나갔다.

그들 대부분이 자본력을 갖지 못하면서 기독교에 기반을 둔 사립학교의 전신 혹은 수많은 미디어에 정열을 쏟고, 나아가 그것들을 일본 근대문화에 뿌리를 내리게 할 수 있었던 것은 단순히 의지에 의한 것만은 아니었다. 그것은 인맥을 활용한 자금 조달과 인재조달이라는 실질적인 측면 이외에 그러한 교육이나 문화 사업에 대한 '투자'를 통해 문화자본과 비교하여 현저하게 낮거나 혹은 불안정한 사회적 지위를 뒤엎는 전략, 즉 "스스로 사회적 아이덴티티를 사람들에게 인정받고 인식세계 속에서 고유한 존재방법을 보여주고 상징적으로 지위와 등급을 보여주는"[58] 실천이었던 것이다.

이러한 '투자'가 신시대 여성들의 바램과 서로 공명하고 있었기 때문에 그들은 일본에서의 기독교적 여성교육에 큰 족적을 남겼다. 그렇지만 그들의 계몽과 여성들의 반향은 미묘한 차이가 존재했다. 그리고 그 차이를 그대로 갖고 기독교 여성교육은 진보적인 반향을 일으키며 오늘날까지 동경의 대상이 되어온 것이다.

Ⅱ. 여성들의 차이화 전략과 서구화

앞서 언급한 것처럼 기독교 남성지식인들의 기획한 폐창운동 등에 함께 참여하고 여성교육을 자발적으로 담당한 선구적인 여성들, 그리고 여학생을 중심으로 하는 여성독자는 『여학잡지』를 어떠한 미디어로 받아들였으며 그 공동체에 어떠한 방식으로 참여해 갔을까.

본 절에서는 『여학잡지』에 여성들의 표상과 해석 전략을 주로 그녀들의 참여 계기였던 교풍회와 기독교주의 여학교(미션 스쿨)라는 두 개의 장(場)을 통해 살펴보고자 한다. 또한 세대로서는 대체로 전자 쪽에 깊이 관련된 제2, 제3세대, 후자 쪽에는 그 여성들이 직접 활약하던 1887년대, 그리고 여학생 독자인 1870년대 이후에 태어난 여성들이

58) 샤르티에(Chartier), 1992, 16쪽.

이에 해당될 것이다.

시미즈 도요코(清水豊子)(시킨〈紫琴〉), 다나베 가호(田辺花圃)는 메이지원년(元年)에 태어난 중간 세대인데, 그들의 내적 경험을 들여다본다면 기시다 도시코(나카지마 쇼엔)의 정치운동에 자극을 받아 『여학잡지』에 접근한 시킨의 경우는 비교적 전자세대에 속하고, 사쿠라이여학교와 메이지여학교, 도쿄고등여학교에서 여학생 시절을 보낸 경험을 지닌 가호는 후자세대에 가깝다.

그러나 이 두 사람처럼, 여성의 경우에는 세대 차이보다도 지방 또는 도쿄부라는 출신 지역과 계층, 기독교와 여학교에 접근하기 이전에 이미 결혼 경험이 있는가 없는가라는 개개인의 경험 쪽이 인생 방향에 많은 영향을 주고 있었기 때문에 남성의 경우만큼 강력하게 세대 특징으로 논할 수는 없다. 여기서는 오히려 세대 차이보다도 여성들에게 있어서의 기독교에 기반을 둔 사회운동이나 '미션 스쿨'이 가진 특징이나 의미에 대해 검토하는 편이 옳다고 본다.

1. 교풍회와 여성들

『여학잡지』에서 제창되었고 후대까지 중요성을 띤 여성운동 단체는 일본 기독교 부인교풍회[59]이다. 이 단체는 원래 1886년 7월에 방일한 만국부인 기독교금주회(World Woman's Christian Temperance Union) 서기인 마리아 레빗(Mary Levitt)의 제창에 의해 기무라 도코

59) '도쿄부인교풍회'에서 개칭되었다. 이하 '교풍회'라 약칭한다.

등이 그 지부(支部)로 부인금주회를 설립하려는 움직임에서 시작되었다. 그런데 도코의 사후 좌절되었다가 같은 해 12월 1일 다시금 이와모토의 주선으로 "금주 문제는 모든 해악 중의 일부분을 차지하는 것인데, 모든 해악을 없애기 위해 노력하는 곳은 교풍회"[60]라고 선전하며 도쿄부인교풍회를 설립했다. 이러한 영국과 미국에서의 여성 기독교 조직 활동을 소개한 것이 바로 『여학잡지』였다. 그리고 부인교풍회 회원도 에비나 미야(海老名みや)[61], 이부카 세키(井深せき)[62], 시마다 마사(島田まさ)[63] 등 『여학잡지』에 관련된 기독교 신자 배우자가 많았다. 『여학잡지』에는 그 해 1886년에 영국에서 폐지된 '매독검사조례'[64]에 관련하여 이 조례 폐지운동에 영국의 전국 부인회가 많은 노력을 했다는 것도 소개되었다.[65]

물론 이와모토는 「남녀교제론」에 대해서는 신중론을 선택했다. 그렇지만 서구처럼 우선 여성들만의 모임이나 단체를 설립하여 여성 동료들끼리의 교류, 더 나아가 사회활동을 활발히 해야만 한다며 '부인교제회'를 비롯한 각종 부인단체를 적극적으로 지원하고 있었다. 그중에

---

60) 1886년 11월 15일, 41호.

61) 에비나 단죠(海老名彈正)의 아내를 말한다.

62) 이부카 가지노스케의 아내를 일컫는다.

63) 시마다 사부로의 아내를 지칭한다.

64) 영국에서는 경찰 감독 하에 창부에 대한 매독검사를 의무로 하는 성병법(Cuntagious Diseases Act〈1864・1866・1869〉)이 사실상 매춘을 공적으로 허가하는 것으로 여겨져 조세핀 버틀러(Josephine Butler)(1828-1906)가 반대운동을 조직하여 활동함으로서 1887년 이 법이 철폐되어 공창제도가 폐지되었다. 역시 『여학잡지』에는 삽화를 삽입하여 버틀러를 소개하는 기사를 게재했다(1886년 11월 15일, 41호).

65) 「유력한 부인회」, 1886년 4월 25일, 21호.

서도 최대의 영향력을 지닌 것이 이 부인교풍회인데, 이 교풍회 모임 독자적으로 『도쿄부인교풍잡지(東京婦人矯風雜誌)』[66]가 완성되기까지 『여학잡지』는 그 회보적인 역할도 수행하고 있었고, 모임 창설 초기에는 이와모토가 서기를 역임하여 사무소도 여학잡지사에 두고 있었다. 잡지 지면에는 미국의 금주회를 비롯한[67] 창설자 프란시스 윌러드(Frances Elizabeth Caroline Willard)와 도쿄부인교풍회 설립의 계기를 만든 일본 유세(遊說)를 실시한 마리아 레빗[68], 후년에 일본을 방문한 미국금주회 회원 애커맨(Akerman)[69], 인도 활동가 라마베이[70] 등의 활동내용과 초상화가 첨부된 전기가 소개되었다.

그런데 미국에서의 조직은 '금주회'였지만 당시 일본 기독교 지식인을 비롯한 교풍회 여성운동가가 일본의 풍기(風紀)로서 문제 삼은 것은 공창제도였다. 『여학잡지』가 부인조직을 지원한 것도 앞서 서술한 것처럼 영국을 모방한 부인회의 세력으로서 공창제도를 철폐시키려는 것이 목적이었다. 『여학잡지』에는 쓰다 센의 금주문제를 다룬 연설기록[71]도 볼 수 있지만, 전반적으로는 폐창문제 쪽을 훨씬 중시하고 있었다. 이는 부인교풍회 내부 조직에도 이와 동일한 분열이 일어났는데, 회장 야지마 가지코(矢島楫子)는 금주문제에 주력하고 있었지만 『여학잡지』에 등장한 것은 폐창운동을 중시한 사사키 도요주(佐々城豊壽)가

---

66) 1888년 간행, 1893년 전국으로 전개되어 『부인교풍잡지(婦人矯風雜誌)』로, 훗날 『부인신보(婦人新報)』로 바뀐다.

67) 1886년 11월 15일, 41호.

68) 36・37・39・58호.

69) 202호.

70) 129・141호.

71) 1887년 9월 3・10일, 73・74호, 1889년 2월 16일, 149호.

중심이었다. 다만 야지마 가지코도 나중에는 폐창운동의 선두에 서게 된다.

미국의 금주회와는 달리 『여학잡지』에서 폐창운동 쪽이 중시된 이유는 바로 일본의 문명화라는 관점에서 남성지식인은 기독교의 정통성을 무엇보다도 성도덕에 두었고 창기와 첩제도를 야만적인 풍속이라고 생각했기 때문이다. 이 '야만'을 타파하기 위해 메이로쿠샤 사원은 주로 지식인을 향해 새로운 문명국에서의 성규범과 결혼관을 설파했다. 양학을 통해 기독교를 접하고 그것이 정신적으로 의지할 곳이라는 신앙을 얻은 차세대 지식인들은 기독교야말로 그러한 성도덕의 핵심이며 거기에 여성, 특히 상층계급의 여성도 끌어들여 구식 도덕 타파 운동에 참가하도록 했던 것이다. 그리고 그 가치관은 일부일처제 실현으로 나타났고, 가정 내에서 남녀평등을 요구하는 진보적인 여성들에게도 강력한 지지를 얻게 된 것이다.

일본의 교풍운동은 미국의 금주보다도 폐창문제를 중요시한 점에서 영국과 공통성이 있었다. 조지 모스(George Lachmann Mosse)는 영국과 독일의 교풍운동에 대해 다음과 같이 설명했다.

> 영국과 독일의 페미니스트들은(매춘부에 대한) 강제적 신체검사 폐지운동을 여성의 존엄과 권리를 위한 투쟁이라고 규정했다. 페미니스트들에게 있어서 매춘부의 취급방법과 착취상황은 여성에 대한 남성태도의 상징이 되었다. 따라서 그 운동이 단순한 검사폐지를 넘어 매춘 그 자체에 대한 반대 운동으로 발전하는 것은 논리적으로 당연한 것이었다. 검사폐지가 달성되면 매춘부 폐지운동의 페미니스트적 문맥은 사라져버리는데, 그것과 더불어 순결한 사회를 요구하는 성전(聖戰)이 부상되었다. 여권확장의 주장에서 모든 타락행위에 대한 성전 이행에 따라 페미니스트 운동은 시민적 가치관과 국민주의와 타협할 수 있었다. 이 아웃사이더가 다시

정부 체제에 참입하면서 지배적인 규범은 새로운 힘을 얻게 되었다. 이러한 성전은 개인의 사생활에 국가가 개입하는 것을 정당화하고 인간관계 전반에 국민국가의 우위성을 강화시키게 되었다.[72)]

사실 발전된 서구를 따라잡기 위한 개량운동이란 실은 동시대의 서구에서 시행되고 있었던 운동 그 자체, 결국은 근대적 문제 발견의 전파였다. 다만 일본에서 여성들의 폐창운동이 일어난 논리는 매춘부 착취상황을 여성 전체의 문제로 파악한다는 관점에서 이루어진 것은 아니었다. 오히려 일본에서는, 사회 속에서 공공연하게 용인되고 있던 축첩제도와 창기의 존재를 부정하는 것으로서 폐창운동은 사회의 '순결화'를 요구하는 운동으로 출발하고 있었다.[73)]

예를 들면 교풍회 설립이후 이 문제를 중점적으로 다루며 투고한 사사키 도요주는 「다년간의 습관을 깨뜨려야만 한다(2)」에서 부모형제의 병이나 빈곤 때문에 창기로 전락하는 여성을 세상의 문학자들이 효녀라고 칭송하는 것은 당치도 않은 일이라고 비판했다.[74)] 또한 그 이전에도 「세상의 신사(紳士)에게 바란다」라는 제목을 붙여 여성의 덕을 해치고 그 지위를 무시하는 것은 술자리(酒席)나 피서시에 창기를 동반하는 것은 오히려 신분이 높고 명성이 있는 신사들이라며 비판했다. 그들이 기생을 옆에 부르기 때문에 기생들은 이를 영예로 생각한다거나 부러워한 나머지 중등 이하 사람들 중에는 딸을 기생으로 만들려는

72) 조지 모스, 1988=1996, 141쪽.

73) 이러한 폐창운동에 대한 비판에 대해서는 후지메 유키(藤目ゆき)(1994)에 자세히 나와 있다.

74) 1887년 2월 19일, 52호.

부모조차 생기는 것이니 연회석에서 기생을 부르는 것을 금지하여 '기생이 그 지위가 낮고 여러 괴로움이 많은 것을 알아주지'않는다면 이러한 사람들이 없어지지 않는다고 주장했다.[75] 그리하여 부인교풍회가 1888년 이후 매년 원로원(元老院)에 제출한 일부일처제 건백은 성병문제와도 연결되어 간통죄를 없애는 것이 아니라 남성에게도 적용하도록 요구함으로서 가정의 순결을 관철시키려고 하였다.

그러나 한편으로는 기독교 남성지식인과 여성운동가 사이에는 엄연한 차이가 존재했다. 교풍회의 발족식에서 피력하려고 했으나 에비나와 다무라 두 사람의 훈화 및 사무적 절차로 인해 발언의 기회를 놓친 것에서 투고를 결심한 사사키 도요주는 여성자신이 자유롭게 발언 내지 연설이 가능하도록 요구했는데 「여성의 연설」[76]을 '여성답지 않다'며 혐오하며 자신이 운동의 주도권을 쥐려는 이와모토와 점차 골이 깊어졌다고 했다. 결국 이러한 '차이'가 『여학잡지』와는 다른 사사키 자신 스스로가 편집인이 되는 『도쿄부인교풍잡지』[77]를 탄생시켰던 것이다.[78]

2. '미션 스쿨'이라는 공간

폐창운동에 대한 그녀들의 열의는 기독교 남성지식인들의 계몽에 의해서만 초래되는 것은 아니었다. 남성지식인들의 호소에 호응하는

75) 1886년 11월 5일, 40호.
76) 1887년 5월 7일, 63호.
77) 1888년 4월 간행되었다.
78) 야스타케 루미(安武留美), 2005, 144쪽.

형태로 교풍회에 적극적으로 참가한 여성들의 대부분은 거의 예외 없이 이전에 미션 스쿨에서 여성교육을 받고 기독교에 입신한 여성들이었다.

예를 들면 사사키 도요주는 미쓰 키더스 스쿨(miss kidders school)에서, 이부카 세키코는 공립여학교[79]에서, 요코이 쇼난(横井小楠)의 딸 에비나 미야코(海老名みや子)는 가이간(海岸)여학교와 도시샤(同志社)여학교에서 수학했고, 숙모인 야지마 가지코는 이혼 후 상경하여 신사카에(新榮)여학교와 사쿠라이여학교의 마리아(Mary T. True)와 만남으로써 교육자가 된 인물이다.

그것은 물론 당시의 여성에게 교육을 받은 '장(場)'이 약간의 예외를 제외하고는 미션 스쿨로 한정되어 있었다는 사정이 존재한다. 게다가 그 극히 적은 배움의 '장(場)'에서 수학할 수 있었던 것은 신(神) 앞에서는 남녀구분없이 모두가 평등하다는 논리가 있었기 때문이다. 그와 더불어 그녀들이 이러한 교육의 기회를 획득할 수 있었던 것은 그녀들의 부모 혹은 남편이 막부 말기부터 개화의 동란 속에서 양학과 기독교에 접근하여 자신의 처나 자식에게도 새로운 교육을 받기를 바라고 있었기 때문이다.

그러므로 그녀들은 '여성의 영역', 즉 서구여성을 모델로 남성지식인이 여성에게 걸맞다고 인정하는 영역 내부에 한해서 미션 스쿨에서 공부할 수 있는 가치의 정당성을 확신함과 동시에 남성과 주위의 가족을 적으로 돌리는 일없이 오히려 새로운 타입의 사족 지식인과 가족이 모두 연대함으로써 여성교육과 폐창운동에 매진할 수 있었다.

79) 현재 요코하마공립학원이다.

예를 들면 의사 사사키(佐々木)와 결혼한 도요주의 모임 '장(場)'은 이와모토 요시하루와 시마다 사부로를 비롯한 기독교 지식인의 모임이었다. 또한 야지마 가지코의 언니인 다케자키 쥰코(竹崎順子)는 구마모토영학교(에비나 단죠가 교장)의 부속여학교와 구마모토여학교 교장을 역임했는데, 이 여학교 창설에는 도쿠토미 소호, 도쿠토미 로카(德冨蘆花) 형제의 어머니 히사코(久子)도 관여하고 있었다.

종래의 일본 기독교사 연구에서는 여성의 기독교 입신은 가족으로부터의 의절과 박해를 받았다는 점이 강조되었다.[80] 특히 여성의 경우 교육을 받기위해서는 부모님이나 남편의 이해와 권유가 필요불가결했고, 이러한 여성교육의 이해를 얻을 수 있었던 것도 양학에 친근감이 있었던 사족 계급의 자녀가 압도적으로 많았다. 소마 곳코(相馬黒光)의 경우처럼 조상 대대로 유학자(儒子)의 집안이었기 때문에 교회에 다니는 것을 오빠에게 비난받았는데, 그럼에도 불구하고 그녀가 교회를 통해 오시카와 마사요시(押川萬義)의 지원을 얻게 된 것도 면학과 신시대에 대한 태도 속에서 사족 공통의 에토스가 있었기 때문임에 틀림없다. 곳코를 남편 소마 아이조(相馬愛藏)에게 소개시킨 것은 마찬가지로 센다이(仙台)교회에서 알게 된 시마누키 효다유(島貫兵太夫)[81]였다.

그런데 미션 스쿨은 엄밀하게 말하면 전도 혹은 전도자 육성을 목적으로 했으며, 서구의 기독교 선교단 혹은 종교단체에 의해 경영되는 학교를 가리킨다. 따라서 해외선교사 단체의 경영으로부터 독립한 일

---

80) 예를 들면 모리오카 기요미(森岡清美), 1970.
81) 오시카와 마사요시의 제자・역행회(力行會)창립자이다.

본인에 의한 기독교학교인 메이지여학교, 도시샤 및 여자학원은 정확하게 말하자면 미션 스쿨은 아니다. 그러나 위에서 말한 관계성이라는 인맥에서도 알 수 있듯이 경영상 해외선교사 단체로부터 독립하면서도 교사나 경영 협력, 교육 이념이라는 측면에서는 매우 깊은 관계에 있었다. 이를 일반사회에서 볼 경우 그들은 기독교 신앙이라는, 일본에서는 소수파의 종교 가치를 신봉하고, 그러면서도 어느 정도는 상류의 하이칼라적인 이미지를 띠는 독자적인 교육집단으로 간주되어 왔다. 덧붙여 말하자면 1937년 삼성당(三省堂)에서 나온『부인가정백과사전(婦人家庭百科事典)』에는 미션 스쿨에 대해 다음과 같이 정의했다.

> 기독교 전도 단체에서 경영하는 학교, 전도자 양성소, 기독교주의에 의한 학교 등의 칭호이다. 종래 메이지학원과 페리스여학교 등을 지칭하여 미션 스쿨이라 불렀는데 현재 이러한 종류의 명칭은 교육동맹 결의에 의해 폐지되었고 '기독교주의 학교'라 부르게 되었다.[82)]

여기서 말하는 '교육동맹'이란 종교 교육을 금지하는 1899년의「문부성훈령 제12호」를 계기로 결성된 '기독교학교 교육동맹'을 말하는 것이다. 이 교육동맹이 기독교학교, 특히 남성들의 각종 학교가 격하되는 것을 철회시킨 후 경영형태로서도 반드시 정확하지 않고, 더구나 '선교사에 의한 선교사를 위한 학교'를 상기하게 만드는 명칭을 폐지한 것은 오히려 당연한 것이었다.

그러나 그 이전이나 오늘날의 일본에서도 '기독교주의 학교'라는 말보다도 오히려 그 전체를 지칭하며 '미션 스쿨'이라는 말을 일반적으로

---

82)『부인가정백과사전(婦人家庭百科事典)』, 筑摩書房, 2005.

사용하고 있으며[83] 그 외래어에 특별한 의미가 부여되어 있는 것은 분명하다. 따라서 본론에서 홑따옴표를 붙여 '미션 스쿨'이라고 호칭하는 경우에는 일반적으로 생각하고 있는 통념에 따라 기독교주의의 학교 전체를 포함하는 특유의 이미지를 의미하는 것이다.

더 구체적으로 보자면 '교육동맹'을 포함하여 『여학잡지』 및 앞서 언급한 기독교 지식인이 공통적으로 속해 있었던 것은 기독교 중에서도 프로테스탄트 종파였다.[84] 후술하겠지만 메이지기 일본에서는 니콜라이(Nicholai)에 의한 정교(政教) 포교와 같은 예도 있었지만, 교육자나 지도자층의 돈독함이나 사회에 대한 영향력은 프로테스탄트가 압도적이었다. 당연히 메이지기 이후 일본 '미션 스쿨'의 대부분도 이 프로테스탄트 계열에 속하는데 특히 여성의 리터러시를 생각할 경우 프로테스탄티즘은 특별한 의미를 지니고 있었다.

여성교육에서 프로테스탄티즘의 우위성은 그 '성서주의'에서 유래한다. 즉 성서가 신앙에 있어서 유일하게 의지할 곳인 이상, 그것을 이해하기 위한 리터러시에 대해서는 남녀의 구별이 있어서는 안 되는 것이었다. 더욱이 성서를 읽음으로써 획득되는 것은 단순히 리터러시에 머물지 않고 내면의 근대화라는 점이 중요했다. 즉 프로테스탄티즘에 의

83) '미션 스쿨'에 대한 오늘날 의의에 대해서는 사토 야스코(佐藤八壽子)(2006)에 구체적으로 제시되어 있다.

84) 프로테스탄트는 당연히 여러 종파가 있는데, 요코하마밴드는 제임스 헤본으로 대표되는 장로파와 브라운의 개혁파가 중심으로 되어 있다. 기무라 구마지는 개혁파 뉴브런즈윅(New Brunswick) 신학교를 졸업하여 목사가 되었다. 이와모토는 그의 권유로 세례를 받았기 때문에 개혁파였다. 키더의 페리스도 개혁파였기 때문에 와카마쓰 시즈코도 개혁파가 된 것처럼 메이지여학교 관계자는 모두 개혁파의 계열이다(후지타 스즈코, 1984, 241쪽).

해 인도되는 내면의 근대화란 교회의 권위와 교회 외부에서의 구제를 부정하고 성서를 읽음으로써 세속사회 속에서 자기를 규율화 해가는 생활태도였다. 프로테스탄트의 종교 교육에 의한 이러한 생활태도가 '자본주의 정신', 즉 근대적 합리성에 적합해져 가는 모습을 막스 베버(Max Weber)는 다음과 같이 설명하고 있다.

> 오늘날 뒤떨어진 전통주의적인 노동의 형식을 가장 잘 드러내고 있는 것은 부인노동자, 특히 미혼 여성이다. (중략) 훨씬 손쉽게 특히 수입이 좋아지도록 노동을 하라고 아무리 설명해도 전혀 이해하지못하는 것이 다반사이고, 고리대금의 이자율을 인상해도 습관의 벽에는 그것들조차 효과없이 끝나버린다. 다만 통상 이것과 사정이 다른 것은—그리고 이 점이 우리들의 고찰에는 중요하다—특히 종교교육을 받은 소녀, 특히 경건파 신앙을 가진 지방에서 자란 소녀들이다. 이 부류의 소녀들의 경우에는 경제교육이 효과를 거둘 수 있는 가능성이 각별히 큰데 그것은 자주 듣는 일이고 또한 숫자적인 조사도 그것을 입증하고 있다. 사고의 집중력과 '노동을 의무로 하는' 더할 나위 없는 한결같은 태도, 게다가 이와 결합되어 특히 자주 도출되는 것은 임금과 그 금액을 산정하는 엄격한 경제성 및 노동능력의 두드러진 향상을 가져오는 냉정한 극기심과 절제이다. 노동을 자기목적, 즉 '천직'이라고 생각한다는 자본주의의 요구에 말 그대로 일치하는 사고방식은 이와 같은 경우 가장 받아들여지기 쉽고 전통적 관습을 극복할 가능성도 종교적 교육 결과로서도 최대가 된다.[85)]

막스 베버가 간파한 것처럼 자본주의가 전면적으로 전개되기 위해서는 말단 노동자나 여성까지도 노동과 절제를 자기 목적화 하는 생활태도를 익히는 것이 중요했다. 그와 더불어 프로테스탄티즘이 윤리뿐

---

85) 막스 베버, 1904-05=1991, 67-68쪽.

만 아니라 만인(萬人)에게 리터러시라는 사회기술의 평등한 획득을 요구한다는 점에서도 고도화 되는 경제활동, 즉 자본주의에 친화적이었음을 알 수 있다.

메이지 일본이 본 문명이란 압도적인 물질적 풍부함, 즉 근대자본주의의 부산물이었고, 이를 이식하는 것이야말로 국가의 숙명이었다. 종교 교육에 의해 노동과 절제를 자기 목적화 한 사람들로서 세속적으로 달성된 성과로 자본주의적 축적이 행해지고, 더 나아가 그것이 문명국가로 귀결된다고 보았다. 더욱이 그러한 내면을 기르기 위해서는 가정이 중요한 기반이기 때문에 국민의 '균질화'와 '국민재생산'의 필요성이 제창된 것이다. 이러한 태도나 내면 형성에 관한 한 남녀의 구별이 없이 아니 특히 여성의 도덕과 리터러시 교육을 요구한 것이었다.

프로테스탄티즘에 의한 일본의 여성교육을 제창한 기독교 지식인은 양학을 통해 서구인과 가까이서 접촉함으로써, 막스 베버의 명제로 비춰보면 결과에서부터 소급되어 받아들인 논리라고 말할 수 있을 것이다. 다만 메이지기 일본의 여성교육에서 극복해야만 하는 전통적 습관이란, 유교적인 남존여비에 기반을 두는 가족관을 의미하는 것이었다. 여성 특히 상류층에 속하는 여성의 '천직'이란 가정에서 일하는 것, 즉 신 앞에서 남녀평등을 전제로 하면서도 빅토리아적 '여성의 영역'을 지키는 것이었다.

실제 『여학잡지』에 투고를 보낸 미션 스쿨 여학생들에게는 여성교육의 의미도 그와 같은 문맥에서 이해되는 것이 대부분이었다. 예를 들면 페리스의 가타야마 나오(片山なを)는 여성교육을 "어머니라는 사람은 순량하고 단정하게 집안을 다스려야 한다. 어머니가 현명하게 집안을 다스리면 그 자식이 현량하지 않은 자는 거의 드물다"며 현모사

상을 촉구하고 있었다.[86] 또한 초에이(長英)여숙의 '어느 여성(某女)'은 「일부일처제의 설명」이라고 제목을 붙여 "동권(同權)이라고 하여 남성과 지혜(知)를 겨루기보다도 먼저 서구 부인은 남편을 존경한다. 「일부일처제의 진리를 가르치는 교리」에 복종하지 않으면서 그 결과만을 부러워하여 이를 운영한다며 욕심을 내도 해악이 있을 뿐"[87]이라고 주장했다.

마찬가지로 초에이(長英)여숙의 여학생인 '다케야마 하루지(武山春二)'가 투고한 「여성 자립의 설명」에 이르러서는 "적어도 고등교육을 받은 여성은 남성을 돕고 자녀를 길러 한 가족을 경영하고 교제를 친밀하게 하는 것 등의 책임을 맡은 자"로서 생계를 이어가기 바쁜 입장에서 여성의 자립적 체면만을 지켜야만 하는 것일까라며 가정의 책임을 중시하지만 경제적 자립을 단호하게 부정했다.[88] 메이지여학교의 '히사노 시게코(久野しげ子)'처럼 '각고(刻苦)의 노력으로 분발'하면 '일신의 독립을 얻는' 것도 어렵지 않다며 면학을 촉구하는 자는 오히려 예외적이었다.[89]

결국 '미션 스쿨'에서 여성교육을 종교와 영학, 문학, 일반교양이라고 한 점에서 당시 선진적인 여성들의 지적 욕구에 부응하는 것이었지만 사회 환경에서는 물론 당사자들의 목적에서도 그 교육은 남성의 경우처럼 직업으로 연결되어 '입신출세'라는 지위 형성 기능을 수행하는 것은 아니었다. 아니 그녀들에게 적극적으로 배울 것을 권장하는 신앙

86) 1886년 6월 5일, 25호.
87) 1886년 9월 15일, 35호.
88) 1886년 11월 5일, 40호.
89) 1887년 2월 19일, 52호.

심 깊은 남성지식인을 소위 세속적인 '입신출세' 모습을 좋게 보지 않던 사람들이라고 보면 결과적으로 그들 남성 친족의 이해와 자력으로 향유된 메이지기의 개명적인 '미션 스쿨' 교육은 배우는 것 자체가 가치의 실천임과 동시에 전전기(戰前期) 고등여학교의 교육을 선취한 것 같은 기능[90]으로서의 교육이지 않으면 안 되었던 것이다. 일반 사회생활에 도움이 되지 않는 교양은 사회참여와는 상관이 없었고 상층 여성에게 개명적인 지혜를 몸에 익히게 하는 차이화(distinction) 역할로 기능하고 있었던 것이다.

어쨌든 메이지기의 여성들이 기독교에 의한 새로운 교육을 받은 것은 남성과 다름없이 지적 욕구에 대해 어느 정도 허용됨과 동시에 적어도 '신 앞'이라는 원리 이름으로 가정에서의 남녀평등이 정당화 된다는 점에서 단적으로 문명 희망이었다. 왜냐하면 '미션 스쿨'에서 배울 기회를 얻은 것은 비교적 높은 리터러시를 가지고 있으면서 신분은 유신의 몰락을 경험한 사족 계급의 딸들이고, 일본에서는 서구와는 달리 그녀들은 리터러시가 높은 상층의 사족계급 여성이면 여성일수록 남성과의 관계에서는 노골적으로 종속적인 지위에 놓여 있었기 때문이다.[91]

---

90) 아마노 마사코(天野正子)는 전전기(戰前期) 여성의 학력과 사회계층과의 관계를 분석하였다. 학력은 남성의 그것이 자신의 업적을 나타내는 지위형성기능을 지니는 것에 비해 여성에게 있어서의 높은 학력은 소속된 사회계층이 필요로 하는 문화와 교양을 나타내는 지위 표시기능으로서 중시되고 있었음을 밝히고 있다(아마노 마사코, 1987).

91) 당시 쓰다 우메코의 초대로 일본에 와서 가조쿠(華族)여학교에서 영어를 가르친 베이컨(Alice Mabel Bacon)은 일본에서 오히려 신분이 낮은 여성 쪽이 남성과 대등하게 일하고 부부 관계도 평등하다는 점을 날카롭게 간파했다. 즉 일본에서

그녀들은 새로운 문명시대의 모델로서 '미션 스쿨'에서 서구 부인을 모델로 배운 것이다. 그것은 기독교 가르침에서 인간으로서는 남편과 동등하고 차세대 국민을 육성하는 어머니로서의 아이덴티티로 지탱되는 여성상이었던 것이다. 그 당시 이러한 그녀들의 새로운 이상이 적어도 가족, 혹은 자신이 속한 사회에서 모범이 되어야 하는 계급이라고 간주되어 온 사족 사회의 일부분으로 강력한 지지를 받고 있었다는 점이 중요하다.

그녀들은 유신에 의해 신분과 재산을 잃는 것을 경험하면서 그것을 계기로 기독교 교육에 의해 압도적이었던 낡은 관습을 타파할 수 있었다. 그와 더불어 그녀들은 그것으로 인해 초래된 신시대의 리터러시, 영어와 언문일치라는 새로운 언어감각을 익힘으로써 후술하는 소마 곳코처럼 얼마 안 되나마 종래 남성의 독점영역이었던 언론계에도 활동할 수 있다는 것을 동경할 수 있게 되었던 것이다.

이렇게 '미션 스쿨'을 중심으로 신여성들의 배움의 장이 확대되어 갔다. 『여학잡지』는 이러한 여성들과 기독교 지식인을 연결하고, 일본의 '미션 스쿨'을 네트워크화 했으며 커다란 역할을 수행해 나갔다. 그러나 그것은 사족계급의 리터러시와 에토스라는 불가시적인 문화자본에 기반을 둔 한정된 네트워크였다. 따라서 이러한 독특한 에토스를 띤 학원(學園)은 공동체 내부의 결속과 독자적인 존재의식을 드러내면서

"가장 자유롭게 자립하고 있는" 것은 "일본 어디에서도 대부분 일을 계속하는 것으로 사치와는 인연이 없는 생활을 하고 있지만 그 일하는 모습을 살펴보면 자립심과 지성(知性)을 느낄 수 있는"(Bacon, 1902=2003, 207쪽) 신분이 낮은 여성들이었다. 마찬가지의 지적은 니토베 이나조의 『무사도』에도 나와 있다(니토베 이나조, 1899=2007, 135쪽).

그 외부에서는 '이단'으로 냉소를 받았던 것이다.

3. 여학생과 『여학잡지』와 기독교 학원

『여학잡지』를 주재하는 이와모토의 메이지여학교는 해외선교사 단체로부터 독립한 조직이었음에도 불구하고 일본에서 모든 기독교학교를 연대시키는 미디어로 기능하게 되었다. 그 때문에 잡지 안에서 가장 많이 언급되었던 메이지여학교는 결과적으로 기독교주의 여학교의 최고로서 동경의 대상이 되었다. 그것은 단순히 기독교 교육의 의의를 사회에 어필한다는 표상전략을 넘어 여성교육의 대상인 여학생에게 독자적인 동경을 키우는 것이 되었다. 즉 일본인의 손에 의한 독자적인 기독교 교육관은 그들 지식인의 차이화(distinction)—탁월성의 지표—로서 기능했을 뿐만 아니라 그 내부의 여학생에게도 스스로를 차이화 하는 지표로서 기능하게 된 것이다.

아무리 교육을 받았다고는 하지만 기독교 교육에서, 그리고 메이지여학교가 어째서 여학생들에게 특별한 의미를 갖게 된 것일까. 이에 답하기 위해 이하에서는 기독교 지식인의 계몽적인 생각과 다른 별개의 『여학잡지』를 통해 여학생 측에서 길러진 '미션 스쿨', 특히 그 정점으로서의 메이지여학교에 대한 독특한 동경을 소마 곳코(相馬黒光)의 체험을 예로 들면서 고찰해 보기로 한다.

메이지여학교의 기관지라고도 할 수 있는 『여학잡지』에는 학교에서 실시한 저명인 연설기록은 물론, 졸업식 및 졸업자 명부, 크리스마스 등의 학교행사, 학생의 우수 답안과 논문, 때로는 신문에 게재된 여학생 비판에 대한 학생의 반론, 혹은 교비 부족을 메우기 위한 자선 콘서트의 광고나 보고에 이르기까지 폭 넓게 게재되었다. 이미 센다이의 미션 스쿨에 다니고 있었던 소마 곳코는 그 기사들에 의해 아직 보지도 못한 메이지여학교를 동경하고 있었다.

더욱이 『여학잡지』는 메이지여학교뿐만 아니라 당시의 여성교육기관 전체의 정보를 총망라하는 매체로 기능하고 있었다. 초기에는 메이지여학교뿐만 아니라 가조쿠(華族)여학교와 도쿄고등여학교 등의 졸업자명부가 게재되었는데, 전국 어디에 어떤 여학교가 있고 각각 어떤 교사와 학생이 있는가라는 '전국여학교일람'이라고도 말할 수 있는 정보가 기회 있을 때마다 게재되었다.[92] 이러한 정보는 요코하마와 도쿄부에서는 실제로 방문 조사를 실시하고 있었던 것 같은데, 지방에서는 각 학교에 각 1명의 학생통신원을 모집, 그녀들에게 정보를 보내게 하는 시스템으로 운영하고 있었다고 『여학잡지』 47호에 적고 있다. 통신원 보수로는 『여학잡지』로 대신하고 있었기 때문에 통신원과 『여학잡지』에 의해 자신의 학교정보를 확인함과 동시에 그 잡지의 편집인의 학교, 즉 메이지여학교가 자연스럽게 전국 여학교의 모델이 되었을 것이라는 점은 쉽게 상상할 수 있을 것이다.

또한 학교 교재의 기사, 즉 편지 쓰는 방법부터 국어문법, 전화의 구조 등 이학적 해설, 세계의 풍속, 여성의 전기를 중심 축으로 한 세계사적 에피소드 등은 그 집필진을 보아도 실제로 메이지여학교에서 가르치고 있던 내용을 방불케 한다. 후에는 여학교에 갈 기회를 혜택 받

---

92) 「국내여학교집보(集報)」(26-27호), 「전국여학일람」(141호), 「일본전국기독신교파여학교현재표」(460호) 등이 있다.

지 못한 여성들을 위해 이것을 강좌로 정리하여 통신교육 같은 형태로 『통신여학』을 발행했기 때문에 잡지는 그것을 읽는 젊은 여성들에게 배움의 구체적인 이미지를 부여했다.

또한 미국 유학 현상응모는 당시의 여학생들에게는 꿈같은 기획이었다. 그리고 그 '꿈같은' 현상 응모에 당선되어 실제로 유학을 간 여학생으로부터는 수십 호에 걸쳐 유학생활 리포트가 보내졌다. 물론 메이지20년대에 그러한 기획이 성립할 수 있다는 것은 독자로서의 당시 여학생의 입장을 보여주고 있다. 원래 해외와 깊은 관계가 있는 '미션 스쿨' 정보가 충실한 잡지라 하더라도 「친구가 학업을 위해 미국으로 가기에 보내는 글」[93]과 「서양에 있는 친구에게 보내는 글」[94], 「여학생의 서양행」[95]에 대한 기사가 게재되는 잡지는 도저히 일반 여성들이 손에 넣을 수 있는 잡지가 아니라 극히 상층에서 교육수준이 높은 여성들의 잡지였음을 알 수 있다.

그러나 동시에 그러한 잡지를 신분적 몰락과 가난에 허덕이던 사족의 딸들이 '학문'을 동경하고 현실에 그 동경을 받아들이는 학원이 존재하는—메이지여학교를 비롯한 당시의 '미션 스쿨'은 결코 단순히 영양들의 학교가 아니라 기숙사를 마련하여 지방 여학생을 받아들였다. 연고자에게 의지하여 상경 할 정도로 향학심(向學心)은 있지만, 금전적 여유가 없는 여성들에게는 아르바이트 등 다양한 편의를 도모한—『여학잡지』였다. 그리고 메이지여학교에는 그와 같은 '풍부함'이 있었다. 소마 곳코도 하니 모토코도 틀림없이 그런 동경을 현실로 실천한 여성

93) 1886년 2월 25일, 16호.
94) 다나베 류코(田辺龍子), 나중에 가호(花圃)로 바꾸었다.
95) 1898년 1월 25일, 458호.

들 중 한 명이었다.

그런데 곳코의 회상에 의하면 『여학잡지』와 메이지여학교를 추종하는 것에는 크게 두 가지의 이유가 있었다고 한다. 즉 종교에 대한 동경과 문학에 대한 동경이 바로 그것이다. 실은 곳코가 종교적 동경때문에 애독하고 있었던 잡지는 『여학잡지』 이외에 또 하나가 있었는데, 그것은 니콜라이의 전도에 의한 러시아 정교의 부인잡지 『부학 우라니시키(婦學裏錦)』[96]였다. 니콜라이 또한 잡지와 여성신학교를 주재하고 있었다는 의미에서 이 시기의 계몽 모습을 전해 주기도 한다. 다만 『우라니시키(裏錦)』의 경우 이 잡지가 여성신학교에 대한 생각을 열정적으로 만드는 것은 아니었다. 니콜라이의 오르간 음악에 '신앙' 이미지적인 동경을 품었다는 곳코는 아마 『우라니시키』에 의해 러시아문학의 매력을 알고 그 관심이 나중에 망명시인 바실리 예로센코(Vasiliy Yakovlevich Eroshenko)를 후원자(patron) 같은 형태로 숨겨두는 행동으로 이어졌을 것이다. 그러나 『여학잡지』를 이 시기의 『우라니시키』와 비교할 때 『여학잡지』의 미디어로서의 이점을 보다 명확히 알 수 있다.[97]

곳코의 회상록 『묵이(默移)』에서 『우라니시키』가 언급되는 1895년-1896년 당시의 『여학잡지』는 앞장에서 서술한 것처럼 이미 전성기를 지나 청일전쟁이라는 '상황'에 홀리게 된 이와모토의 관심은 독자인 여학생들의 관심과는 많은 차이를 낳았다. 그럼에도 불구하고 여성의 주체성과 고등교육이나 문학에 대한 긍정적 논리는 일관되어갔다. 그렇

96) 1892년 11월 25일, 상경사(尙絅社)간행, 이하 『우라니시키』라고 약칭한다.
97) 『경시청통계서』에 따르면 1899년 『여학잡지』의 배포부수는 145,824부, 『우라니시키』의 배포부수는 6,874부이다.

지만 『우라니시키』의 여성교육관이나 문학관은 다음과 같다.

> 부인에게는 여러 가지 그에 상응하는 천직(天職)이 있다. 학자가 되어 엄포를 놓는 것이 부인의 예능이 아니다. 학문은 물론 실제로 필요에 의해 어느 정도까지만 이루어 놓으면 된다. 학문은 그들의 중대한 목적을 이루기 위한 하나의 방법이다. 따라서 아직 목적의 일부분도 이루지 못한 채 중도에서 하나의 방법에만 안주하거나, 혹은 번역을 통해 전문가가 되어 여배우처럼 편애를 받으려고 하는 것은 감복할 수 없는 일이다. 부인은 아무리 경쟁해도 생리상으로나 심리상 모두 남성과 다르다는 것을 피할 수 없다. 유홍적 학자가 많은 시대, 문학자 공급초과 시대에 문자의 의거하여 독립을 꾀하고 학문에 의해 여권 확장을 꾀하는 것을 말하는 자가 있다면, 예를 들어 그들이 속발을 하여 뱀이 되어 흡혈의 연못에 살면서 밤에 남성의 목을 조이려는 목적을 달성할 수는 없을 것이다.[98)]

『우라니시키』가 여성교육에 대해 『여학잡지』보다 현저하게 보수적인 것에 머무르고 있음에도 불구하고 『우라니시키』의 문예기사는 걸핏하면 러시아문학계 지식인 서클의 관심을 반영한 것인지 난해한 논평 혹은 러시아문학으로 매우고 삽화(挿繪) 등을 보여주는 방식에는 궁핍했다.

이 무렵 곳코는 염원이 이루어 센다이의 미션 스쿨에서 페리스여학교를 거쳐 메이지여학교에 입학했다. 그렇지만 입학한지 1년 남짓한 시간 동안에 '종교적인 것'에 만족할 수 없게 되었다. 즉 미디어 속에 기호화 되어 있는 메이지여학교의 기독교적인 것에 실망하고 고민하게 된다. 곳코는 나중의 하니 모토코(羽仁もと子)의 말을 인용하여 "'종교사상은 있어도 신앙은 없었다'. 나의 마음이 메이지여학교에 만족할 수

98) 「부인과 학문」, 1896년, 42호.

있게 된 것도 거기에 있었다”[99]라고 술회하고 있지만, 여기서 역설적으로 알 수 있는 것은 『여학잡지』가 메이지여학교에 제공해주고 있었던 환상의 크기이다.

이미 고향 센다이의 미션 스쿨인 미야기(宮城)여학교[100]에서 공부하고 있던 곳코는 거기서 기독교적인 것을 접했던 것이다. 그럼에도 불구하고 미션 스쿨에서 느낀 불만은 외국인 선교사에 의한 서양의 강압적인 교육이었다.[101] 곳코가 『여학잡지』를 통해 엿본 메이지여학교에 대한 동경이란 단순히 기독교적인 것에 머무르지 않고 자유롭고 진보적이며 문학적인 ‘학원’의 로맨틱한 이미지였던 것이다.

4. 문학으로 채색된 로맨틱한 학원

기독교뿐만 아니라 메이지여학교의 진보적이면서 문학적 이미지를 만들어내고 있었던 것은 교장 이와모토를 비롯한 기독교 지식인, 특히 『문학계』 주변의 젊은 지식인에 의한 문학 지향이 있었기 때문이다. 곳코는 병 요양으로 페리스여학교 휴학 중에 메이지여학교에 입학하기 이전에 이미 『문학계』의 편집인이었던 호시노 덴치의 가마쿠라(鎌倉) 별장에 출입하며 호시노에게 소설지도를 받고 있었다.

주지하는 바와 같이 『여학생』이 발전되어 새롭게 창간된 『문학계』

---

99) 소마 곳코, 1936=1999, 108쪽.

100) 현재 미야기학원를 일컫는다.

101) 곳코는 선배 여학생과 함께 미야기(宮城)여학교에서 스트라이크를 일으켜 퇴학당했다.

는 기타무라 도코쿠, 시마자키 도손 등 기독교의 세례를 받은 청년문학자들에 의해 메이지기 낭만주의 문학이 구가되어 일세를 풍미했다. 도코쿠의 자살 경위를 포함하여 그 시대 젊은 문학자들의 사랑과 고뇌의 무대가 된 학원—말할 필요도 없이 그것은 메이지여학교였고, 그들은 거기서 여학생을 가르치는 청년교사였다—과 함께 회상되고 '낭만화'된 것이 도손의 『봄』과 『벚꽃 열매가 익을 때』이다. 이 작품들은 후년에 회상된 소설이라는 의미의 미디어이고, 따라서 메이지여학교라는 학원이 더욱 이상화되었던 것은 말 할 것도 없다. 그러나 거기에 그려진 젊은 남녀의 연애와 양복, 서양관, 교회라는 왠지 모르게 감도는 서구적인 이미지, 그 여러 가지가 당시 『여학잡지』와 메이지여학교가 존재하고 있었을 무렵에 풍기고 있었던 이미지를 대변하고 있는 것이다.

실제 와카마쓰 시즈코가 자신의 결혼, 즉 당시의 남편인 이와모토에게 주체적 각오를 영어로 부탁하고 또한 이와모토가 그 당혹스러움을 잡지상에 토로하는 등 『여학잡지』는 그런 잡지였다. 거기에는 문학과 연애에 대한 동경이 있었기 때문에 이상할 것이 없었다.

이와모토와 와카마쓰 뿐만 아니라 나중에는 시미즈 시킨이 고자이 요시나오와 재혼한 경위를 「한 청년의 이상한 술회」[102]라며 소설로 발표했고, 아오야나기 유비[103]와 구보 하루요는 메이지여학교 교사와 학생이라는 관계를 넘어 커플이 되었고, 마침내 결혼하지만 가정 사정으로 떨어져 살아야만 하는 남편을 사모하는 시를 피로하기도 했다.[104] 『여학잡지』가 큰 목소리로 외치던 계몽과 함께 그 안에서는 서

102) 1892년 10월 22일, 330호, 흰색 표지이다.
103) 『여학잡지』 최후의 편집인이다.
104) 503・506호.

양적인 로맨틱 러브를 찬양하고 있었다. 게다가 『여학생』[105]이라는 『여학잡지』의 서브 미디어에 가맹(加盟)여학교[106]라는 형태로 메이지여학교 이외의 전국여학생에게도 '글쓰기'를 시도하게 하고 거기에 문학청년 교사가 첨삭하고 평가하는 내용을 덧붙이고 있었다. 『문학계』는 이 『여학생』의 『여름호 호외(夏期號外)』[107]에 의해 생겨난 문예잡지였다.[108]

기독교에 기반을 둔 고답적인 계몽과 문학으로 채색된 것이 '학원'이었다. 그러나 교육을 알리바이로 삼으면서 『여학잡지』를 입수한 소녀들이 꿈꾸고 있었던 것은 기숙사 학교라는 형태로 부모의 슬하와 지역의 굴레에서 벗어나는 자유와, 부자유스러운 결혼이나 도덕에 위반되는 성적 방종과도 또 다른 새로운 연애에 대한 동경이었던 것은 아닐까.[109]

---

105) 1890년 5월 21일 간행.

106) 기관지 『여학생』 광고에 의한 가맹(加盟) 여학교는 다음과 같다. 메이지여학교, 여자학원(현재 여자학원), 신사카에(新榮)여학교(현재 여자학원 전신), 여자신학교(니콜라이 설립의 정교주의여학교), 공립여학교(현재 요코하마공립학원), 페리스와에이(和英)여학교(현재 페리스여학원), 쇼에이(頌榮)여학교(현재 쇼에이여자학원), 아토미(跡見)여학교(현재 아토미학원), 릿쿄(立敎)여학교(현재 릿쿄여학원), 세이리쓰샤(成立舍)여자부, 죠시도쿠리쓰(女子獨立)학원, 가이간(海岸)여학교, 초에이(長榮)여학교, 도요에이와(東洋英和)여학교(현재 도요에이와여학원), 아오야마에이와(青山英和)여학교(현재 아오야마가쿠인〈青山學院〉 전신), 긴조(金城)여학교(현재 긴조학원), 다카다(高田)여학교. 1892년 하기호(夏季號) 이외에는 특히 히로시마(広島)여학교(현재 히로시마여학원), 세이류(淸流)여학교, 우메가사키(梅香崎)여학교, 요코하마(橫浜) 소신(捜眞)여학교(현재 소신여학교), 나니와(浪華)여학교, 갓스이(活水)여학교(현재 갓스이여학원)이 첨가되어 있다.

107) 1892년 8월 22일.

108) 『문학계』에 대해서는 제6장에서 상술하기로 한다.

때로는 모순된 두 개의 요소가 병존하는 '미션 스쿨' 미디어가 바로 『여학잡지』였던 것이다. 그 미디어에 의해 일본의 '미션 스쿨'은 엄격한 기독교 도덕을 추종하면서 로맨틱한 서구화 분위기로 가득 찬 이상적인 학원이라는 독특한 의미를 담당하는 교육의 장으로 구축되어 간다. 그것은 '미션 스쿨'에서 식민지적인 것이 배제되는 대신에 기독교 남성지식인에 의해 시대의 최첨단을 걷는 존경스러운 훌륭한 부인을 양성하는 것을 목적으로 하는 가운데, 외부로부터는 야유와 공격에 처하면서도 학교 간에는 서로 결속하며 '학원'의 새로운 이미지를 만들어 내고 있었다. 그리고 그 이미지 전반을 『여학잡지』라는 미디어가 담당한 것이었다.

가령 미디어상에서만 이라도 이러한 학원의 공동체에 속하는 것, 그것이 억압당한 옛 일본 여성들과는 다른 아이덴티티의 증거가 되었다. 그러나 잡지가 그러한 선진적 이미지를 띠면 띨수록 한편으로는 일반 사회로부터 이단적인 존재로 간주되었다. 실제 외래의 종교 도덕에 기반을 두는 플라토닉 연애라는 새로운 개념은 그들이나 그녀들의 이상화와 어긋나고 외설적인 것으로 간주되었다.

메이지20년부터 22년에 걸쳐 발표된 후타바테이 시메이(二葉亭四迷)의 소설 『뜬구름』은 나중에 『여학잡지』에서도 필독 소설로 소개되었다.[110] 이미 이 소설에는 『여학잡지』가 비난받기 쉬운 측면이 극명

109) 실제 이와모토는 소마 곳코・소마 아이조・아오야나기 유비・구보 하루요라는 학원학생의 연애결혼 때 중매역할을 맡아하는 등 원조를 아끼지 않았다. '곳코'라는 이름은 이와모토가 결혼 때 재치가 번득이는 그녀에게 남편을 앞세우고, 그 재치를 뒤에서 발휘하라는 의미에서 지어준 이름이다.

110) 1890년 4월 26일, 210호.

하게 그려져 있었다.

즉 히로인 오세이(お勢)가 입수한 『여학잡지』는 "당연히 정좌하며 읽어야만 하는 잡지"가 구사조시(草雙紙)와 동등하게 취급'받는 "당시의 여성교육론에 대한 야유로 가득 찬 것"111)으로 그려지고 있다. 게다가 그 오세이는 양학을 내세우는 '촐랑이'로 성격을 규정하고 있었다. 거기에는 『여학잡지』의 계몽이 결코 액면 그대로는 받아들여지고 있지 않았다. 여기서 문제가 되고 있는 것은 그 잡지의 내용이 아니라, 지식인의 계몽과 여학생들이 그리는 학원의 특별한 이미지가 첨예한 차별화에 의해 그 외부에서는 어떻게 받아들여지고 있었는가라는 점에 있는 것이다.

Ⅲ. 동상이몽의 귀결 학원문화와 연애

교육과 계몽의 대상인 여성들, 즉 여학생들에게 『여학잡지』의 해석 전략이란 '미션 스쿨'과 그 정점으로 간주되는 메이지여학교 세계의 특권성 확인과 거기에서 몇 가지 자기 참여를 발견해 낸다는 점에 있었다. 여성이 배우는 것 자체가 이단시되던 시대, 학문을 위해 이단으로 간주되는 종교를 믿는 것은 이중적인 차별화를 초래했다.

그 이중적인 차별화와 이단적 시선은 역으로 그것을 받아들이는 여

111) 가메이 히데오(亀井秀雄), 2000, 56쪽.

성임을 드러냄으로써 눈에 띄는 차별화의 증거를 보여주는 것이기도 했다. 즉 그러한 세계에 전념할 수 있다는 것은 우선 여성이 학문을 하는 의의를 인정하는 집안 출신이라는 계층과 문화자본에서 그 여성 자신이 단순히 상류에 속할 뿐만 아니라, 개화의 시대에 걸맞은 새로운 교양을 몸에 익힌다는 인격의 지표가 되는 것이기도 했다. 『여학잡지』의 빨간색 표지(赤表紙)는 속발이나 그 책을 가슴에 품은 리더(Reader)와 마찬가지로 그러한 것의 상징이었다.

그녀들이 서양을 통해 보고 있었던 것은 기독교에 의한 '홈(home)'이라는 가정의 이상상과 문학이나 교양을 익히거나 혹은 어쩌면 작가와 번역가나 속기사가 될 수 있다고 표현하는 자기상이었다. 이처럼 『여학잡지』는 신시대의 여성이고 싶다는 그녀들에게 문필 참가를 승인했다. 그것이 '여성 미디어'라는 인지도를 쟁취하기에 유리했던 것은 두 말할 필요도 없을 것이다.

『여학잡지』는 물론 신여성의 모습과 기독교는 불가분의 관계였다. 그러나 메이지기 전반의 여성교육이 기독교 없이는 있을 수 없었음에도 불구하고 여성교육자 몇 명을 제외하고는 『여학잡지』 관련자에 한해서만 보아도 평생 기독교 신앙을 가진 여성은 극소수였다. 작가로서는 이와모토의 아내인 와카마쓰 시즈코, 저널리스트로서는 후에 『가정의 벗』과 『부인의 벗』을 창간하는 하니 모토코가 눈에 띄는 존재이다.

아오야마 나오에 의하면 1893년 메이지여학교 보통과 졸업생 24명 중 목사의 아내가 된 여성은 4명이고, 사회사업가와 결혼 또는 자기 스스로 사회사업가가 된 여성도 있으며, 비교적 가이간(海岸)여학교시절부터 1909년까지 아오야마(青山)여학원의 졸업생 300명에 중에 전도자의 아내가 된 여성은 8명이고, 자신이 전도자인 여성은 3명뿐이었

다.[112)]

이러한 숫자에서 알 수 있듯이 당시 여성의 기독교 신앙은 배우자와 그 가족전원 혹은 자신이 자란 학원 내에서 직업을 얻지 않는 한 유지하기 어려웠다는 사정이 있다는 점이다. 신앙과 마찬가지로 기독교를 통해 그녀들이 배운 서구적인 남녀평등의 결혼이나 '홈(home)'의 실현도 역시 같은 기독교 신자인 남성과 결혼하는 것이 아니면 어려웠을 것이다. 따라서 모리오카 기요미가 지적하는 당시의 기독교 신자가 실천한 '동료동반형'의 새로운 결혼이란 남성에게는 신앙을 위한 것이었을지도 모르지만, 여성에게는 신앙과 함께 기독교를 통해 배운 로맨틱 러브와 홈의 실현이라는 점에서도 절실한 의미를 지니고 있었다[113)]고 말할 수 있을 것이다.[114)] 실제 기독교신앙은 아무리 지적이고 개명적인 사회 층에서 받아들여진 종교라 하더라도, 일본에서는 여전히 소수파인 것을 보면, 대부분의 여성들에게 '미션 스쿨'이라는 장의 배움 속

112) 아오야마 나오, 1970, 523쪽.

113) 모리오카 기요미, 2005, 73-100쪽.

114) 여기서 모리오카 기요미가 예로 드는 동료형 부부는 이부카 가지노스케・이부카 세키코(井深せき子: 공립여학교・다케바시〈竹橋〉여학교 출신), 우에무라 마사히사・우에무라 스에노(植村季野: 페리스여학교 출신), 에비나 단죠・에비나 미야코(가이간여학교・페리스여학교 출신), 고자키 히로미치・고자키 치요(가이간여학교 출신) 등 네 쌍이다. 이 네 쌍 부부는 이부카가 배우자 선택에서 지니고 있었던 세 원칙 즉 자신의 판단에 의한 선택, 시대에 맞는 교육을 받은 여성일 것, 기독교 신자일 것을 모두 만족한 부부였다. 모리오카는 특히 이것 이외의 공통항으로서 그녀들이 전쟁 패배 혹은 늦게 나타난 번(藩) 사족 내지 지방 명망가의 딸이었던 것, 주로 교회관계자를 중개자로 구혼하고 있는 것, "남편의 사회적 역할을 핵으로 한 전통적인 부창부수(夫唱婦隨)형이었는데, 부부가 제휴하여 신을 따르는 동료동반형"의 부부관계임을 지적하고 있다(모리오카 기요미, 2005, 75-98쪽).

에서 보다 중요했던 것은 신앙 그 자체라기보다도 새로운 이상적인 결혼의 모습 쪽이었을 가능성은 충분하다.

어쨌든 사회가 독자를 포함한 잡지에 관련된 여성들을 받아들이는 모습은 그대로 『여학잡지』의 이미지이기도 했다. 즉 신앙은 옆으로 밀려나고 상류계층의 풍부함, 지적이며 개명적인 이미지, 그 이미지를 만들기 위해 『뜬구름』의 오세이는 진지하게 읽지도 않는 『여학잡지』를 '여봐란 듯이' 입수해 보인 것이다. 실제 주인공 분조(文三)는 그 지적인 모습에 완전히 매혹되었다. 그저 입수했을 뿐인데 구식의 여성과는 다르고 여성의 새로운 모습과 지혜를 방불케 한다는 이미지, 그것이야말로 지식인들의 계몽과 거기에 자신의 꿈을 맡긴 여성들에 의해 형성된 동상이몽의 『여학잡지』였던 것이다.

그러나 물론 『뜬구름』의 작자는 그 모습을 치장이라고 간파하고 있었다. 『뜬구름』에서 그려지고 있는 분조, 오세이는 서양적인 지식을 몸에 익히고 스스로 그것을 의지하면서 그 이상과는 모순된 남녀관계를 그리고 있었고, 작자는 그러한 두 사람을 희극화 했다. 즉 분조는 오세이의 지적이고 개명적인 이미지를 이미지라고는 간파하지 못하고 거기에 농락당하는 욕망적인 남성이였으며, 오세이는 오세이대로 분조의 학문을 결국은 입신출세라는 경제성으로밖에 평가하지 않는다. 실제 분조가 실직하지 않았다면 제국대학 졸업의 관리자와 양학을 익힌 여학생이라는 커플은 시대의 최첨단을 걷는 전형적인 부르주아 커플이었을 것이다.

『여학잡지』는 때로는 과잉적인 도덕주의나 이상적인 학원으로서 기독교 여학교를 이야기하면서 그 내용은 여성이 결혼을 위해 스스로를 비싸게 팔아 결국은 결혼을 통해 계층 상승을 이루기 위한 차이화의 도구로서 기능하고 있었다. 『뜬구름』은 기독교 여성교육에 대해 그와 같은 비평을 담아 『여학잡지』를 예로 들은 것이 아닐까. 물론 그것은 현실의 기독교 지식인, 혹은 여학생들의 강렬한 자부심과는 모순된 것이었지만, 특권적이고 게다가 과잉적인 도덕주의가 지배하는 학원 속에서 이야기되는 연애나 결혼은 새로운 서양적인 이상과 낭만화를 동반하기 때문에 한층 훌륭한 것으로 본질화 되어 있었던 것은 아니었을까. 게다가 그 본질화된 것, 즉 일부일처제 준수나, 서양적인 교양을 공유한다는 것에 의해 성립되는 커플이란 부르주아적 동질성을 재생산해가는 주체이기도 했다.

기독교 지식인이 유신에 의한 역경 즉 구막부나 사막파 사족의 집안에서 태어났다는 사실에도 불구하고, 아니 그렇기 때문에 기존의 문화자본과 인맥을 활용하여 독자적으로 기독교 교육 혹은 저널리즘을 실천적으로 개척할 수 있었던 것에 대해서는 이미 앞에서 언급했다. 그들이 신앙에 기반을 두고 새로운 여성교육 대처한 것은 동일한 신앙을 가진 여성교육자나 교풍회관계자 혹은 향학심이 풍부한 여학생들에게 많은 희망을 주었고 희망으로 받아들여졌다. 지면에서 그려진 학원문화를 통한 그녀들의 참입이 없었다면 『여학잡지』는 훨씬 더 일찍 단명했을지도 모른다. 더구나 '여학잡지'라는 장르 그 자체의 구축도 또한 달랐음에 틀림이 없다.

기독교 지식인의 계몽과 여성들의 차이화 전략은 동상이몽이라는 형태로 서로가 서로의 알리바이로서 존재했다. 즉 기독교 지식인들의 서구화를 핵심으로 한 굳건한 계몽사상은 언론계에서 그들의 입장을 확보하는 표상전략이기도 했다. 그리고 여성들은 그들의 표상전략을 알리바이로 삼으면서 자신도 참입할 수 있는 새로운 교육과 문학 혹은 가정이라는 미래에 대한 동경을 길러나갔던 것이다.

기독교 지식인들은 때로는 이러한 동경을 경조부박한 유행이라고 비판했지만, 그들도 또한 그것을 자각하지도 않았음에도 불구하고 이러한 여성들의 꿈과 동경이라는 지지 없이 자기 사상의 정당성을 표명하는 『여학잡지』라는 미디어를 유지해가지는 못했던 것이다. 그리고 또한 도주(豊寿)처럼 그들의 사고를 넘어 여성의 영역을 일탈하고 스스로 정치적으로 이야기하려는 여성은 그 동상이몽으로부터는 배제되어 갔다.

그 결과 여성들에게 기독교 학원은 이상화되는 한편 차이화 되었다. 즉 특별한 여성은 순결 지향과는 모순된 신시대의 '여성' 아이콘이 되었다. 도손의 『봄』과 『벚꽃 열매가 익을 때』는 이상적인 학원과 연애의 역설적인 관계를 무의식중에 이야기하고 있는 것이다. 즉 이상으로 불타는 젊은 남성 교사는 학생과의 거리가 가깝고 자유로운 학원이어서 인격적 교육의 이상이기도 하지만, 그 정열이 특별한 여학생에게 향할 때 그 이상주의적인 말투는 순식간에 비난받기 쉬운 색채를 띠게 된다. 교육의 이상과 배움의 기쁨을 말하면서도 그러한 이상적인 학원의 내실은 기독교에 의해 연애결혼의 이상을 내걸었기 때문에 늘 남녀 관계를 상기시켰다. 게다가 그 학원의 주인공이 젊은 여학생과 문학청년이었다고 한다면 더더욱 그러했다. 『여학잡지』는 이러한 남성에 대한 새로운 욕망을 '연애'라는 말로 이상화했지만 도손의 작품은 그 낭만주의적인 연애에 가려진 남성의 욕망이 감춰져 있음을 폭로했다.

특권적인 장(場)으로서의 학원과 고상한 이상, 젊은 남녀의 모습을 도손은 물론 후년 내적인 시점에서 그것을 '낭만화'했지만 외부에서는 그것이 장식과 위선으로 비쳐지지 않았다는 보증은 없다. 실제 후타바테이 시메이는 메이지20년대 당시의 『여학잡지』에 그러한 외부의 시선을 대변하고 있었다.

『여학잡지』라는 공동체는 오로지 언론과 교육 실천에 의해 자율적으로 행동하는 '지식인'의 모습, 여성도 또한 신시대에 걸맞은 존재가 아니면 안 된다는 관념, 여성을 위한 미디어, 혹은 교양이라는 지혜의 모습 등 다양한 문화적 관념을 낳았다. 그리고 일본의 여성문화에서 부르주아적인 가치관을 공고히 지지해 나갔다.

동시에 그들이 제시한 차이화는 틀림없이 차이화의 전략 때문에 현실적으로는 상류층에 한정된 세계였다. 즉 '영어 문화'를 포함한 서양적인 '지혜'는 학교라는 동떨어진 장에서는 많은 영향력을 가지면서 때로는 그 '고상함'과 한정성 탓에 야유를 드러내고 신앙과 사회일반으로의 침투라는 점에서는 결정적인 취약성을 갖고 있었던 것이다.

그럼 다음 장에서는 그러한 협로에 서게 된 『여학잡지』가 저널리즘에서 어떠한 위치를 차지했는지에 대해 살펴보기로 한다.

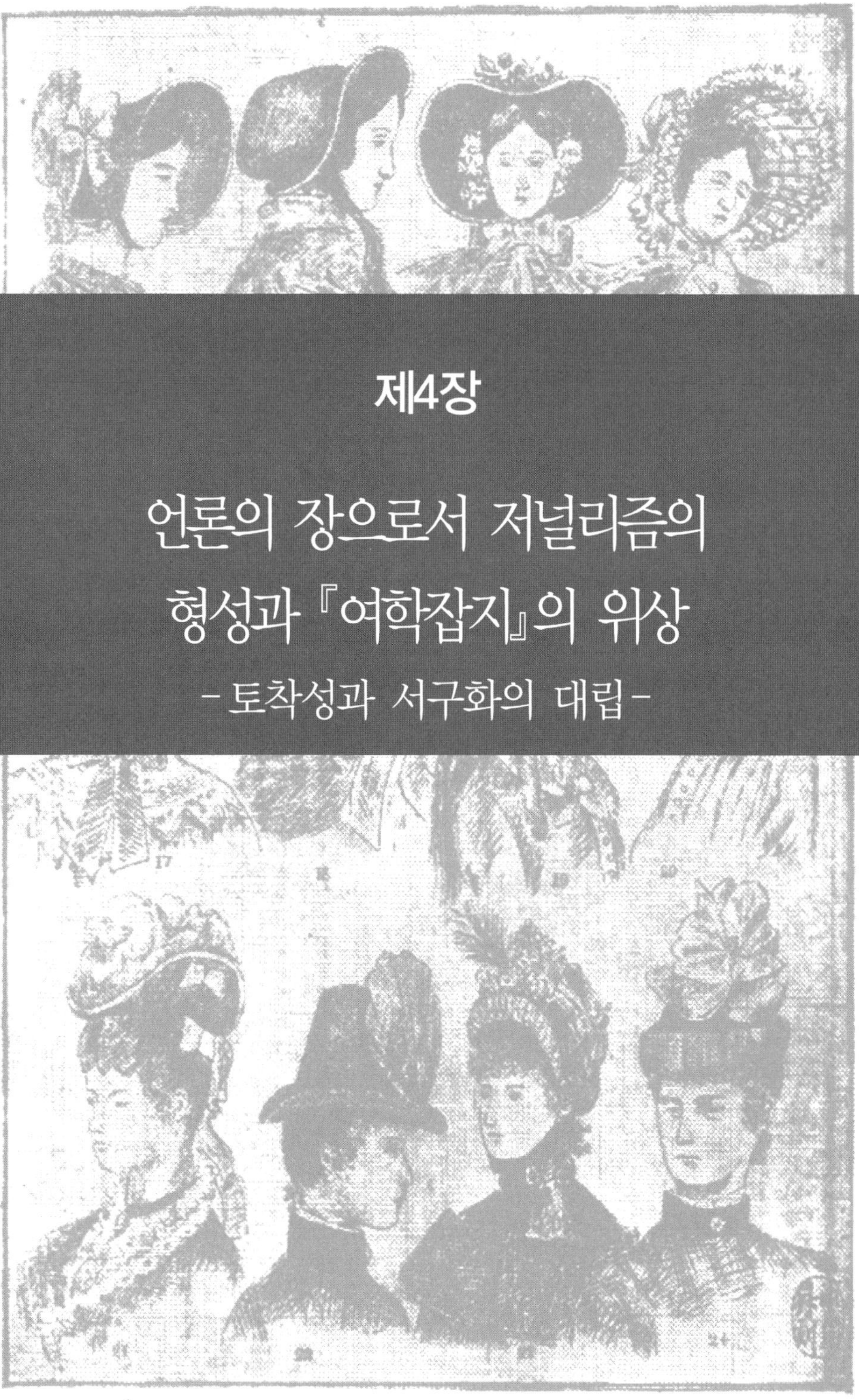

제4장

언론의 장으로서 저널리즘의 형성과 『여학잡지』의 위상

-토착성과 서구화의 대립-

• • •

지금까지는 『여학잡지』에 관련된 각각의 에이전트 집단, 크게 말하면 기독교 남성지식인과 신여성들(독자를 포함) 사이에 서로 다른 의미에서 서구화의 이상화 담론이 사용되고, 동상이몽적인 상황이 일본에서 독자적인 의미를 갖는 기독교 학원문화와 연애 및 결혼이라는 로맨틱 '러브이데올로기'의 침투로 귀결되었음을 고찰해 왔다.

이에 이어 본장에서는 『여학잡지』에서 계몽과 낭만주의의 공존이 저널리즘 그 자체의 분화를 일으키는 기점으로 상정하고, 이를 통해 근대의 기능분화에 호응(呼應)하는 형태로 일어난 미디어의 장르화를 살펴본다. 즉 교육평론, 문학, 가정 실용정보라는 미디어의 분화 속에서 그것들이 어떠한 성과와 한계로 귀결되었는지를 검토하려는 것이다.

제4장에서는 저널리즘 그 자체와 교육평론의 분화를 다루기로 한다. 그리고 제5장에서는 기독교 지식인집단의 장(場)을 중심으로 다루고, 문학을 테마로 하는 제6장에서는 여성작가 집단에 초점을 맞춘다. 가정 실용정보를 문제화하는 제7장에서는 기독교 지식인집단과 여학생·졸업생·기혼자 등의 여성독자 집단을 다룰 것이다. 즉 각각의 집단을 각각의 '장(場)'에서의 중심적 행위자 집단으로서 다룰 것이다. 그러나 모든 경우의 장에서 문제가 되는 것은 행위자집단 각각에 있어서

담론 전략으로서의 서구화가 어떠한 가능성을 열어 놓았으며, 반대로 어떻게 좌절되어 가는가라는 점이다.

먼저 제4장에서 문제로 다루는 것은 새로운 언론의 장(場)으로서 저널리즘 그것 자체의 분화에 있어서의 『여학잡지』가 가진 서구화 담론의 의미이다. 더 구체적으로 언급하자면 메이지20년대 지식인에 의한 일방적인 계몽으로부터도, 또한 정론(政論)으로부터도 자유로운 〈저널리즘〉이라는 새로운 언론의 장이 확립되어갔다는 것을 확인하고, 그와 같은 상황 속에서 『여학잡지』의 위치를 다른 미디어와의 대항관계를 통해 검토한다. 나아가 이러한 대항담론과의 관계로부터 저널리즘이라는 독자적인 언론의 장 형성에 있어서 『여학잡지』가 서구를 이상화했기 때문에 어떻게 평가되고 또한 한편으로는 어떻게 자리매김 되었는지를 밝히고자 한다.

Ⅰ. 메이지20년대의 저널리즘 속에서 『여학잡지』의 위상

1. 정론(政論)・학술저널리즘에서 언론의 장 형성으로

앞에서 기술한 바와 같이 기독교 지식인은 그들 자신이 문화와 교육사업에서 '살아남는' 전략을 전개하는 가운데, 스스로의 입장을 주장하는 언론의 장도 창출해 냈다. 그 과정에서 『여학잡지』는 『메이로쿠잡지』에서 지식인들이 논의해 온 여성교육의 필요성과 젠더 재편의 문제를 여성들 자신이 자각적으로 실천해가는 장(場)이 되었다. 그리고 그와 같은 배경에는 "정치의 부속물 혹은 당파의 도구"[1]로밖에 간주되지 않았던 저널리즘이 오히려 논의나 의견 교환에 의해 사회에 영향을 주게 되었다. 그리고 그 자체가 자율적인 장(場)으로 형성되기 시작하는 시대상황이 생겨난 것이다.

원래 메이로쿠샤는 "논의나 논쟁을 의도적으로 만들어내고, 그것을 지식 생산방법으로 생각하는 결사(結社)"[2]였다. 그중에서도 교육기관과 연설문, 신문, 잡지라는 새로운 지적 미디어를 계속해서 소개하고 일본사회에 뿌리내리게 한 것은 메이로쿠샤 멤버인 후쿠자와 유키치였다. 그는 스피치(Speech)를 '연설'이라고 번역하고, 1873년 봄과 여름에 게이오기주쿠(慶應義塾)대학에서 그것을 훈련시킴과 동시에 메이로쿠샤에도 이를 도입했다.[3] 그는 새로운 교육기관, 연설문, 신문, 잡지 등을 문명사회에 불가결한 사회제도로 소개함과 동시에 그것들을 스스로가 적극적으로 활용함으로써 당대에서 가장 뛰어난 계몽가로서 모든 생애를 바쳤다.[4]

그리고 후쿠자와의 뒤를 이어 이들을 활용하고 언론계에서 지위를 구축한 것은, 관료계의 길도 막혀버린 사막파(佐幕派)와 구막신(舊幕

1) 아리야마 데루오, 1992, 10쪽.
2) 아리야마 데루오, 2008, 27쪽.
3) 오쿠보 도시아키, 2007, 44쪽.
4) 다만 다음에 예로 드는 후쿠자와가 1882년에 창간한 『시사신보』는 독립불기(獨立不羈)를 부르짖고 있었는데, 당초에는 정부기관지로서 구상되었다. 정부기관지구상과 『시사신보』와의 관계에 대해서는 아리야마 데루오(2008, 39-48쪽)의 저서를 참조하기 바란다.

臣) 자제의 지식인들이었다. 그중에서도 기독교 지식인은 그 대표적인 사람들이었다. 그들은 종교상 마이너리티였기 때문에 기독교를 확산시키기 위해 각지를 돌며 연설했고, 앞에서 소개한 것처럼 교육기관이나 잡지는 그들의 사회적 실천의 중핵이었다. 이러한 교육, 연설, 유세, 인쇄매체의 활용은 선교사들의 실천을 답습한 것이라고 볼 수 있다.

이와모토의 경우는 이 새로운 사회제도를 여성에게 맞추려고 새롭게 정의했다는 의미에서 '계몽을 받는 측'에 관여했다는 것에 그 특징이 있었다. 이와모토는 여성의 중등, 고등 교육의 필요성을 주장하여 메이지여학교를 경영했는데, 제6장에서 후술하겠지만, 잡지의 편집이나 집필에 영국과 미국의 여성잡지를 모범으로 삼아 여성들의 참여를 촉구했다. 그뿐만 아니라 메이지사회의 대표적 풍물로 된 연설을 여성에게는 맞지 않는다고 하여 기시다 도시코를 비난했다.[5] 그리고 교풍회의 설립 계기가 된 레빗의 방일 연설에 대해서도 이를 여성만이 참가하는 '여학 연설회'라고 단정하면서 지면에 게재했다.

이점에 있어서는 늘 서구사회를 모델로 한 것은 『메이로쿠잡지』와 공통적 이었다. 그러나 『메이로쿠잡지』에서 다루는 논의란 어디까지나 그들의 지적(知的) 서클 내부의 일이고, 설령 연설을 잡지에 전재했다 하더라도 그것은 논의나 저널리즘의 모습 그 자체는 일반 독자를 일방적으로 계몽하기 위한 것이었다. 그렇기 때문에 독자를 자신의 서클 안으로 참여시키는 것까지 상정하고 있지는 않았다.

즉 『메이로쿠잡지』 지면에 게재된 연설문의 문어(文語) 문체의 '번역'은 '문자문화'의 언론장이 아직 독자 참가형의 수평적인 커뮤니케이

---

5) 「여성의 연설」, 1886년 5월 15일, 23호.

션으로서는 확립되지 않았던 사정을 말해주고 있다. 이에 반해 『여학잡지』에서는 언어의 형식에서도 서구 스타일, 즉 언문일치가 적극적으로 채용되었다. 그것은 첫째, 내셔널한 문화의 각성 속에서 한문을 모델로 하는 종래의 문자문화의 형식을 바꾸려는 움직임에 대한 연동이기도 했다. 둘째, 외국인 선교사나 교육가, 사회사업가 등의 강연을 연설문 문체로 바꿔놓을 필요성이 존재했고, 셋째는 '계몽 받는 입장 측', 즉 여성이 참여하기 쉬운 언어형식에 대한 고민이 필요했기 때문이다.[6)]

이처럼 보다 광범위의 사람들이 참가하도록 저널리즘에 끌어들이려고 한 '메이지 청년'세대의 언론인은 동시에 저널리즘 확립기에 성장한 세대이기도 했다. 예를 들면 아리야마 데루오(有山輝雄)는 이와모토와 같은 해에 태어난 도쿠토미 소호에 대해 "그의 세대가 소년기에 신문이라는 미디어를 접한 최초의 세대"이고, "신문은 '문명개화'의 상징이며, 신문기자는 '문명개화'가 낳은 새롭고 화려한 직업의 전형(典型)"[7)] 이라고 서술했다. 저널리즘은 이 세대에 이르러 비로서 정치로부터 독립했으며, 동시에 위로부터의 계몽에 머무르지 않고 계몽을 받는 측도 주체화시켜 그들과 그녀들을 끌어들여가는 활동이었던 것이다. 더 나아가 그 자율성을 통해 정치와 사회 개혁에 적극적으로 개입할 수 있는 장(場)으로 구상해 갔던 것이다. 아리야마 데루오는 도쿠토미 소호

---

6) 『여학잡지』17호(1885년 3월 5일)에는 "여학잡지에 가나(仮名) 문장을 싣기를 바란다"는 가나로만 작성된 투고글을 볼 수 있다. 투고 글을 보면 "일본에 있는 독서회의 상황"을 조사한 결과 '가나(かな) 모임'의 여성회원이 있다는 문장에서 보아 실제로는 가나밖에 못 읽는 여성이 쓴 것이 아니라 '가나 모임' 회원에 의해 투고된 것이었을지도 모른다.

7) 아리야마 데루오, 1992, 5쪽.

의 신문 활동에 대해 다음과 같이 피력했다.

> 도쿠토미 소호가 '독립'적 신문 활동을 지향한 것은 기성적 당파와는 전혀 다른 것으로 '개혁정치'를 개척하려는 강한 의지와 결의가 있었던 것이다. '독립신문'은 정치의 부속물 또는 당파의 도구가 아닌 것은 물론이고, 반대로 정치에 대한 감시 혹은 비판이라는 소극적 역할만이 있었던 것도 아니다. 오히려 언론 활동 측면에서 능동적으로 정치와 사회의 변혁을 기동(起動)해가는 역할을 기대하고 있었다. 게다가 눈앞의 정치상황은 의회개회전의 정당정파의 유동상태가 이어지고 새로운 구상에 의한 정치재편성 가능성은 매우 크게 보였다. 그러한 상황에서 도쿠토미 소호와 같은 신인이 힘을 발휘할 여지가 충분히 있었던 것이다.[8)]

주지하는 바와 같이 도쿠토미 소호는 『국민신문』(1890년 2월)을 발행하기 이전 미국의 네이션(Nation)지를 모방하여 표지에 '정치・사회・경제 및 문학 평론'이라며 종합잡지 『국민의 벗』(1887년 간행)을 성공시켰다. 영미잡지를 모델로 삼는 자세, 그리고 기독교주의, 문학중시, 정치뿐만 아니라 사회의 폭넓은 토픽을 다룬 교양잡지 혹은 평론잡지 지향은 『여학잡지』와 공통되는 요소였다.

한편 『메이로쿠잡지』는 서로 다른 입장과 견해를 제시하고, 그것을 '논의하는 것'을 최초로 내건 미디어였다. 그것은 동료 학자들 내부의 커뮤니케이션을 상정한 실험적인 시도였다. 이것을 잡지에 의해 발신하고, 예상외의 반향을 얻은 것에서 미디어 발전의 징조가 존재했다. 소호와 이와모토가 잡지와 신문을 발행할 무렵에는 정론이나 학술적 계몽과는 또 다른 '언론'이 요구되는 상황이 숙성되고 있었던 것이다.

---

8) 아리야마 데루오, 1992, 10쪽.

두 사람은 이 기회를 잡아 서구 지식과 문학적 소양을 겸비한 언론계의 전문가로서 메이지문화를 담당하게 되었다.

이러한 언론계의 자율적인 모습은 민권운동의 '다사쟁론(多事爭論)'적 언론 상황을 억압하는 언론의 제도화(신문지조례, 참방율)에 의해 실현된 것임과 동시에 다른 한편으로는 의회정치, 즉 언론에 의한 정치 참가에 대한 기대감에 의해서도 지탱된 것이었다.[9]

이러한 언론 상황아래에서 소호를 비롯한 '메이지 청년' 세대의 지식인들은 언론을 다루는 전문가로서 독자적인 지위를 확립하고, 의회정치를 모방한 언론활동에 의해 정치 혹은 사회에 개입해가는 것을 사명으로 여겼던 것이다.

2. 메이지20년대의 저널리즘에서 기독교 지식인의 특질

도쿠토미 소호가 신문발행을 통해 독립적인 입장에서 '정치개혁'을 지향해갔던 것에 반해, 『여학잡지』의 기독교 지식인들은 오히려 사회의 풍속과 여성교육의 개량을 지향하고 있었다. 언론활동을 사회개혁의 연속으로 파악한다는 점에서는 소호와 공통적인 요소를 지니고 있었다. 즉 자유민권운동기에 미디어는 정치적 당파성을 둘러싼 자신의 입장을 주장하는 도구이거나 한정된 지적 세계의 정보교환 역할을 수행했는데, 다양한 수용층 확대와 그에 동반된 미디어의 프로페셔널이라는 언론인의 등장으로 인해 새롭게 언론이 사회개혁 흐름으로 나아

9) 아리야마 데루오, 1992, 10쪽.

간 것이다.

예를 들면 소호가 신문을 발행하면서 한편으로는 현실정치에 참여하는 것에 대해서 조금도 망설이지 않았던 것처럼, 이와모토도 잡지를 주재하면서 여학교를 경영하고 폐창운동에 관여하는 것을 오히려 당연하게 생각하고 있었다. 그 실천적 지향은, 한편으로는 여학교의 인지와 여성을 끌어들인 사회운동으로 발전해갔다. 그리고 그 과정에서 『여학잡지』는 학술잡지에서 신문지조례에 종속되는 일반잡지로 바뀌었다. 그러나 여성이라는 '계몽 받는 측'을 끌어들이면서도 학술잡지로 머물러 있는 시기에 지지를 받았던 서구지향적 이상주의는 일반잡지가 되면서 타 저널리즘과 경합하게 되었는데, 이때 종교적인 배척과 연동되면서 심한 반발이 일어났다. 이 반발의 선봉에 선 것은 『요미우리신문』이었다.

원래 국수주의 반동 속에서도 당시의 기독교 미디어는 그것이 학술, 즉 '지적(知的)' 세계에서는 최첨단 지식으로서 우월성을 지니고 있었다. 20년대 초두 국수주의 반동이 심했던 시기 『여학잡지』가 영문학을 비롯한 문예평론에 충실했던 것은 정치나 사회개량이 불가능하기 때문에 문학으로 도피했다기보다는 그것이 잡지의 이점이었기 때문이었다. 당시 기독교 관계자의 미디어—『국민의 벗』, 『여학잡지』, 『문학계』, 『평론』을 비롯한 우에무라 마사히사의 『일본평론』 등등—는 기독교로 한정된 공동체적 미디어에 머물지 않고, 서구의 지식을 비롯해 문학과 사상을 종교적・정치적 입장을 따지지 않고 지식계 사람들이 널리 참조하는 미디어이기도 했다.[10)]

---

10) 문학에 있어서의 기독교 미디어 전반의 영향력에 대해서는 나가후치 도모에(永

그들은 문화적 견본인 서구에 대해 가장 깊이 알 고 있는 입장에 있었는데, 때문에 사상이나 문학도 그들이 실시한 미디어활동과 떼놓고 논할 수가 없다. 적어도 메이지 언론계의 '언론인 레벨'에서는 기독교를 빼놓고는 문학도 사상도 논할 수 없는 상황이 만들어지고 있었던 것이다. 그러한 의미에서 지(知)의 세계, 즉 지식인을 중심으로 하는 평론잡지 세계에서는 현실사회에서 기독교가 주변적이긴 하지만, 그 담론은 리뷰되었고, 지(知)로서 상호간에 비평해야 한다는 논리의 해석공동체[11]가 만들어지고 있었다.

메이지10년대의 언론 상황에서 기독교 지식인은 이 기묘한 불균형, 즉 지적인 세계에서의 우위와 현실사회에서 종교적 마이너리티 입장에 놓여있었다. 언론을 통한 사회로의 지향은 사회개량에 의해 이 현실을 뒤엎는 계기였다고도 말할 수 있을 것이다. 『여학잡지』의 경우에는 특히 메이지여학교에서의 교육실천이 여성을 대상으로 한 것이고, 동시에 기독교와 직접 연결되어 있었기 때문에 지적 세계에 머물지 않고 일반사회의 국수주의 반동세력에 대항해 갈 수밖에 없는 상황이었다.

그러나 이처럼 『여학잡지』가 '언론에서 사회'로 나아갔을 때 조우하

渕朋枝), 2002, 161-162쪽, 『일본평론』에서 문학론에 대해서는 사사부치 도모이치(笹淵友一), 『근대일본문학과 기독교(近代日本文學とキリスト教)』, 1952, 46쪽.

11) "해석공동체는 해석전략을 공유하는 사람들로 구성되어 있다. 텍스트를 읽기(종래의 의미에서) 위한 전략이 아니라 텍스트를 쓰기 위해, 즉 텍스트의 특성을 구성하고 텍스트에 의도를 부여하기 위한 전략을 공유하는 사람들로 구성되어 있다. 바꾸어 말하면 이러한 전략은 읽는 행위에 선행하여 존재하는 것이며, 따라서 '읽히는 형태'를 결정한다"(스탠리 피쉬〈Stanley Fish〉, 1980=1992, 186쪽)고 논한다.

게 된 것은 지식인으로 한정된 언론 서클에서 지지받던 그들의 주장이 오히려 반발에 부딪치는 상황이 발생했다.

그렇다면 그와 같은 반발은 어째서 생긴 것일까. 그로인해서 『여학잡지』는 어떠한 미디어로서 재정의 되었을까. 이러한 문제를 밝히기 위해 반동의 정전으로 나타난 『요미우리신문』의 여학생비판과 『여학잡지』에서 폐창운동의 수확을 현실적인 관점에서 '청결가(淸潔家)'로 비판한 후쿠자와 유키치의 『시사신보』와의 논쟁을 통해서 살펴보기로 한다.

Ⅱ. 『여학잡지』와 대항 저널리즘

『여학잡지』는 내용이 모두 외설로서 여학생이 읽게 두는 것을 참을 수 없다고 비난한 소(小)신문들 중에서 그래도 유일하게 예외적으로 인정하고 있던 것이 『요미우리신문』이었다. 『여학잡지』가 부도덕한 '밀통(密通) 연재물'을 게재하는 신문들을 비판하면서도 "소 신문 중에는 『요미우리신문』처럼, 대(大)신문 중에는 『시사신보』와 『니치니치신문』과 같은 훌륭한 신문들이 있다"며 서술한 것은 1886년 2월 5일(14호)자 기사이다. '그렇지만 훌륭한 신문'이라며 두 신문을 대항 미디어로 다루는 데는 그 이유가 이었다.

그것은 첫째 부인문제 그 자체에 대한 관심을 공유하고 있기 때문이고, 둘째 공유하고 있는 그 문제가 독자층의 차이에 따라 어떻게 보이는지가 드러나기 때문이다. 즉 이 두 잡지가 부인문제의 중요성이라는 점에서 문제의 관심을 공유하고 있었는데, 이 두 잡지는 평론잡지와는 다른 신문이라는 미디어였다.

이 시기의 신문은 매스 마켓을 대상으로 하는 상품으로서의 양상을 드러내기 시작하고 있었고, 또한 상품화의 움직임 속에서 각기 다른 독자를 타깃으로 삼고 있었다. 이것은 리터러시의 확대에 의한 독자층의 분화를 미디어담론이 어떻게 반영하고 있었는가를 보여주는 문제이기도 하다. 그것은 『여학잡지』가 사회적으로 어떠한 세력으로 둘러싸여 있었는가라는 문제와도 연결되는 것이다. 두 잡지의 구체적인 논쟁을 살펴 보고, 각각의 위치 포석에 대해 상세히 논해 보기로 한다.

1. 『요미우리신문』의 부인론과 여학생 비난

① 쓰보우치 쇼요(坪内逍遙)의 부인론, 문학론과 기무라 아케보노(木村曙)의 연재소설

『여학잡지』가 소(小)신문 중에서도 특히 『요미우리신문』에 대해서는 '훌륭한 신문'이라고 평가했다는 것은 앞에서도 기술했다. 특히 186호[12]에는 『요미우리신문』의 사설을 높이 평가했다.

> 이론을 따지는 것 같아 재미있고 직언을 하는 점이 애교가 있다. 또한 헌법같기도 하면서 또한 문장 맛이 좋은 점이 『요리우리신문』이다. 우리들은 특히 그 사설

12) 1889년 11월 16일.

의 간결성을 좋아한다. 이전 30일자 기사에 오쿠마(大隈)를 프랑스의 페리(perry)에 비하고, 고토(後藤)를 블랑제(Boulanger)에 비하는 것은 경묘(輕妙)한 솜씨라고 말할 수 있다.

그러나 이러한 『여학잡지』 측으로부터의 '평가'에도 불구하고 여학생을 집요하게 비난의 대상으로 클로즈업(Close-up)한 것도 역시 『요미우리신문』이었다. 소위 말하는 '여학생비판'이라는 것은 그 이전에도 있었지만, 후술하듯이 특히 1889년경부터 각지(各紙)에서 빈번하게 이루어진다. 그중에서도 특히 『요미우리신문』은 1890년에 들어와 「여학생의 추문(醜聞)」[13]이라고 제목을 붙여 대대적으로 여학생 비난을 전개했다.

그러나 이러한 비난이 게재되기 이전에는 신교육을 받은 여성에 대해 긍정적인 기사도 있었고, 평이한 언문일치와 도덕에 근거를 둔 논조라는 의미에서 『요미우리신문』은 『여학잡지』와 공통점이 있었다. 이는 미디어의 근대화 과정에 불가피하게 동반된 대중화에 기인하는 것이기도 했다. 즉 내용면에서 하이 컬처(High culture) 그 자체였던 『여학잡지』도 여성이라는 새로운 리터러시 주체를 불러들인다는 의미에서 새로운 대중미디어의 선구였다. 그리고 평이한 언문일치체와 새로운 리터러시의 주체를 정당화하는 도덕 논리를 필요로 하고 있었다.

한편 소신문에서도 독자층을 확대해가기 위해 평이한 문체와 확대된 독자집단을 국가적 공동체의 근거를 삼을 수 있는 도덕이 필요하다고 주장되었던 것이다.

---

13) 1890년 2월 20일-28일 조간 3면.

그렇다면 『요미우리신문』에서 신여성상에 대한 긍정적인 기사란 과연 어떠한 것이었을까. 우선 1887년 4월 9일과 4월 14일자 1면 사설에서 '만유생(漫遊生)'이라는 필명으로 「부인의 말」, 「장래의 숙녀에게 말한다」라는 제목의 사설이 2회 게재된 것이 확인된다. 이 글이 게재된 시기는 문학에서나 여성교육 방면에서도 서구화와 국수주의 반동이 충돌을 일으키기 시작하던 시기였다. 전자는 서양어와 한어(漢語)를 모두 익힌 여성들이 어떠한 언어를 사용하여 지금까지 여성에게 닫혀있던 언론세계에 들어가야 하는지가 논의되었다. 그리고 후자에서는 '『리더』를 읽으신 분들', 즉 당시 서구류의 최첨단 여성교육을 받은 여학생에게 새로운 학문을 어떻게 살려야만 하는지를 이야기한 것이다.

두 사설 모두 당시로서는 서양어와 한어(漢語)라는 '아카데믹한' 언어와 서구류의 지식에 여성이 어떠한 방식으로 관여해야 하는가라는 동일한 문제를 논하고 있었다. 만약 언어와 지식이 필요하다면 '여류(女流)'도 사용하기는 하는데, 다만 그것을 허식의 도구로 사용하지 말라고 했다. 이것도 역시 교훈을 서술하고 있는 것이다. 거기에는 서양의 언어, 학문을 어떻게 '자신의 것'으로 체화해 갈 것인가라는 당시 지식인의 문제의식이 마찬가지로 불충분하면서도 새로운 지식에 대한 문호를 개방한 여성들에게 이전되고 있었다.

여기서 주목할 필요가 있는 것은 그러한 언어나 지식에 직면한 여성들의 곤란함, 즉 종래 남성들이 독점하고 있었던 언어 혹은 지식을 여성이 몸에 익혔을 때 남성으로부터 받게 되는 비판에 대해 충분히 자각적인 입장에서 논해지고 있었다는 점이다.

> 필경 남성이라는 동물은 여성의 적(敵)이라고 생각한다. 자신들의 나쁜 점은 제쳐두고 이것 저것을 핑계 삼아 여성의 나쁜 점을 골라서 이렇다고 저렇다고 말한다. 학문 없는 남성의 반은 왜곡에서 후자 쪽을 논하고, 학식 있는 자들은 경멸하거나 비방한다. 혹은 구습에 심취한 잘못된 눈으로 바라보는 자가 있는가하면 독단적 논리를 가지고 간단하게 여덕(女德)을 감정하는 학자도 있다. 모두가 여성들의 친구가 아니라 적에 가깝다.[14]

폐창운동을 비롯하여 성규범에 대한 더블 스탠다드(double standard)가 활발하게 논의되고 있던 이 시기에도 지(知)의 더블 스탠다드에 대해 이만큼 명확하게 지적한 경우는 드물다. 여성에게 학문에 대한 문호를 개방하는 것이 '개화의 필연'이라고 파악하고 있던 점은 여성에게 고등교육의 필요성을 호소하고 있던 이와모토와 공통점이다. 주필이었던 다카타 사나에(高田早苗)에게 초빙되어 1887년 9월 29일부터 객원 소설담당자가 되어 1889년 12월 23일부터 문학부문에 주필이 된 쓰보우치 쇼요의 사설일지도 모른다.

쓰보우치 쇼요는 여성문학에 대해 호의적이었다. 당시 극히 적은 여성작가이면서 『여학잡지』의 단골기고자인 다나베 가호의 데뷔작 『덤불 속의 휘파람새』를 도와주고 와카마쓰 시즈코가 『여학잡지』에 연재한 「소공자」의 번역을 절찬하는 점에서 여성작가를 적극적으로 세상에 나오도록 하고 있던 이와모토의 계획을 결과적으로 후원하는 역할을 쓰보우치 쇼요는 수행하고 있었다. 소요가 「신문 소설」[15]로서 구사조시(草雙紙)와 차별화하여 서술하는 조건은 다음과 같았다.

---

14) 1887년 4월 14일.
15) 1890년 1월 18일 부록.

첫째, 소설에서도 당대의 사정을 보도하는 내용을 포함시키지 않으면 안 되며, 당대를 중심으로 현재의 인정이나 풍속 또는 경향 등을 보여주어야 한다. 둘째, 누가 보아도 동감할 수 있는 것이어야 하고 그렇지 않으면 다수의 사람이 이해할 수 있는 것, 즉 당사자들만 알 수 있는 것은 안 된다. 셋째, 부모와 아이, 형제가 함께 읽어도 지장이 없도록 하고, 넷째 과거의 일, 또는 미래의 일에 기본으로 하고, 당대와 다른 점을 사람에게 알리도록 하는 것, 다섯째, 즐길 수 있는 것과 동시에 당대의 상태를 보도하는 것이라면 조금 가르치는 자세가 존재해도 상관없다.

이중 두 번째, 세 번째, 다섯 번째 조건은 당시 여성작가의 관리적 측면에서 건전한 신문소설을 촉구하고 있었던 이와모토가 바라는 것이었다. 실제로 『여학잡지』의 「소설란」을 「소설신수(小說神髓)」[16]라고 부르고 있었다. 그러나 쓰보우치 쇼요 자신은 『여학잡지』에 「미술론」과 소설 「집안을 지키는(巣守) 아내」를 『귀녀의 벗(貴女之友)』에 번역소설로 연재하고 있었고 『여학잡지』에는 단 한 번도 기고하지 않았다.[17]

여하튼 『요미우리신문』이 흔히말하는 규수(閨秀)소설 게재에 적극적이었던 것은 사실이다. 특히 아에바 고손(饗庭篁村)이 추천한 당시 16살의 여학교 출신 기무라 아케보노가 연재한 소설 「부녀의 모범」[18]은 서양취미, 도덕 지향, 젊고 총명한 여성주인공의 활약 등 『여학잡지』에 연재되어도 상관없는 작품들이었다.

---

16) 1888년 2월 4일, 95호.

17) 쓰보우치 소요가 기독교 미디어에 글을 기고하지 않은 것은 주위의 반대를 무릅쓰고 강행한 창기 센(セン)을 아내로 맞이했다는 사정도 관련되어 있다고 생각한다(쓰노 가이타로〈津野海太郎〉, 2002, 40-72쪽). 역시 소요와 이와모토 사이에는 문학관도 차이가 있는데 그것에 대해서는 제6장에 상술되어 있다.

18) 1889년 1월 3일-2월 28일.

히라타 유미(平田由美)가 "1888년 최초의 연재소설이 『요미우리신문』에 등장한 후 여성의 손에 의한 소설이 잇따라 지면을 장식한다. 그 연재소설들을 투고에 포함하면 1888년에는 17건, 1889년에는 38건, 1890년에는 53건이 된다. 틀림없이 백화요란(百花繚亂)적인 경쟁 상황이 벌어졌던 것"[19]이라고 기술하듯이, 경쟁시대에 들어간 것이다.[20]

② 여학생 비난과 『여학잡지』

이처럼 신여성에 대한 호의적인 시선이 잠깐 있었던 반면 『요미우리신문』은 '필주(筆誅)'라는 이름으로 「여학생의 추문」[21]이라며 대대적인 캠페인을 벌였다. 이와 같은 배경에는 전년도에 여학교 여성교사의 부패를 기사거리로 한 사가노야 오무로(嵯峨の屋おむろ)의 「썩은 달걀(くされたまご)」[22]과 「탁세(濁世)」[23]라는 글이 이미 여학교의 '부패'이미지가 당대를 석권하고 있던 사정이 있었다. 야기 미즈호(屋木瑞穂)에 의하면 「탁세(濁世)」는 야타베 료키치(矢田部良吉)를 모델로 했는데, "작자는 실제의 벌어진 사실을 소설에 끼워 넣으면서 전개시키는 것으로 추문을 사회에 던지면서 파문을 일으켰다"[24]고 했다.[25]

---

19) 히라타 유미, 1999=2011, 29쪽.

20) 히라타 유미는 이것을 여성작가를 기르기 위한 것이 아니라 단지 상업주의적인 조치에 불과하다고 논하며 "'재능이 뛰어난' 여성을 대표로서 학교에서 배운 '여학생'"들은 '양반의 딸'이라고 비난하는 잡보(雜報) 기사(1885년 2월 7일)를 예로 들고 있다(히라타 유미, 1999=2011, 48쪽). 『요미우리신문』은 여성의 리터러시를 억압하는 미디어였다고 논하고 있다.

21) 1890년 2월 20-28일 조간 3면.

22) 『도시의 꽃』, 2월 게재.

23) 『개진(改進)신문』, 4-5월 게재.

야타베는 제2장에서 서술한 것처럼 기무라 구마지와 동시기에 서양에 갔다온 사이로서 『여학잡지』에 그의 연설문인 「여학교의 기독교」[26]가 전재되었었다. 그도 역시 기독교 여성교육의 추진자였었다.

이러한 풍조 속에서 야타베가 근무하는 도쿄고등여학교를 무대로 마치 「탁세(濁世)」의 속편이라고도 여길 수 있는 『국가의 근본(國の基)』이라고 불리는 사건이 일어난다. 이 사건은 같은 학교 교감 노세 사카에(能勢榮)가 주재하는 잡지 『국가의 근본』(제3호)[27]에 "교육을 받은 여성으로 하여금 안전한 부부생활을 이루려고 하는 자는 어떠한 남성에게 시집가야 할까"라는 논설을 썼다. 그런데 그 내용 속에 '문학사 또는 이학사(理學士)' 이외의 남성은 부적당하다는 듯한 논의로 비춰졌고, 그것이 여학교 비판을 불러일으킨 것이다. 문제가 된 기사를 쓴 노세 사카에와 교장인 야타베 료키치(矢部良吉)가 면직을 당하고, 그 학교도 이듬해 폐교 된 사건이다.

이 기사 자체는 고등교육을 받은 여성이 만족할 만한 '이상'적인 남편의 조건에 대해 약간 과장한 것에 지나지 않는다. 『여학잡지』도 처음에는 이 문제에 대해 "선택받는 것은 쉽지 않으니 연소자들은 정신 차려야 한다"며 반응하는 정도였는데[28], 이것이 나중에 서양류 여성교육 비판에 활용되는 절호의 재료가 되었다. 그 후 여학교 전체로 비난이 확인되는 것을 염려했던지, 이것은 관립학교의 실패로서 고등여학교

---

24) 야기 미즈호(屋木瑞穗), 1997, 6쪽.

25) 야타베는 실제 이 소설이 "고등여학교 및 동교교장 야타베 군을 헐뜯은 것"으로서 제소에 이르고 있다(『여학잡지』, 1889년 8월 24일, 176호).

26) 1888년 12월 22일, 141호.

27) 1889년 6월 1일.

28) 1889년 6월 8일, 165호.

를 "오히려 폐교해야 한다"고 주장했다.[29] 이 '염려'에는 그럴만한 이유가 있었다. 즉 『요미우리신문』은 다음과 같이 논한다.

> 부인의 품행이 방정한 나라가 되기 위해서는 이러한 조직이 필요한 것일까. 이들 사실로부터 생각해보면 모(某)장교가 서양 순회에서 돌아왔을 때 세상은 넓다고 말하면서 일본만큼 부인들이 근신적인 나라는 없다고 말하는 것도 과실은 아니다. 서양에서 남녀동권적 교육의 폐해를 알고 이를 모방하는 일본인의 어리석음이 명백해진다고 말하지 않을 수 없다. 이러한 사실에서 여성교육을 모두 서양풍으로 실시하는 위험을 걱정하지 않을 수 없다.[30]

다시 말해서 여성교육 문제의 원인을 오로지 서양풍으로 실시하는 것으로 문제를 귀결시키고 있었다. 이러한 반동적인 풍조에 대항하는 논리를 가진 잡지의 성격을 끌어안으면서 같은 해 10월 『여학잡지』는 일반잡지가 되었다. 이에 반응한 것이 『요미우리신문』의 캠페인이었다.

이 캠페인 속에는 '서양'을 몸에 익힌 '여학생'이라는 존재를 타깃으로 하는 음모가 존재했다. 더 나아가 그와 같은 여성을 길러낸 서구류의 '교육가'도 처음부터 가상의 적(敵)으로서 공격하고 있었다. 말하자면 "여학생의 추문은 교육가의 죄"[31]라며 추문의 원인을 남녀동권론, 자유결혼설, 폐창론으로 연결시킨 전형적인 예인 것이다. 이 캠페인에서는 스캔들이 개인을 지명하는 것과는 달리 문제가 되는 '여학생'의 성명이 제시되지 않았다.[32] 오히려 그러한 '조작'에 대해 기독교미디

---

29) 1889년 6월 22일, 167호.

30) 「재차 여학생과 여학교를 논한다」, 1889년 6월 13일.

31) 1890년 2월 20일 조간 3면.

32) 오쿠 다케노리는 메이지기의 신문에서 스캔들이 소신문의 허구적인 '연재물'로

어인 『국민신문』은 여성교육자들로부터 사실에 기반을 둔 반론을 적을 것을 촉구하고, 『여학잡지』[33]는 부정확한 소문을 선동하지 말고 이름을 공표하여 세상에 진위를 묻는 보도를 하라고 강요했을 정도였다.[34]

이처럼 『요미우리신문』과 『여학잡지』는 논쟁의 적(敵)으로 첨예하게 대립하고 있었다. 그럼에도 불구하고 양쪽 미디어의 문제 설정에는 공통점이 존재했다. 즉 양쪽 모두 여성에게[35] 엄격한 성도덕을 요구했다는 점이다. 그러한 문제의식에 입각하면서 서구류의 교육, 더 나아가 그럼으로써 창출되는 '여학생'에 대해서는 정반대의 평가를 내리고 있었다.

즉 『요미우리신문』과 『여학잡지』는 서구류 교육을 둘러싸고 대립하면서도 여성의 성도덕에 관해서는 각각의 입장에서 그 '엄격함'에 대한 사회적 합의를 얻어내려고 한 구도가 보인다. 근대화 이전에는 무사사회에서만 중시되었던 여성의 '정절'이 미디어에 의해 국민일반의 도덕적 이슈가 되는, 그러한 가정을 기반으로 하는 국민의식의 양성에서 『요미우리신문』과 『여학잡지』는 서로 반목하면서도 미디어의 대중화에 함께 성도덕을 선전하는 역할을 수행했던 것이다.

등장한 「독부이야기(毒婦物)」'에서 사실에 기반을 둔 『만조보』의 '축첩(蓄妾)의 실례'로 바뀌어갔음을 논하고 있다(오쿠 다케노리, 1997). 그런데 여학생 비난은 그 중간 시기에 픽션인 「썩은 달걀」이라는 소설에서 착상・연상된 '사실을 가장한 스캔들'이라는 과도기적인 것으로 여겨진다.

33) 1890년 3월 1일, 202호.

34) 후일 이들의 캠페인의 발단이 되고 『요미우리신문』이 『일본신문』으로부터 전재한 여학생에게 성병이나 나병환자가 늘어가고 있다는 「모 의사의 확실한 이야기」라는 글이 실제로는 사실무근이라는 투고가 『여학잡지』에 실렸다(1890년 3월 8일, 203호).

35) 『여학잡지』의 경우에는 당연히 남성에게도 요구했다.

특히 『요미우리신문』은 다테마에(建前)로는 도덕적인 성도덕을 선전하면서도 동시에 그것으로서 독자의 성적 호기심을 만족시키는 미디어 기법으로서 기능하고 있었다.

2. 『시사신보』의 부인론과 『여학잡지』

이미 앞에서 기술한 것처럼 후쿠자와 유키치는 메이로쿠샤의 중심적 멤버였고, 그때부터 부인문제에 대해 일관되게 의견을 제시해 온 선구자였다. 후쿠자와의 부인론은 『메이로쿠잡지』의 「남녀동수론(男女同數論)」을 시작으로 1899년 4월 1일부터 7월 24일에 걸쳐 『시사신보』에 연이어 연재되었을 뿐만 아니라, 단행본으로 출간되어 다이쇼기(大正期)까지 베스트셀러가 된 『여대학평론・신여대학(女大學評論・新女大學)』 등은 잘 알려진 바와 같다.

단행본 서문에는 부인론이 생애의 관심사였음을 기록하고 있다. 『시사신보』에 부인론이 게재될 때에는 여성독자의 관심을 환기시키기 위해 보통은 사용하지 않던 후리가나(振り仮名)를 사용하는 등 여러 가지 방안을 고안해냈다는 것도 엿볼 수 있다. 게다가 그의 부인론은 시세를 조망하면서 호응하는 형태로 발표된 것이 큰 특징이다.

후쿠자와의 논고들 중 부인론의 대부분은 1882년 이후 신문이라는 신선도가 높은 중요한 매체에 발표했기 때문에 그것은 당연하다면 당연한 것인데, 그 논의의 타이밍은 크게 두 시기로 나뉘고 있다. 첫 시기는 부인론이 활발히 발표되던 1885년부터 1886년까지로, 서구화가 가장 고조된 시기였다. 두 번째 시기는 청일전쟁 이후부터 내지잡거

(內地雜居)가 실시되기 직전인 1896년부터 1899년 사이이다. 후쿠자와는 계몽을 '알기 쉬운 것이면서 받아들여지기 쉬워야 하는 것'이라며 이것에 심혈을 기울였을 뿐만 아니라 자신의 주장을 정착시키는 '호기(好機)'를 끊임없이 살피고 있었다.

『여학잡지』는 앞에서 살펴본 것처럼 메이로쿠샤의 멤버와도 깊은 관련이 있었고, 그 근대가족관은 기본적으로 그들의 논의를 답습한 것이었다. 그 멤버 중 한 명이었던 후쿠자와가 설립한 『시사신보』는 「동경12대신문」[36]의 평가에서 가장 첫 번째인 '묘(妙)'라는 글자로 평가를 받았고,[37] 당시 오피니언 리더인 후쿠자와에게 '노선생(老先生)'이라는 이름을 헌사했다. 그럼에도 불구하고 이와모토는 후쿠자와와 첨예하게 대립한다. 그 중요한 이유는 후쿠자와가 여성의 지위향상과 일부일처제 엄수를 일관되게 주장했음에도 불구하고 시종일관 기독교와는 거리를 두었기 때문이다.

『여학잡지』가 『시사신보』와 대립한 가장 중대한 문제는 '폐창론'이었다. 이 문제에 대해 기독교의 입장이 아니었던 후쿠자와는 매춘을 필요악으로 허용했는데, 이와모토가 이에 대해 격렬하게 반론을 제기했다.

---

36) 1890년 2월 8일, 199호.

37) 「도쿄12대신문」에는 당시 신문의 이미지, 『여학잡지』의 미디어관이 드러나 있다. 그것에 따르면 『시사신보』 묘(妙)……노선생, 『호치신문』 숙(熟)……젊은 선생, 『조야(朝野新聞)신문』 기(氣)……정론가, 『마이니치신문』 의(意)……재판관, 『니치니치신문』 엔(円)……유행신사, 『도쿄신보(東京新報)』 감(勘)……관해협골(官海俠骨), 『정론(政論)』 호(豪)……노장사, 『도쿄공론(東京公論)』 습(習)……소서생, 『국민신문』 교(巧)……다망청년, 『요미우리신문』 혜(慧)……당세 재자(才子), 『일본』 울(鬱)……한학자, 『고코(江湖)신문』 학(學)……이학사이다.

> 창기(娼妓)를 신란(親鸞)이나 니치렌(日蓮)과 비교하는 것을 보고, 우리들은 논고의 종이를 찢어 그 견식(見識)을 증오하며 분노했다.[38]

후쿠자와는 청일전쟁 후 대만에서 실시하는 공창제도를 둘러싸고 이와모토와 대립했는데, 폐창론자를 '청결가(淸潔家)'[39]라 불렀다. 후쿠자와 자신은 일단은 '실제가(實際家)'였다. 그가 지향한 계몽이란 어쨌든 해외 서양제국과 어깨를 나란히 하기 위해 문명에 걸맞은 생활스타일을 국민들이 알기 쉽게 받아들이는 것을 중시하면서 그 일에 착수했다. 그의 계몽 의도는 『후쿠옹자전(福翁自傳)』의 맺음말에서도 잘 드러나 있다.

> 내 생애 중에 해보고 싶다고 생각하는 것은 전국 남녀에게 기품을 점차 고상한 쪽으로 인도하여 진정으로 문명이라는 이름에 부끄럽지 않도록 하는 것과, 불법(佛法)에서도 기독교에서도 보아도 이정하며, 이를 내세워 다수의 민심(民心)을 부드럽게 하려는 것, 많은 돈을 투자하여 유형무형의 고상한 학리를 연구시키게 할 것 등 이 3개의 조항이다.[40]

38) 「시사신보의 창기론」, 1885년 12월 8일, 10호.
39) 『시사신보』, 1896년 1월 18일.
40) 후쿠자와 유키치, 1981a, 323쪽.

즉 일본국민을 '문명이라는 이름에 부끄럽지 않도록 하는 것'에 있었고, 종교는 따지지 않지만 '민심을 부드럽게 누그러뜨리도록 할 것'이라고 하듯이, 사람들에게 도덕심이 뿌리내리면 어떤 종교라도 상관없다는 스탠스였다. 일본에서 일어나는 현상에 대해 어느 한쪽으로 결론을 내리는 태도는 이미 『메이로쿠잡지』의 「남녀동수론」에도 나타나고 있는데, 그가 폐지하려고 하는 것은 공공연한 공창제도와 축첩제도였지 매춘 그 자체는 아니었다.

> 오늘날 이야기되는 남녀 동권이라는 것 같은 어려운 이야기는 그만두고, 남성 한 명이 여러 명의 여성과 교제한다는 것은 숫자 상 맞지 않는 것으로 좋지 않다. 이를 남녀 동권의 초급 단계라고 하고 나머지 토론은 학문이 숙달되는 것으로 연기해야 한다. 혹은 이 이야기도 시기상조라는 설이 있다고 한다면 첩을 가지는 것도, 기생을 사는 것도 묵과할 수 없다. 단, 이것을 사람들은 비밀로 해야 한다. 사람들에게 감추는 것은 부끄러움의 시작이다. 사람에게 부끄러운 것을 아는 것이 스스로 그것을 금하는 것의 시초가 된다.[41]

마찬가지로 이와모토가 '존창론(存娼論)'이라고 비판한 후쿠자와의 「품행론」에도 다음과 같이 서술되어 있다.

> 가령 품행이 좋지 못한 짓을 범해도 이를 비밀로 하여 세간의 이목을 감추어야만 한다. 그 숨기는 법도 다양하지만 우선 서구문명국 사람이 교묘하게 감출만큼 이를 감추어야만 한다. 혹은 이를 감추어 외면을 허례로 장식하는 가운데 허보다 실을 만들어 내어 실로 청정한 자를 만들어내는 방법도 있는데, 궁여지책으로 일말

41) 『메이로쿠잡지』, 1875년 3월, 31호.

> 의 가능성이 있다고 한다면 사람들 마음을 바르게 고친다는 커다란 뜻은 제쳐두고 지금의 급무는 먼저 품행이 바르지 않는 자에게 고통을 주어 그 거동에 자유를 주지 않는 것이 중요하다.[42)]

후쿠자와가 내린 이러한 실리적인 결론 태도와 이와모토의 "창기를 전폐하여 세상의 도덕을 유지하고 여류(女流)의 자유를 확장시키기를 바란다"는 태도 사이에는 커다란 격차가 존재했다. 후쿠자와도 메이로쿠샤에 이름을 내건 계몽가였기때문에 일본이 문명국으로서 서구와 어깨를 나란히 할 수 있도록 국민도덕의 변혁이 필요하다는 인식은 충분히 갖고 있었다.[43)] 그러나 그것은 공공연한 매춘과 축첩제도를 적어도 '감추어야 하고' '부끄러워해야만 하는 것'이라며 공(公)과 사(私)를 분리하는 방식에 기반을 두고 시민사회에 도덕을 도입하려는 것이었다. 그것은 이와모토가 지향하는 것처럼 청교도주의에 입각하여 내면으로부터의 변혁이 가능하다고는 처음부터 생각하지 않았다.

그러나 그러한 신앙에 기반을 '두는가 두지 않는가'라는 입장 차이와 이와모토와의 격렬한 논의에도 불구하고 두 사람이 지향하는 사회는 사실 그다지 큰 차이는 없었다. 이와모토가 비난하는 논리 즉 후쿠자와가 창기를 신란(親鸞)이나 니치렌(日蓮)에 비교하는 표현은 매춘을 세상의 필요악으로 인정하여 그 필요악을 받아들이지는 역할이라며 창기를 '성화(聖化)'하는 논의에 대한 비판에 불과했고, 성화의 전제로서 후쿠자와가 매춘을 '금수의 세계'로 자리매김 시키는 점에서 매춘을 시

42) 후쿠자와 유키치, 1959, 575쪽.

43) 후쿠자와의 국민도덕을 둘러싼 사색 경위에 대해서는 세키구치 스미코(2007)에 자세히 나와 있다.

민사회로부터 폐기시켜야 하는 것으로 보는 점에서는 이와모토와 별반 다르지 않았다.

더 나아가 후쿠자와 유키치는 매독검사에 대해서도 "오히려 검사를 폐지하여 창기가 가진 매독으로 남성의 나쁜 품행을 막는 하나의 도구로 삼아야 한다"고 기술하는 것처럼 논리는 달라도 결론적으로는 검사를 폐지하라는 이와모토의 주장과 동일한 것이었다.[44)]

이와 같은 폐창문제보다 더욱 심하게 후쿠자와의 합리주의와 이와모토의 청교도주의가 역설적인 대립을 보이는 것은 「남녀교제론」에서였다. 즉 폐창론에서는 후쿠자와 쪽이 보수의 입장인 것에 비해 「남녀교제론」에서는 기독교 도덕에 엄격한 이와모토 쪽이 반대로 수구파(守舊派)의 입장에 서 있었다. 메이로쿠 사원 중에서도 최고의 보수라고 평가되었던 니시무라 시게키(西村茂樹)가 후쿠자와의 「남녀교제론」[45)]에 대항하여 쓴 「남녀가 서로 선택하는 설(男女相選ぶの說)」을 8회에 걸쳐 『여학잡지』에 게재했다. 후쿠자와는 '이혼을 막는 방법은 남녀의 교제에 있다'는 입장에서 다음과 같이 논했다.

> '이혼이 빈번하여 세 쌍 중 한 쌍은 반드시 이혼한다'는 폐습을 없애기 위해서는 남녀의 교제를 자유롭게 해 주어, 아예 결혼식을 올리기 이전에 사귀다가 헤어지는 경우는 있어도 결혼후 헤어지는 이혼을 막아야 한다. 당사자 스스로 부부계약의 책임에 임하여 오래도록 두터움을 유지하는 것밖에 묘안이 없음을 확신한다.[46)]

---

44) 후쿠자와의 대립적인 입장에 선 것은 모리 오가이로, 그는 이와모토의 폐창회에도 연명(蓮名)하면서 폐창 이후에도 사창(私娼)에 대한 매독검사(檢梅)의 필요성을 주장했다.

45) 『시사신보』, 1886년 5월 26일-6월 3일.

46) 『시사신보』, 1886년 7월 30일.

후쿠자와가 지극히 합리적인 논의를 전개하고 있는 것에 비해 이와모토는 유학자 니시무라 시게키의 논리를 증거로 내세우며 '신중론(愼重論)'을 제창했다. 그것은 후쿠자와가 문명국에 걸맞도록 혼인 모습을 개혁하려고 한 논리에 불과한 것이었지만, 이와모토는 기독교 신앙에 기반을 두고 일본인을 내면으로 변혁시키지 않으면 '진정한' 사랑과 결혼제도는 뿌리를 내릴 수 없다고 생각했기 때문이다. 그렇기 때문에 "남녀교제설은 최근 매우 왕성하게 나타나지만 기독교의 길(道)을 믿다가 나중에 달라지면 그 교제는 결코 친밀함과 청결함을 겸할 수 없게 된다. 오히려 해악이 이것에서 나오는 것을 걱정할 뿐"[47]이라고 한 것이다.

이처럼 이와모토는 신중론 입장에서 후쿠자와의 「남녀교제론」을 견제했다. 당연히 이러한 신중론은, 기독교 여학교를 무대로 남녀의 교제를 테마로 한 소설 「장미의 향기」[48]를 쓴 이와모토가 2년 후 후쿠자와의 「남녀교제론」을 받아들이는 형태로 본격적인 「남녀교제론」[49]이 나타나게 된다.

그러나 이와모토는 후쿠자와가 말하는 남녀의 '성교(性交)'와 '정교(情交)'에 프로테스탄트류의 육체와 정신의 이항대립을 적용시켜, 전자는 있어서는 안 되는 것이며 피해야 할 것으로 여겼다. 그리고 그것을 퇴치시키기 위해 전자의 위험을 늘 내포하는 "남녀교제는 천사이면서 악마가 되고, 한 손에는 경전을 들고 있고 다른 한 손에는 검을 들고 있는 것과 같다"[50]는 역설에 빠지게 된다. 『여학잡지』는 이처럼 신

47) 「여성과 기독교」, 1886년 9월 25일, 36호.
48) 1887년 7월-11월.
49) 1888년 6월 2일-7월 21일, 112-119쪽.

앙에 기반을 둔 엄격한 성도덕으로서 '청결한' 남녀교제의 길을 모색하고 있었음에도 불구하고, 외부에서는 무조건적으로 남녀교제 추진파라고 평가받고 있었던 것은 매우 아이러니컬한 것이다.

후쿠자와는 '정교(情交)'를 "쌍방 상호간에 논리를 갖고 관계를 갖거나, 이것을 기예로서 관계를 갖기도 하며, 혹은 대화를 통해 혹은 함께 식사를 함께 하는 등 상생(相生)의 교제인데, 누구나 이 미묘하고 불가사의한 것은 이성이 서로 끌리는 것"[51]이라고 보았고, 후쿠자와가 말하는 남녀교제도 역시 이 정교를 권장하는 것이었다. 육체의 성교 그 자체를 부정해서는 안 되고 오히려 이 정교의 발달을 진화론으로 설명하고 있었다. 성을 둘러싸고 둘의 견해가 비슷한 것 같지만 사실은 후쿠자와와 이와모토의 상반된 태도는 전자가 영미에서 합리주의를 배운 것에서 나온 반면 후자가 청교도주의를 배운 것에 의한 차이에서 유래한 것이다.

따라서 양자의 논쟁은 당시 서구에서 청교도주의를 근거로 한 섹슈얼리티의 통제라는 시민적 가치가 일본에서는 당연하게 받아들여질 수 없었던 점을 보여주고 있는 것이다. 그럼에도 불구하고 청교도주의를 표방하거나 또는 표방하지 않더라도 문명의 과실(果實)을 얻기 위해서는 서구류의 시민사회 도덕을 이식시키지 않으면 안 되었던 것이다. 또한 그것을 이미 갖추고 있는 서구야말로 문명이라고 보는 인식만은 대부분의 언론인들에게 있어서 공통적인 이해였음을 알 수 있다.

50) 1888년 7월 21일, 119호.

51) 후쿠자와 유키치, 1959, 590쪽.

Ⅲ. 독자의 공간과 미디어의 공간
– 저널리즘의 자율화 및 다양화에서 미디어공간의 변용

이상 살펴본 것처럼 『요미우리신문』과 『시사신보』가 부인문제에 대해 관심을 공유하면서도 『여학잡지』와 입장이 선명하게 달랐다는 점은 미디어들의 위치가 달랐음을 의미한다. 다시 말해서 어떤 독자를 향해 담론을 전개고 있었는가에 따라 달랐던 것이다.

이 미디어의 독자층과 담론의 호응성은 부르디외가 문학에 대해 서술한 “생산 공간과 작품 공간의 상동성(相同性)”이라고 부르는 관계를 저널리즘에도 적용시킬 수 있는 것은 아닐까 생각한다. 즉 어느 특정한 타깃에 맞추어 글을 쓰는 것 그 자체가 이미 독자층을 발굴함과 동시에 그것에 맞추어 동일하게 미디어의 내용이나 위치를 사회 속에서 구조화해 간다는 의미다.

『요미우리신문』은 그 무렵 발행 부수 확대를 위해 소규모의 신문을 벗어나 서민을 초월한 ‘국민’ 전체를 독자로 삼을 수 있는 신문의 길을 모색하고 있었다. 한편 『시사신보』는 대(大)신문과 공통된 상류층 독자를 겨냥하고 있으면서도 ‘정당 신문’과는 다른 다양한 사회적 사실 보도라는 특성을 내세운 신문이었다.[52] 그 과정에서 두 신문은 정치에

52) 『시사신보』 「본지 특성 발행의 취지」(1882년 3월 1일)에는 ‘독립불기(獨立不羈)’의 정신, ‘국권황장(國權皇張)’을 목적으로 하며 정당 신문으로 하지 않을 방침을 다음과 같이 설명하고 있다. “우리 회사는 원래 정치를 말하지 않을 수 없고, 정치를 말해야 하고, 학문도 논해야만 한다. 상공업도 도덕경제도 모두 인간사회의 안녕을 도와 행복을 진전시키는 것으로 이를 종이에 기록하여 빠짐없도록

만 구애되지 않는 광범위한 사회적 사상(事象)을 다루려고 했던 것이다. 부인문제는 각각의 위치에서 관심을 가진, 다시 말해서 폭넓은 사회적 사상 중의 하나였다고 말할 수 있을 것이다.

덧붙여 말하면 이와모토는 이러한 저널리즘의 변화를 파악하여 "신문이 없으면 천하가 태평하다"라는 기사를 쓰고 있다. 다시 말해서 "오늘날의 신문을 정치상의 기사만을 크게 써대고, 세상 만상 풍경을 정치와 연관하여 생각하는 것이다. 그 사설들을 보면 십중팔구는 정치론이다. 잡기사 역시 열 개중 아홉 개가 정치와 관련이 있다. 그 외에 국가에 커다란 영향력이 있는 농업, 공상, 문학, 종교, 미술 등에 대해서는 쓸쓸하게도 논술하지 않고, 공허하게도 기재하는 것이 적다"라며 종래의 신문에 대해 비판적이었다.

오히려 당시 저널리즘의 다양화를 "근래 신문의 양상이 일변하고 있는데, 이는 환영할만한 일이다. 특히 국민신문과 같은 문학적인 것도 새롭게 일어나고, 강호(江湖)신문과 같은 식산(殖産)적인 것 또는 종교적인 것도 새로이 일어났다. 그리고 무역 신문과 같은 것도 생겨나 이처럼 종래의 신문에 새로운 것을 보태기도하고 조화를 섞으면서 맛을

노력해야만 한다고 하더라도 다른 당파신문처럼 하나만을 위한 것도 아니고, 사물에 대해 평론 하는 것도 그러하기 때문에 기예(譏譽) 억양(抑揚)을 기회로 하여 일시적으로 사람들에게 통쾌함을 주는 문장의 파란은 결여되어있다. 단지 우리들이 '주의(主義)'로 삼는 것은 일신일가(一身一家)의 독립에 의해 이를 확대하여 국가의 독립에 이르게 하려는 정신으로서, 이 정신을 돌아보지 않는 것은 현재의 정부이다. 또한 세상에는 많은 정당(政堂)이 있고, 공상(工商)의 회사이다. 그리고 학자의 집회가 있다. 상대를 선택하지 않고 모두가 친구로서 이를 돕고 이에 반하는 자라고 인정되면 그 상대를 따지지 않고 모두 적이라고 하여 이를 배척한다. 후쿠자와 유키치, 1981b, 137-138쪽.

내는 것은 금후 일본의 여론이 신문지상에 진정으로 나타나야 할 것들이다. 이것이 달성되면 천하는 태평함을 이룰 것이다"[53]라며 환영하고 있었다.

그러나 앞에서 살펴본 것처럼 이러한 신문의 다양한 관심사에서 다루어진 부인문제는 두 신문의 사회적 위치 차이라는 측면에서 『여학잡지』가 지향한 것과는 대립적인 것이었다. 즉 소신문에서 발전한 『요미우리신문』은 처음에 타켓으로 삼았던 서민층에서 더 포괄적으로 발전 확대된 〈일반국민〉을 독자로 상정하고 있었다. 그렇기 때문에 그 독자의 기분에 맞추었고 상류계급의 '풍부함', 특히 서양적인 이미지를 반국민적인 것으로 공격했다. 『여학잡지』나 그것을 대표하는 '미션 스쿨'은 앞에서 지적한 것처럼 상류적이고 서양적인 이미지로 간주되었기 때문에 여학생들 혹은 그녀들을 감독 지도하는 교육자가 '옳고 잘못되고 바르고 그른 것을 붓으로 표현할 수 있는 것'은 성(性)을 둘러싼 센세이셔널리즘과 맞물려 있는 의미에서 아주 좋은 재료였던 것이다. 즉 이러한 신문지상에서 다루어지는 여학생 스캔들은 오쿠 다케노리(奧武則)가 논하는 것처럼 말 그대로 '국민'을 만들어내는 제도로서 기능하고 있었던 것이다.[54]

또한 상류인사를 타깃으로 하고 보도적 내용을 중심에 두면서 격조 높은 위상을 차지하고 있었던 『시사신보』는 부인론에 관해서도 계몽적이고 합리적인 입장에서 옛 폐습을 비판한다는 점에서 이와모토의 입장과 일치하고 있었다. 그러나 사실적인 내용을 보도의 중심에 둔 독

53) 1899년 2월 8일, 199호.
54) 오쿠 다케노리, 1997, 217쪽.

립된 보도기관을 주창하는 것으로 많은 독자를 획득하려고 한 자세는 어떠한 이상론이었든 『여학잡지』의 종교적인 정열, 더구나 일본사회에서 이단적인 기독교에 대해서는 기여할 하등의 이유는 없었다. '청결가'의 '이상'을 '실제가'의 입장에서 일축(一蹴)하는 후쿠자와의 논의는 결과적으로 보면 표면상으로는 시민도덕을 내걸면서도 현실에서는 매매춘과 관계가 없을 수 없는 중류, 상류층 남성 독자들의 입장을 대변해주는 결과가 되었다.

『요미우리신문』과 『시사신보』는 리터러시의 보급과 저널리즘의 자율화로 일반서민과 실업계 쪽의 잠재적인 독자를 끌어들여야 했는데, 그를 위해 폭넓게 내용을 커버하게 된 사회 사상(事象)의 하나로서 부인문제를 다루었던 것이다. 이 두 신문에 나타난 공통된 인식은 그 문제에 깊이 관계하고 있는 기독교가 일본사회에서는 절대적으로 소수파라는 것이었다.

한편 이와 대항한 『여학잡지』는 1889년 10월 19일부터 신문지조례에 따라 학술잡지에서 시사사회를 논하는 일반잡지로 바뀌었다. 『요미우리신문』은 『여학잡지』가 여성사회의 부정을 소탕하기 위해 탄생했는데, 그럼에도 불구하고 정치문제를 잡지에 게재하는 것은 "기자의 천직이 아니다"[55]라며 비판했다. 그렇지만 『여학잡지』는 이를 통해 정론(政論)에 가담하려고 한 것이 아니라 부녀자가 지대한 관심을 기울이는 '도덕, 미술, 종교, 문학 등' 및 '자선'에 대해서 그녀들을 대신하여 사회에 발언하기 위함이라고 기술한다.

『여학잡지』가 일반평론 잡지로의 전환을 촉구한 요인에는 4가지가 있

55) 1889년 10월 11일.

었다. 첫째, 『여학잡지』가 기독교를 표방하면서 서양 지식을 전달하는 의미에서 그 권위가 이미 학술 서클로 인정받고 있었던 점. 둘째, 그 지식계에서의 '인지'를 무기로 국수주의 반동기에 기독교 교육 배척의 움직임을 막기 위해 일반 여론에 자신들의 주장을 호소할 필요가 있었던 점. 셋째, 독자층 중의 하나였던 여학생, 특히 기독교 여학교에서 수학하는 여학생들 및 그것을 추진하는 교육가들—그들과 그녀들에 대한 대중 이미지로서 '부패'는 앞에서 제시했다—을 정당한 새로운 리터러시 집단으로서 사회에서 인지시키려고 한 점. 넷째, 사회운동으로서 폐창운동을 보다 적극적으로 전개해 가려고 한 점 등이 바로 그것이다.

즉 "『여학잡지』는 여학(女學)을 연구하고 주장·실행하는 것을 주된 임무로 하는 것이다. 평생 임무로 하는 것은 부녀자의 친구가 되기를 바라는 것에 있다. 그렇기 때문에 진보한 여학생을 위해서는 그 목소를 대신 발언해주고, 반대로 아직 진보하지 못한 여학생을 위해서는 요구를 들어주려고 한다. 또한 고통스러운 입장에 처한 여성을 위해서는 소송을 제기해 주려고 한다. 그러나 이미 화해를 이룬 부인을 위해서는 이를 이야기하지 않을 것이다. 그렇기 때문에 시세의 진보와 보조를 맞추어 가고 또는 시세가 아직 발전하지 않으면 한발 앞서가려는 것은 진정한 의미에서 부녀자의 친구라는 것의 의무이기도 할 것이다. 『여학잡지』로 하여금 이에 해당하게 하려면 한 단 더 개신(改新)이 필요하다"[56]고 밝혔다.

이처럼 『여학잡지』의 일반잡지화는 아마 같은 기독교계 평론잡지인 도쿠토미 소호(德富蘇峰)의 『국민의 벗』이 일반잡지로서 성공하고 있

56) 「『여학잡지』는 어째서 신문지조례를 추종했을까」, 1889년 10월 19일, 183호.

었던 것에서 자극을 받았을지도 모른다. 앞서 서술한 것처럼 두 잡지 모두가 영미잡지를 모방했으며, 일반 교양잡지 혹은 본격적 종합 평론 잡지를 지향하고 있었던 점에서 공통적이었고, 또한 특히 지식계에서는 이들 기독교계 잡지가 일정한 영향력을 갖고 있었다.

그러나 그러한 미디어의 활발한 활동에도 불구하고 신앙과 그것에 기반을 둔 여성교육을 표방한 탓에 현실사회에서는 여전히 마이너리티였다. 이러한 그들의 포지션과 그것에 기반을 두는 그들의 표상전략은 저널리즘 자체가 자율적인 장(場)으로 형성되어 가는 과정에서 지식인 특유의 이상주의를 그대로 반입해버리는 논리에서 생각지도 못한 역풍을 만나게 된 것이다.

Ⅳ. 저널리즘의 산업화와 토착 대 서구화의 대립

앞에서 살펴본 대항 저널리즘에서 논조, 특히 『요미우리신문』에 나타난 여학생 비난은 『시사신보』처럼 그 '독립성'에 의해 높은 신뢰를 쟁취하려는 노선과는 대조적이었다. 오히려 그것을 거부하면서 "명예가 높아지는 시기를 고려하여 일시적이지만 사람들로 하여금 통쾌함을 느끼도록 하는 문장으로 파란(波瀾)"을 일으킨다는[57] 노골적인 문구를 드러내며 독자를 획득하려 했다. 여기서 알 수 있는 것은 역사적 사실

57) 「본지발행의 취지」, 『시사신보』 1882년 3월 1일.

로서 실체화 될 수 있는 것으로 메이지기에 토착 대 서구화라는 대립축 그 자체가 실은 미디어가 전개해 가는 가운데 만들어진 것이라는 점이다.

특히 '대중'을 타깃으로 하는 저널리즘은 '사회의 목탁'인 이상 시대를 비추는 거울이지 않으면 안 된다. 또한 거기에서 나타난 대립이나 논쟁은 저널리즘 자체가 그 존속을 위해 끊임없이 만들어 가는 측면도 갖고 있다. 야기 미즈호가 논한 것처럼 여학생이나 여성교육의 '부패' 이미지란 신문의 연재소설에 의해 조성된 것이고, 그것에 편승한 『요미우리신문』의 여학생 비난은 틀림없이 그렇게 해서 만들어진 것이다. 특히 이미지에 편승하면서 대중의 욕망에 호응하는 논리인 것이다.

『요미우리신문』의 입장에서는 『여학잡지』가 일반잡지가 된 것에 대해 공공연하게 비판하면서도 '논쟁'을 구축한다는 의미에서는 『여학잡지』의 일반잡지화는 절호의 기회였다. 즉 『여학잡지』가 일반잡지의 씨름판에서 논쟁 참가 의지를 표명했을 때 동일한 씨름판에서의 대항미디어로 재정의(再定義) 되고, 토착 대 서구화의 적절한 '논적(論敵)'을 발견해냈던 것이다. 그것은 그러한 대립 축을 내세우기 위해 가장 적절한 대상이 여학생이었고, 여학생을 주목의 대상으로 삼아 아젠다로서 눈에 띄도록 할 수 있었기 때문이다. 한편 『여학잡지』 쪽에서는 이러한 여학생 이미지에 논박하지 않을 수 없었다. 또한 어느 정도의 인지도가 있는 학술잡지 입장에서 일반잡지보다 더 사회전체에 올바른 이상을 내걸면 그것만으로도 사회개량에 이바지한다고 생각했던 것이다.

메이지기의 기독교 지식인이 특정한 문화자본을 소유한 특수한 지적(知的) 집단이었다는 것은 앞에서도 서술했다. 그들・그녀들 대부분은 유신의 변동에 의해 경우에 따라서는 경제적으로 궁핍하기도 하고,

정치적으로는 오히려 특권에서 배제되었지만, 그들에게 기독교가 절대적 권위를 지닌 서구 지식의 흡수 창구였다는 의미에서는 특권적이었다. 그와 더불어 그 서구에 대한 이해나 신앙은 리터러시를 독점해 온 계층이 그들・그녀들 네트워크를 통해 한정된 서클, 다시 말해서 정치 투쟁에서 패한 패자 측으로 확산되어 갔기 때문에 기독교는 서구 지식의 원천이라는 권위화와 함께 자신의 존재 근거로서의 이상화를 수반하고 있었다.

따라서 메이지 일본에서 사족을 중심으로 하는 기독교신앙은 정치 투쟁에서 패배한 패자측 입장에서 '상징투쟁'의 부활전을 펼칠 수 있는 장소이기도 했던 것이다. 그들은 경제자본도 부족하고 정치적 영향력을 갖고 있지 않았지만, 역으로 그런 이유 때문에 정치와는 격리된 장(場)인 지식이나 교육부문에서 신 사상을 통해 자기 주도적 입장을 구축함과 동시에 지식계나 교육계 자체를 자율적인 장으로 구축해 나갔다. 여성교육과 폐창운동이라는 사회실천은 자율적인 지식계나 교육계에서 영향력을 갖는 지식인으로서의 사회개입을 의미하는 것이었다.

> 지식인이란 권력에 대해 고도의 독립 상태에서 문화생산에 고유한 가치관과 자율성이라는 이름하에 정치 '장(場)'에 개입함으로서 비로소 지식인이 된다. (중략) 자기 자신의 범주에 틀어박혀 자유와 탈이익성, 정의라는 자기 자신의 가치관—지식인은 이 가치관 때문에 자신의 세계에서 권위와 책임을 방기하는 대신에 필연적으로 가치를 저하시켜버리는 세속적인 이익과 권력을 손에 넣을 수 있다—으로 지지되어, 지식인은 자기 자신의 세계에 고유의 원리를 보편화 한 결과에 지나지 않는 보편적 원리 옹호자와 마찬가지로 정치고유의 법칙, 즉 정치 및 국가 이법(理法)에 반하는 자신의 존재를 주장하는 것이다.[58]

그들은 기독교 사상을 통해 자신들이 일본에서 부르디외가 말하는 지식인이 되려고 한 최초의 사람들이었다. 그 기독교 사상은 자율적인 지식인으로서 '현실정치'에 날카롭게 대립했기 때문에 '이상적'이지 않으면 안 되었다. 메이지기의 연애·문학·교육·사회 등에서 말하는 이상주의는 이미 기독교를 기점에 두고 있었다. 종교와 첨예하게 대립되는 사회주의 입장에서조차도 메이지기에는 기독교적 휴머니즘이라고 이를 도입했던 것이다. 그러나 거기에 일반저널리즘을, 특히 사회실천에 개입시키려고 했을 때 표상 전략으로서의 자기입장과 기독교의 이상화는 비토착의 종교에 의한 관념의 세계였기 때문에 서민층을 타깃으로 삼는 미디어로부터는 반발이 일어났다. 그리고 이상주의는 현실적 실감주의자들로부터 비판받는 것이 불가피했다.

직업적으로 사회의 혁신을 자신의 사명으로 삼는 지식인은 대중미디어에서 비판받기 쉬운 존재이다. 특히 현실 사회의 개혁을 불가피한 과제로 삼은 여성해방 사상에는, 토착적 봉건적 가부장제에 어떠한 기여도도 얻을 수 없었다. 따라서 외래 사상의 척도로서 일본의 서구화 달성을 꾀한다는 의미에서, 서구화 주장의 위치에 서지 않으면 안 되는 입장이었다. 그렇기 때문에 그 혁신 입장에 서 있는 한 아카데미즘 세계에서는 일관되게 『여학잡지』의 서구화가 지지된 것이다. 그러나 지식인은 산업화된 미디어 세계에서는 그러한 이상과 긍지는 아주 좋은 먹이였다. 왜냐하면 그와 같은 이상과 긍지는 틀림없이 대중이 공유할 수 없는 '소수파'의 소유물이기 때문이다.

이와모토도 원래 지식인이라기보다는 언론인으로서 시대에 민감한

---

58) 피에르 부르디외, 1992=1995, 208쪽.

저널리스트였다. 그리고 한편으로는 사상적인 일관성이 없다고 비난받았지만, 그렇기 때문에 『여학잡지』를 최초의 본격적인 부인잡지로 확립할 수 있었던 것이다. 서구화의 시류에 편승하여 상류층 자녀를 위한 학술잡지로 출발한 『여학잡지』 편집인 이와모토는 자신 스스로도 기독교 교육을 담당하는 입장에 몸담음으로써 한층 더 기독교적 이상에 매진했고, 여성이라는 새로운 에이전트를 끌어들이면서 지적(知的)인 언론 서클 속에서 여성교육의 선구자로서의 지위를 구축해 가게 된 것이다. 즉 이와모토는 여성이라는 새로운 에이전트를 자신의 미디어 프로젝트에 끌어들이는 것에 성공한 것이다. 또한 잡지가 선전하는 서구 지식이 어느 정도 일정한 권위를 획득하게 되자 이러한 이상주의가 일반 저널리즘에도 통용되었고, 이는 자신이 지향하는 사회개혁의 실현에 기여하는 것이라고 생각했다.

그렇다면 이 시기에 저널리즘에서 일어나고 있었던 변화란 어떠한 것이었을까. 그것은 미디어가 '탈'이익적인 것이 될 수는 없는데, 이는 산업세계로부터 자유스러운 것을 찾는 시기라는 의미이기도하다. 저널리즘이 교육과 마찬가지로 '탈'이익적인 것에서 스스로를 지식인이나 계몽가라고 자인하게 된 이와모토에게 미디어를 상업적으로 경영한다는 발상은 교육을 상업화 한다는 것과 마찬가지일 정도로 기이한 것이었음에 틀림없다.

이와모토는 저널리즘을 정론(政論)으로부터 분리해야만 언론을 통한 사회개량이 가능하다고 보았다. 그 언론장의 자율화와 전복되기 시작한 것은 미디어의 산업화와 연관된다. 『여학잡지』는 그 협로(峽路)에서 정론잡지로부터 공격당하고, 불황으로 인해 중소 출판사가 폐업되어가는 상황하에서 상류층 자녀의 서구화에 호응했던 잡지였다. 잡지가 학술세계에 머물고 있는 동안에는 그 이상주의는 지지를 받았지만, 산업으로서 독자와 대치되는 일반미디어와의 논쟁으로 아카데믹한 혹은 문예・학술적인 '탈'이익성을 그대로 반입했을 때 그 이상주의는 부인문제라는 이슈를 공유하고 있었던 미디어로부터도 아니 오히려 공통의 관심을 가지고 있었기 때문에 토착 대 서구화라는 대립 축에서 가장 적절한 가상의 적으로 간주되었던 것이다. 또는 리터러시의 서민 확대로 인한 저널리즘의 산업화가 미디어에서 토착 대 서구화라는 대립 축을 낳았고, 『여학잡지』는 그에 대항하여 일반잡지가 됨으로서 그 씨름판에 말려들어간 것이라고 해야 할지도 모르겠다.

대부분의 독자가 대가를 지불하며 요구하는 것은, 손에 넣을 수 없는 이상적인 논리 그것이 아니라, 자신들이 매일 대치하고 있는 현실, 즉 자신의 모습 혹은 보고 싶은 대상을 미디어라는 거울에 비추어보는 그와 같은 시대의 느낌이 아니었을까. 미디어는 산업화됨으로써 그와 같은 거울이 될 수 있음을 독자에게 알렸다. 그렇게 생각하면 토착적인 생활감각에 호소하는 『요미우리신문』의 전략은 실로 성공을 거둘 수 있는 효과적인 전략을 취했다고 말할 수 있을 것이다.

더 나아가 후쿠자와 유키치도 『요미우리신문』과는 다른 전략으로 저널리즘을 이해하고 있었다. 후쿠자와는 계몽가로서 일반인들을 인도하고 싶은 방향성을 확고하게 지니고 있었던 것과 마찬가지로 그 실현방법에 대해서도 자각적이었다. 그렇기 때문에 그는 소수로밖에 실현할 수 없는 '탈'이익성을 통해 많은 사람을 보다 자연스럽게 끌어들일 수 있는 실업, 다시 말해서 이익성을 통해 설득하는 길을 택했다. 그리고 그것은 사람들을 인도하는 방법, 즉 언론의 장(場) 그 자체도 이익화, 즉 산업화함으로써 저널리즘을 사회에 정착시키는 것을 구상했다.

기독교 지식인들에게 또 하나의 어려움은 이러한 반발과 비판이 자신들이 서구에서 배운 내셔널리즘을 바탕에 두고 그들・그녀들이 서구화를 자신들이 원하는 형태로 분출한 것이었다. 즉 서구와의 대치 속에서 일본이라는 '국가'를 가장 강하게 인식하고 있었던 것도 그들・그녀들이었고, 서구를 모방한 문명국가 일본은, 기독교가 그러했듯이 그들의 사상적 근간이었다. 그렇기 때문에 기독교를 내셔널리즘 혹은 황실의 상위에 세워서 대항세력으로 대치시키는 것은, 기독교라는 종교의 비토착성이라는 점에서는 물론, 그들의 사상에 있어서도 불가능했던 것이다. 그렇기 때문에 후술하겠지만 『여학잡지』의 담론은 일반 미디어 입장에서 보면 서구 편중적인 것이라는 상표가 붙여졌음에도 불구하고, 그 사상 자체도 또한 국가권력을 포함한 외부와의 대항에 있어서도 국수적인 담론을 동시에 갖게 된 것이다.

『여학잡지』가 내세운 기독교사상, 특히 여성 고등교육이라는 가장 핵심적인 부분은, 단순히 기독교를 지탄하는 국가권력에 의해 억압받은 것은 아니었다. 그들의 전략은 산업화된 저널리즘 세계에서 고립화를 피할 수 없었기 때문에 이러한 저널리즘에 의해 지탱되는 국가권력에 의해 그들의 이상은 제거되어 갔던 것이다.

결국 그들이 서구를 이상화한 담론은 산업화된 저널리즘이라는 문제에서보다 도덕적 이상을 중시하는 교육 분야에서 영향력을 가졌다. 『여학잡지』도 역시 산업화된 미디어 세계에서는 고립되었지만, 한편으로 그 이상주의는 여성교육을 논하는 잡지로서 확고하게 자리를 찾아 갔던 것이다. 그러한 의미에서 일반잡지화가 '기독교적 이상을 지지할 것인지 그렇지 않을 것인지'라는 문제와는 상관이 없었고, 기독교

여성교육을 표방하는 잡지라며 사회적으로 널리 인지시킨 점에서는 '성공'했던 것이다. 실제 메이지20년대 초기 '여학잡지'의 대표로 소개된 다른 두 잡지 『이라쓰메(いらつめ)』와 『귀녀의 벗(貴女之友)』은 메이지20년대 후반까지 연명하지 못했는데, 『여학잡지』는 일반잡지화된 1890년 이후 판매 부수 면에서도 안정되어 갔고, 메이지를 대표하는 부인잡지로 간주되어 갔던 것이다.

제5장

여성교육의 서구화와 애국주의

-기독교 교육에서 교양주의 교육으로-

• • •

앞장에서는 메이지20년대의 저널리즘 속에서의 『여학잡지』 위상을 살펴보았다. 기독교를 바탕에 두고 사회개량을 전개하는 논리와 그 변용에 대해 검토했다. 이번에는 저널리즘 내부에서 주변화 될 수밖에 없게 된 기독교에 기반을 둔 이상주의가, 여성교육 분야에서는 애국주의적 담론을 수용해 가면서, 결국 교양주의와 인격교육으로 바꾸어진 형태로 뿌리내리는 과정을 검토하기로 한다.

지금까지 전해져온 교육사에서는 주로 기독교적 자유주의 교육이 이노우에 데쓰지로(井上哲次郎)의 '교육과 종교의 충돌'을 계기로 탄압을 받았고, 특히 여성교육 분야에서는 관제(官制)의 양처현모주의 교육으로 바뀌었다고 설명한다. 즉 교육계에서도 저널리즘에서의 비난과 마찬가지로 이와모토가 실천하려고 한 여성교육은 국가권력의 탄압을 받아 좌절되었다고 간주해 왔다. 그러나 원래 여성교육에 양처현모주의를 들여 온 것은 기독교 교육이라 논한다.[1] 국가주의와의 관계도 또한 처음부터 서구류 근대가족의 가부장제적 측면과 천황제를 의심하지 않았던 이와모토는, 이노우에가 말하는 '국가주의 및 국수주의의 공

1) 이와호리 요코(岩堀容子), 1995.

세(攻勢)'에 의한 변절[2]이라기보다도 오히려 필연이었다고 보는 입장으로 논의가 진행되고 있다.[3]

서양적 근대 가족을 모델로 문명화의 척도로서 여성의 지위향상을 지향하는 서구화와, 메이지 한사람의 지식인으로서 의심할 수 없는 애국주의가 병립하는 와중에 이와모토가 설파한 부인계몽, 더 나아가 여성교육의 필요성이란 어떠한 것이었을까. 이번 장(章)에서는 그 내실, 즉 서구화와 애국주의의 융합을 밝히는 것으로, 그러한 여성교육의 이상은 저널리즘에서도 어쩔 수 없이 좌절한 것이 아니라 오히려 신앙은 멀리하면서도 교양주의 혹은 인격주의라는 형태로 뿌리를 깊게 내렸음을 지적하려 한다.

바꾸어 말하면 로맨틱 러브에 근거를 둔 서구적 시민사회의 기초를 이루는 가정을 구축한다는 기독교주의의 이상은, 산업화됨에 따라 시대의 본심과 마주하지 않을 수 없게 된 저널리즘, 즉 언론장에서는 주변화 되었지만 도덕이 지배하는 교육계에서는 오히려 선행연구의 논의에 반하는 것으로, 말하자면 불가침지역(sanctuary)으로서 뿌리를 내려간 것이라고 본다는 것이다.

이 점을 밝히기 위해 거의 논해진 적이 없는 발간취지였던 중정주의(中正主義)에 대해서 먼저 살펴본다. 중정주의는 서양의 선진성과 일본의 전통을 본질화 하면서 일본여성을 문명화 하는 가운데에 당시 부인잡지가 사용한 상투어(cliché)였다. 그러나 『여학잡지』는 그 절충적 상투어를 통해 일본인 고유의 정신 야마토혼(和魂)을 대신하여 기독교

2) 이노우에 데루코(井上輝子), 1968, 42쪽.
3) 미쓰이 스미코(三井須美子), 1988, 19쪽.

를 받아들이고, 풍속에서는 반대로 일본의 무사도를 통해 '전통보존'을 주장하는 측면이 있었다. 이점을 중시하면서 서구화 속에서도 늘 애국주의적인 요소를 동반하고 있었던 『여학잡지』의 절충적인 담론을 이하에서는 검토하기로 한다. 첫째, 도입된 기독교의 내실, 둘째 토착 풍속 중에서 기피할 것과 지켜야 할 것을 임의적으로 선별하는 논리, 셋째로 서구 여성을 모델로 국가에서 여성을 근대적인 주체로 자리매김 시키려고 했던 것이 갖는 가능성과 한계성을 살펴본다.

그리고 이와 같은 세 가지 문제 계통을 통해 서구화와 애국주의를 독자적으로 절충한 『여학잡지』의 여성교육 모습을 종래 논의되어 온 기독교 교육의 절충으로서가 아니라 오히려 그 후 일본의 교육문화에 커다란 영향을 준 교양주의와의 관계에서 파악한다.

이와모토가 주창한 도덕지향의 절충적인 여성교육은 교육계에서 기독교의 배척 때문에 절충한 것이 아니라, 신앙에 대한 탄압에도 불구하고 그 절충적인 여성교육의 이념은 오히려 여성 국민화의 선구로서 많은 영향력을 가졌다고 말할 수 있기 때문이다. 그리고 마지막으로는 그 여성교육론을 서구적 교양을 기반으로 한 도덕적 이상주의라고 파악하고, 그것이 일본의 교육계에서 교양주의로 힘을 갖게 된 것 그것이야말로 기독교 지식인의 한계가 있었음을 지적하고자 한다.

Ⅰ. 중정주의라는 상투어

『여학잡지』의 특징은 '여학·홈(home)·기독교·중정주의'라고 일컬어지는데[4] 지금까지 여학[5]과 홈[6], 그리고 기독교[7]에 대해서는 다양한 논의가 이루어졌다. 그럼에도 불구하고 중정주의에 대해서는 거의 언급되지 않았다. 중정주의란 「발간 취지」에 "서구의 여권(女權)과 일본 종래(從來)의 여덕(女德)을 합쳐 완벽한 모범을 만들려는 것"[8]에 있다고 하듯이[9] 서구화와 함께 전통보존 논리로서 여권 확장과 혹은 제한을 평행으로 중첩시킨 인식상의 균형을 이야기한 것이다. 이러한 일본여성의 근대화를 계몽하는 '화양(和洋)절충'은 『여학잡지』뿐만 아니라 메이지20년대 부인잡지에서 보이는 상투어이기도 했다.

즉 『여학잡지』로부터 분리하여 야마다 쬬지(山田常治)가 편집한 『여학총지』[10]를 모태로 하는 『귀녀의 벗』[11]에도 또한 서구풍의 지육(智

4) 아오야마 나오, 1967, 3쪽.
5) 이노우에 데루코, 1968.
6) 이누쓰카 미야코(犬塚都子), 1989.
7) 가타노 마사코(片野眞佐子), 1981.
8) 1885년 7월 20일, 1호.
9) 『여학잡지』의 전체 사설 중, 표제로서 중정(中正)주의를 엿볼 수 있는 것으로 "중정의 지의(旨意)라는 여성교육에 관한 많은 잘못된 생각을 어찌 하면 좋을까"(1889년 4월 13일, 157호)라고 제목을 붙인 것 뿐이다. 이 사설은 중정주의라고 칭하며 여성교육에 관해 남성과 동등한 교육을 할 필요는 없고, 적당하게 해두면 된다는 수구파의 '중정주의'에 대한 반론이다.
10) 1885년 12월 19일 창간.
11) 『귀녀의 벗』(1887년 간행) 제6호에 "일본의 풍속으로서 옛날부터 오늘날에 이르기까지 행해지는 것 중에서 점점 오늘날에는 맞지 않는다고 인정되는

育)과 일본풍의 덕육(德育)을 지향한 『국가의 근본(國の基)』[12]에도 동일한 기술이 존재한다.

이러한 상투어 내부에는 서구가 선진성, 아니면 비판의 대상이라는 '너무 앞서간 것'이라고 간주하고 일본적인 것 즉 여성의 모습을 포함해 독자 문화의 보수와 보존이 중요하다는 논리에 무조건적으로 동일화시켰다. 『여학잡지』 또한 그러한 논리를 자명한 것으로 전제하면서 후발 잡지가 나올 때마다 그것들과의 비교를 통해 서구적인 것과 일본적인 것이라는 반대취향의 벡터(Vektor) 사이에서 자신의 위치를 확인하고 있었다.

즉 서구적인 여성교육을 지향하는 『국가의 근본』에는 보다 적극적으로 "일본 고유의 도덕과 미술의 가장 선량한 것"[13]으로서 보존할 것을 호소하고, 『여감(女鑑)』의 보수주의에 대해서는 그것이 인간으로서

것이 있다면 이를 제거하고, 외국에서 행해지는 풍속에 불편하지 않다고 생각되는 것이 있으면 그것을 채용하여 이를 대신해야만 한다. 또한 종래의 풍속 중에서 오늘날 실행해도 지장이 없다고 인정되는 것은 그대로 두고 외국풍 때문에 상처받지 않도록 보호해야만 한다"(1887년 11월 20일)고 적고 있다.

12) 『국가의 근본(國の基)』(1889년 4월 1일 창간)은 관립 도쿄고등여학교 교감 노세 사카에(能勢榮)를 중심으로 같은 학교교사들에 의해 발행되었다. 『신보 「국가의 근본」 제1호』로서 『여학잡지』(1889년 4월 13일, 157호)에 인용된 창간호의 '중정의 의의'는 다음과 같다. "일본의 도덕・미술・풍속・습관도 차츰 서구풍으로 변하는 것은 이미 하나의 세력으로 막을 수 없는 것으로 여겨 하고 싶지 않아도 이를 수행하지 않는 사람은 없다. 변하는 것을 피할 수 없는 것으로 인정하지만 그 변천의 정도(程度)에 이르러서는 급하게 할 것인가 완만하게 할 것인가라는 다름이 생겨난다. 그리고 일본 고유의 도덕과 미술의 가장 선량한 자는 이를 보존하지 않으면 안 된다고 하며 우리들이 지금 말하는 중정의 취지는 이점에 있다."

13) 1889년 4월 13일, 157호.

의 남녀동권도 인정하려고 하지 않는다며 비웃음과 동시에 정치상의 남녀동권론 비판에 대해서는 이미 『여학잡지』에서는 논의가 끝난 것이라며 선견성을 강조했다.[14] 한편 『여권(女權)』[15]에 대해서는 "극단으로 치닫지 말 것"이라고 충고했다.[16] 그리고 청일전쟁 이후의 여성교육에 대해 서구화와 반동 국수는 오히려 "지금 중정(中正)을 확인할 수 있는 시기는 아니다"[17]라고 전망했다.

그럼 왜 서구화와 애국주의의 절충은 왜 여성교육에서 특히 문제가 되었을까. 남성의 고등교육에서 '양재(洋才)', 즉 서구 지식을 모든 전문분야에서 도입하는 것은 문명개화 추진과 거의 같은 의미로 사용되었다. 그러나 여성교육에서 요구된 것은 후천적인 아트 사이언스(기예 및 학술 교육)보다도 '인민(人民)의 성질 개조'를 위한 보다 '본원'적인 것에 두었기 때문이다. 즉 '태교'에 필요한 '도덕, 종교, 교육'(수신 및 경신〈敬神〉 교육)이라고 되어 있었다.[18] 여성교육의 필요성 그 자체가 서구를 통해 배운 것[19]이라 하더라도 그것이 재능과 기예라기 보다도 '일본' 인민을 개조하기 위한 '수신', 즉 도덕적이고 정신적인 것인 이상, 토착적인 것과의 절충은 불가피한 것이었다. 또한 여성교육에서도 문제가 된 것은 단순하게 '양재'를 받아들이는 것이 아니라, 오히려 국

14) 1891년 9월 5일, 281호.

15) 1891년 창간.

16) 1891년 10월 10일, 286호.

17) 1895년 11월 25일, 416호.

18) 나카무라 마사나오, 「선량한 어머니를 만드는 설」, 『메이로쿠잡지』, 1875년 3월, 33호.

19) 그 때문에 나카무라는 지나(支那)의 학자가 '남권을 소중히 한다'는 것을 비판하고 있다.

가의 독자성을 유지하면서 '야마토혼(和魂)'도 혹은 '한혼(漢魂)'도 아닌 근대적 에토스를 어떻게 도입해야 하는가라는 것에 있었다.

『여학잡지』는 나카무라의 주장처럼 '수신'에 적합한 논리로 기독교를 받아들였다. 즉 그 기독교적 가족관과는 양립하지 않는 종래의 일본적 남성 억압과 여성의 종속, 첩이나 공창제도 등등을 연상시키는 외설스러운 풍습을 부정했다. 그러나 이 경우에도 '일본 종래의 여덕'은 '정온우화(貞溫優和)'[20]한 것이라며 처음부터 일본 종래의 여덕을 긍정하고 있었다. 특히 이와 모토는 여성교육을 이와모토는 메이지여학교에서 자신이 실천한 것을 근거로 일본인의 힘으로 기독교의 덕육을 행하는 것이 '대중지정(大中至正)'에 맞는다고 자부하고 있었다.[21]

이처럼 중정주의의 상투어를 답습하면서 『여학잡지』는 『메이로쿠잡지』의 계승자로서 메이지20년대의 다른 부인잡지에서 사용하는 '야마토혼(和魂)'이 아니면 안 되었던 도덕적 내면에 기독교를 도입했던 것이다. 그렇다면 과연 『여학잡지』의 중정주의 속에 기독교 도덕과 일본의 여덕은 어떠한 윤리에서 양립할 수 있었던 것일까. 이 물음에 답하기 위해 이하에서는 『여학잡지』가 도입한 기독교의 내실을 검토하기로 한다. 특히 풍속에서 청교도주의와 무가(武家)의 윤리에 기반을 둔 여덕과 접속되는 경위를 고찰해보기로 하자.

---

20) 1885년 9월 25일, 5호.

21) 1892년 3월 12일, 308호.

Ⅱ. 도덕으로서의 기독교

1. 여성의 종교 필요성

확실하게 『여학잡지』에서 기독교주의가 선언된 것은 만춘당(萬春堂)에서 여학잡지사가 독립하면서 간행한 제1호[22]부터이다. 그것은 이미 제1장에서 다루었다. 이어서 「여성과 기독교」[23]에는 공자의 여성교육이 시대에 맞지 않게 되었지만, "여성처럼 마음이 약한 자는 반드시 그 마음을 정해줄 방법"이 필요하다며 여성을 교화해야 하는 시점에서 기독교 도덕의 필요성을 설파한 것이다.

여기서는 기독교가 여성다움을 가르치고, 특히 남녀교제상에도 "기독교를 진정으로 실천하는 자와 그렇지 않은 자의 차이는 남녀 교제를 청결하게 행동하는 차이를 가져 온다"라며 러시아에서도 독일에서도 프랑스에서도 아닌 영국과 미국에서 실행되는 기독교, 즉 청교도주의에 의한 남녀교제가 올바른 것이라고 설파하고 있었다. 결혼에 대해서도 간음 없는 엄격한 일부일처제가 서양 부부의 '서로 사랑하고 서로 참음으로서 화목' 할 수 있는 원인이라고 했다.

여성교육에서 기독교가 필요하다는 '기독교 필요론'을 『여학잡지』는 도야마 마사카즈의 "여성교육이라고 논함과 동시에 기독교 확장 방법을 설파한다"[24]는 것을 시작으로, 이후에는 기독교 비판의 최선봉을

22) 1885년 11월 20일.
23) 1886년 9월 25일, 36호.
24) 1886년 8월 5일-9월 5일, 31-34호.

담당하는 가토 히로유키(加藤弘之)의 논고까지 소개하고 있었다.[25] 여성교육에서 '기독교 필요론'은 메이지10년대에 메이로쿠샤 지식인에 의해 논의된 것처럼 서양을 모델로 한 일부일처제와 바람직한 가정상이나 부인상을 당사자인 여성들에게 실천하도록 하기 위해 채용된 도덕 교화 프로젝트였던 것이다.

2. 황실과 기독교

『여학잡지』에서 기독교보다도 먼저 '여성 교육의 유신(維新)'으로서 상징화 된 것은 황후였다. 문명개화라는 측면에서 황실 쪽에도 제도문물의 문화뿐만 아니라 기독교도 적극적으로 채용해야 한다고 논한 나카무라 마사나오[26]의 문하생이었던 이와모토에게 황실은, 전통이상으로 오히려 도덕교화 프로젝트를 포함한 유신의 실제 담당자라고 여겼다.

또한 실제로 요시코(美子) 황후는 측실임에도 불구하고 스스로를 황후로서 그 이미지나 역할을 서구를 모델로 하여 근대적인 것으로서 실천해 갔다.[27]

이러한 상황 아래에서는 기독교를 포함하여 문화나 교육면에서의 서구화와 황후를 중심으로 한 황실 예찬은 모순 없이 개화 일본여성에게 불가결한 요소로서 잡지 속에서 병존할 수 있었다. 『여학잡지』는 창간호에 기독교 보다 앞서 신공(神功)황후 전설을 비롯하여 '궁중어가

25) 1889년 4월 6일, 156호.

26) 야마지 아이잔(山路愛山), 1906=2002, 381쪽.

27) 가타노 마사코(片野眞佐子), 1996, 79-132쪽.

회의 그림(宮中禦歌會の圖)'이 첨부된 황후를 칭송하는 기사[28], '궁내성(宮內省) 여관록(女官錄)'[29] 등을 실었다. 매년 황후의 생일을 축하[30]하고 이후에는 그것을 천장절(天長節)과 함께 지구절(地久節)로 제창[31]하고 천황과 황후의 결혼 25주년에는 '제25 춘대전(春大典)'[32]을 대대적인 기사로 다루었다.

그것은 메이지10년대 기독교 잡지가 아무런 고민도 없이 황실을 칭송하고 있었던 감각과 연결된다.[33] 더 나아가 이와모토는 당시 빅토리아여왕이 통치하는 영국이 전례 없는 번영을 노래하고 있었던 것을 의식하고 빅토리아여왕 즉위 50주년에는 지면에 전기를 게재하기도 하며[34] 특별히 영국에 축하문을 보내기도 했다.[35] 또한 「영국 여황(女皇)폐하의 홈(home)」[36]과 같은 기사도 게재하고 영국을 모방하여 황후의 지위를 높이는 것으로, 국가에 있어서의 여성의 지위를 고양시키려고 했다.

그러나 기독교와 황실숭배의 병존은 일본이라는 국민국가의 고유성인 천황제의 권위와 기독교라는 종교가 의례를 둘러싸고 문제시된 우치무라 간조 불경사건[37]에서 생각지도 않은 불화를 일으키게 되었다.

---

28) 1885년 8월 10일, 2호.
29) 1885년 7월 20일-8월 25일, 1-3호.
30) 1889년 5월 25일·6월 1일, 163·164호, 1890년 5월 31일, 215호 등.
31) 1893년 5월 27일, 345호.
32) 1894년 3월 10일, 370호.
33) 모토이 야스히로(本井康博), 1996, 189-238쪽.
34) 1887년 7월 9일, 66호.
35) 1887년 10월 8일, 79호 부록.
36) 1891년 2월 21일, 253호.
37) 1891년 1월 9일.

이 사건에 대해 이와모토는 곧바로 1891년 2월 7일 제251호에 「교육상 칙문(勅文) 예배에 대해 논함」, 「제실(帝室)과 종교」라는 글에서 자신의 입장을 표명한다. 전자의 글에서는 관(官)쪽 교육가의 위선에 대해 허례보다 내실의 충효 실천을 요구하고, 후자의 글에서는 '제정(帝政)인가 민정(民政)인가'라는 문제는 정치학의 문제에 지나는 것으로 "기독교에서는 다만 국민으로서 그 의무를 다하라고 가르친다"고 설명했다. 약간 난처한 듯한 입장에서 나온 '정교분리론'은 오히려 자신이 무지각적 이었던 서구화와 애국주의의 모순이 우연하게도 외부로부터 힐난을 받고 그 혼란함 속에서 발견되게 되었다. 기독교를 표방하는 한편, 교육칙어 발표에 모든 방법을 동원해 축사를 보낸 이와모토는 이 사건을 계기로 일본의 문명화의 길에서 자명했던 서구화(기독교)와 애국주의의 병존이 어렵다는 국면에 부딪치게 된다.[38]

이듬해 구마모토(熊本)영학교 사건[39]에서는 지사(知事)에 의한 영학교(기독교 사립학교) 교원의 파면이라는 보다 직접적인 권력행사로까지 이르게 된다. 이와모토는 동일업계인 기독교학교를 경영하는 입장에서 이것을 격렬하게 비난했지만, 천황과 칙어 그 자체를 체화(體

38) 다만 우에무라 마사히사의 글이라고 여겨지는 오시카와 마사요시, 미나미 하지메(三並良), 마루야마 미치카즈(丸山通一), 이와모토 요시하루 연명의 기고서인 「감히 세상의 식자에게 고백한다」(1891년 2월 21일, 253호)에는 오히려 국가행사에서 '종교적 냄새' 쪽이 정교분리에 위반된다고 주장하고, 군(軍)에서 야스쿠니(靖國)를 참배하는 것에 대한 문제 등 현재에도 통용하는 문제를 올바르게 비판하고 있었다. 즉 의례에서 애국주의와 신앙의 애매함 바로 그것이 국가신도의 핵심이었던 것이다. 불경사건에서 기독교와 애국주의의 불화에 대해서는 아카에 다쓰야(赤江達也)(2004)에 자세히 나와 있다.

39) 1892년 1월 11일.

化)하여 의심하지 않고 있던 그의 입장에서는 기독교의 필요성을 논하기 어렵게 되었다. 즉 천황과 국체 그 자체를 신격화하고 그것을 방패로 국가권력을 일원화하는 논리에 대해 "입헌국민의 국가사상을 견고하고 확실하게 하는 것"[40] 이상의 기독교의 의의를 도출할 수가 없었던 것이다.

3. 사회사업과 기독교

이처럼 『여학잡지』의 기독교는 신앙 그 자체보다도 여성의 문명화를 위한 도구적인 담론으로 받아들여진 측면이 강했다. 그러나 그러한 도구적 측면이 강했기 때문에 오히려 사회개혁이나 사회사업 실천에 적극적일 수 있었다. 『여학잡지』의 기독교는 특히 문명에 걸맞은 여성의 지위향상을 기축으로 청교도주의적인 사회 개혁사업의 기함적(旗艦的)인 역할을 수행했다. 이러한 활동 지향은 선행하는 서구 선교사 활동을 일본인 자신의 힘으로 담당한다는 강렬한 자부심에 의한 것이었다.

여성교육의 기선을 잡은 것에 대한 선교사에게 감사하는 마음[41], 그와 동시에 기독교 여성교육을 일본인 힘으로 직접 담당하는 것이 일본 사정에 맞다고 보는 견해, 메이지여학교에서 실천[42], 만국부인기독교금주회의 파견으로 인한 레빗의 방일을 계기로 성립한 부인교풍회의 지지와 협력, 그리고 그 최대 성과로서 폐창운동의 확산이야말로 계몽

---

40) 1892년 2월 20일, 305호.

41) 1892년 9월 17일, 327호 빨간색 표지.

42) 1889년 4월 5일, 207호.

지인 『여학잡지』의 면목에 어울리는 것들이었다.

이와모토는 때로 예배를 가볍게 여기고 사회사업이 선행하는 일본의 기독교 모습을 비판하면서도[43] 스스로 그 시류에 편승하여 일본인 기독교 신자에 의한 아시아 계몽을 장려하고[44], 종군 전도를 목적으로 하는 일본기독교 신자 동지회결성에 참가[45]했다. 또한 「해외전도론」[46]에서는 식민지주의가 관련됨에도 이에 무자각적인 채로 미션으로서의 식민을 격려했다. 서구화와 연결된, 즉 그 철저하게 모방하는 것에서 애국주의적 식민주의는 제국주의적 확장을 미션의 틀로 정당화하는 논리에 의문을 제기하지 못했던 것이다.

Ⅲ. 토착 풍속과 무사도
-기피해야 할 것과 지켜야 할 것

1. 기피해야할 토착 풍속

『여학잡지』는 여성교육에서 무엇보다도 문명에 알맞은 엄격한 성교육을 위한 근거로서 기독교를 도입한 것인데, 그 새로운 도덕의 '정당

43) 1893년 2월 12일, 338호 흰색 표지.
44) 1894년 6월 9일, 383호.
45) 1894년 8월 18일, 393호.
46) 1895년 4월 25일, 409호.

성'을 호소하기 위해 토착 풍속은 모두 음란한 것으로 보고 배척했다. 앞에서 언급한 것처럼 『요리우리신문』이 성적인 엄격함을 내세우던 '미션 스쿨' 여학생이 아무런 근거도 없이 성적으로 타락하고 있다고 '마음대로 결론을 내린 것'을 보았는데, 그것보다 앞서 『여학잡지』에는 이 여학생 비난에 대해 대조를 이루는 토착 풍속에 대한 과잉적인 비판을 실었다.

거기에는 새해 행사인 하네쓰키(羽根突き)[47]에서 조차도 "남녀가 서로 게임을 하며 얼굴에 먹물을 바르는 모습을 보면 우리들은 참담하다"[48]고 비난했고, 창간호에서 상세하게 소개했던 샤미센(三味線)도 "사람의 마음을 음란하게 하고 추잡한 노래를 부르는 것은 좋지 않다"라며 "애국주의를 고무하는 노래를 연주하는 것이 어렵기 때문"에 이를 대신하여 피아노와 오르간을 유행시켜야만 한다고 적었다.[49] 더 나아가 신문 일반에 대해 다음과 같이 비판했다.

> 일반적으로 어머니는 특히 딸을 교육시키기 위해 작은 일이지만 자주 자주 마음을 써야 한다. 지금 그 아이들이 사서 읽는 신문을 보면 음란하고 천한 것만을 기록하는 부도덕한 소(小)신문으로 밀통의 연재물인데, 그들은 다음 호를 기대하면서 매일 즐거운 마음으로 읽는 데 이와 같은 일은 한탄해야 한다. 어머니는 자주 자주 이에 마음을 써서 그 아이에게 읽을거리를 주는 것에 주의를 기울여야만 한다. 소신문들 중에서도 『요미우리신문』 혹은 대신문 중에서는 『시사신보』와 『니치

47) **역자주:** 정월(正月)에 행한 전통적인 놀이 중 하나이다. 하고(羽子:모감주에 새의 깃을 꽂은 제기 비슷한 것)를 탁구채 비슷한 채로 마주 서서 치는 놀이를 말한다.

48) 1886년 1월 15일, 12호.

49) 위와 동일한 12호.

니치신문』 같은 신문은 가장 좋은 것이다.[50)]

이러한 신문비판에 대해 『개진(改進新聞)신문』쪽에서 반론을 제기했다. 『여학잡지』는 이 반론을 지면에 전재하고 더 나아가 같은 호에 영자신문 『도쿄독립(東京獨立)신문』의 기사를 번역하여 "일본 국내의 신문지류 34개를 제외하고는 모두 불청결과 더러운 것으로 충만한 것이다"[51)]라고 기술했다.

그밖에도 '욕실의 개량'에는 도쿄부(東京府)가 내놓은 혼욕 금지 조례에 '서양인은 부녀자가 살을 내보인다고 하면 이처럼 야만적인 것은 없다고 생각할 정도'이기 때문에 이러한 개량은 기뻐해야 한다[52)]고 논했다.

즉 이와같은 토착 풍속에 대한 비난에는 시종일관 '서양인'의 눈을 의식하고 있었던 것이다. 그리고 비난의 대상이 되고 있는 대부분은 욕실이나 온천의 혼욕[53)], '창녀' 이야기를 하는 요세(寄席)[54)], 엔니치(緣日)[55)], 동반자살(心中)을 선동하는 조루리(淨瑠璃)[56)], 에조시(絵草紙)[57)]와 같은 메이지유신(明治維新) 이전부터 존재하는 서민의 서브컬처(sub culture)였다.

---

50) 1886년 2월 5일, 14호.
51) 1886년 2월 15일, 15호.
52) 1885년 12월 20일, 11호.
53) 1886년 8월 15일, 32호.
54) **역자주:** 만담・야담・요술・노래 등의 대중연예를 흥행하는 연애장을 일컫는다.
55) **역자주:** 신불(神佛)과 이 세상과의 인연이 강하다고 하는 날을 의미한다.
56) 1886년 2월 15일, 15호.
57) 1886년 3월 15일. 18호. 에도시대 항간의 사건 등을 간단한 그림을 넣어 설명한 인쇄물을 지칭한다.

2. 무사도의 복권

이처럼 기독교주의가 선언된 시기를 전후로 하여 토착 풍속은 모두 적대시되는 것 같았지만, 한편으로는 본래 기독교의 입장에서 배척해야만 하는 유교에 입각하고 있었던 무사도 도덕은 '여덕'과 연결되어 복권되어 갔다. 즉 여성교육에서도 존중할 만한 일본 문화로 무사도가 장려되고, 「여학생에게 칼[58] 사용법을 가르치는 일」[59]이라는 글에는 메이지여학교에서 체육 시간 수업에 칼 무기가 사용되었다고 소개했다.

「무도의 변(弁)」[60] 논고에는 이것이 체육 수업에 활용되는 하나의 과목이라는 인식을 넘어 수양론으로 발전 전개되면서 "무예단련의 풍채는 여례(女禮) 수업의 신태(身態)에 다름없다"라고 했다. 그리고 "다도(茶道)는 폐지되어야만 한다"고 주장하면서도, "이처럼 무용유해(無用有害)의 기예는 가능한 한 폐지되어야만 한다. 문명의 시대에 이른 지금 한가롭고 유흥적인 것은 모두 없애고, 뜻을 가진 부녀자들은 가능한 한 그러한 놀이를 없애는 일에 소임을 다해야 한다"[61]며 일단 배척된 차도도 다시 "도(道)의 정신인 담력을 쌓고 마음을 안정시키고 정념을 억제하는 생각을 자득하는 것에 있다"고 하여 재평가되었고, 더 나아가 무사도는 다음과 같이 정의되었다.

---

58) **역자주**: 에도시대에는 무가의 여인들이 사용했다.
59) 1890년 1월 1일, 194호.
60) 1891년 6월 27일·7월 4일, 271, 272호.
61) 1886년 1월 25일, 13호.

무사는 오늘날의 신사(紳士)에 해당하는 것으로 세상 사람들 중의 꽃이었다. 그리고 그 교양의 대부분은 무(武)로서 이루었다. 서로 다른 많은 기예에서도 조차 고상한 도덕이 존재하는 것도 매우 많았고 하물며 무사 최상의 교양에는 이것에 영묘심원(靈妙深遠)의 수신 교육을 집중시키는 것으로 처음부터 다른 기예가 도달할 수 없는 것이었다.[62]

그리고 "기독교를 행하기 위해서는 무육(武育)을 폐지하지 말아야 하고, 기독교의 궁극은 무도와 같으며, 신앙에 도달하는 자는 특별히 무예의 수련을 필요치 않은데 그래서 그것은 곧바로 높은 경지에 이르는 이유"라고 서술했는데, 이 부분에서는 청교도주의적인 엄격함과 무도의 모습이 동일한 것이라고 인식하고 있음을 읽을 수 있다.

이러한 기독교와 무사도의 접속은 단지 이와모토의 독창성이 아니라 니토베 이나조의 『무사도』가 전형적으로 보여주는 것처럼 메이지기의 기독교가 "사족기독교"[63]였다는 사정을 잘 반영해주고 있는 것이다. 이와모토가 말하는 '사족기독교'는 『여학잡지』의 부인계몽이라는 문맥에서 국가를 지지하는 도덕으로서 기독교와 무사도적 여덕(女德)을 연결시켜 문명화된 바람직한 일본의 여성상을 제시한 것이다. 그 논리는 그 이후 나타나는 부인잡지와 보수적인 양처현모교육과도 공유할 수 있는 모델, 즉 서구적인 교양을 익혀 문명화되면서도 무가의 윤리를 재탕해 낸 '이에(家)'의 윤리가 몸에 베인 일본부인이라는 모델이었다.

---

62) 1891년 7월 4일, 272호.

63) 모리오카 기요미, 2005, 4-8쪽.

Ⅳ. 역할 모델로서의 서구 여성상

잡지 지면에서의 기독교 도덕은, 성서와 교설(教說)이라는 형태보다도 모델이 되는 서구 여성들의 전기 소개에 의해 전달되었다. 기독교 도덕을 체현하는 존재로 소개되는 것은 현모와 사회 개량사업가 여성들이었다. 현모로 소개되고 있는 것은 '사전(史傳)'에서 아우구스티누스의 어머니[64]와 링컨의 어머니[65], 워싱턴의 어머니[66] 등 위대한 아들의 어머니였고, '어머니의 책임'[67], '현모의 논평'[68]에서 칭송받고 있는 것은 모두 서구인이었다. 현모라는 개념은 에도시대부터 어느 정도 인지하고 있었다고 선행연구서 밝힌 연구도 있다.[69] 그러나 서구 위인이나 영웅의 이름을 열거한 후에 "일본의 어머니를 모두 이와 같은 어머니로 만들면 여기에 또 이와 같은 영웅호걸을 만들어내는 것은 꼭 어려운 일은 아니다"라고 하는 것 같은 표현에서 유추해보면, 국민 한 사람 한 사람을 양육하는 역할로서의 어머니라는 개념이 서구를 모델로 하는 근대화 속으로 차츰 확산되고 있었음을 엿볼 수 있다.[70]

---

64) 1886년 6월 25일-7월 25일, 27・29・30호.

65) 1892년 2월 13일, 304호.

66) 1892년 7월 9일, 322호 빨간색 표지.

67) 1887년 2월 19일, 52호.

68) 1892년 6월 11일, 320호 빨간색 표지.

69) 세키구치 스미코(関口すみ子), 2005, 197-198쪽.

70) 고야마 시즈코에 의하면 메이지기의 현모론은 "어린이 교육을 '이에(家)'와 관련짓지 않고 국가형성이라는 시점에서 파악하고 있는 점, 교육이 공동체의 존재를 소거한 가족과 국가라는 틀로 파악하고 있는 점, 가족에서 교육의 담당자로서 어머니의 존재가 클로즈 업 되고 있는 점" 이 세 가지 점에서 획기적인

한편 현모 모델과 함께 『여학잡지』에서 다루었던 여성상은 사회사업에 진력하는 여성들이었다. 서구 선교사들이 기선을 잡은 기독교 여성교육을 계승하여 부인교풍회와도 밀접한 관계에 있었던 『여학잡지』였던만큼 만국부인기독교금주회 회장인 프란시스 윌러드(Frances Elizabeth Caroline Willard)[71], 유세(遊說) 동반인으로 방일한 애커맨(Akerman)[72] 등을 소개했다.

그리고 그러한 활동을 기독교적 타애주의에 기반을 둔 여성 활동이라고 자리매김시켜 "부인은 미(美)의 정수(精髓)이고, 화락(和樂)의 원소(元素), 태평의 천사, 도덕의 보호자이며, 교풍 사업, 사회개량 사업은 특별히 부인의 임무이다"[73]라고 칭송했다. 이는 당시 영미여성에 대한 견해에 영향 받아 여성을 도덕적인 동시에 타애적이면서 헌신적인 존재로 파악한 것이었다. 이와모토는 청일전쟁 시기에는 징크스(ジンクス), 나이팅게일(Florence Nightingale)을 예로 들면서 기독교 신자 간호부단[74]을 격려하기도 했다.

이와모토는 사회에서 일하는 여성, 국가를 위해 일하는 여성을 긍정하고, 서구를 모방하여 여성 고등교육[75]을 장려했다. 그러나 당시 서구에서 활발히 일어나고 있던 부인참정권운동에 대해서는 가정에서 교화력, 감화력이 여성다운 사회로의 작용이라고 연설하고[76], 여성이 정

것이었다. 고야마 시즈코, 1999, 24쪽.

71) 1887년 7월 16일, 67호.

72) 1890년 3월 8일, 203호.

73) 1889년 4월 29일, 159호.

74) 1894년 8월 11일, 392호.

75) 1886년 12월 5일, 43호.

76) 1886년 8월 5일, 31호.

치에 참가하는 것은 여성답지 않은 것[77]이라며 이를 인정하지 않았다.

그럼에도 불구하고 「애국의 정」[78]이라는 글에서는 여성이 이타주의자이기 때문에 "여성은 그 자체가 최고의 애국주의자"라고 논했다. 여성의 직업에 대해서는 남편이 죽자 곧바로 "몸을 파는 금수를 닮은 행위"에 빠져서는 안 되며 '일본 인민은 3천 7백만이라 해도 그 반이 여성이라면 진정으로 일본을 위해 일하는 자는 1천 9백만 명 정도 밖에 안 되기' 때문에 일본을 위해서라도 "여성은 될 수 있는 한 최대한 노력하여 하나의 기예를 익혀 독립하는 것이 중요"하다고 기술했다. 그리고 그것에 걸맞은 것으로서 소설, 그림, 사진, 재봉, 편물, 음악 등을 예로 들고 있었다.[79]

더 나아가 「미국부인의 직업」[80]에서는 바로 언급한 여성다운 직업을 초월한 '일본사람은 생각해 낼 수 없는' '신문잡지 기자', '인쇄소', '전화기수(技手)' 등 다양한 직업을 그것에 종사하는 여성 숫자와 함께 소개했다.

이처럼 서구여성을 모델로 고등교육과 사회적인 영역에서 여성이 수행하는 '역할적 의의'를 적극적으로 인정하려고 한 점에 『여학잡지』의 커다란 공적이 있었다. 그러나 '현모'가 그렇듯이 가정을 담당하는 자로서 여성의 중요성을 가종하는 것 또한 서구에서 배운 것이었다. 기독교를 기반으로 하는 가정의 중요성과 여성의 본질화를 주장하면서 한편으로 사회에서 활약하는 여성 의식을 양립시키는 논리는 결국 가

77) 1887년 7월 30일-8월 13일, 69・71호.
78) 1889년 9월 7일, 178호.
79) 1886년 1월 15일, 12호.
80) 1886년 3월 25일, 19호.

정을 포괄하는 '사회나 국가를 위해서'라는 도덕으로 회귀할 수밖에 없었다. 『여학잡지』는 모처럼 여성의 고등교육에 대해 적극적으로 언급하면서도 그것을 실현하는 전문적인 교육에 대해서는 충분한 근거를 찾아내지 못했다.

그 첫 번째 이유는 고등교육을 받은 예비군인 여학생 측의 "경제적 자립은 하등(下等) 부인이 해야 하는 것이며, 상등(上等) 부인이 할 바는 아니다"[81]라는 계급의식을 들 수 있다. 두 번째는 여성교육을 선전한 기독교 지식인 자신이 어떤 전문성을 지닌 직업인이라기보다 신앙과 인격에 기반을 둔 교양을 자본으로 하는 지식인 모습을 투영시켰기 때문이다.

Ⅴ. 서구화와 애국주의, 그 병립이 의미하는 것

이상 살펴본 것처럼 『여학잡지』는 서구화가 한창일 때 창간되었지만 결코 서구화 일변도의 잡지였던 것은 아니었다. 오히려 일본을 의식화하면서 애국을 위해 특히 천황제를 일본적 고유성으로서 시종일관 섬기고 있었다. 이와모토에게 '국수'의 의미는 이에 대립하는 반기독교 세력의 기치로 의식되었지만, '애국'의 내실은 충분히 '국수'의 원 어휘인 내셔널리즘(nationalism)이었다고 해석할 수 있다.

---

81) 「여성자립의 설」, 1886년 11월 5일, 40호.

『여학잡지』는 여성교육의 하나인 덕육에 관해 기독교를 도입한 점에서 다른 부인잡지와는 차이를 두었고, 기독교 도덕을 근거로 일부일처제의 엄격한 준수를 근거로 둔 근대가족 모습이 부인의 지위향상과도 연결된다고 주장했다. 그러나 이러한 가족 관념은 남녀의 성차를 본질주의적인 견해로 보면서 이를 강조한 것이고, 여성에게 정치나 재산상의 권리를 제한했다는 점에서 유교도덕으로부터의 해방임과 동시에 '봉건적 가부장제'로부터 '근대적 가부장제'로의 전환이었다.

그리고 이 가족관 자체는 "선행하는 타 국민국가가 이미 가족을 통한 국민통합을 달성하고 있었기 때문에 일본도 역시 가족국가가 되지 않으면 안된다"[82]고 지적하듯이 근대국가의 필수요건인 근대가족의 모습을 서구에서 배웠다는 의미에서 『메이로쿠잡지』가 이미 남성지식인에 의해 논의한 과제들이었던 것이다.[83] 그러한 의미에서 이와모토는 메이로쿠샤의 충실한 계승자였던 것이다.

또한 그러한 근대가족의 모습 그 자체는 『여감』과 같은 보수적 국수(國粹)로 간주되는 잡지에서도 공유될 수 있었다.[84] 즉 『여학잡지』가 이러한 가족시스템을 도입하여 기독교에 기반을 둔 '홈'을 읊은 것이 시스템의 직수입이었다고 한다면, 메이지정부 및 보수주의 반동세력은 그 도입 과정에서 '이에(家)제도'를 일본 고유의 전통에 기반을 두고 이를 '발명'(invention)해 낸 것이라고 말할 수 있을 것이다.[85]

---

82) 니시카와 유코(西川祐子), 2000, 14쪽.

83) 무타 가즈에, 1996.

84) 미야모리 가즈히코(宮森一彦)에 의하면 메이지기 대립하는 이데올로그 '보수'와 '혁신' 세력은 "근대 국민국가의 기초 단위로서 근대가족의 행동스타일을 열심히 연출하려는 행위를 끊지 않았다는 점에서 친화적이었다"고 지적했다. 미야모리 가즈히코, 2003, 2쪽.

결국 그것은 근대국민국가가 고유성을 담보할 때 필요로 하는 '전통의 날조'(the invention of tradition)[86]였던 것이다. 그리고 이와 같은 '전통의 날조'는 보수파의 전매특허일 뿐만 아니라 대립하는 기독교주의자에게서도 실천되었다. 즉 『여학잡지』는 청교도주의적 가치관조차 이와 유사한 것으로 재해석된 무가(武家)의 윤리, 즉 예를 들면 여성다움이라는 온아함과 정절, 착실하고 건강한 신체 등등을 계승되어야만 하는 일본의 전통으로서 '발명'한 것이었다. 그리고 그러한 청교도주의와 무사도를 양립시키고 접속하는 가치관은 이와모토 뿐만 아니라 앞서 기술한 메이지 전기 '사족기독교(신자들)'에서도 적지 않게 공유되고 있었던 인식이기도 했다.

Ⅵ. 기독교 지식인의 의식과 한계

-여성교육과 기독교 이상주의의 의미

1. 여성교육의 서구화와 애국주의 패러독스(paradox)

지금까지 『여학잡지』로 대표되는 기독교 여성교육은 이노우에 데쓰지로를 대표로 하는 기독교교육(1893년)에 대한 공격, 1899년의 문부

85) 우에노 치즈코, 1990, 181쪽.
86) 홉스 봄, 1983.

성훈령 제12호에 의한 종교교육의 금지, 같은 해에 공포된 여학교령이 보여주듯이 보수적 '양처현모주의' 교육이 정착됨에 따라 그 이상(理想)이 왜곡되었다고 간주해 왔다. 그러나 이러한 관제(官製)의 양처현모교육은 종래 논의 되어온 것처럼 반드시 기독교주의적 여성교육과 정면으로 대립하는 것이 아니라 오히려 그 내용적 요소를 끌어들이면서 더 '일본류'적인 것으로 변용된 것이었다.

전전(戰前)의 여성교육 체제는 분명히 이와모토와 나루세 진조가 최초로 구상한 것처럼 여성들의 고등보통교육을 달성하는 것까지는 아니었지만[87], 서구를 모델로 한 가사일에 대한 합리적이고 과학적인 취급법[88], 도덕주의, 교양 등등 그 자체는 오히려 적극적으로 받아들여졌다. 그렇기 때문에 여성교육이 제도로서도 성립될 수 있었던 것이다.

기독교 지식인이 차이화(distinction)의 전략으로 내세운 서구류의 학식과 기독교에 기반을 둔 도덕주의적 내면의 모습은, 기독교가 비난을 받았음에도 불구하고 교육자에 걸맞은 자질로서 인지되었다. 즉 니토베 이나조와 쓰다 우메코는 영어를 통해 서구적 교양을 몸에 익혔고 또한 높은 윤리관 덕분에 교육자로서 중용되었다. 그리고 신앙 때문에 교직에서 쫓겨난 우치무라 간조조차도 사숙(私淑)하는 많은 젊은이들을 모았다. 또한 때로 그들은 해외에서 영어로 일본을 어필하는 지식인[89]으로서도 주목받았다. 즉 신앙에 대한 억압과는 정반대로 서구적

87) 나루세 진조는 『여학잡지』에서 미국 웨슬리(Wesley)여자대학의 관찰기록을 게재했다(1891년 5월 30일, 267호).

88) '가사일'에 대해서는 제7장에서 상술하기로 한다.

89) 예를 들면 우치무라 간조의 『대표적 일본인(代表的日本人)』과 니토베 이나조의 『무사도(武士道)』 등이다.

인 교양이나 그들이 설파한 내면을 규율하는 시민도덕의 내실 그 자체는 실은 교육상 불가결한 것으로 인식되게 되었다.

2. 기독교 이상주의에서 교양주의로 -도덕교육자 기독교 지식인

이러한 시민도덕은 마침내 독자적인 해석을 실시하여 엘리트문화의 중핵이 되는 교양주의와 대중문화의 중핵이 되는 수양(修養)주의로서 일본문화의 중요한 에토스를 구성해 갔다. 쓰쓰이 기요타다(筒井淸忠)에 의하면 그 양자는 원래 메이지 후기에 '수양주의'로서 동시에 발생했고 동일적인 것으로 성립되었다고 한다. 즉 "메이지 후기의 '수양'이란 오늘날로 말하면 '교양'의 의미를 포함하고 '수양주의'란 문자 그대로 '교양주의'"[90]였다고 지적한다. 나카무라 역시 「선량한 어머니를 만드는 설」에서 "남녀의 교양은 동등해야만 한다. (중략) 남성이나 부인은 동시에 모두 동일한 수양을 받아 동등하게 진보해야 한다. (중략) 선덕(善德)의 율법은 남성이나 부인에게 차별 없이 적용해야 하는 것은 당연하다"라고 되어 있을 것을 보면 '교양'과 '수양'이 도덕적인 뉘앙스를 띠었고, 거의 동일하게 사용되었음을 알 수 있다.

그리고 그 양자를 '인격의 향상'이라는 동일적인 것으로 엘리트와 대중 쌍방에게 설파한 것은 제일(第一)고등학교 교장을 지낸 니토베 이나조였다.[91] 즉 『여학잡지』로 연결되는 기독교 지식인은, 기독교를 종

90) 쓰쓰이 기요타다(筒井淸忠), 1992, 166쪽.

교로서 일본에 정착시키는 것은 이루어내지 못했지만 그것에 의해 배양된 학식과 계몽, 감화력에 의해 교육자로서는 중요한 위치를 차지했다. 그 대표자로서의 니토베 이나조는 "학력엘리트 양성의 중심이었던 제일고등학교를 교양주의[92]의 방향으로 전환시켜야 한다"고 밝히고, 대중 잡지에서도 다음과 같이 말했다.

> 제일고등학교 학생들에게 설명한 것과 마찬가지로 '수양은 개인의 인격 향상을 취지로 한다'고 하면서 '노기(怒氣)억제법' '응대(應對) 담화의 일곱가지 요건' (중략) '친구 교제는 이러한 것이 있다'라는 형태로 알기 쉽게 수양 방법을 설명하여 일반 독자로부터 환영을 받았다.[93]

니토베는 『여학잡지』에서 독일에서 「부엌개량」[94]이나 「가정학(家政學)은 하나의 학술」[95]이라는 서구의 여성교육 사정에 대한 글을 싣고, 귀국 후에는 메이지여학교에서 미국사정[96]과 괴테(Johann Wolfgang von GOETHE)와 칼라일(Thomas Carlyle)[97]에 대해 강의를 했다. 이들 강의는 개인 이야기도 섞어가면서 학생들의 흥미를 제법 불러일으키는 특이한 말투를 사용했다. 예를 들면 니토베는 여성교육에 관해 다음과 같이 서술했다.

---

91) 쓰쓰이 기요타다(筒井淸忠), 1992, 151-174쪽.
92) 당시에는 '수양'이라고 했다.
93) 쓰쓰이 기요타다(筒井淸忠), 1992, 166쪽.
94) 1888년 5월 19일・26일, 110・111호.
95) 1890년 3월 8일, 203호.
96) 1901년 2월 25일・3월25일, 513・514호.
97) 1903년 8월 10일・25일, 519・520호.

> 여하튼 여성이 책만 읽었다하면 밥을 지어도 부드럽지 않고 누룽지가 생겨버려서 곤란하다는 비난도 있는데, 뭐! 누룽지가 되어도 좋다. (중략) 학교를 졸업하기만 하면 곧바로 자연스럽게 심지가 없어지고 부드럽게 밥을 지을 수 있게 되므로 학교에 있는 동안에는 공상이라고 해도 비웃음을 당해도 괜찮다. (중략) 충분하게 이상을 기르도록 하여 이상을 높일 수 있는 책을 많이 읽게 하는 것이 좋다. 학교에서는 이상을 높이는 것이 필요하다. 그리하면 나중에 꼭 좋게 되니까.[98]

이러한 인격지향의 '교양주의'적인 논조는 제일고등학교 학생과 마찬가지로 메이지여학교의 학생들에게도 많은 격려가 되었을 것이다. 그러나 '목적 없는 교양주의', '교육만을 위한 이상주의'란 결국 사회에서는 얼마나 의미를 가질수 있을까.

독일에서 니토베가 이와모토에게 보낸 부엌일의 합리화와 가정학은 진화된 서구를 모방한 것이었고, 특히 '가사일'은 여학교가 필요한 커다란 이유가 되었다. 그렇지만 "가정학(家政學)은 아직 제대로 발달하지 못한 매우 유치한 학술"로서 뉴욕에서는 여름학교에서 '하등(下等) 사회 연소자'도 배울 수 있는 내용임을 인정하고 있었다. 또한 또 다른 강연에서는 괴테와 칼라일이라는 서양 문호가의 일화를 재미있고 우스꽝스럽게 이야기하면서 심취했던 칼라일로부터 배운 것은 '세상이라는 것은 아주 평범한데, 결국 성실한 놈이 이기는 것이다'라는 점이었다. 『여학잡지』에서 기독교 지식인이 말하고 있는 것은 현실 서민의 생활실태와 동떨어진 이상주의임과 동시에 당시 최첨단 교육을 요구하는 여성들에게 때로는 어울리지 않을 만큼 수수하고 충실하면서 동시에 도덕주의적이었다.[99]

---

98) 「박사 니토베 이나조 씨의 연설」, 1901년 3월 25일, 514호.

그가 제일고등학교에서 설파한 인격향상을 지향하는 교양주의가 어떤 의미에서는 고등교육 보급에 연동되는 입신출세의 어려움에 대응하는 것이기도 했다. 즉 이것이 입신출세를 포기하도록 만드는 냉각제로서의 효과를 갖고 있었다고 한다면[100], 당시로서는 고등교육을 받아도 처음부터 사회에 활약할 수 있는 장(場)이 없는 여성들에게는 보다 한층 더 그 효과는 컸다고 말할 수 있다. 그의 교양주의나 수양주의는 사회적 출세나 영달을 요구하지 않는 '성실이나 착실함'이라는 측면에서는 기존 사회에 대한 순종이었으며, 그렇기 때문에 기독교 지식인의 신앙은 부정되면서도 그 담론은 신앙을 제외한 교육부문에서는 폭넓게 수용되어갔던 것이다.

그리고 아마 그러한 '사회적 달성을 요구하지 않는' 성실함 그 자체는 고유의 문화자본을 가지면서 반드시 경제적 자본의 혜택을 받을 수 없었던 기독교 지식인, 더 나아가 사족의 에토스, 그들의 처신 방법이 농후하게 반영되어 있었다. 그와 더불어 그러한 교양주의적 교육 모습은 그들이 지니고 있었던 문화자본의 취약성(vulnerability)을 폭로하고 있다. 즉 그들의 영어(문학과 종교)라는 리터러시는 전문적인 직업으로 연결되기 어려운 것이었다. 그러므로 그것은 직업적 출세와 관련 없는 교육, 즉 여성교육과 인격주의적 도덕교육으로 향할 수밖에 없었다.[101]

---

99) 계층이 높은 독자층과 잡지가 모델로 하는 미국 중류가정과의 차이에 대해서는 제7장에서 상술하기로 한다.

100) 쓰쓰이 기요타다(筒井淸忠), 1992, 166쪽.

101) 니토베 이나조는 농업경제학 전문가인데 오늘날 그가 그 전문분야에서 상기되는 경우는 매우 적다.

기독교 지식인이 내걸은 교육의 이상은, 도덕주의적 여성교육이라는 스스로의 교육자적 토대를 만듦과 동시에 일본의 여성교육을 둘러싼 모순을 낳게 되었다. 즉 그들은 초기에 고등교육도 포함한 여성교육의 필요성을 호소했음에도 불구하고, 기독교가 가진 성별 본질주의에 의해 바라지도 않았던 양처현모주의 교육의 선도자 역할을 수행하게 된 것이었다. 그뿐만 아니라 그 교육관 속에 여성 고등교육을 스스로 무너뜨리는 모순도 내포하고 있었다. 가사(家事) 과목의 도입에도 의욕적이었던 니토베가 한편으로는 위와 같은 이상주의를 이야기하고 있었듯이, 메이지여학교는 가사와 재봉을 중시하는 보수적인 여학교에 비해 문학을 포함한 폭넓은 교양교육을 실시하고, 『여학잡지』는 본래 여성교육을 그와 같은 것으로 재편해야한다는 입장에서 편집되어 갔다.

그러나 거기서 배운 교양이란 사회적 자기실현에는 도움이 되지 않는 것이기도 했다. 게다가 그와 같은 교양은 자신의 사회적 달성을 위한 것이 아니라 이타적인 도덕과 연결되는 것이라고 여겼다. 그들이 스스로 실천한 '탈'이익적인 지식의 모습을 도덕으로 치환시킨 교육이 바로 이와 같이 교양을 익히면서 사회적으로나 직업적으로 자기실현은 바라지 않고, 그것을 가정에 헌신하도록 하는 자원으로 삼는 에토스의 조성에 유효하게 작용했다.

'도덕'[102]만 몸에 익히면 학교에 재학하고 있는 동안에는 가사에 관심이 없어도 자연스럽게 좋은 가정을 만드는 방향으로 나아갈 수 있을 것이라고 말하는 니토베의 이상주의는 재봉과 가사를 중시하는 보수적

102) 희생적 헌신, 홈의 여왕이라는 이념이다.

인 양처현모 교육보다도 교육에 특별한 의미를 찾는 여성들에게 강렬하게 어필되었다. 그리고 그 '도덕'이란 마침내 국수주의적인 양처현모 부문에서도 재봉과 함께 '수신'으로 중시되어가는 근대적인 에토스였고, 기독교 신자의 교양주의적 도덕교육은 서구를 이상화하는 동경을 키우는 것으로서 보다 깊게 여성들의 마음에 반향을 울렸다.

어쨌든 『여학잡지』에서 제창한 여성교육의 모습은 국가권력에 의한 기독교 탄압으로 단절된 것은 아니었다. 오히려 메이지국가는 기독교 신앙만을 종교교육의 부정이라는 형태로 이를 소거시키면서 기독교주의 학교 자체는 존속시키는 것으로 기독교 지식인의 감화력과 그 서구화와 애국주의를 절충시키는 사상을 그것을 용인했다. 그 결과로서 기독교주의 학교는 서양적인 교양을 상층남녀에게 차이화의 지표로서 승인하게 되었고, 동시에 청교도주의적인 각고면려(刻苦勉勵)의 에토스, 바꾸어 말하면 인격주의 교양의 아성으로 간주되었던 것이다.

그러한 에토스는 니토베로 대표되는 지식인의 담론을 통해 신앙을 뺀 '수신'으로서 일반대중 속으로 확산되어 갔다. 게다가 그것은 인생의 목표를 반드시 직업적, 사회적인 영달에 두지 않고, 도덕적인 성실함과 근면함으로 일관한다는 것을 엘리트층, 일반 대중 층은 물론, 여성들에게도 동질적인 사회 순종의 태도를 양성했던 것이다. 즉 지식으로는 실사회에 뿌리를 갖지 못하는 서양지식이 '차이화'라는 논리로 기능했음에도 불구하고, 에토스에서는 엘리트도 서민층도 동일하게 규범으로서 순종적인 성실함을 공유하도록 하는 심성이 배양되었던 것이다.

메이지기에도 가장 혁신적인 지식인 집단을 담당하던 자들의 교육사상은 결국 수양주의와 동일한 뿌리를 가진 교양주의 교육이라는 형태로 그들이 예상 하지 못했던 효과, 즉 사회의 혁신보다도 순종을 가르치는 교육에 기여하는 아이러니를 초래했다. 그 아이러니를 초래한 기독교 지식인의 원흉, 그것은 기독교와 무사도의 접속이라는 기묘한 융합에서 나타났던 것이다. 그러나 그것은 양자 모두 성(性) 더블 스탠다드에서 여성(타자)을 교화하는 도덕이라는 점에서 분명히 접속 가능한 요소를 포함하고 있었고, 기독교 지식인의 여성교육에서 이상주의는 타자를 교화하는 도덕 이상의 이상(理想)을 제시하지 못했다는 점에서 한계를 갖고 있었던 것이다.

제6장

'여학' 문학에서 문학장 형성으로

-기독교 개량주의의 반전과 순수문학의 성립-

• • •

교육에 있어서 오늘날까지 영향을 준 기독교 지식인의 이상주의는 문학에서는 그것과 다른 형태로 영향을 주었다. 즉 저널리즘에서는 주변화 된 이상주의가 교육계에서는 도덕으로 받아들여졌다고 할 수 있다면, 문학에서는 종교도덕으로부터의 이반이라는 형태로 근대문학 즉 고유의 '문학장'이 형성되어 간다. 거기에는 『여학잡지』를 계기로 하는 문학에의 여성참여가 중요한 열쇠를 쥐고 있었다.

이는 선행연구에서 별로 다루어지지 않았는데, 본장에서는 편집인 이와모토가 개량주의 문학이라는 형태로 가져온 여성과 문학의 새로운 결합이 『문학계』계열 운동으로 전개되는 과정을 살펴본다. 그를 통해 일본문학의 근대화, 특히 부르디외가 말하는 자율적인 '문학장'[1] 구축에 어떠한 역할을 수행했는지를 검토하기로 한다. 그것은 단순히 『여학잡지』에서의 여성문학 '복권'을 지향하는 것이 아니다. 그러한 작가나 작품의 한계를 포함하여 문학 활동에 대해 일으킨 반응이야말로 '동시대인이 구성한 권역(圈域)[2]으로서의 '순수문학' 장(場) 형성에 기여한

1) 피에르 부르디외, 1992=1995.
2) 피에르 부르디외, 1992=1995, 117쪽.

것이고, 바로 그 내용을 밝히고 싶은 것이다.

지금까지 『여학잡지』에서의 문학은 『여학잡지』의 별책 『여학생』(1890년 5월 21일 창간)에서 파생된 문예전문지 『문학계』(1893년 1월 31일 창간)의 전사(前史)로서 논의되어왔는데[3] 그러한 연구에는 충분하게 그 의미가 파악되지 못했다. 또한 『여학잡지』는 사적 영역의 근대화라는 관점에서 이노우에 데루코의 '여학'사상의 검토[4]와 새로운 가정상(家庭像)으로서 '홈'에 대한 논의를 제시한 이누쓰카 미야코(犬塚都子)[5]의 연구가 있는데, 문학은 페미니즘사상의 원천임에도 불구하고 『여학잡지』에서 여성과 문학의 관계를 문화사나 사회적인 관점, 즉 작품평가와는 다른 관점에서 파악하는 논의는 전혀 없었다.

『여학잡지』는 메이지20년대에 문학 부문에서 개량주의와 기독교적 사회개량을 맺어주는 형태로 여성작가의 탄생을 촉구했다. 이러한 경위는 일본에서 일어난 문학의 근대화 흐름과 영미 여성잡지 세계에 있어서의 기독교와 문학의 관련이라는 측면에서 다루어 보기로 한다. 이를 구체적으로 나누어 보면 그 당시 문학의 근대화로서 문제되었던 것은 사

---

3) 노헤지 기요에(野辺地清江)는 『여학생』에서 『문학계』 창간에 대한 사정을 "여성의 계몽과 개발을 목적으로 출발한 『여학생』이 발전해 가는 과정에서 지도자층 남성이 여성 측의 느리고 더딘 진행을 보고 답답함을 견딜 수 없어 마침내 여성을 제쳐두고 독주하게 된다. 한 예로서 선진적인 남성문화와 후진적인 여성문화 사이에 채우기 어려운 갭의 문제를 단적으로 드러낸 것이라고 볼 수 있을 것이다"(노헤지 기요에〈野辺地清江〉, 1970, 205-206쪽)라고 서술하고 있다. 그런데 이는 잡지 미디어를 문학적 평가로만 본질화 하는 견해이다. 이러한 견해에만 의거한다면 문학·여성·미디어의 사회적 관계는 간과되고 만다.

4) 이노우에 데루코, 1968.

5) 이누쓰카 미야코(犬塚都子), 1989.

회를 위한 문학과 예술로서의 문학이라는 문학론의 2대 조류 및 언문일치라는 표현 형식이존재했는데, 먼저 이 흐름을 고찰한다. 동시에 영미 여성잡지의 영향을 받은 『여학잡지』에서 기독교 개량주의가 어떠한 사회실천과 문학을 창출해 냈는지를 연계시켜 검토하기로 한다.

여기서 자신의 이혼 경험을 바탕으로 한 1인칭 화법 소설 「깨진 반지」(시미즈 시킨)와 '화자'의 언문일치체로 주목을 받은 「소공자」(와카마쓰 시즈코)를 대표 작품으로 다룬다. 그리고 그 사회와 문학의 모습을 전제(前提)로 하면서 그것을 극복하려고 한 『문학계』의 움직임을 기타무라 도코쿠(北村透谷)의 실천에 맞추어 검토하고자 한다. 그리고 『문학계』에서 문학의 자율성 전개를 히구치 이치요(樋口一葉)의 「키 재기」를 통해 『여학잡지』 또는 더 나아가 그것을 추종하는 여성이라는 에이전트가 일본 문학의 근대화에서 수행한 역할을 재검토한다.

Ⅰ. 메이지20년대 문학의 조류와 『여학잡지』의 문예지적 전개

1. 문학의 근대화에서 나타난 두 조류 -사회를 위한 문학과 예술로서의 문학

『여학잡지』가 여성과 문학의 관계를 강하게 의식하고 급속히 문예색을 강조해 간 것은 영미 여성잡지의 영향이 크다. 원래 기독교를 통한 여성계몽 미디어는 영미에서 이미 이루어지고 있었고, 그것에 대한 의식화는 1887년 연초부터 『퀸(Queen)』[6]과 『걸스 원 페이퍼(Girl's Own Paper)』[7], 『고디스 레이디스 북(Godey's Lady's Book)』[8] 등

---

6) Oueen: The Lady's Newspaper and Court Chronicle, Londons: S. O. Beeton 1861년 창간의 주간 타블로이드지이다. 일본에서도 메이지기에 번역되었는데, 『퀸』은 가정서의 저자 이사벨라 비튼(Isabella Mary Beeton)이 상류층 여성을 위해 남편과 함께 창간했다. 여성을 위해 여성에 대한 정보를 숙녀(Lady)가 쓴다는 편집방침이었다. 잡지명은 빅토리아기 후기에 사회적 중요성이 인정되었던 여왕에게서 유래했다(Cannadine, 1983=1992, 163-258쪽). 왕실・궁정 정보가 주로 픽션이 아니라 1860-1885년까지는 부인참정권 운동을 포함하여 정치기사가 충실해졌다. 1887년 이후 소비정보지로서의 성격이 강화되었다(Beetham and Boardman, 2001, 53쪽).

7) Girl's Own Paper, London: Religious Tract Society 1880년 창간의 주간지이다. 'Boy's Own Paper'의 소녀판으로 발행된 것이다. 소녀 취향의 교훈적 소설과 패션 플레이트(plate)가 중심이었다. 과학 등의 교육적인 기사와 현상논문 등 학교적인 문화에 의거하기도 했다. 소녀를 여성 일반으로부터 구분하여 타깃화한 것은 기술혁신에 의한 출판 산업이 비약적으로 확대된 80년대부터의 특징이다. 발행 부수는 25만부를 헤아리고 앞서 간행된 소년(Boy's)판을 능가했다(Beetham, 1996, 138쪽).

8) Godey's Lady's Book, Philadelphia: W. E. Striker 1830년 창간의 월간지이다. 1837년부터 1877년까지 직접 편집한 새러 조지 파 헤일(Sarah Josepha Hale)이 이 잡지에 애드가 앨런 포(Edgar Allan Poe)를 데뷔시킨 것으로도 유명하다. 집필진으로서 나다니엘 호손(Nathaniel Hawthorne), 해리엇 스토(Harriet Beecher Stowe) 등이 있었던 문예지이다. 남북전쟁 전후에는 15만 명의 정기구독자가 있었다고 전해진다(Okker, 1995=2003, 13쪽). 문예잡지인 한편 패션 플레이트(Fashion Plate)로도 유명하다. 1880년대에는 파리에 특파원을 두고 독자클럽을 형성했다(1887년 3월호의 기사, "our arm chair"에서 클럽은 평균 50명이라고 되어 있다). 이 클럽은 잡지뿐만 아니라 일반서적의 독서클럽 혹은 타 문화활동 클럽으로서도 기능하고 있었다. 이와모토가 여성모집을 장려한 것은 아마 이와 같은 독서, 자선(기부), 사교클럽을 상정하고 있었던 것은 아닐까 생각된다.

영미 여성잡지 13개를 적극적으로 구입하고 그것을 참조하여 기사를 번역 소개하는[9] 방침에서 잘 드러난다. 『여학잡지』는 이 잡지들을 통해 영미의 낭만주의문학[10]을 수용했다. 동시에 그러한 도덕적인 문학을 읽고 쓰는 여성의 역할로서 중요하다는 것을 인식하고 그것들을 적극적으로 받아들였다.

『여학잡지』의 그러한 영미문학 지향은 당시의 국수주의 반동화 분위기였음에도 불구하고 문학적 조류에서는 순(順)시대적인 것이었다. 특히 그것을 문명화, 사회개량의 수단으로 보는 견해는 통속적인 번역문학에서 정치소설의 유행을 거쳐 사회개량소설로 나아가는 메이지 중기 문학운동 움직임[11]과 호흡을 같이하고 있었다. 그러한 문학적 흐름 상황 속에서 영미문학을 모델로 취하면서도 미술(예술)로서의 문학을 제창한 것은 쓰보우치 쇼요(坪內逍遙)의 『소설신수(小說神髓)』(1886년)였다.

이와모토 요시하루는 이 '소설신수(小說神髓)'라는 이름으로 『여학잡지』에 해외소설을 소개하는 코너로 삼았다. 그렇지만 실은 이와모토와 쓰보우치 소요의 문학관은 영미문학을 모델로 삼으면서도 결정적인 차이가 있었다. 그 당시까지 저속한 것이라고 여겨져 온 소설을 근대

9) 「외국의 여학신문잡지」, 1887년 1월 5일, 46호.

10) 메이지20년대 전반 『여학잡지』에 연재된 외국문학은 『트럼펫소리〈喇叭の聲〉)』(1888년, 96-131호, 전2회, 미완)(스콧트 원작) · 『꿈이 아닌 꿈』(1889년, 143-144호, 전2회, 완결) · 『마음의 부화(浮畵)』(1889년, 145 · 146호, 전2회, 완결)(나다니엘 호손〈Nathaniel Hawthorne〉 원작), 『이낫크 아덴이야기(イナック・アーデン物語)』(1890년, 195-202호), 전8회, 완결(영국 테니슨〈Tennyson〉 원작, 와카마쓰 시즈코 역) 등 이다.

11) 야나기타 구니오, 1960, 4-5쪽.

문학의 중심에 자리를 잡게한 것이 쓰보우치의 『소설신수』였다. 이러한 소설의 복권은 바로 19세기 영국에서 소설이 문학의 중심이 되었던 것이 자극이 되었던 것이다. 서양 소설류 이전의 소설이 여성을 중요한 독자로 삼는 저속하게 여긴 장르였다는 것은 이와모토도 포함하여 메이지 지식인의 공통적 이해였다. 쓰보우치 쇼요는 소설이라는 '낮고 저속하며 혹은 가볍게 보이는 문학의 형식'에 '신수'라는 관련성은 좀 떨어지지만 그래도 가장 귀중한 말을 합친"[12] 것이라고 했다.

이에 대해 이와모토는 여성이 즐겨 읽는 소설을 "소설 속에서 나타나는 인물은 색에 빠지고 음란함에 힘쓰는 남성이 아니면, 그 때문에 망신을 당하는 것, 혹은 자유를 얻는다고 속여 음란의 도구로 이용당하는 부녀자"[13]들에 관한 것뿐이라는 점에 대해 한탄하면서, 여성자신들에 의한 양호한 소설이 쓰여져야만 한다[14]고 주장했다. 다시 말해서 이와모토는 토착적인 서브컬처로서의 소설은 비판의 대상임을 전제로 하면서, 이것을 대신할 수 있는 서양 소설을 모범으로 삼았다. 즉 기독교적인 새로운 도덕적 소설이 필요함을 호소했다. 이러한 개량주의적인 문학관을 제창한 배경에는 여성을 단순히 소설의 독자로서가 아니라 새로운 필자로서 자리매김 시키려는 동기가 있었던 것이다.

12) 장자크(Jean-Jacques Origas), 2003, 92쪽.

13) 1886년 6월 25일, 27호.

14) 1886년 8월 15일, 32호.

2. 표현고(表現苦) 시대와 언문일치

당시의 문학상황에서 '도덕을 위한 문학'과 '예술로서의 문학'이라는 두 개의 새로운 문학관 이외에 또 하나 문제가 된 것은 언문일치의 문제였다. 예술을 위한 문학을 일찍부터 제창하면서도 어머니의 인도에 의해 어린 시절부터 이와모토가 규탄한 기존의 소설, 즉 구사조시(草雙紙)[15]나 연극에 빠져있던[16] 소요는 게사쿠(戱作)[17]의 권선징악(勸懲)주의를 비판했다.

그렇지만 그 표현 방식에서는 게사쿠적인 몸짓을 버리려고 하지 않았다. '표현고(表現苦)'의 시대라고 형용되는 메이지20년대 소요는 스스로 언문일치를 유보했다. 그리고 방언적인(vernacular) 말투, 즉 속언을 활용한 아속절충(雅俗折衷)을 설파하고 있다. 그것은 철저(徹底)한 근대의 묵독 지향 언문일치라기보다도 종래의 문화의 문맥과 파롤(parole)[18]의 영향을 절단하는 일없이 연결하는 언문일치의 제창이었다. 즉 그는 '탈'도덕주의에 의해 소설의 근대화를 제기했는데, 표현 레벨에서는 속언을 집어넣어 방언적인 문화와 접합시키려 했다.

한편 『여학잡지』에서는 여성을 새로운 리터러시의 주체로서 자리매김 시키기 위해 '이해하기 쉬워야 한다'는 점에서 언문일치를 필요로 하고 있었다. 언문일치체도 개량주의와 마찬가지로 서양문학의 모방,

---

15) 역자주: 에도시대의 그림이 들어 있는 대중소설의 총칭이다.
16) 야나기타 구니오, 1960, 39-40쪽.
17) 역자주: 에도시대의 통속오락소설을 말한다.
18) 역자주: 특정한 개인에 의해 특정한 장소에서 실제로 발음되는 언어의 측면. 스위스의 언어학자 소쉬르가 사용한 용어이다.

혹은 번역문체의 모색이라는 당시의 문학적 조류에 편승하는 것이었다. 그렇지만 『여학잡지』는 독자적인 미디어적 요청으로 전혀 다른 문학 입장에서 색다른 실용적인 문체를 개척해 나갔다.

『메이로쿠잡지』로 대표되듯이 메이지기 계몽잡지의 역할은 강연이라는 목소리 미디어를 시각 미디어로 변환하여 새로운 사고를 전파하고 보급시키는 일이었다. 『여학잡지』는 그것은 물론이거니와 기독교 교육이라는 새로운 이념을 보급시키기 위해 외국인 선교사 혹은 교육가 강연기록을 구어체로 게재하고 있었다. 그러한 구어체는 마침내 외국인의 강연뿐만 아니라 모든 강연기록에 채용되었다. 그 특징은 타(他) 미디어의 동일한 강연기록과 비교해 보면 더 확실하게 알 수 있다. 예를 들면 야타베 료키치(矢田部良吉)가 1887년 9월에 대일본교육회에서 실시한 강연기록이 『여학잡지』에는 다음과 같이 실려 있다.

> 현재 우리나라에서 교육상 큰 문제가 되고 있는 것은 여성교육으로, 이것은 일본에서 출판한 신문과 잡지 등 일본어 문장으로 쓴 것도 구라파의 문장으로 쓴 것도 여성교육 문제에 대해 논하지 않는 것은 없을 정도이다.[19)]

라고 되어 있는데, 『대일본교육회잡지(大日本教育會雜誌)』에서 동일한 부분의 기술을 보면 다음과 같은 것이었다.

> 현재 우리나라 교육상의 일대 문제는 여성교육이다. 그렇기 때문에 일본에서 출판하는 신문지와 잡지 등은 일본어로 기록하는 것과 서구어로 적은 것을 따지지 않고 이 문제에 대해 논설한 것이 적지 않다.[20)]

---

19) 1887년 1월 15일, 47호. 여기에는 가나로 표기된다.

『여학잡지』가 언문일치를 지향한 것은 그 특징은 일본어의 가나(仮名) 표기법에도 나타났다. 즉 『여학잡지』의 가나는 알기 쉽도록 하는 것을 최우선으로 했기 때문에 다른 잡지로부터 '난폭'하다는 지적을 받을 정도로 대범한 것이었다.[21]

그런데 이 지적에 대해 이와모토는 일본어 가나의 목적은 어디까지나 음(音)을 알기 쉽게 하기 위한 것으로 고문(古文) 규칙에서 어음(語音)과 글자음을 가깝게 하는 것이 중요하다고 반론했다. 실제 『여학잡지』의 가나는 어음뿐만 아니라 의미도 고려했다. 예를 들면 『메이로쿠잡지』 33호(1875년 3월)에 게재된 나카무라 마사나오의 「선량한 어머니를 만드는 설」에서는 '가언선행(嘉言善行)'에 "요키코토바오 오코나이(좋은 말을 행하여)", "기호벽습(嗜好癖習)"에 "고노미쿠세(기호벽)", "절호(絶好)"에 "못토모요키(가장 좋은)"라는 후리가나(振り仮名)를 사용하고 있었다.[22] 이러한 '알기 쉬움'을 위한 언문일치는 마침내 와카마쓰 시즈코에 의해 상대방에게 말을 건네는 듯한 독자적인 문체를 만들어내게 했던 것이다.

3. 『여학잡지』에 나타난 영미 여성잡지의 영향

영미의 종교도덕에 기반을 두는 당시 여성미디어의 활황을 보고 이와모토는 여성작가들의 등장을 준비하면서 「여성과 문필 직업」[23]을

20) 1887년 1월 15일, 47호. 여기서는 언문일치로 표기된다.
21) 「여학잡지의 가나(仮名)는 난폭하다」 『여학잡지』, 1889년 6월 1일, 164호.
22) 1888년 4월 14일, 105호.

집필했다. 이와모토는 이글에서 동서고금의 여성작가의 이름을 예로 들며 여류문학을 장려했을 뿐만 아니라 신문잡지 기자로서 여성이 활약하면서 남성들만의 논의대상인 부인론이 아니라 여성자신에 의한 논의가 필요하다고 설파하고 있었다. 그리고 미국에서는 편집자나 기자로서 여성들이 많이 활약하고 있는 실례를 구체적인 잡지명과 편집자명을 열거하며 소개했다(80호). 그리고 그 기사의 마지막에 신문지조례 제7조가 '주인, ·사장, 편집인, 인쇄인'이 남성으로만 한정되어 있는 것을 비판했다.

특히 영미 여성잡지로부터의 현저한 영향이라고 볼 수 있는 것이 121호[24)]부터의 표지인데, 그것은 당시 미국에서 여성잡지로서 뿐만 아니라 애드가 앨런 포(Edgar Allan Poe)와 나다니엘 호손(Nathaniel Hawthorne) 등이 집필진으로서 활약하는 문예지로서도 유명한 월간지 『고디스 레이디스 북Godey's Lady's Book』(1830년 간행)의 표지를 모방한 것이었다. 더 나아가 지면에는 그 잡지에서 활약하고 있던 『톰 아저씨의 오두막집(Uncle Tom's Cabin)』의 작자 해리엇 스토(Harriet Beecher Stowe)[25)]와 한나 모어(Hannah More)[26)], 크레이크(Craik)[27)]부인[28)], 조지 엘리엇(George Eliot)[29)] 등 영미의 저명한

23) 1887년 10월 8・15일, 79・80호.

24) 1888년 8월 4일.

25) 1888년 3월 10일, 100호.

26) 1887년 4월 30일, 62호. 한나 모어(Hannah More)(1745-1833)는 영국의 작가이며 자선가이다. 18세기말 49의 종교적 교훈책자를 쓰고 영국 전체에서 연간 200만부 이상의 매상을 올리고 프랑스혁명에 대항하는 가운데 국가의 도덕적 수호자로서의 역할을 수행했다(Oxford Dictionary of National Biography, 2004).

27) 1887년 11월 19일, 85호, 1888년 1월 7일, 91호.

28) "디나 마리아 크레이크(Dinah Maria Craik)(1826-1887)는 비(非) 국교회파 설교사

여성작가를 전기라는 형태로 소개하고, 그녀들은 모두 작가 이상의 경건한 기독교 신도라며 문학도 도덕상의 공헌이 필요하다고 강조하고 있었다.

이와모토는 사설 「여류작가의 본색」30)에서 소설작가 뿐만 아니라 "아들에게 이야기해줄 수 있는 것으로 활용할 수 있는 신서(新書)"와 "가사(家事)와 간병 등에서 안내해야 할 내용의 신서" 등 신여성 취향 실용서 필자로서 여성이 필요하다고 호소하고 있었다. 즉 여성은 첫째 소신문에 연재되는 「밀통의 연속물」31)과는 다른 사회개량을 담당하는 근대문학의 집필자였다. 둘째 확대되는 그녀들 자신의 출판미디어를 위해 문학뿐만 아니라 광범위한 실용정보의 전파자가 될 수 있는 존재였다.

그리고 실제로 1890년 241호부터 지면 쇄신으로 외부 여성기자로서 나카지마 쇼엔(평론), 와카마쓰 시즈(시즈코)·다나베 가호(문예), 오기노 긴코(의학, 위생, 간호), 고지마 기요코(가사일), 시미즈 도요코(시킨)(편집) 등 8명을 채용하여 문예뿐만 아니라 실용기사 집필자로서도 여성을 적극적으로 투입시켰다.

의 딸로 2명의 형제가 있다. 국교도(國教徒)였다. 학교교육을 받고 1864년에 맥밀런(Macmillan)사의 편집자 조지 크레이크(George Lillie Craik)와 결혼하여 딸이 1명이 있다. 첫 번째 작품은 『오길비(Ogilvy)가의 사람들(オジルヴィー家の人々)』(1849)이다. 가장 잘 알려져 있는 것은 『신사 조지 핼리팩스(George Halifax)』(1857)와 『다리가 불편한 왕자(足の悪い王子)』(1875)"(일레인 쇼왈터〈Elaine Showalter〉, 1977=1993, 303-304쪽)이다.

29) 1888년 5월 12·19일, 109·110호.

30) 1889년 3월 16일, 153호.

31) 1886년 2월 5일, 14호.

Ⅱ. 영미 여성잡지의 기독교 개량주의와 그 영향

1. 기독교 도덕의 전달 미디어 영미 여성잡지

그런데 이와모토가 모델로 삼은 영미 여성잡지 내부에서 일어나고 있던 것은 저널리즘에 의한 문학의 시장화였다. 거기에서 여성들의 '여성적인 문학'[32]의 참입과 그것으로 이어지는 도덕적인 페미니스트들의 등장이었다.[33] 그녀들은 이와모토가 받아들이지 않았던 페미니스트 혹은 '신여성'으로서 정치적 권리를 요구하고, 소비생활을 구가하며 성적 자유를 주장하게 된다. 이와모토는 이미 그 편린을 당시의 영미 잡지에서 찾아내고 있었을 테지만, 이와모토를 보다 깊이 사로잡고 있었던 것은, 기독교 도덕을 자신의 것으로 삼고 그것을 근거로 미디어에 참입한 여성작가 또는 사회 활동가였다.

빅토리아 시대 영국에서 중산계급에 어울린다고 하여 인정을 받고 중요한 지표가 된 것은 진지한 기독교 신자로서 "교회에 가며 가족을 존중하고 안식일의 관례를 지키고, 종교문학에 관심을 갖는 것"이었다.[34] 특히 종교문학의 중요성은 목사를 작가로 변신시켰다. 즉 "19세기 중엽에 남성작가가 쓴 종교소설 대부분은 실제 목사가 쓴 것이었

32) 일레인 쇼왈터(Elaine Showalter), 1977=1993, 14-17쪽.

33) 미국에 있어서 기독교에 기반을 둔 '여성영역'의 칭송과 '자매애(sisterhood)'의 중요성이 『여학잡지』의 연재소설에 그려진 여학생의 우정에 제공해준 영향에 대해서는 가가와 유키코(香川由紀子)(2008)에 자세히 나와 있다.

34) 다비도프(Davidoff, L), 홀(Hall, C), 1987, 76쪽.

다. 목사는 종교소설이라는 장르에 포교와 도덕적 권고 가능성이 잠재되어 있다고 보고 있었던 것"[35]이다.

그리고 여성독자층은 중요한 타깃이었다. 왜냐하면 여성이야말로 중산계급의 권위를 드러내는 중요한 지표인 청결한 가족 지킴이[36]라고 간주되었기 때문이다. 그러한 여성의 신화화 정점은 코벤트리 팻모어(Coventry Patmore, 1854-63)의 『가정의 천사(家庭の天使)』라는 시(詩)였다. 자신의 아내를 빅토리아 시대의 양처현모형 히로인으로 구가한 이 시의 제목은 아내를 이상화하는 호칭으로서 널리 회자되었다.[37] 문명의 시대에 세속적인 근대시민사회를 지지하는 도덕은 본래 그것이 부정하는 종교적인 비합리성을 감상적으로 불러일으키고(낭만주의), 아내 더 나아가 여성의 존재를 신화화하는 것으로 성립되었다. 그리고 바다 저편에서 새롭게 미디어에 참입한 여성들은 이러한 신화화에 대해 스스로가 힘을 빌리고 크게 이를 활용했던 것이다.

19세기 영미 사회, 특히 여성 취향의 출판물은 시장을 확대해 가는 과정에서 이러한 시민적 가치관에 어울리는 기독교 도덕을 자랑거리로 삼고 있었다. 19세기의 영미 여성잡지는 빅토리아 시대에 널리 읽혔던 소녀 잡지 『걸스 원 페이퍼(Girl's Own Paper)』처럼 종교적 소책자 보급을 위해 발행된 것도 있었고, 『걸스 원 페이퍼』로 대표되는 미국의 당시 대중미디어(popular media)는 여성성과 기독교 문화를 중심 테마로 하여 성립되었던 것이었다.[38] 미국에서도 영국에서도 목사 작

35) 일레인 쇼왈터(Elaine Showalter), 1977=1993, 127쪽.

36) 베버에 의하면 그들은 "시민적인 '가정(home)'의 청결하고 견실한 위안을 이상으로 하여 내걸었던 것"(막스 베버, 1904-05=1991, 343쪽)이었다.

37) 가와모토 시즈코(川本静子), 1999, 8쪽.

가를 모방한 여성작가가 등장하여 도덕적이고 교훈적인 이야기를 집필하는 '여성다운 문학'을 담당하게 되었다. 특히 영국에서는 "1860년대 문학시장은 여성에게 대폭적으로 확대되었고 문필 직업 비즈니스로서의 가능성은 여성 편집자, 여성 출판자. 여성 인쇄업자에 의해 충분히 개척"[39] 되고 있었다.

2. 가정도덕에서 사회활동으로

이러한 여성에 의한 출판비즈니스의 확대는 문학뿐만 아니라 마침내 매춘부에 대한 성병검사 철폐를 지향하는 조세핀 버틀러(Josephine Butler)의 『쉴드(shield)』(1870)와 같은 사회운동과 연동한 기관지를 낳았다.

> 베시 레이너 파크(Bessie Rayner Parkes)가 1865년에 『여성 직업에 관한 평론』에서 서술한 것처럼 저널리즘은 여성들에게 여론을 바꾸는 효과적인 기회를 여성들에게 제공했다. 출판물의 발전과 함께 교육을 받은 여성이 세상의 사건에 직접적인 영향력을 갖게 되었다. 여성들은 의회와 교회에서는 목소리를 내지 못했지만 1만 명의 독자가 읽는 잡지 페이지에서 자신들의 목소리를 낼 수 있었던 것이다.[40]

---

38) 더글러스(Douglas, A), 1977.
39) 일레인 쇼왈터(Elaine Showalter), 1977=1993, 137쪽.
40) 일레인 쇼왈터(Elaine Showalter), 1977=1993, 137-138쪽.

마침내 버틀러의 운동은 1886년 영국에서 공창제도 철폐라는 결실을 얻었다. 이것은 사회운동이라는 점에서 『여학잡지』에 많은 영향을 주었다. 이와모토를 비롯한 『여학잡지』 관계자는 이러한 세계적인 폐창운동의 동향을 시야에 두고 기독교 부인교풍회를 설립하여 폐창운동을 추진시켰던 것은 제3장에서 이미 언급한 그대로다.

영국의 여성잡지에서는 중산계급으로 한정되어 있었다 하더라도 독신 여성의 경제적 자립과 부인참정권 문제가 적극적으로 논의되고 있었고, 가정을 중심에 두는 도덕적 여성이라는 모습 그 자체를 흔들고 있었다.

3. 일본의 기독교와 사회운동, 그리고 문학

한편 『여학잡지』에서는 서구의 미디어와 기독교 사회운동의 동향을 크게 답습했지만 독신여성의 경제적 자립과 참정권 문제가 적극적으로 다루어진 적은 없었다. 오히려 자유민권운동에서 여성의 정치적, 사회적 권리를 설파하고 있었던 나카지마 쇼엔과 시미즈 시킨이 작가로서 가정과 결혼 모습 또는 가정에 있어서의 도덕을 문학 주제로 삼게 되었다.[41)]

41) 다만 시킨은 국회에서 부인의 방청(傍聽)금지라는 것에 대해 「어째서 여성은 정담(政談) 집회에 참여하고 그것을 듣는 것을 허용하지 않는가」(1890년 8월 30일, 228호), 「울면서 사랑하는 자매에게 고한다」(1890년 10월 11일, 234호)라고 제목으로 반대의 기사를 썼다.

다시 말해서 『여학잡지』에서 페미니즘은 문학을 통해 새로운 가정 도덕을 가정에 침투시키는 것으로 나아갔다. 그것은 민권운동 그 자체가 좌절되고 또 여성을 위해 미디어가 남성계몽가의 주도에 의해서밖에 성립할 수 없었다는 사정, 나아가 소설과 여성 쌍방의 지위를 높이고 동시에 그 양자관계를 정당화하는 것 자체가 도전적 과제였다는 사회배경이 얽혀 있었다.

영국의 부인참정권운동 활동가 포셋(Millicent Garrett Fawcett)을 모방하여 「동양의 포셋 부인」[42]이라고 칭송받은 나카지마 쇼엔[43]은 정치연설가에서 문필가로 전환했다. 쇼엔은 『여학잡지』에서 리턴(Lytton) 원작 『유진 알람(Eugene Alarm)』의 번안소설 「선악의 기로(岐)」[44]를 통해[45] 작가로 데뷔한 후 「부인의 문장」에 다음과 같이 기술했다.

> 부인들 저서에는 예기(藝妓)의 거동이나 언어를 잘 그려내는 것은 매우 뛰어나다고 행각한다. 물론 때로는 이와 같은 저서가 드물게 세상에 나오기하지만, 소설 종류라는 것이 모두가 동일한 과정을 거치는 것은 매우 좋지 않는 것이라고 생각된다. 지금이야말로 부인의 저서들이 쏟아져 나오는 것을 염두하여 편향으로 독자가

---

42) 세키구치 스미코, 2005, 300쪽.

43) 나카지마 쇼엔의 연설에서 문필가로의 전환과 문체에 대해서는 「쇼엔의 문장형성-「동포자매에게 고한다」」(세키 레이코〈関禮子〉, 1997)에 자세히 나와 있다.

44) 1887년 7월 30일=8월 20일, 69・70・72호.

45) 이 작품은 발표 때 원작이 있는 것을 명기하지 않았기 때문에 야마다 비묘(山田美妙)가 자신의 부인잡지 『이라쓰메(以良都女)』에서 이것을 신랄하게 비판했다. 그러나 호리 게이코(堀啓子)에 의하면 메이지기의 오자키 고요(尾崎紅葉)의 『곤지키야샤(金色夜叉)』에도 모델이 되었던 소설이 있었듯이 서구의 소설을 바탕으로 한 작품이 오히려 일반적으로 유통되고 있었다(호리 게이코, 2011).

가볍게 느끼는 것을 걱정하여 오히려 교묘함에 빠져 아름답고 청결한 붓이 더럽혀지는 것을 바라지 않는다.46)

당시 『여학잡지』에서 여성에 의한 문학개량은 사회운동으로서 폐창운동과 표리관계를 이루고 있었다. 기독교에 기반을 둔 성규범 개량, 즉 풍속의 근대화와 불가분의 관계에 있었다. 따라서 시미즈 시킨을 포함해 『여학잡지』 관계자도 관계했던 교풍회에서는 폐창운동과 함께 일부일처제의 건백을 올리고 있었다.

그것은 종래의 유교 도덕에 대한 안티테제라는 의미에서는 래디컬한 의미를 지니고 있었다. 실제 『여학잡지』가 1889년 10월부터 신문지 조례에 따라 보증금을 통해 정론을 기재할 수 있는 일반평론지가 되어 폐창론을 활발히 진행했다. 『요미우리신문』에서는 주로 기독교계 여학교의 '여학생'을 '비판하는' 네거티브 캠페인을 전개했는데47) "여학생 추문이 있는 것은 교육가의 죄"라고 서술했다.

어느 새인가 남녀동권론이 일어나고 자유결혼설도 생기고, 종교가라고 칭하는 우아한 부인이 폐창론을 주장하며 남성도 모르는 창기의 나쁜 점을 공공 대중 앞에 내놓고 있는데, 이는 스스로 미덕에 상처를 주고 있는 것이다.48)

즉, 배외주의가 동반되면서 폐창운동이 가진 본래의 주장과는 달리 성 문제로 왜곡시켜 갔다. 그러나 실제 『여학잡지』에서 폐창운동은 『요

46) 1888년 9월 23일, 128호.

47) 1890년 2월 20일・21일・23일-28일 조간 3면.

48) 1890년 2월 20일.

리우리신문』이 공격한 것처럼 '창기'에 직접 관여했다기보다는 계몽가 입장에서 문명사회에 알맞은 도덕개량 문제쪽에 관심을 갖고 독자와 필자로서의 여성들에게 자신의 결혼과 가정모습을 일부일처제로 재정의 한다는 것이었다. 그렇기 때문에 실제 인생을 투영한 그녀들의 문필활동은 이와모토가 상정하는 여성 미디어 특유의 문학 역할과 겹치면서도 그러한 계몽적 의도를 초월해 절실한 것이 되기도 했다. 또 그리고 '창기'라는 타자를 상정한 것은 결코 아니었다. 또한『여학잡지』가 제기한 기독교에 기반을 둔 새로운 남녀관계, 즉 자유 의지에 의한 정신적 교제나 사랑에 기반을 둔 결혼이라는 로맨틱 러브는 문학에서도 새로운 감정 체험으로 그려지게 되었다. 기독교에 기반을 둔 일부일처제를 제창하는『여학잡지』에서 일찍이 기타무라 도코쿠가 말한 "연애는 인생의 비밀 열쇠(秘鑰)"[49]라는 말이 유행한 것은 당연한 귀결이었다.

기타무라 도코쿠는 민권운동 좌절 후 민권 지사의 딸 이시자카 미나코(石阪美那子)와의 만남으로 기독교에 입신했다. 그 미나코와의 연애체험에 입각한 평론이「염세시가와 여성」이다. 기타무라는 일반적으로 정치운동 좌절에서 문학으로 그 뜻을 바꿨다고 전해지는데, 그 중간시기에 기독교를 통해 사회운동에 참여했었다. 즉 그는 문학 활동과 더불어 1889년 영국 쿠에카(Quaker)교 신도의 평화운동, 영국 평화회와 연동하는 일본평화회의 창설멤버 기관지『평화(平和)』[50]의 편집인이 되었다.[51] 영미의 기독교 사회운동을 모델로 삼거나 그것과 직접

49)「염세시가와 여성」, 1892년 2월 6일, 303호.

50) 1892년 3월 15일-1893년 5월 3일.

51) 운동의 구체적인 내용에 대해서는 다카하시 마사유키(高橋正幸)(1969・1970)에

제휴하면서 운동단체를 만들고, 그 의의를 기관지를 통해 유포해가는 모습은 폐창운동전개 모습 때와 상통했다. 일본에서 기독교 사회운동은 직접적 행동이나 혹은 당파적 논의로 시종일관하는 민권운동을 대신하여 미디어를 통해 사회에 서양류의 새로운 사고를 소개하고 확대시키면서 그 사고에 기반을 두고 개량을 진척시킨다는 담론 실천으로 나타났다.

그러한 미디어에 게재되는 문학과 평론은 운동의 사상적 신조이지 않으면 안 되었다. 그러나 담론 실천을 중심으로 하는 사회운동 모습은 두 측면에서 한계를 내포하고 있었다. 하나는 그것이 오로지 언론계, 특히 외래종교에 기반을 둔 활동이었기 때문에 인텔리층을 중심으로 하는 관념적인 것에만 머물수 있는 소지가 충분했다는 점이다. 다른 하나는 문학이 사회개량의 도구가 되는 것에 대해 문학의 자율성을 요구하는 목소리가 높아졌다는 점이다. 그리고 '문학이란 무엇인가'라는 근본적 물음과도 연관되는 두 번째 문제에 대해 목소리를 높인 것은 다름 아닌 기타무라 도코쿠 자신이었다.

4. 도덕에서 문학으로

기타무라 도코쿠에게 문학의 자율성 지향은 『문학계』가 『여학잡지』로부터 이반하는 문제와 관련하여 앞절에서 상술했는데, 실은 연애를 칭송한다고 하는 「염세시가와 여성」[52]에서 기타무라는 이미 연애와

구체적으로 다루고 있다.

52) 1892년 2월 6·10일, 303·305호.

결혼 도덕에 대해 문학의 우월성을 말하고 있었다. 기타무라는 잘 알려진 것처럼 "남녀관계를 뭔가 불결한 것처럼 생각하던"(기노시타 나오에〈木下尚江〉) 시대에 "연애는 투명한 것이며 아름다운 진실을 관통한다"고 말하며 "남녀 사랑을 겪은 이후 비로소 처음으로 세상의 진상을 알게 된다." 연애를 통한 결혼은 "인간을 올바른 지위에 서게 하며 상제(上帝)에 대한 의무도, 인간에 대한 의무도, 옛 사람이 만발한 꽃에 비유했던 덕의(德義)도, 인간의 올바른 지위에 서게 됨으로써 비로소 생겨나는 것이다"라며 인생에서의 의의를 이야기하고, 혁신적인 연애와 결혼의 이상을 세상에 알렸다.

그렇지만 이 평론의 핵심은 그러한 혼인에 의해 실생활로 들어가는 것을 부정하는 염세 시가라는 존재, 즉 도코쿠 자신의 존재 의의를 묻는 것에 있었다. 즉 상상의 세계에 사는 염세 시가란 "사회생활 조직을 이루는 것에 자격이 부족한 자"이기 때문에 "많은 희망을 통해 많은 상상의 세계로 들어가는 혼인의 결합은 그들을 적지로 들어가게 하는 것과 같다"는 절망을 초래한다. 물론 이 평론은 염세 시가의 희생양이 되는 여성을 불쌍하게 생각하기는 했지만, 그렇다고 '염세시가'를 부정하기 때문에 집필한 것은 아니다. 오히려 그러한 도덕의 피안에 서서 '상상의 세계=문학의 존재'를 알리는 것이 이 평론의 의의였던 것이다.

그러나 도덕을 초월한 '상상의 세계'로서 문학을 구상하면서 기타무라가 생각해내지 못한 것, 그것은 여성도 또한 문학의 집필자였고, 특히 그녀들의 문학은 '염세 시가'와는 반대로 자신의 실제 인생을 묻는 것에서 출발했다는 점이다.

Ⅲ. '여학' 작가의 도덕적 문학

1. 여성작가의 1인칭화법과 연애, 결혼

시인 기타무라가 사회도덕을 능가하는 상상의 세계로서 문학을 자리매김 시킨 것에 비해 집적 글을 쓰는 여성들에게는 그가 거부한 결혼을 비롯한 '실세계'의 개량이야말로 진실한 투쟁으로서의 문학적 테마였다. 즉 '염세 시가'가 그 연애상대인 여성도 '자신의 생각'속에서 그려진 존재라는 연애의 환상성(幻想性)을 간파한 것에 비해, 여성작가는 실세계의 불합리성과의 투쟁을 통해 바람직한 연애나 결혼을 호소하지 않으면 안 되었다.

이러한 투쟁이 낳은 전형적 소설은 시미즈 도요코(시킨)의 「깨진 반지」[53]이다. 이 소설은 『여학잡지』의 주필을 역임하고 인터뷰기사 등을 쓰고 있던 시킨이 자신의 이혼 경험에 입각하여 1인칭시점에서 그 절실한 심정을 그린 작품이다.[54]

---

53) 1891년 1월 1일, 246호 부록. 이하 소설의 표기는 시미즈 시킨(1891=2007)에 의한다.

54) 작품은 분명히 시킨의 경험이 바탕이 되었지만 물론 경험 그 자체는 아니다. 히라타는 이 작품에서 이중화된 1인칭, 즉 작자 자신의 '나(わたし)'와 작품 속의 '나(私)'의 관계에 대해 '나(わたし)' 자신이 현실의 '여자'라는 주체의 모습을 작중인물의 '나(私)'에게 중첩시키는 것으로서 '1인칭이라는 모드(mode)의 극한'이라고 평가하고 있다. 히라타 유미, 1999=2011, 207쪽.

> 당신은 나의 이 반지 구슬이 빠져 있는 것이 마음에 걸립니까. 그렇지 않으면 당신이 말씀하신 대로 이렇게 깨질 때까지 끼고 있었던 것은, 너무 보기 안 좋으니 바꾸어 끼면 괜찮은데 (중략) 이것에는 실로 깊은 사연이 있는 것으로 그렇기 때문에 억지로 그대로 끼고 있습니다만 바로 당신의 일, 차라리 이 반지에 대한 나의 경력을 말씀드리겠습니다.

라며, 자신의 이혼 경험을 젊은 여성[55]에게 이야기하는 형식으로 시작하는 「깨진 반지」에 대해 다나베(미야케) 가호는 다음과 같이 논한다.

> 나의 친구에게 이러한 상황에 처한 자가 있다. 그를 생각하면 단장(斷腸)의 마음과 본 책이 세상에 줄 이점이 많다는 것과 함께 그 친구가 앞으로 어떻게 할지 그 방침에 대해 생각하면 탄식의 눈물이 흘러내린다.[56]

라고 기술하고 있듯이, 이 소설은 한 여성의 말로 표현할 수 없는 불행을 '1인칭화법'[57]으로 고백하는 형식을 통해 많은 여성들이 공통적으로 가진 결혼 생활에서 느끼는 불합리함을 드러내 주었다. 그러나 그 불합리함을 통해 여권론자로 명성을 떨치게 되는 시킨 마저 사회에 대한 공격적 시점이 거의 희박하고 결혼 상대와의 결별도 자신의 의사였는지도 애매하게 나타난다.

---

55) 새로운 여학교 교육을 받은 여성을 일컫는다.

56) 1891년 3월 28일, 258호.

57) **역자주**: '나(私)'를 화자로 하여 쓰인 문장을 말한다. 자신의 경험을 적는 경우가 많다. 예를 들어 일기, 자전, 사소설 등이 이에 해당된다.

> 이것도 나의 진심이 부족하기 때문에 일어난 일이다. (중략) 불쌍한 나에게 모니카(monika) 정도의 힘은 없어도 적어도 좀 더 남편의 경중을 야기할 가치가 있다면 절로 뉘우치게 되었습니다. 그러나 찢어진 천은 쉽게 기울 수 있지만 깨진 구슬은 원래대로는 돌아갈 수 없다는 비유처럼 거기에는 또한 여러 가지 사정이 있어서 나의 힘으로는 매우 미치지 못한다고 생각했고, 또한 내가 곁에 있는 것은 좋지 않으며 남편에게 반동적인 것을 주어 남편을 위해서도 오히려 좋지 않다고 생각했기 때문에 마침내 마음을 정하여 바라는 바는 아니지만 마지막에는 쌍방이 헤어지게 되었습니다.

인용문 속에 나오는 모니카란 이교도(異教徒)의 남편을 개종시켰다는 아우구스티누스의 어머니로 『여학잡지』에는 현모로서 그 생애가 소개되었었다.[58] 시킨은 1인칭화법의 절실함을 통해 결혼이 갖는 여성의 불합리함을 문학이라는 형태로 표출했음에도 불구하고, 그 불합리한 결혼 모습을 공격하기 보다는 오히려 바람직한 모습으로 자신이 결혼을 완수할 수 없었다는 시점에서 이야기를 마치고 있다.

이혼을 계기로 "오로지 세상을 위해 일하겠다고 결심하고", 그 기념으로 구슬을 뺀 반지를 끼고 "가련한 많은 소녀들의 미래를 지키고, 구슬과 같은 소녀들에게 나와 같은 전철을 밟지 않기를 바라는" 희망을 건 '나'에게 그럼 이 결혼의 애매함이 의미하는 바는 무엇이었을까. 그것은 이 소설이 사회제도로서 혼인 그 자체를 재문하기보다 오히려 이러한 이혼이 드물지도 않았던 당시에 바람직한 결혼을 새로운 도덕으로 자리매김시키려는 가치관으로 쓰여졌기 때문이고, 바람직한 결혼이라는 가치

58) 「성 아우구스티누스(Saint Augustine)의 어머니 모니카(Monica)」, 1888년 6월 9일, 113호.

관은 나중에 고자이 요시나오(古在由直)와 연애결혼을 완수하는 시킨 자신뿐만 아니라 『여학잡지』의 여성작가 일반에게 공유된 이상이었던 것이다.[59]

2. '이야기하는' 여성의 언문일치체

여성작가 중의 한 사람이며 이와모토와의 결혼으로 연애결혼을 성취한 와카마쓰 시즈코는 도덕적인 관심과 '이야기 하는(가타리, 語り)'의 문체를 어린이에게 활용하면서 훌륭한 언문일치체를 완성해 간다.

잘 알려진 것처럼 그녀는 미스 키더스 스쿨(Miss Kidders school)[60]의 창시자인 여성선교사 마리아 키더(Mary Eddy Kidder)로부터 영어를 배웠다. 그와 동시에 기독교 신앙과 청교도적인 사고방식을 몸에 익히고 졸업과 함께 페리스여학교에서 교편을 잡았다. 그녀는 페리스에서 시습회(時習會)라는 문예서클을 만들고 그것을 『여학잡지』에 소개했다. 이를 계기로 정기적인 투고자가 되었고 마침내 이와모토와 인연도 맺어진다. 그녀가 다른 여성작가들과 달랐던 것은 외국인 선교사에 의한 미션교육을 받은 것에서 기독교 신앙과 영어를 내재화 하고 있었다는 점이다.

그녀는 이미 미국에서 베스트셀러가 되었던 버넷(Barnette) 원작 「소공자」[61]의 번역 연재하면서 어린이에 대해 다음과 같이 서술했다.

---

59) 이 결말에 대한 여러 가지 평가를 소개한 것으로 오카니시 아이노(岡西愛濃, 2002)의 저서가 있다.

60) 나중의 페리스와에이(和英)여학교로 바뀌었다.

사도(邪道)에 빠지려는 아버지의 발을 멈추게 하고 비굴하게 흘러가는 어머니의 마음에 고결한 덕을 일으키게 하는 것은 신성한 미션을 담당하는 귀여운 어린아이만 가능하기 때문에 이를 대신하여 그 책임을 다하는 것은 이 외에는 아무것도 없습니다.[62]

「소공자」는 말 그대로 그와 같은 어린이를 주인공으로 하여 "성품이 좋은 어린이란 상냥하고 성실하며 사랑이 얼마나 깊은가. 천진난만하고 무심한 거동 중에서도 얼마나 청결하고 인애(仁愛)의 정이 담겨 있는가"[63]라며 새롭게 무구한 어린이관을 제시했다. 동시에 그녀는 "어린이를 깊이 사랑하고 그 은혜를 생각하는 것"으로서 "홈의 은인에 대한 부채를 보상하는 단초"로서 「소공자」를 번역했다고 서술하고 있듯이, 그것은 어린이를 위해 들려주는 이야기이기도 했다.

『여학잡지』는 「소공자」를 연재하기 이전부터 '어린이 이야기'로서 아이들에게 구어로 들려주기 위한 동화나 옛이야기를 게재하고 있었다. 「소공자」(1890-1892)도 연재 초기에는 소설란에 게재되었는데, 그녀가 병으로 인해 연재를 쉬다가 다시 게재 될 때에 소설란에서 '아람

61) 미국에서의 열광모습은 다음과 같은 것이었다. "원문은 버넷(Barnette)의 걸작으로 몇 십 회에 걸쳐 판을 거듭하여 한때 미국의 독서계를 풍미한 것이었다. 이 소공자의 삽화에 주인공 세드릭(Cedric)의 모습이 실려 있는데, 이 세드릭의 복장—검은색 벨벳 옷의 옷깃과 소매에 흰색 레이스가 달렸고, 붉은색 실크 띠를 헐렁하게 맸고, 그 가장자리가 땅에 주렁주렁 늘어질 정도로 길고 반바지를 입고 있었다—이 복장이 당시 일종의 유행을 일으키고 폰틀로이(Fauntleroy)풍으로서 귀공자, 양가(良家) 어린이의 복장이 되었을 정도로 세드릭(Cedric)은 순식간에 인기자가 되었다". 쇼와여자대학 근대문학연구실(昭和女子大學近代文學研究室), 1956, 413-414쪽.

62) 「'소공자'의 서문」, 1891년 10월 24일, 288호.

63) 1891년 6월 27일, 271호.

(兒藍)', 즉 어린이 이야기로 게재되었다.

다키타 요시코(瀧田佳子)는 라디오 낭독 프로그램에서 「소공자」를 가끔 들었던 것을 언급하고 "음성으로 흘러나오는 와카마쓰 시즈코의 번역은 작품의 이미지를 더욱 선명하게 드러나게 했다. 그녀의 번역은 읽기도 하지만 듣는 것을 상정하고 있었을지도 모른다"[64]고 기술했는데, 「소공자」는 분명히 어린이가 읽기도 하고 듣게 함으로써 즐길 수 있도록 하는 이야기였음은 아동문학의 의의와 함께 뛰어난 언문일치체로도 평가받았다. 쓰보우치 쇼요는 다음과 같이 논했다.

> 번역문은 참으로 유창하면서도 평이하지만 그 속에서는 역자가 공들여 고심한 흔적이 엿보인다. 특히 어른과 어린아이 그리고 귀한 것과 천한 것에 대한 언어를 따로 구분했다. 또는 문자와 정취의 조화를 꾀하기 위해 '엄하다' '대단한 것' '코가 높다' '안목이 없다' 등의 속어를 사용하는 것은 특히 전력을 기울인 것으로 보인다. (중략) '사람에게 속마음을 이야기 했습니다', '열심히 걷고 있습니다' 등의 말을 거듭해서 저절로 상냥한 여성교사가 어린아이에게 가르칠 때처럼 역자가 부인이라는 것을 보여주어 매우 그윽하다.[65]

소요는 이 번역이 여성교사가 누군가에게 '이야기하는 것 같다'고 그 인상을 적었다. 소요는 한편으로 '탈'도덕의 예술지향 문학을 목표로 하면서 다른 한편으로는 문체에 대해 일본의 방언적인 언어를 살려야 한다는 아속절충의 언어관을 지니고 있었다. 그러나 그의 언문일치체의 이상(理想)은 오히려 그가 지향하고 있던 소설의 대척점, 즉 와카마쓰

---

64) 다키타 요시코(瀧田佳子), 2000, 160호.
65) 『와세다문학(早稲田文學)』, 1891년, 4호.

가 번역한 기독교 도덕에 기반을 두는 미국의 유행소설에 의해 실현되었다고 말할 수 있다.

그녀는 '반짝반짝' '싱글벙글'이라는 의태어를 많이 사용하기도 하거나 '이지요'라는 회화체의 어미, '라고 하네요' '아주머니' 등 신분관계에 호응하는 호칭까지 알기 쉽게 궁리하고 있었다.

> 그래 저것이 진정한 품위라는 것이다. 훌륭한 집안의 도련님이라 하더라도 기량이 진짜로 있지는 않다. (중략) 그것은 검은 옷을 입고 길거리를 걸었다고 하는 것과 같은 것이다. 어떤 남성이라도 여성이라도 진짜로 뒤돌아보지 않으니까 마치 가조쿠(華族)과 같기도 하고 젊은 사람 같기도 하다.[66]

위의 회화문은 예를 들면 후타바테이 시메이가 지향한 지식인을 위한 문학 감상, 묵독 지향의 언문일치체와는 결정적으로 다른 것이었다. 『여학잡지』는 서양을 모델로 한 근대문학의 확립 조건으로서 언문일치를 필요로 한 것은 아니었다. 그 이상으로 리터러시의 문제로서 종래와 같은 한자교육이 충분하지 않은 '미션 스쿨'의 여성들을 독자로 삼는다는 점에서 새로운 것을 모색하지 않으면 안 되었던 사정이 있었다.

겨우 16세로 『요리우리신문』에 「부녀감」을 연재한 기무라 아케보노[67]가 잡지에 투고한 언문일치 비판에서 보여준 것처럼 보통 여성들은 남성에 비해 일상적으로 어린이와 가사를 돕는 고용인과 접할 기회도 많았다. 그녀는 이 투고 글 속에서 '이에(家)의 여성들'에게 언문일치 문장과 교쿠테이 바킨(曲亭馬琴)의 문장 둘을 읽고 듣게 하는 것을

66) 1892년 8월 30일, 228호.
67) 투고의 필명으로 요시카와 히데(吉川ひで)는 「부녀감」의 주인공 이름이다.

상정했다. 전자의 경우는 "우리들은 서양과 일본을 섞은 것 같은 이야기는 조금도 알지 못한다"고 이야기하고 후자의 경우는 "모두 재미있어 하고 역시 뒤에 나오는 다음 이야기를 듣고 싶다"고 적었다.[68]

간 사토코(菅聰子)는 이에 대해서, 앞의 이시바시 시안(石橋思案)의 반론을 예로 들며 이시바시가 상정하는 독자의 언문일치와 기무라 아케보노가 상정한 읽고 듣게 하는 언문일치와의 차이를 지적했다[69]. 그런데 그것은 반드시 여성에게 필요하다고 간주한 언문일치란 근대문학이 지향하는 묵독의 언문일치가 아니라 소리 내어 읽어야 알 수 있는 언문일치였다.

그렇다 하더라도 기독교 계몽부인잡지 『여학잡지』에 게재된 소설은 종래의 구사조시가 아니라 새로운 사회개량에 이바지하는 '청결한' 것이 아니면 안 된다. 와카마쓰 시즈코의 언문일치체는 새로운 서구적인 가정도덕을 어린이와 여성에게 동시에 전하는 이야기였기 때문에 오늘날에도 통용하는 것 같은 일반적인 말투로 정착해갔다. 즉 서구의 이야기였기때문에 종래의 게사쿠적인 말투에서 탈피하는 것도 가능했고, 동시에 어린이에게 들려주는 도덕적인 이야기였기때문에 알기 쉽고 공손한 것이어야만 했다. 그리고 문체 개화 전후에는 1인칭 자서전체 소설 「기념물」[70], 가호(花圃)의 「박명(薄命)」[71], 전술한 「깨진 반지」 등 여성의 '나(私)'라는 화자의 소설이 있었다. 또한 그 이후 문체는 아르바이트로 「소공자」의 교정에 관여한 하니 모토코(羽仁もと子)에 의해

68) 『요미우리신문』, 1889년 3월 20일 부록.
69) 간 사토코(菅聰子), 2001, 98쪽.
70) 1890년 1월 1일, 194호.
71) 1890년 11월 29일, 241호.

최초의 구어문체 부인잡지 『가정의 벗』으로 이어져 갔다.

3. '여학' 작가의 의의와 한계

이상으로 『여학잡지』에서 문학의 성과로서 메이지20년대의 문학조류, 즉 개량주의문학과 언문일치라는 관점에서 시미즈 시킨의 「깨진 반지」와 와카마쓰 시즈코의 「소공자」에 대해 검토해 보았다. 두 작품 모두 이와모토가 영미 여성잡지를 모델로 한 문학관을 답습하면서 그 틀을 뛰어넘은 성과를 만들어냈다는 점에서 이들 작품으로 대표되는 문학을 '여학' 문학이라고 할 수 있을 것이다.

시미즈 시킨의 「깨진 반지」는 결혼 도덕을 충분히 상대화할 수 없었다는 결정적인 한계를 지니면서도 박진감 넘치는 1인칭화법에 의해 적어도 이와모토가 상정하는 도덕의 범주를 넘어 '사적인 것의 정치성' 문제로 접근하는 편린을 보였다.

그리고 와카마쓰의 번역은 표현고(表現苦)로 신음하던 쓰보우치 쇼요도 칭찬하게 만드는 '유창하고 평이'한 언문일치체를 완성시켜나갔다. 사회에서 문학의 의미가 다양한 형태로 재문(再問)되고, 또한 문학뿐만 아니라 저널리즘을 지탱시키는 표현들 그 자체가 모색되고 있던 시대에 "구어로서 1인칭이라는 오늘날 그 누구도 의심할 수 없는 소설 형식"을 주변인 '여성의 1인칭화법'에서 성립시킨 것[72], 또는 평이한 언문일치체에 의해 여성들을 문학의 '독자'로 삼은 것이 의미하는 바는

72) 기타다 사치에(北田幸恵), 2007, 158쪽.

큰 것이었다.

그러나 사회개량을 위한 문학을 지향한 그녀들이 보고 있던 '사회'란 어떻게 상정(想定)되었을까. 서구화의 시류에 편승하여 『여학잡지』가 창간된 시대란 메이지유신 이후 순조롭게 발전해 온 신문이나 잡지 미디어는 고난의 시대를 맞이했다. 즉 자유민권운동시기에 반정부적인 언론을 규제하기 위해 개정된 1883년의 신문지조례에 의해 보증금제도가 도입되어 소자본의 신문잡지 대부분이 소멸해가는 쓴맛을 보았다. 여기에 1884년과 1885년에 마쓰카타(松方) 디플레이션에 의한 불황이 정점에 달하면서 더욱 곤경에 처하게 되었다. 이 시기 『여학잡지』는 '과격한' 정론(政論) 잡지가 소멸된 이후 상류층 자녀를 위해 새로운 서구류 도덕을 표방하며 등장한 미디어였다. 미디어세계에 미증유의 불황이 덮쳐오고, 기타무라 도코쿠가 한탄한 "너는 아는가. 인간은 물고기처럼 어두운 곳에 살고, 어둠 속에서 방황하며 춥고 배고픈 세상을 사는 것이다"[73]라는 존재로 받아들여진다. 그럼 일부일처제를 위협하는 '창기'가 그러한 빈곤의 희생자가 되었음을 이해하고 있었던 것일까.

73) 「시세에 느낌」, 1890년 3월 8일, 203호.

Ⅳ. 문학장의 형성과 여성이라는 에이전트

1. '여학' 문학으로부터의 이탈과 『문학계』의 문학적 자율성

자유민권운동과 호응하면서 그러한 빈곤의 실태를 언급한 도코쿠가 기독교에 눈떠 평화운동에 참가한 것은 설령 그 계기가 평화운동의 중심적 인물인 쿠에카교 신자인 조지 브레스웨이트(George Braithwaite)[74]에게 통역으로 고용되었던 것이 계기였다고 하더라도 그가 소극적이었다고는 생각하기 어렵다. 그럼에도 불구하고 도코쿠가 기독교에 얽매이지 않고 문학의 자율성을 희구하게 된 것은 무엇을 의미하는 것일까.

기독교에서 동맹을 맺은 각 여학교의 '문학회'에서 작품 발표와 프로 문학자들에 의한 첨삭과 평가를 게재하는 미디어로 탄생한 『여학생』(1890년 5월 간행)이 새로운 문예잡지 『문학계』로 출범했을 때 이와모토는 머리말에 「문장도(文章道)」라는 글을 실었다. 그런데 『문학계』 동인은 그 도덕주의적 문학관에 두 손을 들고 그 후 이와모토의 문장을 일체 게재하지 않았다. 그 후 도코쿠와 민유샤(民友社) 야마지 아이잔(山路愛山)과 '인생 상섭(相涉)논쟁'을 거쳐 『문학계』는 『여학잡지』 및 기독교와도 결별한다. 도코쿠는 기독교 전도 사업으로서 문학을 요구한 야마지 아이잔에 대해 다음과 같이 논했다.

---

74) 가쓰 가이슈(勝海舟)의 아들과 결혼한 클라라 위트니의 친형인 윌리스 위트니의 의붓 동생이다.

> 조물주가 우리들에게 허락한 것은 의지의 자유였다. 세계 현상 속에서 번민하고 고통스러워하는 동안에 우리들은 조물주가 우리들에게 부여한 기예를 이용하여 맹수의 이빨을 제압하고 벼랑 끝에서도 뿌리를 내려 살 수 있는 것을 얻었다. 세상의 현상 밖에 초월하여 설 수 있고, 마지막 이상에 도달할 수 있는 길(道)을 우리들 앞에 열어놓은 것이다. 자유자재의 풍아(風雅)를 전도하는 것은 이 기예를 전도하는 것이지 영웅의 검을 휘두르는 것이 아니다. 무엇인가를 이룰 수 있지만 이루었다고 말하지 않는다. 인간 세상을 서로 살아가지 않으면 안 된다고 말하지 않는다. 하늘을 보고, 별까지 가보겠다는 것을 기대해야 한다. (중략) 눈을 크게 뜨고 크고 큰 공간의 세계를 보아라. 그곳에 청량궁(달, 清涼宮)을 잡아라. 청량궁을 잡으면 그것을 가지고 돌아와서 세속의 중생들에게 물 한 방울을 주어라. 그들은 살아날 것이고 그들은 몇 번이고 살아날 것이다.

기타무라는 문학의 독자성을 드높여 선언했다. 『여학잡지』에 빈곤적인 서민생활의 실태와 연애나 결혼 도덕의 저편에 있는 상상의 세계 끝을 보고 있었던 도코쿠는 정치 세계에서도, 종교 세계에서도 자신의 영역을 찾아낼 수 없었다.[75] 그가 스스로를 진정으로 살리는 길로서 찾아낸 것이 문학이었고, 그 '상상의 세계'가 가진 독자성을 통해 '사회'에 공헌할 수 있는 것이 있다는 것을 말한 것인데, 그것이 아이잔의 물음에 대한 회답으로서의 「인생에서 상섭(相涉)이란 무엇일까」[76]였던 것이다.

문학의 자율은 『문학계』 전체의 입장표명, 즉 제7호 사고(社告)에 "문학은 문학이고 종교는 종교이다. 『문학계』는 문학에 뜻이 있는 자

75) 기타무라의 정치의식의 한계, 기독교와의 관계에 대해서는 이로카와 다이키치(1994)의 저서에 상세하다.

76) 1893년 2월 28일, 2호.

의 모임에서 성립되는 것이지 반드시 종교가는 아니다. 하물며 기독교 신자만이 있는 것도 아니고 기독교주의만 있는 것도 아니다. 『문학계』는 문학계잡지사에서 발행하는 것이고 여학잡지사에서 발행하는 것은 아니다. 잡지사 이름도 다르면 표방하는 '주의(主義)' 또한 다른 것이다. 문학잡지사와 여학잡지사와는 전혀 다르다"[77]라고 주장했다.

2. 기타무라 도코쿠에서 히구치 이치요로
- '장(場)'으로서의 문학 창조

그러나 문학의 독자성을 위해 이상을 그리려고 한 기타무라 도코쿠는 그것을 실현하지 못하고 세상을 떠났다.[78] 일반적으로 『문학계』 운동은 기타무라 도코쿠를 계승하는 형태로 낭만주의 운동으로서 이해되고 있다. 그리고 기타무라 도코쿠의 사후 『문학계』의 일익을 담당한 히구치 이치요(樋口一葉)는 그 문맥 속에서는 주류라고는 간주되지 않는다. 그러나 여성이면서도 '여학' 작가와 달리 도구화되지 않는 문학을 지향한 히구치 이치요의 실천은 일본에서 문학장의 형성과 젠더와의 관계에서 중요한 의미를 지니고 있다.

이치요는 하기노샤(萩の舎)의 동문이었던 다나베 가호의 『덤불 속의 휘파람새』 성공에 자극을 받아 본격적인 작가를 지망했다고 한다. 당시 『여학잡지』와 『문학계』에서 최초의 여성작가로서 활약하고 있던 가

---

77) 1893년 7월 30일.

78) 기타무라는 1894년 5월 16일에 자살했다.

호가 『문학계』의 편집인 호시노 덴치에게 히구치 이치요를 소개했다. 마침 새로운 여류작가를 찾고 있었던 중이었다. 그러나 히구치의 문학 실천은 소설을 교육과 계몽, 혹은 자기표출의 수단으로 한 가호를 비롯한 다른 어느 '여학'작가와는 달랐다. 오히려 히구치 이치요는 기타무라 도코쿠와 마찬가지로 문학에 의해 세상에 데뷔하려고 했다. 그럼에도 불구하고, 경제적인 궁핍을 견디면서도 문학을 호구(糊口)의 수단으로 삼으려 하지 않았다.79)

문학을 정치나 경제로부터 '탈'이익화 한 실천이라고 파악하고, 그 자율성에서 자신의 야망을 건 두 사람의 실천은 그 자체가 '문학'을 "가장 탈이익적인 다양한 '이익=관심'을 불어넣거나 강요한다는 것이 가능하다는 역설적인 세계"80)를 형성해 가는 행위였다. 문학이 왜 그와 같은 역설적인, 바꾸어 말하면 사회에 대해 특권적인 장으로서 지향되는가라고 하는가 하면 그러한 자율성에 의해서만이 문학은 타 권력장에 대해 독자적 영향력을 미칠 수 있기 때문이다. 즉 부르디외는 다음과 같이 말한다.

---

79) 최초 가호(花圃)를 모방하여, 소설로서 생계를 유지하려고 결심했지만, 결국 그것이 무리라는 것을 깨달으면서도 이치요는 1893년 2월 6일자 일기에서 "나는 영리를 위해 글을 쓰고 있는가. 아니면 왜 이렇게까지 머리 아프게 글을 생각하는 것일까. 얻을 수 있는 것은 글 4백자에 30전을 받을 뿐이다. 가정은 빈곤하고 생선이나 고기는 먹어보지도 못하며 새 옷을 걸쳐보지도 못한다. 연로하신 어머니가 계신다. 여동생도 있다. 하루하루 여유는 없지만, 마음이외에 글을 팔 곳이 없다. 오로지 음미하기만하는 붓에게 애처로울 뿐이다"(히구치 이치요, 1891-1896=1979, 138-139쪽)라고 적고 이는데, 글을 쓰는 것으로 생계를 유지하는 것에 대한 의미를 자문하고 있다.

80) 피에르 부르디외, 1992=1995, 17쪽.

> 소위말하는 '순수'한 예술과 과학, 문학 등을 특징짓는 자율성 탐구와 정치적 유효성 사이에는 이율배반적인 관계가 존재한다고 보통은 믿고 있는데, 사실은 오히려 스스로의 자율성(그리고 그중에서도 특히 여러 가지 권력에 대한 비판의 자유)을 증대시킴으로써 지식인은 정치행동의 유효성도 증대시킬 수 있다.[81]

이러한 자율성의 획득으로 발견한 문학의 우위성은 '사회를 위한 문학'을 지나 비로소 그 대항으로서 희구되는 것이었고, 이것은 게사쿠의 도덕주의와의 결별로 인한 쓰보우치 쇼요의 문학관에서도 나타나지 않았던 시점이다. 도코쿠에게 문학의 자율성이란 정치・사회와의 결별이라기보다도 오히려 세속계에 '청량궁(淸涼宮)'의 '물 한 방울(一滴)'을 불러올 수 있다는 '탈'이익성에서의 문학이 가진 독자적 영향력을 호소한 것이고, 한편 히구치 이치요는 젠더의 정치성을 도구화되지 않는 자율적인 문학을 희구했던 것이다.

부르디외는 귀스타브 플로베르(Gustave Flaubert)의 『감정교육(感情教育)』에서 문학 실천, 즉 스스로 그 시대의 문학장에 구속되지 않으면서 작품에 의해 새로운 문학의 자리매김을 개척해나간 것, 나아가 그 작품에서 자신이 부르주아라는 출자(出自), 그것과 문학과의 관계성을 정치, 실업, 예술가 집단이라는 각각의 고유적 권역에서 그려낸다는 시도를 '구조화하는 구조'로 받아들였다.[82]

그것은 문학장이라는 독자적인 규칙을 가진 권역에서 작가가 사회에서 스스로의 입장을 객체화하여 글을 쓴다는 실천에서 새로운 문학의 위치를 창조해 나가는 과정이었다. 히구치 이치요 또한 「키 재기」에서

---

81) 피에르 부르디외, 1992=1996, 240-241쪽.
82) 피에르 부르디외, 1992=1995.

자신이 위치한 장(場)의 구조를 등장인물을 통해 객체화하는 것으로 새로운 문학의 장을 개척한 것이다. 즉 문학을 도덕주의로부터도 낭만주의적인 이상으로부터도 해방된 새로운 장으로서 전개한 작가였다. 다만 플로베르는 자신의 작품에서 부르주아와 문학의 관계성을 물었던 것에 비해 이치요는 여성인 것에 대한 의미를 물었던 것이다.

3. 히구치 이치요의 「키 재기」와 젠더의 정치성

히구치 이치요는 『문학계』에 「눈 오는 날(雪の日)」[83], 「거문고소리(琴の音)」[84], 「꽃 속에 묻혀(花ごもり)」[85], 「깊은 밤(やみ夜)」[86], 「섣달그믐날(大つごもり)」[87]을 기고했는데 그중 특히 모리 오가이(森鷗外)의 절찬으로 주목을 받은 것이 「키 재기」[88]라는 작품이었다.

「키 재기」는 잘 알려진 것처럼 이치요가 살아가기 위해 잡화상을 차린 유곽 근처인 다이온지(大音寺) 주변을 무대로 그린 작품이다. 이치요는 자신의 일기에서 '쓰레기 속(塵の中)'이라고 일컬어지는 그러한 장소에서 사는 소년소녀들의 일상을 그린 것이다. 어린이에서 어른으로 이행하는 사춘기 시기에 유녀가 되어야만 하는 운명을 가진 영리한 소녀 미도리(美登利)를 주인공으로 그리고 있다. 미도리와 류게지(龍

83) 1893년, 3호.
84) 1893년, 12호.
85) 1894년, 14・16호.
86) 1894년, 19・21・23호.
87) 1894년, 24호.
88) 1895년-1896년, 25・26・27・32・35・36・37호.

華寺) 주지의 아들 신뇨(信如)는 서로 연정을 품지만 두 사람이 사는 세계는 결코 교제할 수 없는 숙명을 가졌다. 성격이 활발한 미도리는 어느 날부터인가 딴 사람으로 변해버린다. 미도리에게 무슨 일이 일어났는지는 적고 있지 않지만 하나의 사건에 의해 그녀는 스스로 유녀가 되어야만 하는 운명을 깨달았을 것이라는 것을 암시하고 있다.

모리 오가이는 자신이 주재하는 문예지『메사마시구사(めさまし草)』의 비평란「삼인참견」에서「키 재기」를 다음과 같이 절찬한다.

> 다이온지(大音寺) 앞이란 도대체 어떤 곳일까. 말할 필요도 없이 매춘을 직업으로 하는 자들이 사는 곳으로, 사람들이 모여 사는 장소에서 속세 중의 속세의 경계이다. 그런데 설령 이름뿐이라고 하던 자연파가 횡행한다고 들리는 현재의 문단 작가의 한 사람으로서 이 작가가 이야기 세계를 여기로 선택한 것은 특별히 이상한 일도 아니다. 다만 이상한 것은 이 경계에 출몰하는 인물 에밀 졸라(Émile François Zola)와 헨릭 입센(Henrik Johan Ibsen) 등을 흉내 내어 소위 말하는 자연파를 모방하고 사람의 형태를 띤 짐승이 아니라 우리들처럼 웃고 우는 진정한 인간들이라는 것이다. 우리들은 작자가 파악하는 원재료(原材)와 그 표현되어 나타나는 정취를 비교해 보면 이 사람이 가진 펜은 재 속에서 꽃을 피게 하는 수단임을 알 수 있다.[89)]

한편 모리 오가이의 이와 같은 절찬과 주위의 반향을 히구치 이치요 자신은 냉소적으로 받아들인다.

89) 1896년 4월 24일, 제4권.

> 그러한 평들은 취할 점이 하나도 없다. 결점이 있어도 보이지 않고, 좋은 점이 있다 하여도 드러내지 말고, 다만 '이치요는 훌륭하다' · '능숙하다' · '여성들은 물론이고 남성들까지도 능가하는 기량이다. 훌륭하다. 능숙하다'라고 말한다. 그 외에는 할 말이 없는가. 결점을 찾아내지 못하는가. 심히 괴상하다고 여겨진다.[90)]

히구치 이치요는 '여학'에서 논의되는 도덕적인 이야기로부터 이반(離反)하고, 여성이라는 입장에서 유곽을 소설 소재로 다룬다는 위험을 무릅쓰고 사회에서의 여성 입장을 문학 속에 그려내려고 했다. 그럼에도 불구하고 그에 대한 비평은 오로지 집필자가 여성이라는 것에만 주목될 뿐이었다. '내가 여성인 것'이라며 여성의 입장을 깊게 자각하고 있었던 이치요는 1인칭적인 자기 표출이 아니라 미도리라는 주인공을 만들어내고, 동시에 신변에 일어난 것들을 일부러 공백으로 처리하는 것으로서 내면의 타자성을 확보했고[91)], 작자로서의 거리도 유지하면서 젠더가 가진 구조적 권력을 문학이라는 장에서 자율적으로 그려내고자 했던 것이다.

이러한 실천에 대해 자연주의적인 사실(寫實)을 '문자의 정취'로 전화(轉化)한 것이라며 낭만주의적으로 이해한 모리 오가이는 이와모토가 기획한 도교폐창회에도 관계하기도 했다. 그렇지만, 모리 오가이 타 기독교 관계자와는 달리 근대적인 의학관 · 도덕관에 기반을 두었다. 모리 오가이는 공창제도 폐지 이후에도 창부에 대한 매독검사의

---

90) 히구치 이치요, 1891-1896=1979, 305쪽.

91) 다카다 치나미(高田知波)는 이 공백에 대해 "이 시기 이치요가 '어른 남성'을 기준으로 한 문화율(文化律)의 틀 속에서 간단히 규정되고 해석되어버리는 '여성 · 어린이'의 타자성을 소설 속에 드러나게 하기 위해 그 표현방법을 열심히 모색하고 있었다"고 지적하고 있다. 다카다 치나미(高田知波), 1997, 80쪽.

필요성을 주장하는 의학자로서의 얼굴도 지니고 있었다. 다카다 치나미(高田知波)는 오가이의 의학적인 담론을 참조하면서 오가이가 「키재기」에 보낸 찬사가 젠더를 둘러싼 정치성이라고 부를 수 있는 명확한 의도를 지닌 것이었다고 단언했다.[92] 그리고 이치요 또한 오가이의 찬사가 젠더를 문제화하는 자신의 래디컬한 문학실천을, 자기 자신의 문학관으로 회수하는 것임을 알아차리고 있었기 때문에 냉소적이었던 것은 아니었을까.

4. 문학장의 형성과 여성이라는 에이전트

이상 논의해 온 것처럼 『여학잡지』가 가진 여성에 의한 여성을 위한 사회에 유익한 문학이라는 스탠스는, 여성이 문학을 읽고 쓰는 것을 정당화하고 여성의 자기 표출로서의 1인칭화법이나 일반 저널리즘에도 통용되는 알기 쉬운 구어표현을 만들어냈다. 그러한 고유의 문학관은 당시 교육계의 주류였던 소설류 해설론[93]과는 대조적인 것이었다. 게다가 서구를 모델로 한 기독교 도덕에 기반을 둔 '사회를 위한 문학'이라는 테제 속에서 비로소 그 안티테제로서 일본에서 순문학을 확립할 수 있었다.

오가와 가즈스케(小川和佑)는 "『여학잡지문학계(女學雜誌文學界)』의 창간호가 1,500부 간행, 당일 매진으로 1주일 내에 재판한 1,000부도

92) 다카다 치나미(高田知波), 1998.
93) 당시 교육 잡지의 소설 유해론에 대해서는 다카하시 이치로(高橋一郎, 1992)가 구체적이다.

모두 팔린 사실이 『여학잡지』와 『여학생』의 독자층도 포함하여 고려 대상으로 삼아야 하는 숫자"라고 서술하고, "근대문학사에서 순수문학의 출발이, 사실은 여학생이라는, 즉 메이지의 교육제도가 만들어낸 지적 중간층의 지지 위에 성립된 것은 이후의 문학전개에서 눈에 보이지 않는 심부(深部)로서 실은 이를 고찰하고 있다기보다도 그 본질을 크게 규제하고 있었던 것은 아닐까"[94]라며 문제를 제기했다.

특히 『문학계』는 지금까지 『여학잡지』와는 독립된 문학잡지로서의 의의를 강조하는 형태로 논의되어 왔다. 그러나 일본에서 '순수문학'이라는 문학장의 형성이라는 관점에서 보면 여성을 문학의 독자나 필자로 정당화한 것, 그 덕분에 새로운 문학관을 제창한 것 등을 고려하여 오히려 『여학잡지』와의 연속성에서 파악해야만 하는 것은 아닐까. 『문학계』에서 이치요의 등장도 『여학잡지』와의 연속성 속에서 실현한 것이지만[95] 이치요는 유곽 세계를 그리는 것에서 '여학' 문학을 모두 반전시켰다. 중요한 것은 「깨진 반지」에서 살짝 엿본 '사적인 것의 정치성'을 문학 속에서 날카롭게 지적하기 위해서는 역설적으로 그 독자성 확립이 불가결했었다는 점이다.

문학을 사회와는 독립된 차원의 독자적인 영역으로 받아들이고, 그 입장에서 사회문제를 다루는 것으로, 여학교의 '문학회' 기관지에서 생겨난 것이 『문학계』 운동이었다. 그 후 이 운동은 '회(會)'를 '계(界)'로 바꾸는 것에서 글을 집필한다는 실천 즉 '문학장'=그 자체 자율적인 세

---

94) 오가와 가즈스케(小川和佑), 1974, 65쪽.

95) 히구치 이치요는 『여학잡지』로부터도 기고를 의뢰받은 적이 있는데, 그것을 중개한 나카라이 도스이(半井桃水)였는데, 오히려 도스이가 제멋대로 거절했다는 이야기도 있다. 히구치 이치요, 1891-1896=1979, 126쪽.

계를 구축하려는 행위로 발전해 간 것이다. 그러한 행위로서 기타무라 도코쿠의 평론, 그리고 히구치 이치요의 소설은 '여학 문학'에서 사회와 문학의 관계성을 직접적으로 다루었던 것이다. 즉 '사회에서 문학이란 무엇인가'에 대한 질문을 가져옴으로서 비로소 성립된 것이다. 그리고 그 물음은 끊임없이 문학을 계속해서 구동시키는 질문이었고, 그 질문의 계기, 즉 문학장의 형성에서 여성이라는 에이전트의 다양한 문학 실천이 불가피하게 관련되어 있었던 것이다.

제7장

가정 실용잡지의 전신 『여학잡지』

-홈이라는 이상과 견실한 가사일-

• • •

이상으로 『여학잡지』가 기독교 개량주의를 통해 여성의 문학 참가를 장려한 것에서 '여학' 작가가 등장했음을 논했다. 그 과정에서 '사회를 위한 문학'이라는 모습이 '사회에서 문학이란 무엇인가'라는 물음을 야기시켰고, 마침내 『문학계』는 『여학잡지』로부터 이반(離反)하는 형태로(그렇지만 『여학잡지』의 독자에게 지지를 받으며) 순수문학이라는 문학장을 형성한 것을 확인했다. 『여학잡지』는 지금까지 서술해 온 것처럼 소위말하는 주부를 대상으로 하는 부인잡지라는 형태로 존재하고 있었다기보다 남성기독교 신자, 학생, 지식인 층을 독자로 상정하는 일반 평론잡지와 교육잡지, 문학잡지로서의 측면이 강했다.

그렇기 때문에 『여학잡지』는 부인잡지라고 여겨지면서도 "가사 등에 관한 기사는 중시하지 않는 편집을 특색으로 한 잡지"[1]라고 여겨지고, 육아 기사는 다루지 않는 다는 것을 하나의 특색[2]이라고도 평가되고 있었다. 『여학잡지』는 일본 최초의 본격적 부인잡지로 자리매김 되면서도, 즉 가사일의 노하우와 부록과 삽화(illustration)가 만재되어 있는

---

1) 오카 미쓰오(岡光男), 1981, 22쪽.
2) 혼다 가즈코(本田和子), 1980, 36쪽.

소위말하는 '부인잡지적인'의 성격으로 보면 언뜻 보기에는 차이가 많다. 그것은 메이지20년대의 여성을 대상으로 하는 잡지 일반이 주부를 대상으로 하는 실용 잡지라기보다도 여성교육과 여성을 둘러싼 생각 방식에 대해 논의한다는 의미에서 '여학잡지'[3]라고 여겼기 때문이다.

즉『여학잡지』를 비롯한 그 잡지들의 계몽적인 논의의 역점은 하루하루의 구체적인 삶의 방식에 대해 지적하기보다는 더욱 추상적인, 오히려 그러한 상세한 가르침이 성립되는 전제로서의 가정상(家庭像) 그 자체, 그리고 거기서의 새로운 여성상의 제안이었다. 따라서 기무라 료코(木村涼子)가 분석한『주부의 벗』과 같은 '유익'한 실용기사가 주체적으로 주부 취향의 부인잡지[4]가 이 가정상과 여성상이 첨단적인 미디어와 여성교육을 통해 어느 정도 일반에게 정착한 다음에 그것을 실현하는 더 구체적인 방법을 제시하는 잡지로서 등장한 것이었다.

바꾸어 말하면 가정 실용잡지라는 미디어들의 장르적 분화는, 먼저 산업적인 저널리즘이 확립되고 그후 바람직한 근대적 가정이라는 것이 교육장을 통해 침투한 이후에, 말하자면 그 실천을 지탱하는 미디어로서 비로소 등장하게 된 결과였다.

『여학잡지』가 이념으로 제시한 가정상은 일반적으로 기독교와 밀접하게 관련된 '홈(home)론'으로 논의되어 왔다. 예를 들면 이누쓰카 미야코(犬塚都子)는『여학잡지』에 소개된 부부의 사랑을 중심으로 하는

---

3) 사카모토 가즈에(阪本佳鶴惠)는「여학잡지의 역사분석」(사카모토 가즈에〈阪本佳鶴惠〉, 2000)에서 여성잡지의 흐름을 크게 '사상의 시대, 주부의 시대, 광고의 시대'로 나누었다. 메이지20년대의 '여학잡지'는 사카모토가 말하는 '사상의 시대'에 해당된다.

4) 기무라 료코(木村涼子), 2010.

'화목 단란함'이라는 '홈'관념이 "1889년부터 1890년까지 꽤 보급되었는데, 남녀의 사랑을 지속시키는 '홈'이라는 말이 행복의 대명사로 확대되었다"[5]고 보았다. 그러나 마침내 '가정'이라는 번역어로 정착해가는 그러한 홈 관념은 주로 기독교 전도자들이 제창한 것이었다. 여기서도 "실천의 중심이 되는 것이 덕성(德性)의 함양 등 정신적인 측면에 관계하는 것이기 때문에 다분히 관념적이고 구체성이 결여"[6]되었었다.

그러나 사실은『여학잡지』에서 위생과 육아, 가사일에 관한 실용기사가 전혀 없었던 것은 아니다. 어쨌든 이 잡지는 학술잡지이면서 여성의 머리모양(髮型)을 삽화, 즉 속발도해(圖解)로 소개하고 일세를 풍미한 잡지였다. 그 잡지가 메이지30년대 이후 출판 자본주의의 옥야(沃野)가 되는 여성 취향의 실용정보에 전혀 무관심했던 것은 아니다. 만약 선행연구에서 이 잡지의 실용정보적인 측면에서의 평가가 적었다고 한다면 그것은 두 가지 이유에서이다. 그것은 가정과 여성교육에서 새로운 도덕을 제창한 임펙트가 너무나 강했다는 것이고, 또 하나는 가정용실용잡지로서 내용 모습이 독자나 세간에 주목을 별로 끌지 못했다는 점의 반영임이 틀림없다.

실제『여학잡지』는 생활의 가르침으로서 여러 가지 실용정보를 게재하고 있었다. 그것이 현실 여성들의 생활 속에서 활용되기를 기대하고 있었다. 이와호리 요코(岩堀容子)는 오히려 이 실용기사에 주목하여 이와모토가 제창하는 서구화주의적인 여성교육이 종래 알려진 것처럼 유교주의적 양처현모 교육과 대립관계에 있었던 것이 아니라, 오히

5) 이누쓰카 미야코(犬塚都子), 1989, 59쪽.
6) 이누쓰카 미야코(犬塚都子), 1989, 59쪽.

려 실용정보의 구체적인 내용으로서 유교주의적 양처현모 교육과 연속적인 관계에 있었고, 나아가 가사일을 중심으로 하는 여성교육 모습이 그 이후에 여성을 포함한 당시 일본의 시민층에서 적극적으로 받아들이고 있었음을 지적하고 있다.[7)]

그렇다 하더라도 『여학잡지』가 독자 참가형의 가정 실용정보 투고를 여러번 기획하고 있으면서도 그것이 기대한 것만큼 반응이 없었던 것을 보면 역시 독자로부터의 가정 실용정보에 대한 반향은 적었던 것 같다. 그러나 그것으로는 '홈(home)'론이 결국 메이지의 가정론을 석권해 감에도 불구하고 실천편이라고도 할 수 있는 실용정보가 이 시점에서는 독자에게 받아들여지지 않았던 것일까를 생각해 볼 필요가 있다.

이를 살펴보기 위해 우선 『여학잡지』의 여성 취향 실용정보가 속발을 포함하여 여성의 신체통제였다는 점과 어머니의 모습에 관심을 두면서 출발했다는 점 두 가지를 확인해 보기로 한다. 『여학잡지』에는 관념적인 혹은 낭만적인 '홈'론과 더불어 어머니의 신체, 육아, 가사일에 대한 과학적이고 합리적인 '새로운' 시점이 분명히 존재하고 있었다. 그러나 그러한 실용정보가 그다지 지지를 받지 못했다. 그것은 어째서일까. 여기서는 그 요인을 여성 독자층과 모델로 삼은 서구 중등가정과의 계층 차이 또는 관심 차이에서 찾고자 한다.

가정에서 『여학잡지』를 구독하는 상류층 여성은 당시 가사일을 중점적으로 담당하는 사람들은 아니었다. 그럼에도 불구하고 남성계몽가가 그 청교도주의적인 발상에 기반을 두고 서구 중등사회 주부가 담당하는 가사일의 실정을 지면에 끌어들인 것은 독자의 니즈와 갭이 생

---

7) 이와호리 요코, 1995.

겼을 뿐만 아니라 여성교육의 자리매김이라는 의미에서도 모순을 초래하고 있었다.

또한 마지막으로『여학잡지』가 지면 속에서 알맞게 자리배치를 하지 못했던 이념과 노하우로 결합된 가정 실용잡지가 하니 모토코(羽仁もと子)의『가정의 벗』에서 어떻게 실현되어 갔는지를 검토한다. 그를 통해 프로테스탄티즘에 기반을 둔 서구류의 견실한 가정(家政)이라는 것이 근대국민국가에서 어떠한 기능을 지니고 있었는지를 고찰해보고자 한다.

Ⅰ. 여성의 신체에 대한 시선

1. 속발과 양장

『여학잡지』는 학술잡지로서 창간되었음에도 불구하고 평론잡지나 문예잡지로서 평가를 받기 이전에 이미 여성들에게 속발을 장려하면서 그것이 유행하여 일세를 풍미하게 되었다는 것은 앞서 언급했다. 속발을 둘러싼 여성의 경험을 되살려 보기 위해 요시오카 야요이(吉岡彌生)의 경험을 빌려오기로 하자.

> 그때까지 복숭아를 쪼개 놓은 듯한 머리모양을 모방한 모양으로 머리를 묶고 있던 내가 17살에 과감히 속발로 바꾸었던 것도 어쩌면 이『여학잡지』에 나온 풍속개량론의 영향이었을지도 모릅니다. 도회지 풍속을 단순히 모방한다는 것이 아니라 뭔가 새로운 생활이 그 속발에서부터 시작된 것처럼 여겨졌던 것입니다.

> 그래도 우리 마을에서는 빠른 편이었다고 생각되는데 속발의 역사를 살펴보면, 1885년 7월 도쿄의 와타나베 가나에(渡部鼎: 노구치 히데요〈野口英世〉 박사의 스승)라는 의사와 이시카와 에사쿠(石川映作)라는 신문기자가 부인속발회를 설립한 후 속발은 순식간에 여학생들 사이에 유행했고, 새로운 생활의 상징으로 전국을 풍미했습니다. 제가 속발로 바꾼 것이 1887년이니까 딱 2년만에 풀이 무성한 시골의 토방촌으로까지 들어갔음을 알 수 있습니다.[8]

이처럼 속발에 의해 '새로운 생활'을 예감한다는 유행 감성이었음에도 불구하고 『여학잡지』가 속발을 장려한 것은 어디까지나 '편리, 위생, 경제'를 목적으로 하고 있다고 했다. 그것을 '유행'으로 바꾼 것은 상기와 같은 여성 한 사람 한 사람의 정경(情憬)으로 가득 찬 실천이었는데, 『여학잡지』 측은 이 '유행'에 반하여 서구화의 새로운 실용정보에서도 오히려 계몽적인 스탠스를 강요하는 쪽이었다.

그 이유를 살펴보면 『여학잡지』는 창간 당초 속발뿐만 아니라 교제회(交際會)·로마자회(羅馬字會)·승마회 등 주로 생활양식의 서구화와 상류사회에서 탄생한 문화를 망라적이게 적극적으로 소개하고 있었는데 여학잡지가 기독교주의를 내걸던 시기 전후로 풍속에 대한 서구화 비판이 동시에 나타나게 되었기 때문이다.

속발과 모자의 착용에 관해서는 삽화를 섞어가며 그것을 확대했음에도 불구하고 양복에 관해서는 영미의 페미니스트와 개량주의자로부터의 비판[9]을 받았다. 특히 신체를 부자연스럽게 묶어버리는 듯한 코

---

8) 간자키 기요시(神崎清), 1941=1998, 72-73쪽.

9) 예를 들면 당시 여성잡지의 편집을 직접 다루고 있었던 오스카 와일드도 참가한 합리복협회(Rational Dress Socity, 1881년 결성)는 "1884년의 건강박람회에서 건강에 좋은 기능성이 높은 옷을 제창하고 바지형의 여성용 복장도 장려했다."

르셋, 로브 데콜테(robe decolletee)[10]에 대한 비판이 일찍부터 등장[11]하고 있었다.[12] 또한 이미 앞서 제5장에서 서술한 것처럼 처음에는 상류층 인사의 동향으로 소개되었던 무도회[13]와 교제회[14]도 마침내 청교도주의적인 관점에서 비판의 대상이 된다.

예를 들면 천장절에 오쿠마백작(大隈伯)이 로쿠메이칸의 대규모 무도회를 개최했을 때 이와모토는 이를 강하게 비판하고, 135호 사설 「무도회 부활(하)」[15]에서 “19세기의 교제적 파리, ‘뉴욕답다’라기 보다도 오히려 17세기의 청교도적 보스톤다운 것이기를 바란다”고 서술했다. 즉 편집인 이와모토의 스탠스는 생활 실용면에서 서구화란 어디까지나 합리적이고 실용적인 관점에서 문명화적 수단으로 도입되어야만 하는 것이었다. 유행과 사치는 기독교 도덕 입장에서 보면 토착풍속의 음란함과 마찬가지로 신랄한 비판의 대상이 되었던 것이다.

또한 상하가 분리된 여성용 테일러(드) 슈트(신사복처럼 몸에 꼭 맞게 지은 부인용 슈트)는 페미니스트들에게 지지를 받았고, 19세기말에서 20세기에는 가정교사와 타이피스트, 판매원 직업에 종사하는 중산 계급의 젊은 여성들에게 널리 착용되었다고 한다. 노자와 게이코(能澤慧子), 2011, 199쪽.

10) **역자주**: 등과 가슴이 드러나도록 목둘레를 크게 판 부인용 야회복을 말한다.

11) 1886년 10월 5・15일, 37・38호.

12) 그렇다는 하지만 이와모토는 여성의 양장 전반에 반대하고 있었던 것은 아니다. 황후가 여성의 양장을 장려하는 복제(服制) 개량의 ‘사소서(思召書)’를 발표하는(1887년 1월) 한편, 서구에서도 복장개혁론이 일어나 ‘멋부린다는 점’에서도 일본인에게는 양장보다도 일본 복장이 옳다고 인정하는 가운데 이와모토는 서양에서 논의되고 있는 양복개량이 오히려 일본에서 실천되기를 바랐다(「일본의 여성복 개량을 어떻게 할까」, 1888년 5월 19일, 110호).

13) 1887년 7월 9일・16일, 66・67호.

14) 1886년 6월 15일, 26호.

15) 1888년 11월 10일.

2. '낳는 신체'에 대한 시선

기독교주의에 근거를 둔 관념으로서의 홈을 기반으로 하여, 아니 오히려 그에 선행하여 여성에 대한 새로운 시선으로서 『여학잡지』에 처음부터 존재하고 있었던 것은, 근대적인 통제 대상으로서 여성의 신체였다. 계몽적인 측면에 보면 속발도 또한 그와 같은 통제 중의 하나인 것이다. 이러한 여성의 신체통제에 대한 관심이 기독교 수용 이전부터 존재하고 있었음을 분명하게 알 수 있는 것은 국민을 낳는 어머니 신체에 대한 주목이었다.

'낳는 신체'에 대해 주목한 것은 이와모토의 스승 나카무라 마사나오(中村正直)가 「선량한 어머니를 만드는 설」에서 나타났다. 이 글에서는 태교에 대해서 논하고 있었는데, 이는 어쩌면 당연한 귀결일지도 모른다. 그리고 이러한 신체에 대한 시선은 서양 인종과의 비교를 통해 의식화 되고 있었다. 그것을 여실히 드러내는 것이 『여학잡지』 3호에 게재된 「일본인종과 서양인종의 이동표(異同表)」(〈그림 7〉)이다.

여기서 비교하고 있는 것은 황인종과 백인종이 아니라 '일본인종'과 '서양인종'이다. 이 표는 언뜻 보기에 인종 신체상의 차이를 나타내고 있는 것에 불과한 것처럼 보이지만 '언어(語)', '예의(禮)', '정(情)', '인내'라는 문화적인 특징까지도 한데 섞어 놓고 있었다.[16] 이러한 인종의 비교 속에서 여성의 신체가 특히 주목받고 있는 것은 '출산(産)', '배 그리고 허리(腹腰)'에 대해서였다.

16) 덧붙여 말하면 이 '인내'부분을 보면 서양인종은 '수행 연습에 싫증나지 않고 질리지 않는다'고 되어있고 일본인은 '수행 연습에 싫증 내기 쉬운 인종'으로 되어 있다. 여기에서도 서양의 우월성을 본질화하는 태도가 드러나 있다.

八月廿五日　女學雜誌　第三號　五十九

○和洋人種の異同表

日本　浣花翁　撰

日本人種

髮毛	毛色黑　毛丈長　毛樣直　毛樣細　毛樣柔
顔	眉と目の間廣く開く　頬頭の間　稜角少し
瞳	瞳色黑　寫眞瞳ハ二段に現る
鼻	小さくして短し兩眼の中心より附たり
二便	二便同時に通ず
汗	暑き時に汗身より湧出づる
食	五穀を食す
産	産の時後産あり
指	指にて物を握るに四本の指にて握る
語	語の頭にパ○ピ○プ○ペ○ポ○の音なし
禮	鼻下謙遜を禮とす
腹腰	腹大にして腰の細き女を貴ぶ
情	日本ハ情を貴ぶ
忍耐	日本人ハ修行稽古に倦き易し

西洋人種

髮毛	毛色黃　毛丈短　毛樣縮　毛樣粗　毛樣剛
顔	眉と目の間狹く迫る　頬頭の間に圭角多し
瞳	瞳色或ハ黃に或ハ碧　寫眞瞳ハ三段に現る
鼻	大にして長し　兩眉の下より附たり
二便	大便と小便と別々に通ず
汗	暑き時に汗身より出でず
食	獸肉を食す
産	産の時後産なし
指	指にて物を握るに二本の指にて握る
語	語の頭にパ○ピ○プ○ペ○ポ○の音あり
禮	鼻下謙遜の道なし
腹腰	腹細くして腰の大なる女を貴ぶ
情	法を貴で情を取らず
忍耐	洋人ハ修行稽古に飽かず倦ず

〈그림 7〉「일본인종과 서양인종의 이동표(異同表)」

인종의 차이가 없는 출산부문에서 '일본인종'은 '낳을 때 후산(後産, 산모가 아이를 낳은 뒤에 태반이나 난막 따위가 나오는 것)이 있고', '서양인종'은 '낳을 때 후산이 없다'고 되어있는 것처럼 인종의 차이를 의식화하여 '인종 그 자체를 창출해' 냈다. 즉 외국 인종과의 비교를 통해 일본인을 만들어내면서 여성 신체에 대한 새로운 시선을 획득하고 있었다. 이러한 시선의 획득은 이후에 부인잡지가 탄생하는 하나의 커다란 계기가 된다.

『여학잡지』는 요리와 재봉이라는 훗날 부인잡지가 가져야 하는 아름다움에 대한 노하우 기사는 부족했지만, 신체의 위생이나 관리적인 측면에 관해서는 의사의 이야기나 '가정의 근원'이라는 독자 상담에 대한 회답, 나중에는 위생과 간호 기사 담당자로 오기노 긴코[17]를 지명하는 등 잡지 전체의 논조가 관념적인 것에 걸맞지 않을 만큼 구체적이면서도 상세했다. 그리고 『여학잡지』에서는 고상한 '홈' 찬가 이전에 인종개량이라는 시점에서 '낳는 신체'가 주목되고 있었다. 그것이 잘 드러난 것은 『여학잡지』 제7호의 사설 「수유하는 어머니의 수칙(1)」[18] 머리말 부분이다.

> 일본인종을 개량하여 그 개량된 신체와 정신을 갖고 서구인과 대항하기를 바란다면 향후 자녀를 출산할 부녀자를 개량해야 하는데, 흔히 말하는 근원을 고쳐야 한다. 이것보다 더 좋은 자녀를 얻으려고 하는 것은 척박한 땅에서 풍작을 바라는 것이며 사막에 푸른 초원을 바라는 것과 마찬가지로 어리석은 것이다. 따라서 본 잡지에서는 여러 가지 그 개량법을 강구하였고, 이에 그 한 가지에 착목하여 세상

17) 오기노 긴코는 한때 메이지여학교의 의사도 역임했다.
18) 1885년 10월 25일.

사람들에게 알리는데, 이것이 매우 중요하게 관련하고 있음을 알아야 할 것이다.

이 사설의 필명 미나이시 가이시(南石外史)는 이와모토라고 되어 있는데 22세의 독신이며 의학의 수칙도 모르는 이와모토가 모유에 대해 상세한 기사를 쓸 수 있는 것도 아니다. 이 기사는 단 한번으로 중단된다. 그렇지만 어머니라는 신체에 대해 구체적인 개량이 필요하다고 인식하고, 『여학잡지』를 그러한 구체적인 지식 전달미디어로 삼으려는 의도가 역력히 나타났다.

이후 '가정의 근원'이라는 독자로부터의 상담란에는, 자식 교육과 여학생이 읽어야 하는 서양소설 등등을 소개하고, 이와 섞어서 여성이 출산 시 가져야 하는 자세한 수칙과 최종 월경일로부터 출산일까지를 계산하는 법[19], 임신출산기의 양생법[20] 등등을 당시 간행된 출산관련 서적과 육아서의 원저자를 취재하여 이를 정리했다. 또한 부인위생회의 강연기록을 게재하는 형태로 「부인위생일반(婦人衛生一斑)(임신양생)」[21]에는 의사라고 여겨지는 강연자가 임신 중의 식사나 의복 그리고 하복부 관리에 이르기까지 종래의 습관에 대한 당부도 포함하여 종합적으로 조언하는 내용으로 구성하여 연재했다.

이 부인위생회(정식명칭, 사립대일본부인위생회〈私立大日本婦人衛生會〉, 이하 부인위생회라고 약칭)란 1887년 대일본사립위생회를 모태로 오기노 긴코(荻野吟子)를 비롯해 13명의 여성 발기인에 의해 발족된 단체이다. 그 기관지 『부인위생회잡지(婦人衛生會雜誌)』[22]는, 당시에

19) 1886년 10월 25일, 39호.
20) 1886년 11월 5일, 40호.
21) 132-140호.

신문지조례가 여성 편집인을 인정하지 않았기 때문에 2개월 후에 창간된 『도쿄부인교풍회잡지』의 경우와 마찬가지로 이와모토가 편집인이 되었고, 사무소를 여학잡지사에 두었다.[23] 이와모토는 임신과 육아, 가족의 건강이라는 관점에서 위생사업 또한 도덕에 있어서의 교풍사업과 마찬가지로 여성의 역량을 살리는 사회개량사업의 하나로 보았다. 그리고 가정을 그 구체적인 실천의 장(場)으로 보고 있었던 것이다. 이러한 가정위생 관념은 특히 여성만의 위생회를 만들어 활동을 시작한 발기인들이 의도하는 바와 일치했다.[24]

그렇지만 『여학잡지』는 결코 관념적인 '홈' 관념만을 이야기하고 있었던 것은 결코 아니다. 오히려 그에 앞서 이러한 뛰어난 개별적이고 구체적인 신체에 대한 개입이 개량주의 논리 속에서 논의되고 있었던 것이다. 게다가 신체에 대한 개입은 단순한 의학적 대처에 그치지 않았다. 예를 들면 「여성과 위생」[25]이라는 기사에서 해군 군의총감(軍醫總監) 다카키 가네히로(高木兼寬)는 '위생'이라는 호칭을 사용했다.

---

22) 1888년 2월 2일 창간.

23) 부인위생회 설립취지 및 『부인위생회잡지』의 자세한 사정에 대해서는 요시자와 치에코(吉沢千惠子)(1989)의 저서에 상세하다.

24) 여성만의 위생회를 설립한 이유는 다음과 같다. "이 모임의 독립을 필요로 하는 이유는 남녀교육의 정도를 달리하기보다 지식에 차이가 있어서 남성이 기뻐하는 연설은 부인에게 이해시키기 어렵고 부인에게 이해시키기 쉬운 연설은 남성이 기뻐하지 않는다. 특히 위생상의 기능에서 남녀 자체에 차이가 있는 것처럼 공사(公私)를 생각한 부인은 공중위생보다 자신의 위생, 즉 가정 내의 위생(요리, 육아)에 주된 관심이 있는 것 같다. 이러한 이유로 본 모임을 특별하게 설립한 것이다"(『부인위생회잡지』 창간호, 1888년 2월 2일, 요시자와 치에코〈吉沢千惠子〉, 1989, 113쪽에서 재인용).

25) 66-68호, 70-73호.

그것은 의식주 전반에 걸친 습관과 행동에 대한 재검토를 의미한 것이다. 이러한 위생과 건강이라는 관점에서 생활양식에 대한 가르침은 오늘날에 이르기까지 여성 취향 미디어의 기본 콘텐츠이다. 그것은 메이지에 일본과는 다른 서양의 생활양식을 어떻게 받아들일까라는 과제에 답하기 위해 출현한 것들이었다.

Ⅱ. '아동'의 탄생

낳는 신체로 간주되며 의학적이고 과학적인 시선으로 계속해서 나타난 것은, 여성에게 있어서의 '아이'란 무엇인가에 대한 새로운 의미 규정이었다. 그렇다기보다는 이와모토의 시점에서 보면 처음부터 이런저런 말로 여성의 신체에 개입하거나 생활개량을 한다는 그 자체가 이미 우량한 차세대를 기르기 위해서 준비해야만 하는 것이었다. 그것은 결국 여성의 신체, 어린이의 신체, 그리고 어린아이의 건전한 발육은 과학적・의학적 전문가의 지도 아래에서 실시한다는 이름으로 미디어를 통해 어머니의 어깨에 지워지게 되었다.

혼다(本田)는 『여학잡지』가 너무나도 자명시 해 온 '여성과 어린이'라는 유대를 떼어내어 '여학'을 표방한 것이라고 논하고 있는데, 현재의 시점에서 생각하면 오히려 너무나 당연한 것 같은 시각이다. 여성의 신체에서 어린이의 신체나 건강으로 이어지는 시선은 오히려 메이지이후에 『여학잡지』와 같은 미디어나 고등여학교 제도가 '문명'의 일환으로 실시한 계몽의 결과인 것인데, 당시로서는 틀림없이 '새로운' 시선이었을 것이다. 『여학잡지』에 전재된 부인위생회에서 「어린아이의 정신 및 그 보호법」이라고 제목을 붙인 연설문에는 다음과 같이 서술되어 있다.

> 이 모임은 부인위생회라고 하여 부인들의 위생에 관한 연설문이 있는데 제가 말씀드리고자 하는 것은 부인을 제쳐두고 어린아이에 관한 것을 서술하기 때문에 좀 잘못된 것이라고 생각합니다만, 그런데 잘 생각해보면 일본에서도 서양에서도 부인은 가정안을 지키고 남편은 가정밖을 맡는 것이 일반적입니다. 다시 말해서 안을 지킨다고 해도 그 직무는 회계상이나 의복관련만이 아니라 가장 중요한 것은 어린아이를 기르는 것이라고 생각합니다. 따라서 직접적으로 부인의 위생과는 관계가 없지만 잘 생각해보면 알 수 있는데, 어린아이의 육아법을 모르면 위생부문에 일이 생깁니다. 그러므로 저는 좀 색다른 문제로서 말씀드렸습니다만, 저는 결코 무익한 것이라고 생각하지 않습니다.[26)]

그리고 「어린아이의 개인적 위생」에는 대학교수 오사와 겐지(大沢謙二)가 공중위생을 '가정 내의 위생'이라는 의미에서 '개인적 위생'이라는 말을 사용하고 있었다. 그것은 특히 '어린이'와 연결하여 표현하고 있다는 점에서 색달랐다. 그 내용은 어린이의 의식주 및 신체에 관한 위생 일반, 즉 의학적 지식을 근거로 한 육아 가르침이었다. 결국 육아는 이와 같은 의학적 지식이 전제가 됨으로써 비로소 새로운 담론(Discourse)의 장르로 나아간 것이다. 자크 동즐로(Jacques Donzelot)는 의학과 가정의 새로운 결합이 초래한 세 가지 측면을 제시하며, 가족의 재구성을 다음과 같이 서술했다.

---

26) 1888년 3월 10일, 100호.

> (1) 낡은 교육환경의 악영향에 대해 하녀들의 태도와 편견에 대해 사회적 혼란의 모든 효과에 대해 가정을 강화할 것. (2) 어머니의 교육적인 힘이 재인식됨으로써 여성향상의 선도자로서 어머니의 특권적인 결합을 인정할 것. (3) 교육의 낡은 구조, 종교의 규율, 기숙 제도의 관습에 대항하여 의사가 가정을 이용할 것.[27]

말할 필요도 없이 자크 동즐로가 논한 '하녀들의 태도'나 혹은 '교육의 낡은 구조, 종교의 규율, 기숙 제도의 관습'이라는 구체적인 모습이 프랑스와 일본에서는 그 사정이 달랐다. 그러나 『여학잡지』는 그가 말하는 "어머니의 시민적 권위를 높이 평가함으로써 의사는 어머니에게 하나의 사회적 신분을 부여하고", "어머니로서 또한 교육자로서 그리고 의사의 조수로서 여성의 지위가 높아진 것은 19세기 페미니즘 풍조의 중요한 지주가 된다"[28]고 기술한 문맥에서 알 수 있듯이 일찍부터 어린이를 포함하는 가정내 위생에 대해 주목하고 있었다. 즉 봉건적인 부권(父權)을 대신해 가정에서의 어머니가 가진 주체성과 중요성을 인정하는 형태로, 그녀들을 통해 사회적인 전문가가 개입하면서 '가족'을 새로운 모습으로 재편해가는 도식이었다. 이 자체는 일본의 근대화 과정과도 공통적이었다.

일본의 여성 취향 미디어는 『여학잡지』 이래 이 재편 과정 속에 여성들의 가정 내에서 지위향상과 독자 책임 및 서양류의 새로운 합리적·과학적인 건강이나 위생이라는 노하우를 연결시키는 것으로 크게 공헌했다. 자크 동즐로는 다음과 같이 서술한다.

---

27) 자크 동즐로(Jacques Donzelot), 1977=1991, 20쪽.
28) 자크 동즐로(Jacques Donzelot), 1977=1991, 23쪽.

> 18・19세기의 서적에는 어머니의 수유에 대한 동일한 찬사가 반복되며, 보다 좋은 유모의 선택에 대한 조언이 집요할 정도로 기술되어 있다. 갓난아기에게 꼭 끼는 코르셋을 사용하는 것에 대해서도 싫증을 내지 않는다며 이를 비난했다. 그러나 또한 그들 서적은 어린이의 놀이에 대해(교육적인 놀이에 대한 칭찬), 어린이에게 들려줄 이야기에 대해(유령이야기와 그에 따른 악몽에 대한 비판), 규율 바른 일상생활에 대해, 어린이를 위한 특별한 공간설정에 대해, 감시하는 사고 방식에 대해(신중하기는 하지만, 어디까지나 어머니의 시선을 평가하고 있다), 수많은 작은 전선(戰線)을 펼치고 있다.[29]

그런데 이러한 담론은 『여학잡지』에서도 발견할 수가 있다. 즉 서양 의학의 담론을 통해 종래 일본의 육아에 대해서 재검토가 이루어졌다. 이를 테면 '아이 업어주기'는 꼽추의 원인이 되고, 부모가 갓난아기와 함께 자는 것은 질식의 원인이 된다고 하는 것들이다.[30] 그렇지만 모든 서양적인 것이 무조건 긍정되고 있었던 것은 아니었는데, 서양식 육아법에서도 받아들여야 하는 것과 그렇지 않은 것을 알기 위해서는 전문가의 의견이 요구되었다. 예를 들면 앞서 제시한 연설문에 "서양에서는 갓난아기가 태어나면 몸에 둘둘 천을 말아 몸이 뒤틀리지 않게 하고, 다리를 똑바르게 펴서 재우는데 이것은 그다지 좋지 않다"라며 그것을 부정하고 있었다.

특히 육아부문에서 신체이상으로 중시한 것은 예의범절을 포함한 정신적인 감화였다. 앞서 서술한 '어린아이의 정신 및 보호법'은 어린이 발달론으로서, 여기서도 서양의 사례를 제시하면서 어머니가 아이

---

29) 자크 동즐로(Jacques Donzelot), 1977=1991, 21쪽.

30) 「도쿄부인교육담화회 제국대학서기관 나가이 규이치로(永井久一郎)의 연설」, 1887년 7월 30일, 69호.

의 발달을 올바르게 알아야 하고, 이것을 보다 잘 조정해 갈 것을 요구했다. 이러한 전문가의 강화(講話)이상으로 새로운 예의범절 모델로서 소개된 것이 서양 어머니의 교육관이었다.

예를 들면 「어린아이 육아의 시초」[31]라고 제목을 붙인 투고 글에 미국부인 아베리(Abheri)의 육아서를 번역하고, 와카마쓰(若松) 부인교풍회에서 디 포리스트(De Forest) 부인의 강연기록인 「아이 교육」[32], 클라라 위트니 가지(Clara Whitney 梶) 부인의 「아이 양육」[33] 및 「어린아이의 유모의 일」[34] 등을 게재했다. 그녀들은 동일하게 기독교적 문명관을 배경으로 하늘로부터 부여받은 사명으로서 '어머니' 역할을 파악하고 있었다. 예를 들면 디 포리스트(De Forest) 부인은 다음과 같이 말한다.

> 부인은 자식을 교육시키고, 가정을 다스리며, 남편을 돕고 그를 위로하는 역할이기 때문에 부인이 좋고 나쁜 것은 국가의 흥패와 크게 관계가 있습니다. 부인이 좋으면 그 나라는 반드시 번창하게 됩니다. 부인이 나쁘면 그 나라는 반드시 쇠퇴합니다. 그러므로 지금 말씀드린 부인의 세 가지 역할 중 아이를 교육시키는 것에 대해 말씀드리도록 하겠습니다.[35]

디 포리스트 부인이 말한 '국가를 위한 어머니'라는 여성의 새로운 모습은 메이지 남성계몽가의 독창적 의견은 결코 아니었고, 서양에서

31) 1887년 7월 20일, 69호.
32) 1888년 5월 26일・6월 2일, 111・112호.
33) 1888년 10월 27일・11월 3일, 133・134호.
34) 1889년 2월 23일・3월 2일, 150・151호.
35) 1888년 5월 26일, 111호.

여성의 자각으로 일어난 것이었음을 알 수 있다. 그것은 클라라 위트니(Clara Whitney)도 마찬가지였는데, 그녀는 어머니의 책임을 다음과 같이 서술했다.

> 아이들에게 좋은 옷을 입히고, 좋은 음식을 제공하는 등 육체상에 필요한 모든 것을 제공하는 것만이 그들의 책임은 아니다. 마지막에는 그 아이의 도덕적 성질이나 정신 상의 기질 등은 전적으로 그 어머니의 손에 의해 이루어지는 것을 생각하지 않으면 안 된다.[36)]

클라라 위트니(Clara Whitney)는 어린아이가 "제멋대로 놀고 먹고 자고 외출하면 평생 좋은 일이나 행복해야 할 규칙에 둔해지는"데, 이러한 상태를 고쳐서 "어머니의 위엄 또는 어머니의 정사(政事)"를 가정에서 행하지 않으면 안 된다고 주장했다. 그녀들은 이와 같은 어머니의 자각을 여성의 지위향상으로서 일본여성들에게 호소하고 있었던 것이다.

그녀들은 이러한 사명에 도달하기 위해 '어머니를 먼저 올바르게 해야 한다', 어린아이에게 '착한 습관이 생기도록 만들 것', 또한 '어린아이에게도 심부름 등 어린아이가 할 수 있는 역할을 부여'해야 한다. 또한 거짓말하지 않는 것을 어머니가 몸소 보여주며 '품격을 바르게 해야 한다'는 것을 어린이 교육의 조건으로서 내걸고 있었다.[37)] 이러한 교육관이 적극적으로 주장된 배경에는 어머니의 자각과 함께 일본에서도 '어린아이, 어린이'라는 존재가 '교육해야만'·'교육시켜야만' 하는 존

36) 1888년 10월 27일, 133호.
37) 「자식교육」, 111·112호.

재로서 새롭게 발견되고 있었던 사정을 엿볼 수 있다.

메이지20년대 초두 부인잡지를 뒤쫓아 가듯이 어린이를 위한 미디어가 모색되어 갔다. 그러한 상황 속에서『어린이』라는 제목을 붙인 새로운 잡지 발행에 대해『여학잡지』는 다음과 같이 서술한다.

> 서양에서는 어린이가 읽을 만한 신문, 잡지, 서적, 소설 등을 갖추어 크게 소득을 보고 있는데, 일본에는 아직 그 필요성을 느끼는 자가 적다. 겨우『여학잡지』에 어린이 이야기의 한 코너를 마련하여 결점을 여러 가지로 보충하는 정도이다.[38]

교육의 대상으로서 어린이에게 새로운 미디어가 필요함을 시사하고 있었던 것이다. 여기서 말하는『여학잡지』의 '어린이 이야기'란 어머니가 어린아이에게 들려주는 재료로서『여학잡지』 69호부터 권말(巻末)에 게재하게 된 어린이 취향의 삽화를 말한다. 일본에서「아동기에 대한 시선」[39]은 여성의 신체에 대한 시선과 함께 미디어에서 다루어졌고, 육아코너라는 부인잡지의 서브 장르 혹은 소년지[40]라는 새로운 미디어를 잉태해 갔다.

---

38) 1888년 12월 1일, 138호.

39) 필립 아리에스, 1960=1980.

40) 사토 겐지(佐藤健二)는 아동 취향의 선구로서 이시이 겐도(石井研堂)의『소국민(小國民)』을 예로 들고 있다. "겐도는 1889년 7월 창간의『소국민』에 대해 '본지는 미국발행의 'Harper's Young People'에서 배우는 바가 많았고, 모든 소년과 친하게 지내기 위해서는 편자 자신이 회춘하여 학동과 어깨를 나란히 해야만 했다. 동시에 일부분은 회화(繪畫)의 힘을 빌리지 않으면 안 된다'고 한다. 그리고 '종래의 여러 잡지보다도 기사가 평이하고, 선명해지면 회화와 삽화에 비용을 아끼지 않는 점에서 신면목을 열렸다'고 적었다." 사토 겐지(佐藤健二), 2001, 231쪽.

Ⅲ. '가사일'의 도입과 모순

1. 가사일과 여성교육

육아의 새로운 취급 방법과 함께 여성교육의 근거가 된 것은 '가사일'이었다. 즉 가정사를 지휘・감독해 나가는 주부로서의 역할을 수행하게 하기 위해서는 여성에게 교육이 필요하다고 주장하는 논리였다. 그러한 여성교육 필요성 자체는 『여학잡지』에서만 주장된 것은 아니다. 1889년경 여성교육 불필요론이 전개되던 시기에도 그것이 반드시 부정되고 있었던 것은 아니었다. 그 한 예가 1899년에 고등여학교령이라는 형태로 여성교육이 제도화 되었다는 점이다. 그런데 문제는 『여학잡지』의 여성교육론을 둘러싼 정합되지 않은 논리이다. 즉 중등교육과 고등교육의 혼재였다.

『여학잡지』의 여성교육론은 대학을 포함한 고등교육에 여성이 참여하는 것을 장려하면서 다른 한편으로 여성교육의 필요성을 오로지 중등교육만을 염두에 둔 '가사일' 담당 능력을 강조하는 정합되지 않은 논리를 노정했다. 인격적인 가능성에 주목하여 일본에서 처음으로 여성의 대학교육의 필요성을 주장했고, 또한 영국 캠브리지에 창설된 여성 거튼 칼리지(Girton College) 등 당시 여성의 최첨단의 교육수준을 소개했다는 의미에서 『여학잡지』의 교육관은 분명히 걸출한 것이었다.

실제 메이지여학교에서는 제1회 보통과(중등교육) 졸업 후 1889년부터 고등과가 설치되는 것이 예정되어 있었다. 실제 고등과에서는 1892년부터 1906년까지 졸업생을 배출해냈다. 메이지여학교에서는 와세다(早稲田)대학의 교재를 사용했는데, 이와모토는 "가능한 한 어려운 것을 가르치겠다"는 입장을 주장했기 때문이다.[41] 그러한 의미에서 메이지여학교는 여성 고등교육의 선구적이었다.

그러나 그것은 선구적이었을 뿐 고등과나 전수과(專修科)에서는 학과 변경이 자주 이루어졌고, 요리 관련 과목을 포함하여 결과적으로는 종합적인 교양교육을 시행했다. 한편으로는 속기과와 여성의 왜장도과(倭長刀科)를 설치하는 등 후발의 일본여자대학[42]과 여자영학숙(女子英學塾)[43]에 비해 비전이 명확하지 못했다. 그리고, 재정적인 문제도 있어서인지, 시험적인 단계에 머물렀던 것이다. 그러한 '선진적인' 교육관[44]은 중등교육의 필요성을 주장하는 것에 비해 『여학잡지』에는 부분적으로만 반영되었다.

결국 『여학잡지』의 교육관은 '시민사회에서의 양처현모주의적'인 것이었다.[45] 이러한 결론을 내리지 않을 수 없는 것은 교육의 이상과는 별개로 '남녀의 이질성'을 뛰어넘는 시점, 즉 가정을 수호하는 존재로서의 여성관을 벗어날 수 없었기 때문이다. 여성의 고등교육을 호소함과 동시에 '홈의 여왕'으로서 여성을 규정한 것도 분명히 『여학잡지』였

41) 아오야마 나오, 1970, 575쪽.

42) 전전(戰前)의 '여자대학'이란 1903년 전문학교령에 기반을 둔 전문학교에서 전전여성에게 인정받았던 고증교육기관은 도호쿠(東北)대학 등 일부의 예외를 제외하고 이러한 전문학교와 여자고등사범학교뿐이다.

43) 훗날의 쓰다주쿠대학(津田塾大學)으로 이와모토는 여기에도 설립사원으로서 이름을 내걸고 있다.

44) 예를 들면 쓰다영학숙의 창설에도 협력한 사쿠라이 오손(桜井鴎村)은 미국에 갔을 때 미국의 여자대학과 캘리포니아주립대학에서 수학하는 여학생의 상황을 『여학잡지』에 기고했다. 1899년 12월 25일-1900년 1월 25일, 502-504호.

45) 이와호리 요코, 1995.

다. 실제 가정 내에서 여성의 중요성을 내세우는 것으로 여성 전체의 지위를 높이고, 그 이념과 노하우를 전달한다는 『여학잡지』의 미디어적 위상에서 살펴보면, 영미의 합리적인 가사일을 '홈' 논리와 결부시켜 그것을 위해 여성의 중등교육 필요성을 전개하는 것은 가능했었다. 하지만 외국의 고등교육과 부인참정권운동 소개를 토픽 이상의 미디어적 주제로 자리매김 시키기에는 한계가 있었다.

가사일과 여성교육의 관련성에 대해 이와모토는(가사일과 여성 교육에 대해) 「이학(理學)이 여성에게 필요한 이유」46), 「여성과 이학」47)을 집필했고, 메이지여학교 교장 기무라 구마지는 「가내(家內) 경제의 대요(大要)」라는 글을 집필했다. 이와모토는 이학(理學)을 기무라는 가내 경제를, 즉 가정학 혹은 가정과의 원어인 '홈 에코노믹스(Home Economics)'를 여성이 가사를 처리해 가기위해 익혀야 할 소양으로서 받아들였다. 전자는 가정과 가족생활에 있어서의 과학성으로, 후자는 그것을 위한 경제의 합리성에 주목한 것이다. 특히 이와모토는 여성교육에서 이학의 필요성에 대해 문명의 시대를 살아가는 일반 상식으로서 남녀 구별없이 이학을 터득하는 것이 필요하다고 서술했다.

> 남편의 아내가 되어서는 결혼한 날 밤부터 아이를 낳는 날에 이르기까지 생리상 터득해야만 하는 사항이 너무 많은데, 가정내의 위생에 주의를 기울이면서 음식을 삶거나 굽는 살림 경제에 절약을 다하고, 출입의 계산을 면밀히 하기위해서라도 이학, 화학, 산수학48) 등을 터득해두지 않으면 막대한 손해가 생긴다. 이미 자식을

---

46) 1886년 11월 5일, 40호.

47) 1886년 11월 25일 · 1887년 3월 19일, 42 · 56호.

48) 1887년 3월 19일, 56호.

낳아 어머니가 되었어도 그 아이를 건강하게 양육하기 위해서는 생리나 이화학에 관한 많은 지식을 필요로 하는 것은 물론이다. 그 아이가 어린 동안에는 더욱더 지력(智力)을 개발하도록 하는 가정교육은 이학을 어느 정도 아는 것에 있다는 것은 결코 말하지 않아도 알 수 있는 것이다. 그렇기 때문에 어머니가 이를 배우는 것을 시작해야 한다.

가정을 축으로 하여 성차(性差)에 기반을 둔 인식이기는 하지만, 여성에게 이학은 어울리지 않는다는 인식이 컸던 당시에 여성에게 과학교육이 필요하다는 것을 강조하고, 여성 의사 오기노 긴코를 지원하여 여성일반에게 위생지식을 넓히려고 한 것은『여학잡지』가 가진 선진성의 표출이기도 한 것이다.

한편 기무라의「가내 경제의 대요(大要)」는 이와모토가 경험할 수 없었던 서구에서의 생활체험을 언급한 가정 경영에 대한 가르침이었다. 성차의 본질화를 벗어날 수 없었다 하더라도 고등교육과 과학교육에까지 시야를 넓힌 이와모토의 여성교육론에 대해 기무라의 교육관은 좀 달랐다.

미국에서는 진신가(縉紳家)[49] 부인의 쇼핑을 보면, 매일 아침 10시경 반드시 시내로 나가서 하루의 밥상에 제공할 물품을 구입하여 집으로 돌아와 하녀에게 하나하나 그 요리를 설명하고 스스로 금전출납을 장부에 기록하는 습관이 있다. 개명국에 사는 부인의 습관을 본받아 일본 부인의 교육에 빠져서는 안 되는 것은 기독교와 가내 경제에 있다고 믿는다. 그것은 기독교가 행복한 가정을 결성하고 가내 경제는 의복과 음식에 이르기까지 가족 전원에게 편리함을 얻게 하기 때문이다.[50]

---

49) 역자주: 벼슬이 높은 사람 또는 사회적 지위가 있는 점잖은 사람을 일컫는다.

기무라의 교육관은 기독교의 경건한 정신성을 실생활에 보완한다는 '서구풍의 양처현모교육' 바로 그것 자체였다. 특히 그 내용은 서양식 가옥을 건립하지 않아도 일본 가옥에서도 쾌적하게 살 수 있다거나, 한 가족이 규칙 바른 생활과 식사를 하는 것으로 연료비 또는 간식비를 절약할 수 있다는 것이었다. 또한 결과적으로 이자가 높아지기 때문에 외상 쇼핑은 하지 말라고 했는데 이는 「인색해지는 폐해가 있다」[51]는 지적을 받을 만큼 당시 독자계층의 생활수준에서 보면 아주 소박한 '견실함'이었다. 이러한 가사일 기사나 독자 계층성에 대해서는 후술하기로 하고, 여기서는 기무라가 「가내 경제의 대요(大要)」를 어떻게 결말짓는지를 살펴두기로 한다.

학식이 있는 부인은 남녀동권 설을 주장하여, 아주 감사하게도 부인들의 누습을 개량시키며 자신 스스로를 교풍가라고 하여 대중 앞에서 연설을 하고 문단에 붓을 들어 이해득실을 따지는 것은 매우 귀중한 일이다. 그렇지만 더 중요한 것은 자신의 본분인 자신의 가사에 마음을 쓰고, 자기를 고상한 곳으로 나아가게 하는 기독교에 기반을 둔 처세방법을 계획하는 바가 있으면 남존여비의 누습을 개량하고 잠깐 웃는 사이에 남성을 분발시키는 가장 좋은 것이 된다. 더 나아가 많은 여성들이 희망하는 동권적 지위에 오르려는 것도 전혀 어려운 일은 아니다.[52]

즉, 『여학잡지』의 여성교육이 최종적으로는 양처현모주의 교육으로 착지한 것임을 알 수 있다. 또한 그것이 서구의 기독교적인 가정관에

50) 1888년 4월 28일, 107호.
51) 1888년 8월 25일, 124호.
52) 1888년 10월 13일, 131호.

서 창출된 것임을 엿볼 수 있다. 원래는 생활습관을 세대간에 전달한다는 의미의 가사일이 '가정(家政)'이라는 새로운 장식을 통해 『여학잡지』라는 첨단 미디어에 등장한 것은, 그것이 서구화라는 이름으로 '홈'이라는 새로운 에토스와 함께 도입된 것이었기 때문이다.

게다가 독일에서 가정학에 대한 소식을 보내온 니토베 이나조[53] 역시 '가사일'이라는 새로운 여성에 관한 학술을 근거로 여성교육의 필요성을 호소했다. 그러나 그것은 오히려 가사일 그 자체가 실은 '매우 유치한 학술'이며, 서구에서 그것들을 배우는 자는 오히려 '하등 사회의 연소 여성'들과 귀족사회에서 '하녀'로 고용된 이민 여성들이었음을 폭로하고 있었다.[54] 그렇지만 서구의 중등 사회 모습을 무조건 바람직한 모델로 받아들이고 거기서 행해지고 있는 가사일을 서구류로 여성교육의 필요성과 결부시켜 호소한 것은 오히려 여성교육에 대한 호소를 스스로 허물어뜨리는 결과를 초래한 것이었다.

2. 가사일 나침반과 독자계층

이와모토는 여성의 생활에 밀착한 실용정보를 남성이 글로 집필하는 것에 대해서 한계가 있다는 것을 해외의 여성잡지를 보고 일찍부터 깨닫고 있었을 것이다. 그랬기 때문인지, 『여학잡지』 241호의 「여학잡지의

53) 쓰다 우메코가 여성고등교육을 지향하고 있었던 것에 비해 니토베 이나조의 여성교육관은 중등교육에 머물고 있었음을 알 수 있다. 와타나베 다카코(渡辺崇子), 2010.

54) 1891년 3월 8일, 203호.

개진」이라는 글에는 8명의 여성 사외(社外) 기자를 배치해 두었는데, 그중에서도 시미즈 도요코(시킨)는『여학잡지』가 흰색 표지와 빨간색 표지로 나눈 이래 부인 취향의 빨간색 표지 '가사일' 코너에서 요리법과 가사(家事) 요령을 기록한 '가내중보록(家內重寶錄)' 등의 실용기사를 담당하게 된다. 시미즈는 자유민권운동에 참여하면서『여학잡지』에 여성의 정담(政談) 방청(傍聽)을 금지한 집회 및 정사법(政社法)에 반대하는 논진을 편다.[55] 그 무렵 그녀는 농학자 고자이 요시나오(古在由直)와 재혼했는데, 그 결혼생활 실체험을 근거로 가사일 기사를 쓰게 되었다.

그와 더불어 위생과 육아에 대해서 '가정란(家政欄)'으로 다루었다. 이 코너는 실용정보로서『여학잡지』전체로서 보면 비교적 충실한 것이었다.

이들 기사를 통해 볼 수 있는 것은, 그녀의 생활수준이 당시『여학잡지』가 상정하는 '바람직한' 독자층 일반의 가정생활 수준이었다고 한다면 그것은 '하녀'[56]와 '유모'[57]를 고용할 여유가 있는 집안인 것이다. 한편으로 스스로「꿩・오리・비둘기의 통조림 제조법」과「밀감 잼 제조방법」등을 일상 요리로 활용하는 그런 생활문화를 가진 가정이었다.

게다가 그녀는 기독교 신자는 아니었는데「주부의 비결 한 조목(條目)」[58]에서는 '홈' 이론과 통저(通底)하듯이 주부의 역할은 무엇보다

---

55)「무엇 때문에 여성에게 정담(政談)집회에 참청(參聽)하는 것을 허락하지 않는가」, 1891년 8월 30일, 228호.

56)「하인・하녀부리는 법」, 1892년 5월 28일, 319호.

57)「유모 선택법」, 1892년 11월 26일, 332호.

58) 1892년 10월 1일, 328호.

도 밖에서 돈벌이를 하는 남편이 편안히 쉴 수 있도록 하여야 하며, 아이의 행복을 위해 '정신적으로는 집안을 낙원처럼 할 것'이라고 서술하고 있었다. 그런 의미에서 여기서 상정된 것이 경제적인 여유와 더불어 부부 쌍방이 서구의 가정 모습, 즉 시민적 가족상을 이해할 수 있는 개명적인 신시대의 지식을 가진 가정이었던 것이다.

이러한 가정상은 물론 잡지가 그려내는 하나의 모델로서, 현실에서 이러한 독자 가정이 얼마만큼 존재했는지는 별개의 문제이다. 그러나『여학잡지』의 다양한 시도에도 불구하고 가정 실용정보라는 점에서 이후 나타나는 다른 부인잡지와는 차이를 보였다. 그 요인은『여학잡지』가 제안한 가정상과 가사일 모습이 독자 현실에 침투하기에는 차이가 있었다는 것을 알수 있다. 그 차이란 일본의 근대사회 재편과정에서 아직 상류층과 하류층 사이의 중산계층이 발견되지 않았고, 오히려『여학잡지』독자층은 그 가격이나 내용면에서 상류층에 속하는 사람들이 많았으며, 가사일 가르침에는 마음을 움직이는 사람들이 아니었던 것이다.

『여학잡지』는 창간 초기에 로쿠메이칸시대처럼 서구화를 지향하는 점이 존재했고, 상류사회를 타깃으로 한 기사를 중심으로 게재하고 있었다. 그것은 혼다의 지적처럼 도달할 수 없는 동경의 세계를 환상하도록 만드는 오늘날의 매스미디어 모습[59]이 아니라, 그것은 당시의 여학생을 포함한 상류사회에 한정적이었던 사교계 내부의 정보미디어였던 것이다. 창간 초기 적어도 11호까지는 기독교라는 신앙에 전념한 것도 아니고, 궁중 여인들의 명부나 로마자(羅馬字)회, 승마회라는 상류층 부인의 모임정보가 망라적으로 게재되어 있었다.

59) 혼다 가즈코, 2012, 38쪽.

마지막에 가서는 기독교주의와 가사일을 연결한 이학의 필요성이 논의되기 시작했지만 가정생활에 대한 실용기사에 관해서는 위생문제를 제외하고 가사일보다도 당시의 상류가정에서 요구하는 서양식 교제방식이나 식사 매너 등을 중심에 두었었다. 구체적인 요리법보다도 '서양 예식(禮式)'과 같은 서양류의 매너 쪽이 중시되고 있는 것은, 『여학잡지』의 독자 중에 실제 최첨단의 사교술 쪽이 중요시되는 상류사회의 여성들이 상당수 포함되어 있었음을 나타내주는 것이다. 즉 잡지에는 '사회의 중등 이상인 자들'이라는 말이 여러 번 등장하는데, 이 단계에서는 독자가 중산계급층이 적고 지극히 한정된 상류층 여성들이 많이 포함되어 있었던 것이다.

그러나 마침내 『여학잡지』의 지면에는 청교도주의적인 가치관에서 그러한 사교에 중점을 둔 상류사회의 모습, 즉 쓸데없이 고용인을 두어 가사일을 시키거나 서양풍으로 치장하는 가정모습은 무도회와 마찬가지로 사치스러운 것으로 간주되어 비판의 대상이 되었다.

> 여성은 집에서 취사를 돌보는 직무를 담당한다고 하며, 서양요리를 전습 받아 비용의 다과를 따지지 않고 요리를 시도하여 한 그릇의 비프스테이크와 한 접시의 과일 케이크를 만들기 위해 부엌 연기 속에서 고생하며, 곁에서 시중드는 여자종(侍婢)은 물 컵을 뒤엎어 소매를 적시는 등 부엌의 혼잡은 말로 표현할 수 없는데도 남편은 의자에 앉아 수염을 만지작거리면서 아름다움이 어쩌니 하는 것을 즐거움으로 삼는 그러한 남편의 행위는 말로 표현할 수가 없다.[60]

60) 「가내 경제의 대요(大要)」, 1888년 4월 28일, 107호.

이러한 상류층 계급을 대신하여 이상적인 가정모델이 된 것은 다름 아닌 '중등사회'였다.

> 중등사회는 대개 학교 교원, 의사, 변호사, 저작자, 관리가 되어 매달 봉급을 받아서 생계를 유지하는 자들인데, 이들을 노력 집단 사람이라고 말 할 수 있다. 이 노력 집단 사람들이 토지를 갖고 주식을 얻으려 한다면 우선 그 받은 돈을 쓸데없는 곳에 사용하지 말고 장래 생산을 도울 자본으로 저축해 두어야 한다.[61)]

기무라는 위에서 기술한 것처럼 가정을 지탱하기 위해서 주부가 가사일을 고려하여 근검절약하여 가계부를 적는 것이 필요하다고 논한다. 시미즈 시킨의 생활상황은 이 중등사회의 수준에 딱 들어맞는 것이었고, 그렇기 때문에 '홈' 이념과 연결된 '가사일'을, 그녀는 그녀자신의 실생활에 기반을 두고 제안해갈 수 있었다.

그렇다 하더라도 여기서 상정된 당시의 독자에게 중등사회란 여전히 '하녀'와 '아이 돌보는 사람', '유모' 등 집안에서 일상적인 가사를 실제로 담당하는 사람들을 포함한 계층의 가정이었다. 그리고 '주부'란 집안에서 그 사람들을 지휘 총괄 역할을 담당하는 여주인을 의미하고 있었다. 그렇기 때문에 『여학잡지』에는 「하녀 취급법」과 「유모 선택법」이라는 기사가 존재하는 것이다. 그리고 한편으로는 근대적인 핵가족을 지향하는 『여학잡지』는 '하녀'를 비롯한 '고용인'을 지휘는 주부 모습에서 스스로가 주체적으로 가사를 담당하는 '핵가족의 주부' 모습으로 전환해 가고 있는 것도 엿볼 수 있다.

그리고 육아 담당에 대해서는 어디까지나 어머니의 건강상 어쩔 수

---

61) 「가내 경제의 대요(大要) 5」, 1888년 6월 2일, 112호.

없는 경우의 수단으로서 유모를 고용한다고 인정하고 있었다. 그리고, 기무라의 「가내 경제의 대요」에는 하녀를 함부로 고용하기보다 자신이 가사를 직접 담당하며, 근검절약하려는 모습을 칭송한다. 잡지가 상류사회라는 표현이 아니라 일부러 중류사회라는 표현을 사용한 배경에는 집안 가사 노동을 더할 나위 없이 소중한 것으로 평가함과 동시에 특히 미국의 경건한 프로테스탄트 중류사회가 그러했듯이 여성 스스로 그것을 시행하는 것을 규범화 해 갔다.[62]

그러한 가운데 독일에서 유학하고 있었던 니토베 이나조가 기고한 「부엌일의 개혁」에는 일본에서도 산업화가 진행되면 가까운 시일 안에 서구와 마찬가지로 하녀가 부족한 사태가 일어날 것이라고 예측하고 있었다.[63] 또한 미국에서 가사도우미를 직접 취재한 「미국의 하녀」에는 일본에서의 중상위에 상응하는 미국 가정에서도 하녀를 보통 한 명 정도 두는 정도이고, 계약 모습이나 일 분담 등은 일본인이 인격적, 신분적인 관계에서 실시한다고 본다면 미국에서는 훨씬 비즈니스적이라고 소개했다.

『여학잡지』의 '홈' 이론이 각광을 받았지만, 구체적인 가정모습을 가르치는 가정 실용잡지로서 정착하지 못한 요인은, 모델이 되는 중산계층 가정이 아직 일본에서는 사회적 실태로 나타날 만큼 하나의 층으로서 두께를 갖지 못하고 있었던 것이다. 나카가와 기요시(中川清)에 의하면 메이지유신으로 인해 반감했던 도쿄지역 인구가 1880년경부터

62) 예를 들면 「홈의 토의안(議案)」(1891년 2월 28일, 254호)이라고 제목을 붙인 미국 여성잡지 『샤토 쿠앵(Château Couhins)』의 가사일에 대한 가르침 인용문에서도 줄리아 워드 하우(Julia Ward Howe) 여사의 의견으로서 "가사일은 주부가 스스로 해야만 하는 것이라면 노비는 단지 조력자로 봐야만 한다"며 미국의 가정처럼 가사를 가정부에게 맡기는 것은 좋지 않다고 지적하고 있다.

63) 1888년 5월 21일, 111호.

급속히 증가하기 시작하여 1890년대에 들어서면서 다시 100만을 넘게 된다. 그런데 도쿄에 새롭게 유입된 10만 단위 사람들은 대부분이 도시에 생활기반을 갖지 못한 도시하층민으로, 신중간층이 나타나는 것은 1920년대에 들어가면서부터라고 한다.[64]

이러한 사회 배경이 존재하는 가운데 가정에서 특히 여성을 위해 잡지를 구입할 수 있는 계층이란, 결국 주부 자신과 하녀 한명을 고용하여 가사를 꾸려가는 '중등사회'에 속하는 가정이 아니었다. 더 나아가 그러한 상층 여성들, 혹은 반드시 그렇지 않더라도 지적 욕구가 높은 독자가 『여학잡지』에 요구한 것은 취사에 관련된 것이라기 보다는 해외 정보나 문학 내용이었음에 틀림없다.

그러한 독자의 니즈와 부적한 것이었음을 엿볼 수 있는 것은 초기 "직접 실제 이익이 될 만한 것들이 많아 혜택을 받았다"[65]라는 투고문을 요구했을 때도, 빨간색 표지로 변환된 시점에서 시미즈 시킨이 요리 등 생활상의 지혜를 요구했을 때에도, 생각만큼 투고원고가 모이지 않았다는 점이다. 그 결과 전자는 와카와 여학교 행사에 관한 작문이나 의견에 대한 투고가 중심이 된 사정은 변하지 않았고, 후자의 경우에는 오로지 시미즈 시킨이 자신의 경험을 피력하는 것으로만 만족해야 했다.

---

64) 나카가와 기요시(中川清), 2003, 334-335쪽.

65) 1886년 6월 5일, 25호.

Ⅳ. '홈'의 이상(理想) 지지와 실용가정으로부터의 이반

『여학잡지』는 부인 취향의 본격적인 잡지로서 창간 초기부터 여성에 대한 신(新) 생활의 가르침을 실용정보로서 전달하는 것을 지향하고 있었다는 것은 앞서 언급했다. 그리고 이러한 학술잡지가 속발이라는 유행 풍속을 만들어낸 것도 계몽가 여성에 대한 신체통제와 여성 측의 패션 지향이 어쩌다가 일치한 현상이었다고 볼 수 있다. 그러나 속발 이후『여학잡지』가 제기한 생활개량, 특히 가사일에 관한 실용정보는 곧바로 독자에게 침투되지는 않았다. 그렇지만 그것은 이와호리 요코가 논한 것처럼 메이지20년대 일본여성의 생활이 서구의 중류 생활을 따라가지 못했기 때문은 아니었다. 물론 일본여성 전체 생활수준은 그러한 것이었겠지만『여학잡지』여성독자는 당시 최첨단 지식을 요구하고 있었던 여성들이었고, 그것을 구매할 수 있는 여성들은 물론 중류층보다도 훨씬 상류층의 여성들이었다.

따라서 서구의 중류사회를 기준으로 삼는 가사일이 독자에게 받아들여지지 않았던 것은 그녀들의 생활수준이 그것을 좇아갈 수 없었기 때문이 아니라 반대로 그녀들 자신이 그것을 실천할 필요가 없을 만큼 계층이 높은 사람들이었기 때문이다. 혹은 반드시 경제적으로는 그와 같은 높은 계층에 속한다고 말할 수 없다고 해도 신시대의 여성으로서 뭔가를 배우지 않으면 안된다는 것을 자각하고 있었던 독자들, 예를 들면 지방에서 메이지여학교에 진학한 여학생들의 입장에서 보면 그 '뭔가'가 가사(家事)는 아니었음은 분명하다.

그녀들이 당시 『여학잡지』와 도쿠토미 소호가 펴낸 『가정잡지』의 새로운 지적 독자층으로서 이와모토 등 기독교 지식인이 제기한 '홈'의 이상을 지지해온 것은 이미 여러 선행연구에 지적되었다.[66] 따라서 '홈'은 '가정'이라는 번역어로서 일본에 정착하게 되었고, 그것이 설령 '이에(家)제도'와의 기묘한 융합이었다 하더라도, 부부를 중심으로 한 친밀성을 중시하는 가족모습 자체는 기독교 신자들뿐만 아니라, 보수파라고 간주되는 사람들 사이에도 퍼져나갔다.[67] 그러나 그러한 이상을 지지했음에도 불구하고 그 실천편 잡지의 실용정보가 확산되지 않았던 이유는, 기독교 지식인들이 드러낸 모델로서의 서구 중등가정, 혹은 우치무라 간조가 말하는 '기독교 홈(Home)'[68]이라는 간소함과 순수함 때문이었다.

그것은 결국 독자 측에서 보면 잡지내용을 즐기기에는 어떤 부족함을 느끼게 했는데, 보다 중대한 것은 충족되지 못하는 미흡함이었다. 이와호리는 시미즈 시킨이 『여학잡지』에서 소개한 "자양(滋養)과 미(美)와 비용을 고려한 가정 요리"는 "나중의 『여감(女鑑)』 기사에 호화스러운 서양요리가 나오는 것과 대조적"이라고 지적했다.[69]

그런데 서구를 동경하는 '계층이 높은 독자'가 지면에 요구하고 있었던 것은 확실히 기무라가 배척한 '비프스테이크'와 '과일 케이크'였던 것은 아닐까. 기무라는 그녀들의 그러한 지향을 알고 있었기 때문에 기독교 신자로서 일부러 그것을 물리치고 훨씬 더 견실한 가정운영을

66) 예를 들면 이누쓰카 미야코(犬塚都子)의 논고가 있다.
67) 조던 샌드(Jordan Sand), 1998.
68) 1888년 9월 1일-15일, 125-127호.
69) 이와호리 요코, 1995, 477쪽.

제기했던 것이다. 게다가 기무라는 메이지여학교의 교장이었기 때문에 스스로 가사일을 담당하지 않았음에도 불구하고 가사일에 대해 여러 가지 가르쳤다. 이 가사일에 관한 기사는 남성계몽가가 가사를 하지 않는 상류층의 여성, 또는 여학생을 향해 가사일을 쓴다는 것은 가사일을 직접 담당하지 않는 사람들끼리의 기묘한 커뮤니케이션이기도 했다.

게다가 서구를 모델로 한 가사일이란 여성교육에서 양날의 칼이었다. 즉 여성 중등교육에서는 필요성의 근거가 되었지만 고등교육에서는 대립적 논리였다. 기무라는 자신의 이상적인 여성교육을 다음과 같이 표현했다.

> 시험삼아 서양부인의 교육을 봐라. 매우 유치한 것으로서 일요학교에 들어가 정숙하고 고상하며 선량한 스승을 따라 아직 젊은 초학적(初學的) 마음에서 온화한 기독교 공기 속에서 성장하고 다시 타학교에 입학하여 지덕(知德)의 꽃을 피운다. 그 후 비로소 아내가 되고 가사를 담당하여 의복이나 음식을 다루고 만사에 남편의 지휘와 고려를 번거롭게 생각하지 않고, 자녀의 가정교육도 모두 직접 행한다. 하녀도 그 미덕에 감화하고 그 따뜻한 대우를 느껴 자신도 그것을 잊기 전에 전력을 다해 공부한다. 남편은 바깥에서 돌아와 우리 집은 세계에서 가장 좋은 곳으로 여기고 '유쾌한 집, 행복한 집'이라는 노래를 부르며 즐거워한다. 부인교육의 결과로서 이렇게 된 것이다. 일본의 부인은 외적 허영의 아름다움에만 신경을 쓰고 쓸데없는 것에만 그것을 사용한 결과 실속없는 교육에 마음을 두는 세월을 보낸다. 오늘날 교육을 장악하고 있는 여성을 문장 세계에 유도하면서 아름다운 문장의 꽃을 주워 모은, 즉 아름다운 운율에 귀 기울여 고금의 정묘함을 그리는 것에 신경을 써 기독교에서 말하는 부덕을 양성하지 않고 가정내 경제 부기학(簿記學)을 제2의 교육으로 간주하는 것을 돌보지 않는 것은 재봉이 말단 기생이나 첩의 일이라고 이를 등한시하는 것에 원인이 있다.[70]

이러한 기무라의 보수적인 여성교육관은 이와모토가 지향하는 여성 고등교육과는 분명히 맞지 않았다. 또한 타 여성교육가에게도 가사와 여성교육의 이율배반은 일찍부터 의식되고 있었다. 여성입장에서 가사와 학문의 괴리에 대한 세상의 비난에 대해서 어떻게 응답해야 하는가가 하나의 과제였다. 사쿠라이(櫻井)여학교를 세운 사쿠라이 치카(櫻井ちか)는 「여학생의 가사일 훈련에 관한 고안」에서 다음과 같이 서술했다.

> 학생에게 가능한 한 가사를 가르치려고 생각하여 실내 청소와 음식 만드는 것을 돕게 하면 많은 학생들은 불평합니다. 학문을 하기 위해 학교 기숙사에 온 것이라며, 가사공부는 집에서도 할 수 있다고 말합니다. 역시 이를 당연하게 여기고 기쁘게 이를 행하는 학생은 학문의 진보가 늦습니다.[71]

여기서 주목해야만 하는 것은 학문을 하기 위해 학교에 왔다는 학생의 주장은 당연하다고 해석하고 있었고, 오히려 자질구레한 가사를 도와주는 학생 쪽이 학문의 진보가 느리다는 지적이다. 여성교육과 마찬가지로 『여학잡지』에도 지적 호기심이 강한 여성들이 요구하고 있었던 것, 그것은 가사가 아니라 다른 곳에서는 배우지 못하는 문학과 '홈' 이론을 포함하는 여성을 격려하는 독자적인 평론이었던 것은 아니었을까 싶다.

『여학잡지』는 여성 취향의 잡지 미디어로서 문명적인 생활개량을 지향하는 옷차림이나 가사・육아라는 실용정보를 처음부터 의식적으로

---

70) 「가내 경제의 대요(大要)」, 1888년 4월 28일, 107호.
71) 1892년 4월 30일, 315호.

편성하고 있었다. 그러나 그 계몽적이고 확고한 방향성은 독자들 생활 전반의 서구화에 대한 동경의 지향과는 맞지 않았을 뿐만 아니라, 가사일을 여성교육에 대한 필요성 근거로 삼는 것은 여성 고등교육의 싹을 도려낼 위험성도 내포하고 있었다. 또한 '실용'을 실제 생활에도 실천하지 않는 계몽가의 입장에서 제시하는 가사실천은 특권적인 여성들에 대한 가르침으로 받아들여지기에는 실질적으로 한계를 지니고 있었다.

기독교 지식인에 의해 이상화된 서구 중등가정 모델과 독자들과의 갭은 근대적 사회계층 편성이 본격화되고, 주부가 등장하는 시대배경과 함께 스스로 주부로서 가정을 경영한다는 실천속에서 현실적 실감을 수반한 노하우 내부에서 해소되어가게 된다. 그 중심역할은 하니 모토코의 가정잡지 출현으로 이루어진 것이다.

그러한 의미에서 이하에서는 하니 모토코의 『가정의 벗』을 『여학잡지』의 실용부인잡지 발달형으로 다루어 일본에서 가사일에 대한 잡지의 정착요인을 검토함과 동시에 그 과정속에서 나타난 기독교의 역할에 대해 고찰해 보고자 한다.

V. 『여학잡지』에서 『가정의 벗』으로
—가정 실용잡지의 전개

『여학잡지』의 교정을 담당하면서 메이지여학교에 다니고 있던 하니 모토코가 여성신문 기자의 선구로서 『호치(報知)신문』에서 활약한 후 하니 요시카즈(羽仁吉一)와의 결혼을 계기로 퇴직하면서 1903년 4월 남편과 함께 새롭게 창간한 잡지가 『가정의 벗』이다. 일반적으로 『가정의 벗』은 오늘날에도 이어져오고 있는 『부인의 벗』의 전신이라고 한다. 미키 히로코(三鬼浩子)에 의하면 "두 잡지는 모두 하니 요시카즈・하니 모토코가 편집을 맡은 잡지이지만 따로따로 발간되던 잡지"[72]였다.[73]

---

72) 미키 히로코(三鬼浩子), 1989, 96쪽.

73) 『부인의 벗』 발간의 경위는 다음과 같다.
1906년 4월 30일 『가정의 벗』의 자매지로서 가정여학회에서 요시이치 모토코(吉一もと子)의 주재지 『가정여학강의』를 발행했다. (중략) 『가정여학강의』는 2년간 완결을 목표로 회원조직을 통해 발행되었다. 두 사람은 이후 『가정의 벗』 및 두 잡지의 편집에 종사한다. 1908년 1월 『가정여학강의』를 『부인의 벗』으로 개제한다. 그것은 우편규칙개정에 따라 강의록이 제3종 우편물 취급을 받지 않고 우송료가 너무 높게 처리된다는 이유(「부인의 벗이라고 개제하는 것에 즈음하여」, 『가정여학강의』 2년 3, 4호)에 의거한 것이었다. 그 후 『가정의 벗』(내외출판협회) 6권 9호(1908년 12월), 『부인의 벗』(가정여학회・가정의 벗사・훗날 부인의 벗사로 개칭) 1권 11호・12호까지, 『부인의 벗』의 발행이 자주 늦어지면서 두 잡지를 병행하여 편집에 종사한다. 『가정의 벗』 6권 9호에는 하니 요시카즈(吉一), 하니 모토코 「가정으로 벗으로 결정하다」, 『부인의 벗』 1권 11, 12호에는 하니 요시카즈, 하니 모토코 「근고(謹告)」가 게재된다. 그것은 『가정의 벗』 편집을 그만두고 『부인의 벗』이라는 하나의 잡지에만 주력한다는

『가정의 벗』은 편집인 하니 모토코 자신이 메이지여학교에서 교육을 받기도 했으며, 기독교에 기반을 둔 가정 개량지향 그리고 여성교육을 실천하는 장(場)으로서 자유학원을 창립하는 등 『여학잡지』의 영향을 직접 계승한 부인잡지라고 평가할 수 있다. 그런 의미에서 이번에는 이 『가정의 벗』이 『여학잡지』의 기독교적 개량주의를 계승하면서 실용부인잡지로서 정착하게 된 사회적 요인에 대해 살펴보기로 하자.

먼저 『가정의 벗』에서 가사일과 관련에서 우선 언급하지 않으면 안 되는 것은 가계부이다. 왜냐하면 이것은 하니 모토코의 고안에 의한 것으로 널리 알려져 있기 때문이다. 그러나 사실 가계부는 『가정의 벗』에 소개되기 이전부터 다른 부인잡지에서도 소개되고 있었다. 가메다 하루에(亀田春枝)가 상세히 검토하고 있듯이[74] 『가정의 벗』의 가계부 그 자체도 모토코의 독창적인 것이 아니라 창간 초기 『가정의 벗』과 협력관계에 있었던 '메이지어머니의 모임'의 아그네스 코트(Agnes Court)가 제창한 가계부의 개량판이었다.

아마 일본에서 최초로 가계부를 소개한 부인잡지는 『귀녀의 벗』일 것이다.[75] 『여학잡지』에도 기무라와 시미즈의 가사일에 관한 기사에

고별사이다. 그 후 『가정의 벗』은 데지마 마스오(手島益雄: 초기 『애국부인(愛國婦人)』 편집자, 당시는 『신부인(新婦人)』 주재)에 의해 편집되었고 8권 11호(1911년 2월)까지 간행되었다.

74) 가메다 하루에(亀田春枝), 1989.

75) "가계부는 1887년 5월 대장성(大藏省) 은행 학전습소의 후지오 로쿠로(藤尾錄郞) 저서 『가계부 기법』이 경제잡지사로부터 발행되어 많은 영향력을 가졌다. 그 후 곧바로 『귀녀의 벗』 4호에서 8호(1887년 10월-1887년 12월)로 '가내 부기법'이라고 하여 구체적으로 부기법이 이해하기 쉽게 그림으로 기입방법이 서술되었다"(미키 히로코〈三鬼浩子〉, 1989, 94쪽). 후지오 로쿠로의 이 『가계부기법』은 『여학잡지』에도 신간서로 소개되었다(1887년 7월 30일, 69호).

서 미국의 주부를 본받아서 매일 가계부를 적은 것이 장려되었는데, 여기에는 구체적인 장부 기입법과 서식이 소개되고 있었던 것은 아니다. 그에 비해『귀녀의 벗』에서는 가계부 서식과 함께 구체적인 예를 여러 차례 분할하여 게재하고 있었다. 이러한 실용기사의 구체성 차이가 당시 미디어로서『여학잡지』를 교육잡지나 평론잡지로 평가하고『귀녀의 벗』을 실용 잡지로 평가한 이유일 것이다.

『가정의 벗』도 또한 기독교적인 '홈' 이론을 계승한 점과 기독교 교육에 대한 관심 측면에서 보면,『여학잡지』와 같은 평론잡지로 발전해 갈 소지도 있었지만, 오히려 '가사일'이라는 실천면에서 '홈'을 지지하는 실용부인잡지로 전개해 나간다. 잡지를 이러한 방향으로 움직이게 한 이유 중 하나는『가정의 벗』의 창간이 모토코 자신이 가정을 형성했다는 것, 즉 장녀 세쓰코(說子)의 탄생 시기라는 점에서[76] 그 실체험이 지면에 수시로 반영되었다는 점이다. 다른 하나는 잡지 독자의 가정생활 모습이 모토코의 그것과 자연스럽게 겹치는 사회상황이 발생했기 때문이다.

우선 전자 쪽을 보면, 지면에서 모토코 스스로 "여학 교육에서 가사일은 잘 모른다고 말한다. 부끄럽지만 나 역시 그중 한 사람이다"[77]라고 가사(家事)에 우둔한 신가정의 주부임을 고백한다. 그리고 '메이지 어머니의 모임'의 아그네스 코트(Agnes Court)의 서양식 가정요리와 무라이 겐사이(村井弦齋)의 식단 등 전문가에게 가사일 일반을 취재하

76)『가정의 벗』 제1권 2호(1903년 5월 3일) '여담'으로 "본지 발간 하루전날 사랑스러운 여자 아이가 태어났다. 산모와 아기 모두 건강하다. 이름은 이와모토 요시하루에게 부탁했는데, 이름에 '설(說)'을 붙여주었다"고 적고 있다.

77) 1903년 7월 3일, 1권 4호.

여 기회가 있을 때마다 출산과 육아 체험기록 등을 편성하여 "그와 같은 편집 모습이 독자와 편집자사이의 일체감을 강화시켜 독자 획득의 큰 요인"[78]이 되었다.

그런데 '메이지어머니의 모임'이란 1902년 3월 22일 당시 도쿄시 혼고구(本鄕區) 하루키쵸(春木町)에 있던 메서디스트(Methodist, 감리교 신자)[79] 교회인 중앙회당[80]을 본거지로 하여 당시 같은 회당의 목사 코트(Court) 씨의 부인인 아그네스 코트(Agnes Court)의 조력으로 회당(會堂) 유지부인들에 의해 설립된 것이다.[81] 이 모임은 당시 여러 개 있었던 어머니의 모임을 하나로 묶어 부인교풍회 관련조직인 '동맹 어머니의 모임'에도 참가하고 있었는데, 아그네스 코트의 영어강습과 요리강습을 중심으로, 독자적인 생활 개량활동을 실시하며 『메이지어머니의 모임 총서』라는 기관 잡지도 발행하고 있었다.[82]

하니 모토코는 부인교풍회를 통해 '메이지어머니의 모임'을 알게 되었고, 1903년에는 이 모임의 부회장이 되었기 때문에 정확히 같은 시기에 『가정의 벗』을 창간한 것에서 그동안 중단했던 『메이지어머니의 모임 총서』 대신으로 이 모임의 기관지적 역할을 받아들이게 된 것이다.[83]

---

78) 미키 히로코(三鬼浩子), 1989, 93쪽.

79) 역자주: 프로테스탄트의 최대 교파의 하나로 창립자는 영국의 존 웨슬리(John Wesley)이다. 영국 국교회의 사제로서 모교 옥스포드 대학에서 가르쳤을 때 제자 찰스 등과 함께 성서에 제시되어 있는 방법(method)에 따라서 살아가는 것을 목적으로 한 종교 클럽에 속했기 때문에 메서디스트라 불리게 되었다.

80) 현재의 도쿄도 분쿄구(文京區) 혼고(本鄕) 산초메(三丁目) 37-8, 일본기독교 중앙교회를 말한다.

81) 가메다 하루에(亀田春枝), 1989, 298쪽.

82) 가메다 하루에(亀田春枝), 1989, 301-305쪽.

83) 가메다 하루에(亀田春枝), 1989, 307-309쪽.

『가정의 벗』이 '메이지어머니 모임'의 기관지 대행 역할을 담당하게 되자, 하니 모토코는 적극적으로 코트(Court) 부인과 교류를 꾀했다. 예를 들면 잡지의 육아문답, 가정문답 코너의 담당 회답자로 코트 부인을 기용한다거나 독자로부터의 서구 생활양식과 습관에 대한 질문에 대한 답변이나 소견을 의뢰했다. 게다가 코트부인이 '메이지어머니의 모임'에서 실시하는 현장 요리 강의 자료를 사전에 잡지에 게재한다거나 또는 코트 부인을 비롯해 도쿄에 거주하는 외국인 부인들과 아이들을 위한 사설유치원을 견학하기도 했다.[84]

가메다 하루에는『가정의 벗』을 가정 실용잡지로서 알리는 역할을 한 가계부도 원래는 아그네스 코트(Agnes Court)가 고안한『메이지어머니의 모임 신안(新案) 일계부(日計簿), 가계부(家計簿)』에서 아이디어를 얻은 것이었음을 밝히고 있다. 이『메이지어머니의 모임 신안 일계부, 가계부』는『가정의 벗』이 이 어머니모임의 기관지적 역할을 담당하고 있던 시기에 내외 출판협회에서 발행한 것이고, 당연히『가정의 벗』에도 그 광고가 게재되었다.[85]

이 일계부(日計簿)와 가계부는 전자가 오로지 일상의 여러 가지 비목을 기입하는 것인 반면, 후자는 부엌일에 관련한 비용 즉 식비를 기입하는 것이었다. 나중에 하니 모토코가 고안한『가정의 벗 가계부(家庭之友家計簿)』[86]는 이 두 권의 책을 한권으로 정리하여「우리집 가계부(어느 주부의 실험담)」[87]에서 소개하며 독자적인 안으로 만들어낸 것이다. 즉 하루의 부식비(반찬비)를 매일 매일 필요한 분량으로 나눈

84) 가메다 하루에(亀田春枝), 1989, 310쪽.
85) 광고의 초출은 1904년 2월 3일, 1권 11호.
86) 1904년 12월 3일, 2권 9호 광고 및「가계부의 권장」.
87) 1903년 7월 3일, 1권 4호.

다. 예산으로 도출하는 형태로 잔고를 알 수 있게 해주고, 이것이 남으면 그 분량을 떼어 '필요한 기회에 사용하고', 또 잔고가 마이너스가 된 경우에는 '다른 날 예산을 그 분량만큼 절약'하는 방식으로 계산을 맞추도록 고안해 냈던 것이다.

가메다 하루에는 이 『가정의 벗 가계부』의 원안이 된 '어느 주부의 실험담' 그 자체도 모토코의 것은 아니라고 보았으며, 자신을 여학교 출신의 신(新) 주부로 가계(家計)를 소개하면서 "좀 더 맛있는 것을 먹고 싶다고 가족들이 말해도 전 달에는 손님들이 많아서 상당히 예산을 초과했습니다. 조금만 참고 견뎌 준다면 반드시 더 좋은 음식을 내놓겠습니다라고 대답했기 때문에 남편도 기분 좋게 승낙해 줍니다"라고 이야기 하는 것처럼 실제적인 구체성이나, 손님이 많았다고 하는 가정 실태를 보여주는 것에서 모토코 자신의 경험이라고 생각하는 편이 자연스러운 것이 아닐까.

가메다 하루에도 지적하고 있듯이 『가정의 벗』이 가진 매력은 모토코 자신의 경험에서 나오는 실감이었고, 그것에 대한 독자들의 공감이었다. 자신의 경험을 소개한다는 것이 가진 신선함은 「출산일기」[88]와 「세쓰코(說子)의 하루」[89]와 같은 육아 잡감(雜感)에 특히 잘 드러나 있었다. 그리고 그러한 신변잡기와 뒤섞어 권말(卷末)에 출산준비 세트 광고가 게재되거나[90] 황손(皇孫) 폐하의 육아일기 견본[91] 등이 게재되는 것 등이 『가정의 벗』에 독자적인 설득력을 지니게 한 요인이었다.

88) 1904년 9월 3일, 2권 6호.
89) 1904년 11월 3일, 2권 8호.
90) 1905년 2월 3일, 2권 11호.
91) 1904년 8월 3일, 2권 7호.

모토코는 자신의 생활뿐만 아니라 폭넓게 독자의 사회생활 실태도 투고를 모집하여 「사회 백생활(百生活)」[92]이라고 제목을 붙인 기획페이지를 마련했다. 이것은 '가사일 문답'의 기본이 되었는데 수입이 얼마이고 무엇에 얼마만큼 사용하고 있었는지 가계 살림에 초점을 맞추고 있었다. 일반 독자가 이러한 타자의 생활에 흥미를 갖기 시작한 것, 특히 그 가계 살림 상황에 흥미를 가질 수 있었다는 점이 가정실용잡지를 가능하게 한 또 하나의 요인이었다.

즉『여학잡지』의 독자에게는 생활 실감이 부족한 상류층 여성이 적지 않게 포함되어 있었던 것에 비해 리터러시의 확대 및 출판문화의 상업화는 생활 실감으로부터 출판미디어의 접근을 가능하게 했다. 또한 자신의 생활 수준을 타인의 그것과 비교하거나 또는 그 변통을 참고로 하고 싶은 마음, 그것은 봉급생활자가 메이지 말기에 확대된 것과 관련되는 것이었다.

그와 더불어 그러한 가정, 즉 일본에서 중류층이 숫자적으로는 확대되면서도, 러일전쟁 시기에는 전쟁 국면이라는 점에서 경제상황이 어떻게 될지 모르니 그것에 대비한 검약의 필요성을 중류가정에 인식시켰다. 하니 모토코의 가계부를 비롯한 가계 살림, 절약에 대한 시선은 그러한 독자층의 관심에 합치되었다.

또한 모토코가 그러한 관심을 능숙하게 취할 수 있었던 것은 모토코 자신이 그러한 중등 가정을 스스로 만드는 생활자였기 때문이다. 이리하여『여학잡지』에서 기무라 구마지가 서술한 프로테스탄티즘적인 중등가정의 검소한 가내 경제 모습은 산업화와 사회화로 인한 봉급생활

---

92) 1904년 4월 3일-11월 3일, 2권 11-18호.

자의 확대와 러일전쟁이라는 전시상황에 의해 가정의 노하우로 정착되어 갔던 것이다.

사실 모토코는 기독교적인 생활개선에 공감하여 아그네스 코트(Agnes Court)에게 접근했고, 그 가사일 노하우를 흡수한 후 러일전쟁이라는 비상시기에 『가정의 벗 가계부』를 출판함으로써 절약, 가계운영의 전문가로서 비약할 수 있었던 것이다. "『가정의 벗』에서 학생역할이었던 모토코가 『부인의 벗』에서는 그 입장이 일변한다", 즉 "『부인의 벗』에서 모토코는 교육적 지도성을 가진 계몽가로 나타났고"[93] 마침내 자유학원을 창립하여 '부인개량가'로서 널리 알려지게 된 것이다.

이는 1904년에 『가정의 벗』과 제휴관계를 해제한 후 만든 '메이지어머니의 모임'과는 대조적인 것이었다. 즉 이 어머니모임에서 스가야 이와코(菅穀伊和子)[94]가 가정의 평화를 내세우며 기관지 『메이지의 어머니(明治の母)』[95]를 편집했지만, 이 모임이나 기관지도 시대의 추세로서 어쩔 수 없이 쇠퇴하게 되었다.[96] 그 대조적인 것으로 『만조보(萬朝報)』와 『평민(平民)신문』의 부인잡지판이라는 의견이 있다. 그리고 말할 필요도 없이 이러한 미디어의 진행 프로세스 배경에는 단순히 모토코의 경영수완 뿐만 아니라 러일전쟁에 대한 태도가 중요한 영향을 미치고 있었다. 『가정의 벗』은 「전쟁잡감(戰爭雜感)」에서 러일전쟁과 '검소・절약'에 대해 다음과 같이 서술했다.

---

93) 미키 히로코(三鬼浩子), 1989, 97쪽.
94) 평민사 동인 기노시타 나오에의 여동생이다.
95) 1904년 10월 창간-1907년 1월.
96) 미키 히로코(三鬼浩子), 1989, 82쪽.

검소함과 절약은 『가정의 벗』이 처음부터 표방한 것입니다. 전쟁으로 인해 이것이 많은 사람들에게 주목을 받게 된 것은 기쁜 일입니다. 그러나 전쟁이 시작되었기 때문에 특히 절약하지 않으면 안 된다고 생각하는 사람이 있다면 그 사람은 전승(戰勝) 후에는 또다시 사치스러운 옛날로 되돌아가도 괜찮다고 생각하는 사람입니다. 우리들이 만약 평상시에 충분히 절약한다면 어떤 전쟁때를 만나더라도 새삼스럽게 검약(儉約)을 생각할 필요가 없습니다. 대처할 여유가 있는 대국민의 아량은 모두 평상시의 준비와 각오에서 나오는 것이라고 생각합니다.97)

검소와 절약은 전시(戰時)로 한정하는 것은 아니라고 말하고, 그것을 평상시의 준비, 각오라고 단정했는데, 가정을 파괴하는 것으로서 전쟁이 파악되는 경우는 없었다.

모토코의 가계 살림와 생활개선 또는 생활 합리화 운동은 독자 조직인 '친구의 모임(友の會)' 등 다양한 실천을 통해 제2차 세계대전 중에도 또한 전후에도 일관되게 영향력을 지녔다. 그녀는 메이지여학교의 쇠퇴에 관해 이와모토에게는 기독교사상은 있었어도 살아있는 신앙심은 결여되어 있었다고 비판했다.98)

그러나 그녀의 신앙에 지지를 받은 프로테스탄티즘적인 라이프스타일이 '가사일' 모습을 통해 일본의 근대를 관통하는 형태로 살아남았다는 것, 그것은 어떠한 의미를 지니는 것일까.

모토코의 사상 및 『부인의 벗』 그리고 자유학원에서 내놓은 전쟁협력에 대한 논의는 본고와는 별도로 다루어야만 하는 문제이기도 하다. 그러나 그것은 적어도 '기독교 신자의 전향'과 같은 단순한 신앙의 내

---

97) 1904년 4월 3일, 2권 1호.

98) 하니 모토코, 1928=1997, 63쪽.

실을 묻는 문제로 시종일관성을 갖는 문제는 아니다.

프로테스탄티즘의 윤리에 기반을 둔 가사일의 합리화와 절약이라는 실천이 가족의 자립을 요구하면서도 역설적으로 사회, 교육이 가족 내부로 깊게 개입해 가는 회로를 여는 것이었다는 점, 그리고 그 회로는 러일전쟁이라는 사회상황을 배경으로 일반 대중들의 실생활에서 설득력을 지닌 생활의 가르침으로서 사회에 뿌리내리게 되었다는 점이다. 여기서 알 수 있는 것은 국가 종교나 이데올로기 여하를 떠나 이러한 구조가 근대사회에 '공통된 것'으로 침투되어가는 과정에서 필요불가결한 역할을 수행한 것이 '기독교에 기반을 둔 가정을 다룬 미디어'였다는 점이다.

그리고 특히 프로테스탄티즘적인 절약과 합리화라는 가치관이 일본의 국민국가체제에 지극히 친화적이었다는 사실이다. 이러한 미디어는 마침내 출판의 산업화라는 흐름 속과 함께 『부인의 벗』에서 잡지 편집의 노하우를 배운 이시카와 다케미(石川武美)의 『주부의 벗(主婦之友)』에 의해 신앙을 소거한 실용부인잡지라는 장르로서 확립되어 간다. 실용부인잡지는 철저하게 생활의 노하우를 제시했고 때로는 '저속하다'고까지 야유를 받는 미디어의 길을 가지만, 거기에는 여전히 가사일에서 절약이라던가 개선, 합리화라는 나침반이 생활양식의 서양화나 '주부'라는 신여성 양상으로 정착하는 것과 서로 만나면서 끊임없이 가정이나 사람들의 일상생활에 공급되어갔던 것이다.

종장

『여학잡지』의 서구화 구조

• • •

이상으로『여학잡지』의 서구화담론을, 각각의 에이전트 집단의 '상징투쟁' 전략을 제시했다. 그리고 근대적 기능분화에 맞는 '장(場)'의 구축을 미디어 실천이라는 점에서 파악하여 분석했다. 이때 각 장에서 제시한 문제 시각은『여학잡지』의 전개를 시대상황에 대응하는 편집전략이 존재했다는 점에 초점을 맞추어 고찰했고(제1장), 그것을 편집인의 일관된 사상 표명이 아니라 오히려 관계자들의 다양한 집단에 의해 구축되는 미디어 공간으로 간주하는 시점(제2장)이었다.

특히 그 집단을 계몽가인 기독교 지식인과 독자를 포함한 여성들로 크게 나누고 각각의 표상 및 해석전략이 어떠한 구도를 그리고 있었는가라는 시점(제3장), 정론(政論)이나 계몽의 도구에서 저널리즘이라는 언론장이 형성되어가는 과정에서 미디어 실천을 파악하는 시점(제4장)으로 살펴보았다. 그리고 여성교육이라는 장(場)에서 서구화와 애국주의를 합체하면서도 그 안에서 독자성을 발휘하려고 노력한 교육실천을 파악하는 시점(제5장)과 근대적인 문학장으로서 순수문학의 성립에 관여하는 실천적인 측면을 파악하는 시점(제6장)을 제시했다. 마지막으로 가정실용잡지로서 구체적인 가사일의 가르침과 한계를 파악하는 시점(제7장)으로 분석해왔다.

본장에서는 이러한 문제의 시각에서 얻을 수 있는 지견(知見)을 서론의 문제 설정에 따라 결론으로 총괄해 두기로 한다. 그 문제 설정으로서는 ①'서구화', 즉 서구를 이상화하는 담론과 관계가 있는 에이전트는 어떠한 표상전략을 전개했을까. ②그에 따라 『여학잡지』가 그 사이에서 끌어안고 있었던 각각의 '장(場)', 즉 저널리즘, 교육, 문학, 가정에 있어서 어떠한 새로운 에토스가 형성되었는가. ③특히 결과적으로 어떠한 것이 여성의 근대화 프로젝트로서 달성되었는가/달성되지 못했는가라는 문제를 다루어 본다.

Ⅰ. 에이전트의 표상전략이라는 관점에서 본 '서구화'

1. 편집전략

잡지의 편집전략으로서 서구화는 처음부터 기독교주의 모습을 드러낸 것이 아니라 막연한 유교, 또는 종래의 모델이었던 '중국(漢)' 부정으로 나타났다. 그리고 새로운 도덕교육에 '무엇을 도입할까'라는 고민을 해결하는 과정에서 이와모토의 경력과 네트워크가 중첩되면서 야마토혼(和魂) 대신에 기독교를 도입한 점에서 『여학잡지』의 독자성이 있었다. 실제 여성을 위한 새로운 도덕교육에서 유교를 부정해버리면 그것을 대체할 수 있는 근대적 에토스에 알맞은 '야마토혼(和魂)'와 같은 것은 존재하지 않았다. 왜냐하면 그러한 내셔널적인 의식 그 자체가 문명화로 인해 새롭게 나타난 것이었기 때문이다.

『여학잡지』는 속발 붐과 기독교주의에 입각해 있었다는 점, 그리고 창간시기가 로쿠메이칸시대의 전성기였었다는 점에 의해 일방적 '서구화주의' 노선의 미디어인 것처럼 여겨져 왔는데, 잡지 편집 프로젝트는 원래 서구화로 자극받은 내셔널적인 관심에서 태동한 것이었다. 무엇보다도 기독교 이전에 근대여성으로서의 표상을 내셔널 상징으로서 황후에게 요구하려고 한 점이 그 증거이다.

따라서 『여학잡지』의 서구화란 확고한 '이즘(ism)'이 아니라 처음부터 '서구를 모방할 것/일본적일 것'이라는 시대 상황에 호응하면서 생겨난 '조정'이었다는 것이 중요하다. 또한 서구화/일본화의 축 조정과 함께 부인잡지라는 자리매김도 또한 자명한 것이 아니라, 그 타깃도 '새로운 여성독자/일반 독자(대부분은 남성 지식인층인)' 사이에서 어떻게 밸런스를 취해야만 할까를 모색하고 있었다. 그러나 그 두 개 축의 밸런스 조정 과정 속에서 여성교육서 어떻게 서구화가 받아들여질 수 있는가, 또한 저널리즘, 교육, 문학, 가정이라는 각각의 기능이 분화하는 장(場)에서 여성이라는 에이전트가 어떠한 역할을 수행해야만 했을까가 잡지의 전개 속에서 문제시 되었던 것들이다.

2. 기독교 지식인의 표상전략

그리고 그러한 편집전략의 중핵에 있었던 것은 편집인 이와모토 요시하루로 대표되는 기독교 지식인이고, 그들은 새로운 지적(知的) 집단이었다. 『여학잡지』에 관계하는 에이전트 집단은 성, 세대, 출자, 사상이나 활동영역 차이가 중첩되는 부분을 가지면서도 다른 의도로써 서구화의 표상 전략을 전개했다. 그중에서도 중핵을 담당한 기독교 지식인은 그 대부분이 사막파(佐幕派) 또는 구막신(舊幕臣)을 출자(出自)로 하는 신세대라는 특이한 백그라운드를 지니고 있었다. 그리고 『여학잡지』에서 '서구화'란 그들 지식인으로서의 자율화와 차이화의 전략이었다.

그들은 신앙으로서 기독교에 '탈'이익적인 사회개량을 지향하면서 한정된 지(知)의 자원(資源)인 영어 또는 서구 사정에 가장 정통하고 있었다는 차이화에 의해 학술적인 서클에서 중요한 위치를 차지해 갔다. 그들은 학술저널리즘에서 탁월성을 무기로 삼아 보다 일반적인 저널리즘에서도 발언력을 증대시키면서 사회개량을 이루려고 했다. 그러나 메이지20년대 정론(政論)과 일방적인 계몽 도구화로부터 자율화된 저널리즘에서 일어났는데, 이는 산업화에 움직임이었고, 그러한 움직임을 현실에 마주하자 기독교적 이상을 내세움으로써 자신을 '탈'이익화하고, 그를 통해 사회적 영향력을 지니려는 전략은 신앙의 비토착성과 과도한 이상주의라는 점에서 불가피하게 주변화 되었다.

게다가 그들의 지(知)는 관직이나 아카데미즘에서 지위를 보증하는 것도 아니었고, 기술적으로나 학술적으로 전문성에 입각한 것이 아니라는 점에서 취약성을 내포하고 있었다. 그들이 가질 수 있는 지적(知的) 리소스란 서양의 인문학적 지식이었고, 지식의 전문 분화라는 근대화의 과정 속에서 마침내 탁월성을 '어떻게 유지해야 하는가'를 따지지 않으면 안 되는 지식이기도 했다. 그러나 그 지식은 전문성으로서 이익을 취하지 않은 것으로 자신을 지식인으로 표상하는 무기로도 사용되었고, 또한 그들은 그 신앙을 배경으로 계몽적인 도덕교육을 내걸며 교육 이데올로그로서 특히 교육의 장(場)에서 중요한 위치를 차지하게 되었다.

그들이 서구를 이상화하는 담론실천은, 교육 관료를 비롯하여 기독교 신앙의 배척에도 불구하고 도덕주의와 교양주의로서 '미션 스쿨'을 중심으로 여성을 위한 중등교육에서 정착해갔다. 한편 도덕주의로부터 이반한 문학자에게도 이상주의는 문학 그 자체의 이상화라는 형태로 전화(轉化)되어 계승되었다.

3. 여성들의 표상 및 해석전략

한편 기독교 지식인의 서구화전략이 일반에게 받아들여지기 위해서는 독자를 중심으로 하는 여성 측의 해석전략에도, 서구화가 무엇인가 탁월성을 갖고 있지 않으면 되었다. 다만『여학잡지』에서 여성들의 차이화 전략은 반드시 편집인이나 집필자를 중심으로 하는 기독교 지식인의 그것과 일치하고 있었던 것이 아니었다. 오히려 잡지의 서구화 담론이 에이전트집단 각각이 다른 전략을 취하고 있었던 점에서 결과적으로 잡지의 독자성과 장점이 있었다고 말해도 좋을 것이다.

여성들에게 지지를 받은 서구화란 기독교 지식인과 공유하고 있었던 이념으로서 일부일처제나 부부의 상애(相愛)에 기반을 두는 '홈'이라는 이상이었다. 그녀들에게 폐창운동이란 창부(娼婦) 구제운동이라기보다도 오히려 '홈'이라는 이상을 자신의 가정에서 실현하기 위해 필요한 사회적 전제로서 공창제도의 부정이었다.

나아가 여성들에게 서구화의 큰 의미는 기독교 교육에 의한 여성들의 학문에 대한 긍정이었다. 메이지기에 기독교 신앙과 함께 여성의 학문은 일반 사회에서는 아직 이단적(異端的)인 위치에 있었지만, 사족 네트워크와 교육에 이해를 가진 기독교 신자 남성가족에게 지지받아, 이중의 차별화를 계승할 수 있었다는 것은 역으로 현저한 차이화의 증거였다. 실제 교풍회에 진력한 여성과 기독교 교육을 실천한 여성교육자 대부분이 기독교도 남성지도자 가족이었다. 센다이(仙台)의 유학자 가정에서 태어난 소마 곳코는 기독교에 다가간 것을 가족들이 반대했다고 말했다. 하지만 교풍회 부회장인 사사키 도요주는 소마 곳코의 외숙모였다. 원래 교회로의 접근 자체가 사족 네트워크 속에서 공인받지 못하면 이룰 수 없는 것이었다.

『여학잡지』는 문명개화에 의해 새로운 시대를 꿈꾸는 여성들에게 ‘미션 스쿨’, 더 나아가 메이지여학교라는 형태로 새로운 이상적인 학원을 선보였다. ‘미션 스쿨’에 대한 그녀들의 동경은 반드시 계몽가가 의도한 프로테스탄티즘에 기반을 두고 각고면려(刻苦勉勵), 질실강건(質實剛健)의 에토스를 그대로 받아들이는 것이 아니라 속발과 크리스마스, 교회라는 유럽풍의 물리적이고 종교적인 분위기와 관련된 것을 로망화한 것이었다. 곳코는 자전인 『묵이(黙移)』에서 그 동경의 원천을 종교적인 측면과 문학적인 측면에서 이야기하고 있었다. 특히 『여학잡지』에서 젊은 교육자, 문학자가 문학을 빌어 표현한 이상적인 연애와 결혼은 여성들에게 새로운 도덕을 로망화하여 받아들이는 것을 가능케 했다.

실제 『여학잡지』 관계자는 이와모토 자신의 결혼은 말할 것도 없고, 다나베 가호, 소마 곳코의 결혼도 이와모토의 중매나 소개로 이루어지고 있었다. 종래의 인종적인 결혼과도 그들이 무시한 성적 방종과도 다른 색체로 연애나 결혼이 학원 네트워크에서 성립된 메이지여학교는 그대로 로맨틱 러브의 무대였다고 말할 수 있는 것이다. 게다가 그 로맨틱 러브와 이상적이 '홈', 혹은 결혼을 문학에서 표현하는 것은 여성의 자기표현의 방법을 적지 않게 드러내는 것이기도 했다.

4. 기독교 지식인과 신여성들의 동상이몽으로서의 서구화

학원에서 연애를 지향하거나 문학으로 경도된 것은 외부로부터는 물론 내부의 엄격한 기독교 신자로부터도 비판의 대상이었다. 소마 곳코의 『묵이』에는 문학열에 심취해 『문학계』잡지 표지색인 자주빛 하오리(羽織)[1]와 리본을 달고 호시노 덴치(星野天知)의 별장을 방문한 여학생이 비판적으로 그려졌다(그러나 곳코도 틀림없이 그 한 명이 아니었을까).[2] 그리하여 기독교 신자의 입장에서 그러한 문학열에 빠지지 말것을 충고하는 우에무라 마사히사의 글이 소개되기도 했다.[3]

일세를 풍미하던 속발 유행도 기독교 지식인 입장에서 보면 문명화에 걸맞는 '편리・위생・경제' 관점에서 확대된 것이었다. 그러나 이상적인 '홈'의 전제가 되는 남녀의 정신적인 결합을 동경의 대상으로 삼게된 것은, 그들이 가진 계몽적 관점에서는 일탈한 것이었다. 그러나 그 일탈적인 해석전략이야말로 확고한 계몽을 논하는 그 미디어 내부

---

1) 역자주: 일본 옷 위에 입는 짧은 겉옷을 말한다.
2) 소마 곳코, 1936=1999, 44쪽.
3) 소마 곳코, 1936=1999, 111쪽.

에서 동시에 '꿈꾸게 하는 것'이 가능했다. 『여학잡지』에서 서구화는 그러한 온건한 동경으로 포장되어짐과 동시에 그 핵으로서는 엄격한 근대적 국민도덕, 가정도덕의 전달이기도 했다.

근대계몽이라는 견실한 핵을 부드럽게 로맨틱한 동경에 가탁하여 정착시키는 논리였던 것이다. 아니 역으로 그러한 동경으로부터 흘러나오는 여성의 새로운 문화나 그러한 표현을 계몽이라는 논리로 정당화하는 것이었다. 『여학잡지』가 서구화를 핑계 삼아 성취한 것은 계몽과 로맨티즘의 상호보완적인 조합을 통해 부르주아적인 가치관을 지지하는 것이었다. 즉 성적으로 순결할 것과 부부의 상애(相愛)에 기반을 두는 가정의 소중함, 남성은 밖에서 직업을 갖고 여성은 그의 아내로서 교양 있는 가정을 만들 것, 이러한 근대적 에토스가 신앙상에 애매함을 내포한 것이었음에도 불구하고 확고하게 그것을 신봉한 것은 그것이 서구라는 외부로부터 초래된 것으로서 끝없는 동경을 꿈꾸게 했기 때문인 것이다.

물론 속발에서 어쩌다가 일치한 계몽과 유행이라는 동상이몽은 잡지에서 항상 실현할 수 있었던 것은 아니었고, 계몽가가 제안하는 검소한 가사일에서는 여성 측에서 보면 그 탁월함에 만족할 수 없었기 때문에 그들이 기대하는 것 같은 정착을 볼 수는 없었다. 그렇다고 하더라도 '홈'의 에토스를 동경으로 받아들였다면 그것으로 충분한 것이었다.

기독교의 성별본질주의에는 도덕만 몸에 익히게 된다면 설령 그 시점에서 가사에 실질적인 관심이 없다고 하더라도 자연히 그곳으로 이끌려간다고 보았다. 그렇기 때문에 관제(官製)의 여성교육이 기를 쓰고 재봉과 가사를 가르치려하는 것을 무시하고, 도덕만 몸에 익히게 된다면 가정을 갖게 됨과 동시에 그것에 부수되는 많은 여성들의 역할을 자연스럽게 사명감으로 받아들여지게 된다고 본 것이다. 따라서 그와 같은 도덕기반을 만드는 것, 그것이야말로 기독교 여성교육이 지향한 것이었다.

Ⅱ. 표상전략으로서 서구화가 귀결한 '장(場)'의 에토스

각각의 표상전략으로서 전개된 서구화담론은 그 자체 종래 주변화되어 있던 에이전트, 즉 청년층과 구막부 쪽에 속하는 사람들, 그리고 여성이 자신의 아이덴티티를 확보하는 '장'을 새롭게 구축하는 실천이었다. 그리고 그 실천은 메이지 변혁기에 각각의 장(場)에서 자신의 이상과 도덕적 가치관을 어떻게 실현할지, 그것을 둘러싼 문제 그것들이었다.

우선 저널리즘이라는 언론장에서는 정치와 분리하여 자율적인 영역을 확보해가는 과정에서 기독교 지식인들은 그러한 장을 기독교에 기반을 둔 사회개량을 널리 전파하는 장(場)으로 활용하려 했다. 그러나 저널리즘의 자율화는 동시에 산업화를 동반하고 있었기 때문에 그들의 '탈'이익적인 이상은 일반 국민을 독자 대상으로 하는 신문의 논조로부터 공격을 받고 배제되었다.

한편 저널리즘에서 주변화 된 기독교 지식인의 서구화담론은 도덕이 지배하는 교육의 장에서는, 관(官)에서 실시한 기독교 신앙 탄압에도 불구하고 일정한 지위를 구축하게 되었다. 그것은 첫째 사회의 상층부에서는 서양의 지식이 차이화의 지표로서 기능하고 있었기 때문이고, 둘째 기독교 지식인들은, 서구화를 지향하지만 강력한 애국심을 가졌으며 높은 윤리성을 겸비하고 있었고, 신앙문제만 따로 떼어둔다면 근대 에토스의 전달자로서 적당한 존재였기 때문이다. 그러한 교육자 중 대표적인 존재가 니토베 이나조였다. 니토베는 서양적 교양이 도덕을 향상시킨다고 보았다. 특히 교육의 목적이 사회적(직업적) 영달에 있는 것이 아니라 인격적 완성을 위해 있는 것이라는 수양주의, 더 나아가 교양주의를 제일고등학교 학생들과 여학생, 그리고 미디어를 통해 일반 국민 사이로 확산시키는 역할을 수행했다.

그들의 사상 침투도가 '장'에 따라 다른 전개를 보이는 것은, 그들의 전략 리소스가 각각의 '장'을 지배하는 룰(rule)에 얼마나 유리하게 관여할 수 있는가라는 점과 관련되고 있었다. 즉 산업화를 지향하는 저널리즘에 있어서 '탈'이익화 된 이상주의는 그것이 어떠한 서양적인 지식의 권위를 지니는 것이었든 주변화를 피할 수는 없었는데, 도덕이 지배하는 교육장에서는 그들의 도덕적 가치관, 특히 기독교 지식인이 처음부터 품고 있었던 애국심과 이익을 요구하지 않는 '헌신'은, 신앙부분만 소거하면, 오히려 교육장에서는 유효한 자원이었다. 그들의 이상이 저널리즘에서는 주변화되고, 교육에서는 수신과 인격・교양주의로 계승되는 상태, 거기에는 이상과 사회개혁을 과도하게 비판하면서, 잘못하면 자신도 비난의 대상도 되는 일본의 저널리즘의 양상에 대한 문제와 개인의 자유 발현을 도덕지배로 억누르려는 일본의 교육문제가 연결되어 있는 것이다. 말할 필요도 없이 기독교 지식인들은 전자의 희생자임과 동시에 후자의 문제에 관해서는 의도하지 않은 가담자였다.

게다가 그들의 이상주의는 문학과 가정이라는 두 개의 장에서 여학생이라는 에이전트를 개재(介在)시키면서 양극단적인 귀결을 유도했다. 즉 문학에서 그 이상주의는, 문학 그 자체로 전위(轉位)시키고 최종적으로는 도덕을 초월하는 것으로서 순화해 가는 한편, 가정에 있어서의 이상적인 '홈'은 보다 일반적인 '근대가족'의 욕망으로 전화되어갔다. 그것은 도덕에 지지를 받으면서 교육의 연장 및 실천으로서 성별분업을 전제로 하는 가사일과 연결되어갔다. 즉 청교도주의 도덕에 바탕을 둔 거소한 가사일의 가르침은 『여학잡지』에서는 유효성을 갖지 못해는데, 그것은 후계자로서 하니 모토코의 『가정의 벗』과 『부인의 벗』의 편집경험을 거쳐 그 노하우를 산업화된 저널리즘에 살리는 것에 성공한 이시카와 다케미의 『주부의 벗』에 의해 가정실용잡지, 즉 부인잡지라는 장르가 확립되었던 것이다. 그리고 그러한 미디어 장르의 확립에 따라 '계몽가와 국가'를 '사회'로 본다면, 그 '사회'로부터 가정으로 보다 치밀한 교화와 개입이 가능하게 되었던 것이다.

『여학잡지』는 따라서 문학미디어와 부인잡지 미디어라는 두 개의 상반된 벡터의 출발점이 되었다. 그것은 도덕을 초월한 문학의 아레나(Arena)에서 젠더 정치학을 문제화한 『청탑(青鞜)』[4]과 같은 방향성이

4) 본론에서는 자세히 언급할 수 없었지만 종래의 성도덕에 대해 이의 신청을 제기한 문예잡지 『청탑』에서도 도덕 지향이 완전히 불식되고 있었던 것은 아니었다. 무타 가즈에(牟田和恵)가 지적하듯이 『청탑』을 중심으로 활약한 '신여성'들에게서도 청교도주의에서 의한 순결관념은 유교적인 남존여비에 대항하는 담론으로서 보다 더 주체적으로 내면화되었다. 이것은 동시대 영미의 'New Women'이라 불리는 혁신적인 여성들이 성의 이중기준에 기반을 두고 성도덕의 강요에 반발한 것과는 대조적인 것이었다(무타 가즈에〈牟田和恵〉,

고, 다른 한편으로는 실용부인잡지와 소녀잡지가 '여학교와 연결된 학교 문화와의 친화성' 및 '과도한 도덕주의와 로망화 된 서구'의 공존이었다.

Ⅲ. 여성의 근대화 프로젝트로서 『여학잡지』의 서구화

앞장에서 결론지은 서구화의 표상전략과 장(場)의 논리와의 관계에서 『여학잡지』가 '서구화'에서 이룬 여성의 근대화 프로젝트를 평가한다고 하면, 그것은 어떠한 것을 성취할 수 있었으며 또한 어떤 한계를 갖고 있었다고 말할 수 있을까.

1. 미디어와 교육과 여성이라는 에이젠트의 현재화

최초의 본격적인 부인잡지이면서 아니 오히려 그런 까닭으로 평론잡지, 교육잡지, 문예잡지, 가정실용잡지라는 미분화된 미디어의 장르를 그 내부에 갖고 있던 『여학잡지』는 그 각각의 장르에서 여성이라는 새로운 에이전트를 현재화시켰다. 또한 그 장(場)에서 여성의 자리매

2004).

김을 모색하는 것으로 장르의 분화를 촉구했던 점에서 잡지 미디어의 근대화에서도 특이한 역할을 수행했다고 말할 수 있다.

우선 무엇보다도 여성이라는 에이전트의 현재화는 근대편성에서 여성의 배제에도 불구하고 저널리즘, 문학세계에서 여성의 존재를 무시할 수 없게 만들었다. 물론 그곳에는 호기(好奇)의 대상으로서 '여성'이라는 시선이 불가피하게 존재했는데, 어쨌든 '여성'은 미디어에서 요설(饒舌)로 이야기되는 주제(主題)가 되었을 뿐만 아니라 스스로를 이야기하는 주체도 되었던 것이다.

그 여성을 이야기하는 주체로 등용시킨 것은 편집인 이와모토가 당시의 영미 여성잡지를 모방하여 여성들에게 장려한 문학이었다. 교육계에서 소설 유해론이 주류였던 시대에 기독교 사회개량이라는 입장에서 여성에게 문학의 길을 제시한 것은 이와모토의 의도를 뛰어넘어 문학조류를 결정지었다. 하나는 도덕으로부터의 이반에 의한 문학장의 형성이고, 다른 하나는 문학에서 젠더 정치학의 문제화이다.

기독교 개량주의 속에서 존재했던 문학에서 이상주의는, 신세대 문학청년을 중심으로 '문학' 그 자체를 이상화로 치환하는 것으로 지식인의 '탈'이익적인 모습을 작가의 모습으로 치환시켰다. 게다가 '사회를 위한 문학'이라는 『여학잡지』의 개량주의적 문학관은 사회에서 여성모습을 문제화하는 시점을 포함하여 '사회에서 문학이란 무엇인가'라는 근원을 묻는 물음을 야기시켰다. 그렇기 때문에 거기서 『문학계』를 발단으로 하여 형성되어 온 순수문학이라는 장은 그 출자부터 본래 남성의 독점적인 장은 아니었던 것이다. 왜냐하면 사회와 문학의 관계에 대한 물음이나, 더 나아가 문학 그 자체의 이상화는 여성과 문학의 새로운 관계를 모색하는 다양한 실천 속에서 생겨난 것이었기 때문이다.

결국 여성에게 열려진 문학이라는 사회 실천의 장은 처음부터 여성의 참여없이는 구축될 수도 없었던 것이다. 그렇기 때문에 젠더 정치학에 대한 물음은 『청탑』처럼 때로는 문학에서 일탈하는 형태를 가지면서도 늘 문학장으로부터 발생하게 되는 것이었다. 그리고 그러한 움직임에 앞서 그것을 소설의 형태로 결정한 것은 '여학 문학'을 계승한 히구치 이치요였다고 말할 수 있다.

게다가 그러한 '이야기하는 주체'가 된 여성들을 배출하고 또는 '문학의 독자'가 되어 문학장을 잉태한 것은 메이지여학교를 중심으로 하는 기독교주의 여학교였다. 메이지여학교는 기독교적인 도덕교육을 지식인들이 자신의 양학숙(塾)에서 체험한 인격적 유대에 기반을 둔 직접적 교육, 즉 제도화되지 않는 사숙에 가까운 형태로 실천하고 있었던 것으로 메이지 시기에 여성을 위한 둘도 없는 이상적인 학원으로 출현했던 것이다.

서구에 대한 로망화와 함께 여성들을 이 학원으로 이끈 또 다른 요소는 인격 교육이었다. 그것은 기존 잡지가 가진 관료화나 제도화되지 않은 잡지의 모습이었다. 시험을 위한 공부에 대해 경고 하고, 월반이나 입학, 졸업을 유연하게 해주면서 "유능한 졸업생이 조수나 조교가 되어 이들 조수, 조교가 열심히 수업을 맡고, 학생으로서 배우기도 하며 수업상의 사무를 처리하고, 학습상 빈틈없는 훈련을 실시하여 권위있는 강의는 외래의 동정자에 의해 운영하고 있었던"[5] 교육은 이상을 공유하는 자발적인 지식 네트워크에 뿌리를 내린 교육이었다. 그러한 교육은 막부말기의 사숙 이래 일본 사학(私學)의 원류를 이루는 것인

---

5) 아오야마 나오, 1970, 586쪽.

데[6] 『여학잡지』는 여성을 위해 그와 같은 학원이 존재하는 것을 선전하고 있었던 것이다. 이와모토는 여학생을 위해 결혼상대까지도 찾아주고, 또한 혼례 때에는 주례의 수고를 나서서 하는 그런 교육실천에 대해 다음과 같이 말하고 있다.

> 남성 졸업생을 위해서는 출근 근무 방법을 알선해 주지 않으면 안 됩니다. 여성 졸업생을 위해서는 혼담 또는 장래 수양방법을 상담하지 않으면 안 됩니다. 교사가 그런 일까지 하는가라고 말하는 사람이 있습니다만, 그것은 잘 모르시는 말씀입니다. 남성의 출근 근무는 마음대로 변할 수도 있습니다만 여성의 혼담 등은 그렇지 않습니다. 일생의 가장 큰 중대사이기 때문에 충분히 주의를 주지 않으면 안 됩니다. 남편을 섬기지 않으면 불상을 만들어 놓고 눈을 끼우지 않은 것처럼 됩니다.[7]

이와 같은 교육태도는 오늘날 시점에서 보면 온정주의(paternalism)에 불과하다고 말할 수 있을지도 모른다. 그러나 이러한 교육자 한 명 한 명의 생각으로 가득 찬 극진한 교육은 인격적인 유대를 느끼게 하는 것이었고, 이와 같은 교육실천은 잡지 미디어를 통해 향학심을 가진 여성들의 공감을 불러 일으켰다.[8] 다만 그러한 교육은 기묘하게도

6) 요시미 슌야, 2011, 114쪽.

7) 「한 여학교 교사의 술회」, 1900년 1월 25일, 504호.

8) 아오야마는 인격적인 이와모토의 교육태도를 평가하며 다음과 같이 논했다. 이와모토의 이상(理想)과 같은 말은 실천으로 뒷받침되고 있었다. 소마 곳코는 『묵이(黙移)』 안에서 여러 옛 스승을 비판하고 있는데, 그녀가 난신(南信)의 구(舊) 집안의 구습 속에서 결혼생활에 상처를 받고 남편과 함께 상경하여 혼고(本鄉)에 있는 대학 앞에서 작은 빵집을 개점하고 주위의 걱정하는 시선을 받고 있었을 때 이와모토가 방문하여 위로해주었는데, 이에 대한 기쁨과 감사는 죽을 때까지 잊을 수 없을 것이다. 구보 히루요가 아오야나기 유비(青山有美)와

이와모토의 이야기 속에서 분명하게 나타나는 것처럼 대부분의 경우 여성을 사회적 자립으로 이끄는 교육보다도 결국은 교양 있는 가정부인을 온당한 것으로 하는 양처현모주의로 귀결하는 한계성이 있었다.

2. 여성의 근대화 프로젝트와 기독교 지식인의 한계

여성교육, 특히 여성고등교육의 필요성을 일찍부터 제창하면서 전문지식보다도 도덕을 중시한 교육이, 결국 서양적인 교양 있는 가정부인을 만들어내는 것에 기여했다는 사실은, 결과적으로 성별역할분업을 전제로 하는 여성의 근대화 프로젝트의 관철을 의미했다. 여성교육뿐만 아니라 기독교에 기반을 둔 도덕교육은 신앙 그 자체가 희박했음에도 불구하고 직업적, 사회적 영달을 지향하지 않는 인격 도야를 위한 교양주의 교육, 즉 도덕에 의해 국민이 순치하는 형태로 사회에 침투시켰다.

결혼식을 올렸을 때 미야기(宮城)의 생가에서 아오야나기의 고향 아키타(秋田)로 하루요의 아버지와 중매인으로서 행동을 함께 한 이와모토의 짚신을 신은 모습은 하루요의 아버지와 함께 모두에게 잊을 수 없는 이야기일 것이다. 이와모토는 그렇게 행동하는 사람이고 또한 할 수 있는 사람이었다. 곳코와 하루요 이외에도 이러한 추억을 갖고 있는 학생은 더 있었을 것이다. 멀리 고향을 떠나 공부하는 여학생의 마음에 오가는 향수와 비애를 위로해주고 격려해준 그에 대한 기억은 모든 학생이 갖고 있었을지도 모른다(아오야마 나오〈青山なを〉, 1970, 643쪽). 여기서 논하려고 하는 것은 이와모토가 행한 교사로서의 친절함이 아니고 인격도 아니다. 그가 이처럼 여학생 한 명 한 명에 대한 친절함은 직접적으로 메이지여학교에 다니지 않는 여학생·여성들도 지면을 통해 느낄 수 있는 것이었음에 틀림없다.

결과적으로 기독교는 그 촉매역할을 수행한 것에 지나지 않았는데, 그럼에도 불구하고 그것은 하나의 이상으로 제시되었다. 그속에는 서구적인 것에 대한 '동경'을 내포하고 있었기 때문에 양처현모주의를 '진보적인' 것으로 파악하는 가치관을 강하게 지지하는 역할을 수행한 것이다. 19세기말에는 영미에서 페미니스트들이 기독교에 기반을 두는 성별자본주의, 즉 성별역할분업과 성규범에서 더블 스탠다드에 대한 비판의 목소리를 드러내고 있었음에도 불구하고 일본에서 전후(前後)에 이르기까지 '평등이질론'을 바람직한 규범으로서 강하게 믿어온 이유는 '순결'·'연애'·'가정', 특히 '교양'이 끊임없이 옥시덴탈리즘적인 로망화를 동반하여 상기되고 있었기 때문이다. 그러한 로맨티즘을 끊임없이 여성들에게 갖게 한 것은 '미션 스쿨'을 정점으로 하는 학원문화, 그리고 그것과 친화적인 '서구적인 것'으로 채색된 소녀잡지와 부인잡지였다.

『여학잡지』를 출발점으로 하는 여성들의 서구에 대한 동경이란, 근대국가를 위한 시민 사회적 에토스를 몸에 익히게 하는 것으로서 도입한 남성지식인에 대한 응답이었다. 남성지식인들은 보수파·혁신파를 불문하고 이 도덕을 '전통의 날조'에 의한 토착과의 타협이라는 입장에서 도입하려고 한 것인데, 『여학잡지』를 지지하는 여성들은 오히려 이 새로운 도덕을 받아들이기 위해 토착으로부터의 이탈을 지향했다. 엄격한 기독교 지식인은 때로 꿈꾸는 것 같은 이탈 지향을 유행과 사치, 경조부박이라며 비판했다. 그렇지만 이 동경이야말로 역설적으로 교육에 의해 배양하려는 것이 지식이라기 보다 에토스였다는 점에서 보다 중요했다. 즉 외부로부터 다가온 끝없는 동경은 실천 레벨에서 그녀들에게 차이화의 매력을 갖지 않았던 검소한 가사일이라는 에토스를 어딘지 모르게 로맨틱한 것으로 받아들이게 했기 때문이다.

신앙이 소거된 '서구화'를 통해 여성의 근대화 프로젝트 관철, 그것은 말할 것도 없이 기독교 지식인이 처음에 생각하고 있었던 이상과도 또 다른 것이었다. 여기서 검토되지 않으면 안 되는 것은 그들의 이상주의가 내포하고 있었던 한계점이다. 그 한계란 첫째 그 이상주의가 결국 타자를 교화하는 도덕이라는 모습으로부터 탈각할 수 없었다는 점이다. 둘째 그 이상주의에서 늘 그려지고 있었던 것은 실태로서의 서구가 아니라 우위성을 전제로 한 참조 원리로서의 서구였다는 점이다. 본래 스스로에게 부과해야만 하는 이상주의 즉 '탈'이익적인 모습이 '희생・헌신'을 가르치는 교육으로서 실천된다면 타자에 대한 교화로 쉽게 전화될 위험성을 내포하고 있었다. 그와 더불어 그들의 종교적・교육적 정열 또한 일본의 문명화를 위한다는 도구적 측면이 존재했다는 점도 부정할 수가 없다.

더 나아가 서구를 모델로 하여 그것을 본질화 하는 것은 그러한 사회도 또한 모순과 문제를 내포하면서 '진보하고 있는 세계'에 불과한 것이라는 점을 깨닫지 못하게 했다. 여학생의 경조부박한 서구지향을 비판한 그들도 역시 반드시 서구의 현실을 직시하고 있었던 것이 아니라, 자신이 '보고 싶다'고 생각하는 서구를 '기독교 안에서 보고 있었던 것'이다. 그렇기 때문에 기독교는 황실과도 내셔널리즘과도 또한 무사도와도 병존 가능했던 것이다.

본서에서는 충분히 언급할 수 없었지만 거기에는 여성 문제뿐만 아니라 아시아에 대한 식민지주의에 대한 접근 방법이라는 문제점도 포함되어 있다. 그들은 인종차별과 이문화에 대한 서구의 몰이해를 선교사의 언동에서 강하게 느꼈음에도 불구하고, 아시아의 식민지에 대해서는 그것과 동일한 시선으로 보고 있었던 것이다. 그와 더불어 그러한 '발달된 서구'의 본질화는 서구적인 것과 일본적인 것 사이에서 '중정(中正)'을 지향하는 그들에게 '너무 나아가는 것'을 억제하는 척도가 되었다. 그 한계는 구막파의 사족이라는 그들의 출자가 깊이 관련되어 있다. 즉 관직과 재산에 혜택을 받지 못했다고 해도 그들이 받은 교육을 받았다는 것에서 사회를 주도하는 입장이라고 생각하는 아이덴티티는 버리기 어려웠고, 패자 측에 속하는 신분으로서 삿초(薩長)[9]를 중심으로 하는 관(官)을 상대화하기 위해 외부의 서구라는 심급(審級)이 필요했기 때문이다.

결국 『여학잡지』에서 서구화란, 계몽하는 지식인에게도, 그것에 찬동하는 여성들에게도 문맥은 달라도 서구의 실태를 둘러싼 담론이라기보다도 그 우위성에서 자신의 치이화를 보증하는 참조 축으로서 기능하고 있었던 것이다. 그리고 다른 문맥에서 '서구화'는 예기치 않게 일본의 성별역할분업에서 강고한 신앙을 창출해낸 것이다.

9) **역자주:** 사쓰마번(薩摩藩)과 죠슈번(長州藩)을 합친 말로 도쿠가와(德川)말기에서 유신에 걸쳐 이 두 지방의 출신자가 막부타도와 신정부 수립의 중심이 되어 활약했다.

Ⅳ. 맺음말

기독교 지식인이 제창한 '도덕'은 니토베 이나조의 『무사도』가 전형적인 것처럼 오늘날 여전히 교육과 국가재생의 카드로서 찬양된다. 그러나 이러한 내셔널리즘은 서구와의 대항이라는 구도 속에서 '날조된 전통'으로 만들어진 것이라는 점은 이미 살펴본 대로이다. 또한 도덕에 의한 교화를 중시하는 것으로 시종일관하는 교육을 보면, 그것이 어떠한 이상을 제시하는 것이든, 그것이 보수성으로 회귀할 뿐 창조적인 문제 해결은 만들어낼 수 없었다. 시대의 전환기에서 기독교 지식인으로부터 배워야 했던 것은 그러한 '전통'과 도덕 교화가 아니라 '탈'이익적이고 자발적인 지식의 네트워크의 구축과 미디어를 통한 언론에 의한 사회개혁이 어떻게 가능할까라는 점의 모색일 것이다.

이때 내건 '이상'이란 실태 없는 외부 참조가 아니다. 전 세계가 국경을 초월하여 공통의 문제를 안고 있는 글로벌화한 시대에 내셔널리즘이든 옥시덴탈리즘이든 여전히 외부와의 우열(優劣)을 가정하여 이상을 말하는 것은 아무런 성과도 없다.

본서에서는 그러한 '아무런 성과 없음'을 문제의식으로 삼고 있기 때문에 그들이 기독교에서 본 이상(理想)을 그대로 받아들이지 않고, 그 함정을 보여주기 위해, 이미 정착한 그들의 운동에 대한 평가를 탈구축하는 형태로 논의를 진행시켜왔다. 그러나 이상과 '탈'이익적인 지식인이라는 모습 그 자체가 비판받아야만 하는 대상인 것은 아니다. 말할 것도 없이 서구화의 이상주의를 비판하는 것은, 이상(理想) 그 자체를 해체하기 위한 것은 아니다. 그것이 아니라 그 이상을 가상(假象)으로 요구하지 않을 것, 그리고 이를 타자 교화라는 '도덕'에서 타자와 공존하는 '윤리'로 전화시킬 가능성을 찾고, 현상에 대한 이성적인 물음을 낳는 이상(理想) 본래의 가치를 재생시키기 위해 가상에 기반을 둔 이상주의를 비판적으로 해독해야만 한다는 것이다.

참고문헌

赤江達也, 「'ためらう'身體の政治學─內村鑑三不敬事件, あるいは國家の儀禮空間と(集合的)身體・論」, 『年報社會學論集』17, 2004, pp.1-12.

天野正子, 「婚姻における女性の學歷と社會階層─戰前期日本の場合」, 『教育社會學研究』42, 1987, pp.70-71.

Anderson, B, Imazined Communities: Reflections on the Origin and Spread of Nationalism, Verso: London and New York(白石さや・白石隆譯, 『定本 想像の共同體』, 書籍工房早山, 2007), 2006.

青山なを, 「『女學雜誌』解說」, 『複製版 '女學雜誌' 別冊1』, 臨川書店, 1967.

_________, 『明治女學校の研究』, 慶應通信, 1970.

_________・野辺地淸江・松原智美, 『女學雜誌諸索引』, 慶應通信, 1970.

Aries, P., L'enfant et la vie Familiale sous l'ancien regime, Plon(杉山光信・杉山惠美子譯, 『〈子供〉の誕生』, みすず書房, 1980), 1960.

有山輝雄, 『德富蘇峰と國民新聞』, 吉川弘文館, 1992.

_________, 『'中立'新聞の形成』, 世界思想社, 2008.

Bacon, A., A Japanese Interior Houghton, Mifflin & Co.: Boston and New York(久野明子譯, 『華族女學校教師の見た明治日本の內側』, 中央公論社, 1994), 1891.

_________, A Japanese Girls and Women, Houghton, Mifflin and

Company: Boston and New york(矢口祐人・砂田惠理加譯, 『明治日本の女たち』, みすず書房, 2003), 1902.

Banks, J.A. and Olive., Feminism and family Planning in Victorian England, Schocken Books: New York(川村貞枝譯, 『ヴィクトリア時代の女たち』, 創文社 1980, 1964.

Beetham, M., A Magazine of Her Own?: Domesticity and Desire in the Woman's Magazine, 1800-1914, Routledge, 1996.

Beetham, M. and Boardman, K., Victorian Women's Magazines, Manchester University Press, 2001.

Benjamin, W., (「雜誌'新しい天使'の豫告」, 野村修編, 『新しい天使 ヴァルター・ベンヤミン著作集13』, 晶文社 1979), 1921-22.

Bourdieu, P., Choses diyis, les Editions de Minuit: Paris(石崎晴己譯, 『構造と實踐』―ブルデュー自身によるブルデュー, 新評論, 1988), 1987.

Bourdieu, Les regles de l'art: Genese et structure du champ Litteraire, Editions de Seuil: Paris(石井洋二郞譯, 『藝術の規則Ⅰ』, 藤原書店 1995, 『藝術の規則Ⅱ』, 藤原書店, 1996), 1992.

Cannadine, D., "The context, performance and meaning of ritual: The British monarchy and "the Invention of Tradition"", in Hobsbawm, E. and Ranger, T. eds., The Invention of Tradition, the Press of University of Cambridge(辻みどり・三宅良美譯, 「コンテクスト, パフォーマンス, 儀禮の意味―英國君主制と「傳統の創出」, 1820-1977年」, 前川啓治・梶川影昭他譯, 『創られた傳統』, 紀伊國屋書店, 1992, pp.163-258), 1983.

Carrier, J. G., "Introduction", James G. Carrier ed. Occidentalism: Images of the West, Oxford University Press, 1995.

Chartier, R., 福井憲彦譯,『讀書の文化史―テクスト・書物・読解』, 新曜社, 1992.

Davidoff, L. and Hall, C., Family Fortune: Men and Women of the Middle Class 1780-1850, Hutchinson ltd.: London, 1987.

土肥昭夫,「近代天皇制とキリスト教」, 富阪キリスト教編,『近代天皇制の形成とキリスト教』, 新教出版社, 1996.

Donzelot, J., La Police des Familles, les Editions de Minuit: Paris (宇波彰譯,『家族に介入する社會―近代家族と國家の管理裝置』, 新曜社, 1991), 1977.

Douglas, A., The Feminization of American Culture, Alfred Knopf: New York, 1977.

Fish, S., Is There a Text in This Class?: The Authority of Inperative Communities, Harvard University Press: Cambridge Massachusetts(小林昌夫譯, 『このクラスにテクストはありますか』, みすず書房, 1992), 1980.

藤目ゆき,「近代日本の公娼制度と廢娼運動」, 脇田晴子, S・B・ハンレー編,『ジェンダーの日本史 上』, 東京大學出版會, 1994.

藤田美實,『明治女學校の世界―明治女學校と'女學雜誌'をめぐる人間群像とその思想』, 青英舍出版, 1984.

深穀昌志,『增補 良妻賢母主義の教育』, 黎明社, 1981.

福田須美子,『つながりあう知―クラスと明治の女性たち』, 春風社, 2009.

福井純子, 「京都滑稽家列傳」, 『國際言語文化研究紀要』 9-5・6, 1998, pp.149-166.

福澤諭吉,『女大學評論・新女大學』, 時事新報社, 1899.

________, 『福澤諭吉全集 第5巻』, 岩波書店, 1959.

________, 『福澤諭吉選集 第9巻』, 岩波書店, 1981a.

________, 『福澤諭吉選集 第12巻』, 岩波書店, 1981b.

二葉亭四迷, 『あひびき』, 『現代日本文學全集1 坪内逍遙・二葉亭四迷集』, 築摩書房, 1888=1956.

________, 『浮雲』, 岩波文庫, 1887-1889=2005.

羽仁もと子, 『半生を語る』, 日本圖書センター, 1928=1997.

Heilmann, A. and Beetham, M.ed., New Woman Hybridities: Femminity, feminism and international consumer culture, 1880-1930, Routledge: London, 2004.

樋口一葉, 『にごりえ・たけくらべ』, 岩波書店, 1896=1999.

________, 前田愛・野口碩編, 『全集 樋口一葉③ 日記編』, 小學館, 1891-1896=1979.

平石典子, 『煩悶青年と女學生の文學誌―'西洋'を讀み替えて』, 新曜社, 2012.

平川祐弘, 『和魂洋才の系譜―内と外からの明治日本』, 河出書房新社, 1976.

________, 『天ハ自ラ助クルモノヲ助ク―中村正直と『西國立志編』』, 名古屋大學出版會, 2006.

平田由美, 『女性表現の明治史―樋口一葉以前』, 岩波人文書セレクション, 1999=2011.

ひろたまさき, 「近代エリト女性のアイデンティティと國家」, 脇田晴子, S・B・ハンレー編, 『ジェンダーの日本史 下』, 東京大學出版會, 1995.

Hobsbawm, E., "Introduction: inventing traditions", in Hobsbawm, E. and Ranger, T. eds., The Invention of Tradition, the Press of University of Cambridge(前川啓治譯, 「序論―傳統

は創り出される」, 前川啓治・梶川影昭他譯, 『創られた傳統』, 紀伊國屋書店, 1992), 1983.

本田和子, 「「女學雜誌」における'兒藍'」, 『お茶の水女子大學女性文化資料館報』2, 1980, pp.31-43.

＿＿＿＿＿, 『女學生系譜・增補版―彩色される明治』, 青弓社, 2012.

堀啓子, 「名作は誰のもの？―アメリカの讀み捨て本vs明治文學の金字塔」, 助川幸逸郎・堀啓子編, 『21世紀における語ることの倫理 '管理人'のいない場所で』, ひつじ書房, 2011.

飯田祐子, 『彼らの物語―日本近代文學とジェンダー』, 名古屋大學出版會, 1998.

＿＿＿＿＿, 「'女'を構成する軋み―『女學雜誌』における'內助'と'女學生'」, 小林陽一他編, 『岩波講座 近代日本の文化史2 '近世'』, 岩波書店, 2001.

＿＿＿＿＿編, 『『青鞜』という場―文學・ジェンダー・'新しい女'』, 森話社, 2002.

今田繪裏香, 『'少女'の社會史』, 勁草書房, 2007,

井野瀨久美惠, 『女たちの大英帝國』, 講談社現代新書, 1998.

井上輝子, 「'女學'思想の形成と轉回」, 『東京大學新聞學研究所紀要』17, 1968, pp.35-62.

＿＿＿＿＿, 「『女學雜誌』の執筆者構成―明治20年代ジャーナリズム構造解明のための試論」, 『出版研究』2, pp.96-137, 1971.

犬塚都子, 「明治中期の'ホーム'論―明治18-26年の『女學雜誌』をてがかりとして」, 『お茶の水女子大學 人文科學紀要』42, 1989, pp.49-61.

色川大吉, 『明治の精神』, 岩波書店, 1968.

＿＿＿＿＿, 『明治の文化』, 岩波書店, 1970.

＿＿＿＿＿, 『近代日本の思想家6 北村透谷』, 東京大學出版會, 1994=2007.

石原千秋, 『100年前の私たち—雑書から見る男と女』, 講談社現代新書, 2007.

石井研堂, 『明治事物起源 上』, 春陽堂, 1944.

磯崎嘉治, 『岩本善治—女學雜誌派連環』, 共榮社出版, 1974.

岩淵宏子・北田幸惠・長穀川編, 『編年體近代現代女性文學史』, 至文堂, 2005.

岩堀容子, 「明治中期歐化主義思想にみる主婦理想像の形成—『女學雜誌』の生活思想について」, 脇田晴子, S・B・ハンレー編, 『ジェンダーの日本史 下』, 東京大學出版會, 1995, pp.459-487.

和泉憐子, 『樋口一葉 その人と作品—美等利の苦悩 遊郭吉原の黒い淵』, 鬱朋社, 2004.

香川由紀子, 「女學生の絆—明治20年代の『女學雜誌』掲載小說を通して」, 『言葉と文化』9, 名古屋大學大學院國際言語文化研究科日本言語文化專攻, 2008, pp.89-103.

亀田春枝, 「明治母の會と羽仁もと子—『家庭之友家計簿』出版をめぐって」, 近代女性文化史研究會, 『婦人雜誌の夜明け』, 大空社, 1989.

亀井秀雄, 『'小說'論—『小說神髓』と近代』, 岩波書店, 1999.

_________, 『明治文學史』, 岩波書店, 2000.

菅聰子, 「解說」, 『にごりえ・たけくらべ』, 岩波文庫, 1999.

_________, 『メディアの時代—明治文學をめぐる狀況』, 雙文社出版, 2001.

金井景子, 「自畫像のレッスン—『女學世界』の投稿記事を中心に」, 小森陽一・紅野謙介・高橋修編, 『メディア・表象・イデオロギー—明治30年代の文化研究』, 小沢書店, 1997.

金子朋雄, 「'家庭小說'と讀むことの帝國—『己が罪』という問題領域」, 小森陽一・紅野謙介・高橋修編, 『メディア・表象・イデオロギー—明治30年代の文化研究』, 小沢書店, 1997.

神崎清,『吉岡彌生傳』, 日本圖書アートセンター, 1941=1998.

片野眞佐子,「近代皇後像の形成」, 富阪キリスト教編,『近代天皇制の形成とキリスト教』, 新教出版社, 1996.

________,「天皇制國家形成下のキリスト教者一斷面—岩本善治の人間觀をめぐって」,『日本史硏究』230, 1981, pp.1-22.

加藤秀俊・前田愛,『明治メディア考』, 中央公論社, 1980.

川合隆男,「近代日本社會學史硏究と布川孫市の社會學」,『法學硏究』66-3, 慶應義塾大學, 1993, pp.1-37.

川本靜子,『'新しい女たち'の世紀末』, みすず書房, 1999.

川村邦光,『オトメの祈り—近代女性イメージの誕生』, 紀伊國屋書店, 1993.

________,『オトメの身體—女の近代とセクシュアリティ』, 紀伊國屋書店, 1994.

________,『オトメの行方—近代女性の表象と鬪い』, 紀伊國屋書店, 2003.

河村貞枝,『イギリス近代フェミニズム運動の歷史像』, 明石書店, 2001.

川嶋保良,『婦人・家庭欄こと始め』, 青蛙房, 1996.

木村涼子,『'主婦'の誕生—婦人雜誌と女性たちの近代』, 吉川弘文館, 2010.

北田幸恵,『書く女たち—江戶から明治のメディア・文學・ジェンダーを讀む』, 學藝書林, 2007.

小平麻衣子,『女が女を演じる—文學・慾望・消費』, 新曜社, 2008.

近藤富枝,『鹿鳴館貴婦人考』, 講談社, 1980.

紅野謙介,『書物の近代—メディアの文學史』, 築摩書房, 1999.

小山靜子,『良妻賢母という規範』, 勁草書房, 1991.

________,「家族の近代—明治初期における家族の變容」, 西川長夫・松宮秀治編,『幕末・明治期の國民國家形成と文化變容』, 新曜社, 1995.

________,『家庭の生成と女性の國民化』, 勁草書房, 1999.

李孝德, 『表象空間の近代―明治‘日本’のメディア編制』, 新曜社, 1996.

前田愛, 『都市空間のなかの文學』, ちくま學藝文庫, 1982=1992.

_________, 『近代讀者の成立』, 同時代ライブラリー, 岩波書店, 1973=1993.

松本三之介, 『明治精神の構造』, 岩波現代文庫, 1993=2012.

三橋修, 『明治のセクシャリティ』, 日本エディタースクール出版部, 1999.

三鬼浩子, 「明治婦人雜誌の軌跡」, 近代女性文化史研究會, 『婦人雜誌の夜明け』, 大空社, 1989.

三井須美子, 「岩本善治の近代家族觀」, 『都留文科大學研究紀要』 29, 1988, pp.1-22.

宮森一彦, 「‘家庭の和樂’と‘家庭の親愛’―近代日本における排他的親密性の形成をめぐって」, 『社會學評論』54-1, 2003.

森本貞子, 『秋霖譜―森有禮とその妻』, 東京書籍, 2003.

森岡清美, 『日本人の行動と思想8 日本の近代社會とキリスト教』, 評論社, 1970.

_________, 『明治教會形成の社會史』, 東京大學出版會, 2005.

モートン, リース, 「綜合雜誌『太陽』と『女學雜誌』に見られる戀愛觀―1895-1905」, 鈴木貞美編, 『雜誌『太陽』と國民文化の形成』, 思文閣出版, 2001, pp.513-553.

Mosse, George L., Nationalism and Sexuality: Middle-Class Morality and Sexual Norms in Modern Europe, The University of Wisconsin Press: Madison, Wisconsin(佐藤卓己・佐藤八壽子譯, 『ナショナリズムとセクシュアリティ』, 柏書房, 1996), 1988.

本井康博, 「初期キリスト教系ジャーナリズムにおける皇室報道」, 富阪キリスト教センター編, 『近代天皇制の形成キリスト教』, 新教出版

社, 1996, pp.189-238.

本木至,『評傳宮武外骨』, 社會思想社, 1984.

Mullins, Mark R., Christianity Made in Japan: A Study of Indigenous Movements, University of Hawaii Press(高崎惠 譯,『メイド・イン・ジャパンのキリスト教』, トランスビュー, 2005), 1998.

村上信彦,『明治女性史 上卷』, 理論社, 1969.

________,『明治女性史 中卷・前篇』, 理論社, 1970.

________,『明治女性史 下卷』, 理論社, 1972.

牟田和恵,『戰略としての家族—近代日本の國民國家形成と女性』, 新曜社, 1996.

________,「'良妻賢母'思想の表裏—近代日本の家庭文化とフェミニズム」,『近代日本文化論8 女の文化』, 岩波書店, 2000, pp.24-140.

Muta, K., "The New Woman in Japan: radicalism and ambivalence towards love and sex" in Heilmann, A. and Beetham, M. ed., New Woman Hybridities: Feminity, Feminism and international consumer culture, 1880-1930, Routledge: London, 2004.

永渕朋枝,『北村透谷—'文學'・戀愛・キリスト教』, 和泉選書, 2002.

永嶺重敏,『雜誌と讀者の近代』, 日本エディタースクール出版部, 1997.

長尾眞砂子,「淸水紫琴と'移民學園'」, 部落解放硏究所編,『論集・近代部落問題』, 解放出版社, 1986.

中川淸,「世帶形成と生活構造の變動—19世紀末から20世紀初めの東京」, 阪田聰編,『日本家族史論集12 家族と住居・地域』, 吉川弘文館, 2003.

中島湘煙,「同胞姉妹に告ぐ」, 岩淵宏子・長穀川啓監修, 渡辺澄子編集,『'新編'日本女性文學全集1』, 菁柿堂, 1884=2007, pp.92-108.
_________, 「善惡の岐」, 鹽田良平編, 『明治女流文學集』, 築摩書房, 1887=1965, pp.31-81.
中野目徹, 「解說 明六社と『明六雜誌』」, 山室信一・中野目徹校注, 『明六雜誌 上』, 岩波文庫, 1999.
中尾香, 「'進步的主婦'を生きる—戰後『婦人公論』のエスノグラフィー」, 作品社, 2009.
西田長壽, 「明治初期雜誌ついて」, 明治文化研究會, 『明治文化全集 第5卷 雜誌編』, 日本評論社, 1968.
西川長夫, 「日本型國民國家の形成—比較史の觀點から」, 西川長夫・松宮秀治編, 『幕末・明治期の國民國家形成と文化變容』, 新曜社, 1995.
_________, 『'增補' 國境の越え方—國民國家論序說』, 平凡社, 2001.
西川祐子, 『私語り 樋口一葉』, リブロポート, 1992.
_________, 「岸田俊子の新資料について」, 『本郷だより』14, 不二出版, 1996.
_________, 『近代國家と家族モデル』, 吉川弘文館, 2000.
新渡戸稲造, 矢内原忠雄譯, 『武士道』, 岩波書店, 1899=2007.
野上彌生子, 『森』, 新潮社, 1985.
野辺地淸江, 「『女學雜誌』槪觀—形態の變遷を中心にして」, 靑山なを・野辺地淸江・松原智美, 『女學雜誌諸索引』, 慶應通信, 1970, pp.189-242.
_________, 『女性解放思想の原流—岩本善治と『女學雜誌』』, 校倉書房, 1984.
能澤慧子, 「解放と自由を身に纏う」, 向井秀忠・近藤存志編, 『ヴィクトリア朝の文藝と社會改良』, 音羽書房鶴見書店, 2011.
ノッタ・デビット, 『純潔の近代—近代家族と親密性の比較社會學』, 慶應義塾大學出版會, 2007.

小川和佑, 「一葉と明治の女流文學」, 『國文學 解釋と鑑賞』 11月號, 1974.

岡光男, 『婦人雜誌ジャーナリズム』, 現代ジャーナリズム出版會, 1981.

岡西愛濃, 「清水紫琴「こわれ指環」論—その基底となるもの」, 『同志社大學大學院文學研究科紀要』 2, 2002, pp.25-44.

Okker, P., Our Sister Editors, The University of Georgia Press, 鈴木淑美譯, 『女性編集者の時代』, 青土社, 1995=2003.

奧武則, 『スキャンダルの明治—國民を創るためのレッスン』, ちくま新書, 1997.

________, 『大衆新聞と國民國家』, 平凡社, 2003.

大久保利謙, 『明六社』, 講談社學術文庫, 2007.

オリガス, ジャン=ジャック, 『物と眼—明治文學論集』, 岩波書店, 2003.

Reed, D., The Popular Magazine in Britain and the United States 1880-1960, The British Library: London, 1997.

Said, Edward W., Orientalism, Aitken, Stone & Wylie Ltd.(板垣雄三・杉田英明監修, 今沢紀子譯, 『オリエンタリズム上・下』, 平凡社, 1993), 1978.

斎藤道子, 『羽仁もと子—生涯と思想』, ドメス出版, 1988.

斎藤美奈子, 『モダンガール論』, マガジンハウス, 2000.

阪本佳鶴恵, 「女性雜誌の歷史分析」, 『お茶の水女子大學 人文科學紀要』 53, 2000, pp.255-264.

Sand, J., At Home in the Meiji Period Inventing Japanese Domesticity, in Mirror of Modernity: Invented Traditions of Modern Japan, Stephen Valstos ed., University of California Press, 1998.

笹淵友一, 『近代日本文學とキリスト教』, ナツメ社, 1952.

_________, 「島崎藤村と自然主義―『破戒』を中心に」, 『東京女子大學比較文化研究所紀要』4, 1957, pp.213-239.

佐々木英昭, 『「新しい女」の到來―平塚らいてうと漱石』, 名古屋大學出版會, 1994.

佐々木啓子, 『戰前期女子高等教育の量的擴大過程―政府・生徒・學校のダイナミクス』, 東京大學出版會, 2002.

佐多豬稲子, 「「たけくらべ」解釋へのひとつの疑問」, 『群像』5月號, 1985.

佐藤健二, 『讀書空間の近代―方法としての柳田國男』, 弘文堂, 1987.

_________, 『歷史社會學の作法―戰後社會科學批判』, 岩波書店, 2001.

佐藤八壽子, 『ミッション・スクール―あこがれの園』, 中公新書, 2006.

Schucking, L., Die Familie im Puritanismus: Studien uber Familie und Literatur in England in 16., 17., und 18., Jahrhunder: Leipzig und Berlin(角忍・森田數實譯, 『讀書と市民的家族の形成―ピュウーリタニズムの家族觀』, 恒星社厚生閣, 1995), 1929.

関禮子, 『語る女たちの時代――葉と明治表現』, 新曜社, 1997.

関口すみ子, 『御一新とジェンダー――荻生徂徠から教育勅語まで』, 東京大學出版會, 2005.

_________, 『國民道德とジェンダー――福澤諭吉・井上哲次郎・和辻哲郎』, 東京大學出版會, 2007.

島崎藤村, 『春』, 岩波文庫, 1908=1970.

_________, 『桜の実の熟する時』, 岩波文庫, 1919=1969.

清水紫琴, 「こわれ指環」(岩淵宏子・長穀川啓監修, 渡辺澄子編集, 『「新編」日本女性文學全集1』, 菁柿堂, 2007), 1891, pp.429-437.

昭和女子大學近代文學研究室, 「若松賤子」, 『近代文學研究叢書 第2巻』, 光葉會, 1956, pp.387-430.

Showalter, E., A Literature of Their Own: British Women novelists from Bronteto Lessing, Princeton University Press(川本靜子・岡村直美・鷲見八重子・窪田憲子譯,『女性自身の文學』, みすず書房, 1993), 1977.

相馬黑光,『黙移 相馬黑光の自傳』, 平凡社, 1936=1999.

________,『復刻板　明治初期の三女性―中島湘煙・若松賤子・清水紫琴』, 不二出版, 1940=1985.

園田英弘,『西洋化の構造』, 思文閣出版, 1993.

田口卯吉,『日本開化小史』, 岩波文庫, 1882=1964.

高田知波,『樋口一葉論への射程』, 雙文社出版, 1997.

________,「少女と娼婦―あるいは"切り裂きジャック"事件と『たけくらべ』」,『文學』9-2, 1998, pp.122-133.

高橋一郎,「明治期における'小說'イメージの轉換―俗悪メディアから教育的メディアへ」,『思想』812, 1992.

高橋正幸,「日本平和會覺書」,『桐朋學報』18, 1969, pp.45-56.

________,「透穀と'平和'―日本平和會覺書(2)」,『桐朋學報』20, 1970, pp.15-36.

武田美保子,『'新しい女'の系譜―ジェンダーの言說と表象』, 彩流社, 2003.

瀧田佳子,「若松賤子と女目覚め」,『アメリカン・ライフへのまなざし―自然・女性・大衆文化』, 東京大學出版會, 2000, pp.151-163.

田辺(三宅)花圃,『藪の鶯』(岩淵宏子・長穀川啓監修, 渡辺澄子編集,『「新編」日本女性文學全集1』, 菁柿堂, 2007), 1888, pp.6-39.

寺沢龍,『明治の女子留學生―最初の海を渡った五人の少女』, 平凡社新書, 2009.

坪内逍遙,『小說神髓』,『現代日本文學全集1 坪内逍遙・二葉亭四迷』, 築摩書房 ,1886=1956, pp.79-131.

土屋禮子, 『大衆紙の原流―明治期小新聞の研究』, 世界思想社, 2002.

津野海太郎, 『滑稽な巨人―坪内逍遙の夢』, 平凡社, 2002.

筒井清忠, 「近代日本の教養主義と修養主義―その成立過程の考察」, 『思想』 812, 1992.

________, 『日本型‘教養’の運命―歴史社會學的考察』, 岩波現代文庫, 1995=2009.

上野千鶴子, 『家父長制と資本制―マルクス主義フェミニズムの地坪』, 岩波書店, 1990.

________, 『ナショナリズムとジェンダー』, 青土社, 1998.

宇津恭子, 『才藻より、より深き魂に―相馬黑光・若き日の遍歴』, 日本YMCA同盟出版部, 1983.

和田繁二郎, 『明治前期女流作品論―樋口一葉とその前後』, 桜楓社, 1989.

渡辺崇子, 「新渡戸稲造の歐米留學と女子教育觀の形成過程―津田梅子との比較を通して」, 『基督教學』45, 2010, pp.10-18.

Weber, Max., Die protestantische Ethik und 〉Geist〈 des Kapitalismus, Archiv fur Sozialwissenschaft und Sozialpolitik, Bd. pp.20-21; in Gesammentlte Aufsatze zur Religionssoziologie(大塚久雄譯, 『プロテスタンティズムの倫理と資本主義の精神』, ワイド判 岩波文庫, 1991), 1904-5.

Wellhaeusser, N., “Japanese Women's Writing: Between the Bonnds of “Literature” and Individual Expression”, 『龍穀紀要』25-2, 2004, pp.123-138.

White, C. L., Women's Magazines 1693-1968, Michel Joseph 1td.:London, 1970.

White, C. L., 一又民子譯, 『クララの明治日記』, 講談社, 1976.

Whitney, M. C. & Kaji, C.W., 『ドクトル・ホイトニーの思ひ出』, 大空

社, 1930=1995.

屋木瑞穂, 「『女學雜誌』を視座とした明治22年の文學論争―女子教育界のモデル腐敗をめぐる同時代言説との交錯」, 『近代文學試論』35, 広島大學近代文學研究會, 1997, pp.1-12.

山口玲子, 『泣いて愛する姉妹に告ぐ―古在紫琴の生涯』, 草土文化, 1977.

山路愛山, 「現代日本教會史論」(藪禎子・吉田正信・出原隆俊校注, 『新日本古典文學大系明治編26　キリスト者評論集』, 岩波書店, 2002), 1906, pp.351-504.

山川菊榮, 『武家の女性』, 岩波書店, 1943.

________, 『女二代の記』, 平凡社, 1972.

柳田泉, 『若き坪内逍遙』, 春秋社, 1960.

________, 『『小說神髓』研究』, 日本圖書センター, 1966.

安武留美, 「婦人言論の自由―宣教師とWCTUと東京婦人矯風會」, 『日本研究 國際日本文化研究センター紀要』30, 國際日本文化研究センター, 2005, pp.133-148.

吉見俊哉, テッサ・モーリス　スズキ, 『天皇とアメリカ』, 集英社新書, 2011.

________, 『大學とは何か』, 岩波新書, 2011.

吉沢千惠子, 「婦人團體機關誌の誕生―『婦人衛生會雜誌』と『東京婦人矯風雜誌』」, 近代女性文化史研究會, 『婦人雜誌の夜明け』, 大空社, 1989.

〈참고자료〉

신문・잡지(원본발행 연도순)

『明六雜誌』 1874年 3月-1875年 11月, 明六社(山室信一・中野目徹校注, 『明

六雜誌 上・中・下』, 岩波文庫, 1999-2009年).

『讀賣新聞』1874年 11月 2日, 讀賣新聞社(讀賣新聞社メディア企畫局データベース部編, 『明治の讀賣新聞(CD-ROM)』, 1999).

『時事新報』1882年 3月 1日-1932年 12月 25日, 慶應義塾出版社(マイクロフィルム).

『女學新誌』1884年 6月 15日-1885年 8月 20日, 修正社.

『女學雜誌』1885年 7月 20日-1904年 2月 15日, 1-10號, 萬春堂, 11-526號, 女學雜誌社(「復製板」, 臨川書店, 1966-1967年).

『女學叢誌』1885年 12月 19日-1887年 8月 5日, 績文社.

『以良都女』1887年 7月-1891年 6月, 成美社(「復製板」, 不二出版, 1983年).

『貴女之友』1887年 9月 5日-1892年 2月, 東京教育社.

『女學生』1890年 5月-1892年 12月, 女學雜誌社.

『女學生 夏期號外』1892年 8月 22日, 女學雜誌社.

『婦學 裏錦』1892年 11月-1907年 8月, 尙絅社(「國立國會圖書館所藏近代日本婦人雜誌集成」(マイクロフィルム)20-32卷, 日本圖書センター, 1992年).

『文學界』1893年 1月-1898年 1月, 1-4號, 女學雜誌社, 5-58號, 文學界雜誌社.

『めさまし草』1896年 1月-1899年 5月, 盛春堂.

『家庭之友』1903年 4月-1920年 8月, 內外出版協會(「國立國會圖書館所藏近代日本婦人雜誌集成」(マイクロフィルム)100-104卷, 日本圖書センター, 1992年).

〈영국〉

The Queen: The Lady's Newspaper and Court Chronicle, 1861-1970, weekly, London, amalgamated "Harper's Bazar" to

"Harper's and the Queen" in 1970.

Girl's Own Paper, 1880–1927, weekly, London: The Leisure Hour office 56 Paternoster, Row E. C., The Girl's Own Annual.

〈미국〉

Godey's Lady's Book, 1830–93, monthly, Philadelphia PA: Published by W.E. Striker, No. 1224 & 1226 Arch Street.

〈기타 사전〉

『婦人家庭百科事典 上・下』, ちくま學藝文庫, 2005(三省堂, 1937年, 1卷本).

『言海』, 大月文彦著, ちくま學藝文庫, 2004(1931=1990年 628刷, 六合館).

『平凡社世界大百科事典』, デジタルマスター版, 日立デジタル平凡社, 1998.

『岩波 女性學事典』, 井上輝子・上野千鶴子・江原由美子・大沢眞理・加納実紀代編, 岩波書店, 2002.

『新訂増補 人物レファレンス事典』, 日外アソシエーツ, 2000.

『警視廳統計書』, クレス出版, 1997.

『近代日本總合年表 第4版』, 岩波書店編集部編, 2001.

『新裝版 明治世相編年辭典』, 朝倉治彦・稲村徹元編, 東京堂出版, 1995.

『明治前期警視廳・大阪府 警察統計Ⅱ』, 『明治前期警視廳・大阪府・京都府警察統計第Ⅱ期Ⅰ、Ⅱ』, 柏書房, 1985–86.

『日本女性人名辭典』, 芳賀登・一番ヶ瀨康子・中嶌邦・祖田浩一編, 日本圖書センター, 1993.

『増補改訂 日本物價と風俗135年うつり変わり』(株)アカデミー編, 同盟出版サービス, 2001.

Oxford Dictionary of National Biography: in association with the

British academy: from the erliest times to the year 2000, H. C. G. Matthew and Brian Harrison, Oxford University Press, 2004,

『여학잡지』 관련 연표

연호	『여학잡지』·메이지여학교	주요사건	문화·미디어	교육	해외
1868년(明治元年)		5개조의 서문(誓文)(3월 14일), 메이지개원(改元)(9월 8일)			
1869년(明治2)			출판조례공포(5월 13일)		프뢰벨의 『감정교육(感情教育)』, 존 스튜어트 밀의 『여성의 종속(女性の從屬)』
1870년(明治3)			『요코하마마이니치(横浜每日)신문』 창간(12월)	헤본(Hepburn) 시료소(施療所)에서 미스 키더스 스쿨(miss kidders school)개설(훗날 훼리스)	찰스 디킨즈(Charles John Huffam Dickens) 사망, 보불전쟁(The Franco-Prussian War)
1871년(明治4)		견구(遣歐)사절단(10월 8일-1873년 9일)	『신문잡지(新聞雜誌)』(기도 다카요시〈木戸孝允〉) 창간, 나카무라 마사나오(中村正直)역 『서국입지편(西國立志編)』	쓰다 우메코, 야마카와(오오야마〈大山〉) 쓰테마쓰〈捨松〉 등 여성 5명이 미국유학, 피어슨(Pierson) 등 여성선교사가 아메리칸 미션 홈(1875년 공립여학교, 현재 요코하마공립학원) 창립	프러시아 통일, 파리코뮨
1872년(明治5)		창기해방령(10월 2일) 이시키카이이조례(違式註違條例), 태양력채용(11월 9일)	나카무라 마사나오역 『자유의 이치(自由之理)』, 후쿠자와 유키치 『학문의 권장(學問のすすめ)』(~1876년)	도쿄여학교(1887년 폐교), 교토부립여학교창립	

연호	『여학잡지』·메이지여학교	기독교금지령 주요사건	문화·미디어	교육	해외
1873년(明治6)		폐지	시마다 사부로(島田三朗)『요코하마마이니치신문』입사, 메이로쿠샤 결성(12월 12일)	학제공포, 동인사(同人社)(나카무라 마사나오)창립	
1874년(明治7)			『메이로쿠잡지』창간(4월), 『요미우리신문』창간(11월)	도라 슌메이커(Dora E. Schoonmaker)가 여자소학교(훗날의 아오야마〈青山〉학원의 원류)창립	클리블랜드(Cleveland)에서 부인금주회 성립
1875년(明治8)		외무대신 모리 아리노리가 계약결혼을 함(2월 6일)	『신문잡지』가『아케보노(あけぼの)』에서『도쿄아케보노(曙)신문』으로. 신문지조례·참방율 공포(6월),『메이로쿠잡지』폐간(11월)	쓰다 우메코가 학농사를 설립, 도쿄여자사범학교개교(11월 29일), 니지마 죠(新島襄)가 도시샤〈同志社〉영학교 창립, 훼리스·세미나리(1889년 훼리스영화여학교)창립	
1876년(明治9)			『신약성서·누가전(路加傳)』(성서번역위원회)출판(~1879년)	삿포로(札幌)농학교 개교(8월), 사쿠라이치카(櫻井ちか)가 사쿠라이여학교 창립	필라델피아만국박람회, 알렉산더벨(Alexander Graham Bell)이 전화발명.
1877년(明治10)		서남(西南)전쟁	『구약성서·시편』(성서번역위원회)출판, 영재신지(穎才新誌) 창간(3월), 다구치 우키치(田口卯吉)『일본개화소사(日本開化小史)』(~1882년)	도쿄대학 개교(4월 12일), 도쿄일치신학교(현재 메이지학원)창립, 가쿠슈인(學習院) 개교(10월 17일), 도시샤(同志社)여학교 창립	빅토리아여왕이 인도황제에 오름. 에디슨 축음기발명

연호	『여학잡지』·메이지여학교	주요사건	문화·미디어	교육	해외
1878년 (明治11)			나카무라 마사나오 역 『서양품행론(西洋品行論)』(~1880년)		파리만국박람회
1879년 (明治12)			『도쿄케이자이잡지(東京經濟雜誌)』(다구치 우키치 田口卯吉) 창간	학제를 폐지하고 교육령 제정(9월 29일), 동인사여학교(나카무라 마사나오) 창립(이듬해 폐교), 시타니(下谷)교회·일본교교회 설립	입센 『인형의 집(人形の家)』
1880년 (明治13)			『육합잡지(六合雜誌)』(고자키 히로미치〈小崎弘道〉)창간, 신약성서 번역완성(4월)		미청(美淸)조약(중국인의 이민제한), 조지 엘리엇(George Eliot) 사망, 프뢰벨 사망
1881년 (明治14)		1881년 정변(政變)			칼라일(Thomas Carlyle) 사망
1882년 (明治15)	기무라 구마지(木村熊二) 귀국	군마(群馬)에서 폐창 현령(4월 14일)	『시사신보』(후쿠자와 유키치) 창간	도쿄여자사범학교 부속고등여학교 개교(7월)	임오군란
1883년 (明治16)	이와모토 가시타니교회에서 기무라 구마지에게 세례받음	로쿠메이칸(11월 28일)	신문지조례개정, 보증금·검열제 강화(4월 16일)		
1884년 (明治17)			기시다 도시코(〈岸田俊子〉훗날 나카지마 쇼엔〈中島湘煙〉)가 「동포 자매에게 고한다(同胞姉妹に告ぐ)」를 『자유등(自由の燈)』에 연재(5-6), 『여학신지』 창간(6월)		청불(清仏)전쟁, 갑신정변

연호	『여학잡지』· 메이지여학교	주요사건	문화 · 미디어	교육	해외
1885년 (明治18)	『여학잡지』 창간(7월 20일), 부인속발회 결성(7월), 메이지여학교 창립(9월 30일)	오기노 긴코(荻野吟子)가 의원(醫院)개업, 오사카사건(11월 23일)	오자키 고요(尾崎紅葉) 등이 겐유샤(硯友社) 결성(2월), 쓰보우치 쇼요(坪內逍遙) 『소설신수』, 『여학총지』(야마다 죠지〈山田常治〉) 창간(12월)	도쿄여자사범학교(東京女子師範學校)가 도쿄사범학교여자부(東京師範學校女子部)로 개조(8월)・제복이 양복으로(10월), 가조쿠(華族)여학교 창립(11월)・시모다 우타코(下田歌子)가 학감(學監)부임, 쓰다 우메코가 영어교수보로 임명.	빅토르 위고(Victor Marie Hugo) 사망
1886년 (明治19)	곤도 겐조(近藤賢三) 사망(5월), 이후 523호(1903년・11・10)까지 이와모토가 편집인이 됨. 메이지여학교 단속. 기무라 도코 사망(8월), 이와모토가 메이지여학교교감으로	노르만톤(Normanton)호 사건(10월 24일), 도쿄부인교풍회 결성(12월 6일)		메이지학원 창립, 공립여자직업학교 창립, 오시카와 마사요시(押川萬義)가 센다이(仙台)신학교(1891년 도후쿠가쿠인(東北學院) 창립, 도쿄사범학교부속고등여학교를 도쿄고등여학교로 개명함	영국에서 조세핀 버틀러(Josephine Butler)를 중심으로 하는 운동에서 공창제도폐지(4월), 버넷(Barnette) 『소공자』
1887년 (明治20)	「간음의 분위기(姦淫の空氣)」 발행정지(5월 21일-7월 1일)	부인복제에 대한 황후의 사소서(思召書) 발포(1월), 이토 히로부미(伊藤博文) 관저 가장무도회사건(4월 20일),	『국민의 벗』(도쿠토미 소호) 창간(2월), 박문관 개업(6월), 『이라쓰메(以良都女)』(야마다 비묘〈山田美妙〉) 창간(7월), 『여학총지』 개명 『귀녀의 벗』		청나라가 포르투갈에 마카오를 할양, 영국 빅토리아여왕이 재위 50주년

연호	『여학잡지』· 메이지여학교	주요사건	문화·미디어	교육	해외
1887년 (明治20)		이노우에 가오루(井上馨) 실각(9월), 로쿠메이칸시대 종언	(호모리 긴고〈甫守謹吾〉)창간(9월), 후타바테이 시메이 『부운』(~1889년), 신문지조례가 개정되어 발행허가제에서 신고제로, 다카타 사나에(高田早苗)가 『요미우리신문』 주필이 됨(~1891년)		
1888년 (明治21)		도쿄부인교풍회가 원로원에 일부일처제를 건백(이후 매년 청원을 반복), 군마(群馬)에서 폐창연기결정(5월 26일)	구약성서 번역완성(2월), 『일본인(日本人)』(미야케 세쓰레이〈三宅雪嶺〉, 시가 시게타카(志賀重昂) 창간(4월), 『도쿄부인교풍잡지』 창간(4월), 다나베(미야케) 가호 『덤불 속의 휘파람새』(6월), 『도쿄아사히신문』(『메자마시(めざまし)신문』개제) 창간(7월)	도쿄부(東京府)고등여학교개교(12월)	제1회국제부인회의가 워싱턴에서 개최
1889년 (明治22)	신문지조례에 따라 일반잡지로 변경(10월 19일)	대일본제국헌법발표. 문부대신 모리 아리노리(森有禮) 사살(2월 11일), 도카이도선(東海道線)전체 개통(7월 1일), 군마현 의회폐창현의 가결(11월 26일)	기무라 아케보노(木村曙)가 『요미우리신문』에 「부녀감」을 연재(1월 3일-2월 28일), 『국가의 근본(國の基)』 창간, 『일본』(구가 가쓰난〈陸羯南〉) 창간	『국가의 근본』 사건(6월)	파리만국박람회, 에펠탑완성

연호	『여학잡지』· 메이지여학교	주요사건	문화·미디어	교육	해외
1890년 (明治23)	『소공자』 연재개시 (8월 23일)	구(舊)민법(보아소나드〈Gustave Emile Boissonade de Fontarabie〉 초안) 공포(4월), 전국폐창동맹회 결성(5월 24일), 교육칙어 반포(10월 30일), 제1회 제국의회(11월 25일)	니지마 죠(新島襄) 사망(1월), 『국민신문』(도쿠토미 소호) 창간, 『복음주보(福音週報)』(우에무라 마사히사〈植村正久〉) 창간	여자고등사범학교 개교(나카무라 마사나오 교장)(3월), 사쿠라이(櫻井)여학교와 신에이(新栄)여학교가 합병하여 여자학원으로(초대 원장 야지마 가지코〈矢嶋楫子〉)	전미부인참전권협회(National American Woman Suffrage Association) 창립, 입센 『헤다 가블러(Hedda Gabler)』
1891년 (明治24)	진재지(震災地) 전도대 결성	우치무라 간조 불경사건(1월 9일), 노비(濃尾)대지진(10월 28일)	불경사건 논설에 의한 발행금지처분으로 『복음주보』 개명 『복음신보(福音新報)』 창간, 나카무라 마사나오 사망(6월), 『여감(女鑑)』 창간(8월), 『와세다문학(早稲田文學)』 창간(10월)	오시카와 마사요시(押川萬義)가 도호쿠가쿠인(東北學院) 설립	
1892년 (明治25)	흰색(白) 표지, 빨간색(赤) 표지로 분리(6월 4일), 이와모토가 메이지여학교 교장으로 부임.	구마모토(熊本)영학교 사건(1월 15일), 부인교풍회가 '일부일처제 청원'을 중의원에 제출(12월), 민법전논쟁(民法典) (호즈미 야쓰카〈穗積八束〉「민법이 발표되니 충효가 없어지다(民法出デテ忠孝滅ブ)」)	우에키 에모리 사망(1월), 『평화(平和)』 창간(3월~1893년 5월), 다무라 나오오미(田村直臣) 『일본의 신부(日本の花嫁)』	이노우에 데쓰지로(井上哲次郎)의 담화(『교육시론(教育時論)』에 따라 기독교 교육을 공격	

연호	『여학잡지』·메이지여학교	주요사건	문화·미디어	교육	해외
1893년(明治26)	흰색 표지 대신 『평론(評論)』발간(4월 8일)	일본기독교부인교풍회 결성(4월 3일), 군마현에서 폐창실시	『문학계』 창간(1월), 야마지 아이잔(山路愛山)·기타무라 도코쿠(北村透谷) 「인생상섭(人生相涉) 논쟁」, 『부인교풍잡지』 창간(11월)	이노우에 데쓰지로 『교육과 종교의 충돌(教育と宗教の衝突)』	시카고 콜롬버스가 신대륙 발견 400주년 기념박람회, 에디슨이 활동사진 발명
1894년(明治27)		청일전쟁(8월 1일-1895년 3월 30일)	기타무라 도코쿠 자살(5월 16일), 『일본의 신부』 사건(다무라 나오오미〈田村直臣〉, 일본기독교회 이탈)(7월)	고등학교령(6월 25일)	갑오농민전쟁(동학당의 난)(5월), 드레퓌스(Dreyfus) 사건
1895년(明治28)		시모노세키(下関)조약(4월 17일), 삼국간섭, 대만병합	『태양』(박문관) 창간(1월), 『제국문학』 창간(1월), 히구치 이치요 「키 재기」(~1896년), 우치무라 간조(内村鑑三) 「나는 어떻게 해서 기독교 신자가 되었는가(余は如何にしてキリスト信徒になりしか)」(영문)	고등여학교규제 제정(1월 29일)	
1896년(明治29)	메이지여학교가 화재로 소실(2월 5일), 와카마쓰 시즈코 사망(2월 10일)	민법공포(4월)	『메자마시구사(めざまし草)』(모리 오가이) 창간(1월), 히구치 이치요 사망(11월 23일)		해리엇 스토(Harriet Beecher Stowe)(『톰 아저씨의 오두막집(Uncle Tom's Cabin)』의 작자) 사망

연호	『여학잡지』·메이지여학교	주요사건	문화·미디어	교육	해외
1897년 (明治30)		아시오(足尾) 동산(銅山) 광독 사건, 피해 농민에 의한 대거 상경 청원운동(3월 2일)	신문지조례 개정으로 내무대신에 의한 발행금지·정지의 행정처분 조항이 폐지됨. 시마자키 도손(島崎藤村) 『와카나슈(若菜集)』		영국 빅토리아 여왕이 재위 60주년, M·G·포셋트 「부인참정권협회전국동맹」(National Union of Women's Suffrage Socity[NUWSS])를 조직
1898년 (明治31)			『문학계』 폐간(1월), 『국민의 벗』 폐간(8월), 마쓰오카(하니〈羽に〉) 모토코(もと子)가 호치신문사 입사(12월)	제1회 고등여학교 교장 회의 (5월)	독일이 교주만(膠州灣)조차권 획득, 미서(美西)전쟁, 퀴리부인 라디움 발견
1899년 (明治32)		외국인의 내지잡거 실시(7월 17일)	『중앙공론』(『반성회잡지(反省會雜誌)개제』 창간, 후쿠자와 유키치 『여대학평론·신여대학』, 니토베 이나조(新渡戸稲造) 『무사도』(영문)	고등여학교령(2월 8일), 사립학교령(8월 3일) 공포, 기독교교육을 금지하는 문부성훈령 제12호 발령	
1900년 (明治33)	508호 기사 「광독문학」에 의한 이와모토가 신문지조례위반으로 고소당함(3월)	아시오 광독문제 가와마타(川俣)사건(피해농민의 '밀어붙이기' 결행에 대해 경찰관이 탄압, 다수의 체포자가 나옴)(2월), 창기규제규칙.		쓰다 우메코(津田梅子)여자영학숙(女子英學塾) 창설(9월), 요시오카 야요이(吉岡彌生)가 도쿄여의(東京女醫)학교 창설(12월 5일)	의화단사건, 파리만국박람회(4월 14일-11월 3일)

연호	『여학잡지』·메이지여학교	주요사건	문화·미디어	교육	해외
1901년(明治34)		애국부인회 창립(3월)	『여학세계』(박문관) 창간(1월), 후쿠자와 유키치 사망(2월 3일), 요사노 아키코 『흐트러진 머리(みだれ髪)』(8월 15일)	나루세 진조(成瀬仁藏)가 일본여자대학 창설(4월 20일)	영국 빅토리아 여왕 사망(1월 22일), 의화단사건 최종의정서(9월 7일)
1902년(明治35)		영일(英日)동맹(1월 30일)	히사시가미(廂髪) 유행, 『소녀계』(박문관) 창간		에밀 졸라(Émile François Zola) 사망(9월 29일)
1903년(明治36)	편집인 아오야나기 유비(青柳有美)로 변경(12월 20일)	제일고등학교 학생 후지무라 미사오(藤村操)가 투신자살(5월 22일)	고스기 덴가이(小杉天外)가 여학생소설 『마풍연풍(魔風戀風)』을 『요미우리신문』에 연재(2~9), 『가정의 벗』(하니 모토코) 창간(4월), 오자키 고요 사망(10월 30일), 고토쿠 슈스이(幸德秋水)·사카이 도시히코(堺利彦)가 『평민신문』(평민사) 창간(11월)		실비아 팽크허스트(Estelle Pankhurst, Sylvia)와 그의 딸 가 맨체스터에서 '여성사회정치동맹'(Women's Social and Political Union[WSPU]) 결성, 스펜서 사망
1904년(明治37)	종간(2월 15일)	러일전쟁(2월 10일), 미쓰코시(三越) 오복점 개업(12월 21일)	『공산당선언』(사카이 고센〈堺枯川〉·고토쿠 수스이역)(11월 13일), 후쿠다 에이코(福田英子) 『나의 반생애(妾の半生涯)』		

연호	『여학잡지』 · 메이지여학교	주요사건	문화 · 미디어	교육	해외
1905년 (明治38)		포츠머스 조약, 히비야(日比穀)방화사건(9월), 한일협약(11월 17일), 이토 히로부미(伊藤博文) 한국총감 취임(12월 21일)	『부인화보(婦人畵報)』(구니키다 돗포〈國木田獨步〉)창간(7월)	YMCA창립(10월 7일)	러시아 「피의 일요일사건」(제1차 혁명), 손문(孫文) 등이 도쿄에서 중국혁명동지회 결성
1906년 (明治39)		사카이 도시히코가 일본사회당 결성(~1907년 · 2월 금지)	문예협회 발회(發會)(쓰보우치 쇼요)(2월 17일)	가조쿠(華族)여학교를 폐교하고, 가쿠슈인여자부로 변경(4월 9일), 니토베 이나조가 제일고등학교 교장이 됨	러시아 국가 기본법 발포, 농지개혁법 공포, 입센 사망
1907년 (明治40)		아시오(足尾) 광산 폭동(2월)	『일본 및 일본인(日本及日本人)』(『일본인』으로 개제)(미야케 세쓰레이〈三宅雪嶺〉) 창간(1월), 다야마 가타이(田山花袋) · 시마자키 도손(島崎藤村) · 야나기타 구니오(柳田國男) 등 「입센의 모임」(2월), 부인박람회(4월 14일~7월 31일)		미국 의회신이민법안 가결, 뤼미에르(Lumière)가 천연색 사진 발명, 손문혁명군패퇴
1908년 (明治41)	메이지여학교 폐교		히라쓰카 아키코(라이초) · 모리타 쇼헤(森田草平) 동반자살 미수사건(3월 21일~23일), 이시이 겐도(石井研堂)	도쿄사범학교여자부가 도쿄여자사범학교로 개칭, 미인사진 콘테스트 우승여학생(학습원) 퇴학 사건(3월 5일)	청나라에서 부의(溥儀)가 선통제(宣統帝)로 즉위, 미일간 이민제한에 대한 신사협정(紳士協定)성립

연호	『여학잡지』·메이지여학교	주요사건	문화·미디어	교육	해외
			메이지사물기원(明治事物起源)』, 시마자키 도손 『봄(春)』, 『부인의 벗』(『가정여학강의(家庭女學講義)개제』(하니 모토코) 창간, 『소녀의 벗』(실업일본사) 창간		
1909년(明治42)		이토 히로부미 암살(10월 26일)	신문지조례를 폐지하고, 신문지법 공포(5월 6일), 자유극장(오사나이 가오루〈小山內薰〉) 거병(旗揚げ)(11월), 다케히사 유메지(竹久夢二)가 최초의 『유메지화집(夢二畵集)』을 출판(12월)	고등여학교에서 『문예구락부(文藝俱樂部)』, 『신소설』, 『부인화보』, 『여자문단』 등 검열금지(11월)	
1910년(明治43)		대역사건, 한일강제병합(8월)	노마 세이지(野間淸治) 『웅변(雄辯)』 창간(2월), 『시라카바(白樺)』 창간(4월)		
1911년(明治44)		공장법 공표(3월 29일), 요시하라(吉原)유곽이 큰불로 소실(4월 9일), 공창폐지운동 '곽청회'(회장 시마다 사부로〈島田三郎〉) 발회, 대영(対英)조약개정(7월 13일)	제극개장(帝劇開場)(3월), 『청탑』 창간(9월 1일), 마쓰이 스마코(松井須磨子) 『인형의 집』 공연(9월 22일), 『강담구락부(講談俱樂部)』 창간(10월)	제일고등학교에서 대역사건을 비난하는 도쿠토미 로카의 연설(2월 1일)로 교장 니토베 이나조 유책처분(2월 8일)	신해혁명, 캘리포니아에서 배일운동격화

연호	『여학잡지』·메이지여학교	주요사건	문화·미디어	교육	해외
1912년 (明治45)	메이지천황 붕어(崩禦), 다이쇼(大正)라고 개원(開元, 7월 30일), 메이지천황 장의(葬儀), 노기 마레스케(乃木希典) 부부 순사(殉死, 9월 13일)				러시아에서 볼세비키 성립, 청나라 멸망, 타이타닉호 침몰, 제1차 발칸 전쟁, 윌슨대통령취임

* 『여학잡지제색인(女學雑誌諸索引)』, 『근대일본종합연표(近代日本総合年表)』, 『평범사(平凡社)세계대백과사전(世界大百科事典)』, 『신장판(新裝版) 메이지세상편년사전(明治世相編年辭典)』 등에서 발췌하여 작성함.

〈찾아보기〉

항목 색인

【ㅈ】

【ㅊ】

인명 색인

【ㅈ】

【ㅋ】

【ㅍ】

【ㅎ】

서양잡지

〈저자후기〉

본서는 2009년도 릿교(立教)대학 대학원 사회학 연구과에 제출한 박사논문 「『여학잡지』에 있어서의 서구화 구조—그 미디어사적인 전개와 근대 부인상의 모색」을 가필・수정한 것이다. 다만 제5장은 초출 「『여학잡지』의 서구화와 애국-그 병립과 의태(擬態)로서의 의미」(2006년 7월 『연보사회학론집(年報社會學論集)』19, 관동사회학회)를 전면적으로 수정했고, 제6장은 초출 「『여학잡지』의 기독교 개량주의와 문학—'문학장'의 형성과 그 의의」(2009년 9월 『사회학평론(社會學評論)』60-2)는 가필한 것이다.

이는 『여학잡지』를 대상으로 한 문화・사회학적인 견지에서의 잡지 미디어연구인데, 박사과정에 진학한 당초에는 역사연구를 전공으로 하고 있었던 것도 아닌 필자가 대담하게 이러한 테마로 박사논문을 정리할 것이라고는 전혀 예상하지 못했다. 그런데도 이와 같은 형태로 연구를 정리할 수 있었던 것은 여러 가지 우연적인 행운덕분이다.

서른 살이 넘어 이렇다 할 목표도 없이 대학원에 진학한다는 바보처럼 보이는 행동에 의해 얻을 수 있었던 인생의 열매 하나는 '스승을 얻은 일'이었다. 원래 본서의 내용에 관한 책임은 모두 저자에게 있는데 석사과정에서 오랜 세월에 걸쳐 신세를 진 지도교수이신 나리타 야스아키(成田康昭) 선생님의 적절한 조언과 격려가 없었다면 본서를 완성할 수 없었을 것이다. 시간이 지나도 테마가 정해지지 않았고, 어디를 향해 가는 건지도 알 수 없었던 필자의 연구에 대해 그 시행착오를 온통 인내심 강하게 지켜봐주신 것은 말로 표현할 수 없을 만큼 감사하다.

박사논문 심사 즈음에는 나리타 선생님 외에 같은 연구과의 요시자와 나쓰코(吉澤夏子) 선생님, 오쿠무라 다카시(奥村隆) 선생님, 이카와 미쓰오(井川充雄) 선생님 및 도쿄대학 대학원 교수이신 사토 겐지 선생님은 졸고를 몇 번이나 읽어주시고 신랄한 지적과 귀중한 조언을 여러 차례 해주셨다. 본서에 있어서도 아직 그 분들에게 대답하는 내용을 담지 못했지만 앞으로의 정진(精進)을 맹세함으로써 용서를 구하려 한다. 또한 대학원에 진학한 이래 세미나와 연구 보고 등등 그때 그때마다 지도해주신 미야지마 다카시(宮島喬) 선생님, 쇼지 요코(莊司洋子) 선생님에게도 사의를 표하고 싶다. 미야지마 선생님의 저서를 배독할 수 없었다면 대학원의 문을 두드릴 수 없었고, 대학원 면접 때에 열심히 연구계획을 들어주신 쇼지 선생님이 안계셨다면 그 문을 통과할 수 없었다고 생각한다.

게다가 아리야마 데루오 선생님을 비롯한 미디어사 연구회의 여러 선생님들께서는 발표의 기회를 제공해주셨고, 동시에 귀중한 의견도 아낌없이 주셨다. 특히 연구회로 인도해주신 이즈카 고이치(飯塚浩一) 선생님에게는 현재 같은 직장에서도 신세를 지고 있다. 늦은 출발이면서 오늘날 저자가 불충분하지만 연구자로서 있다고 한다면, 그것은 바로 이 선생님들 덕분이다. 그때그때의 지도, 대화(話), 저서 그리고 모범적인 태도를 배우게 해주신 덕택이다.

더 나아가 생각지도 못한 이 테마에는 함께 배운 학우들의 자극 없이는 도달할 수 없었다. 처음으로 일본의 여성잡지 또는 아시아에 대한 시선을 통해 서구화의 문제에 깨달을 수 있게 해주신 것은 연구회에서 만난 일본 미디어의 사정에도 상세하신 대만 남화(南華)대학 교수 구숙문(邱琡雯) 선생님과의 대화였다. 구(邱) 선생님은 연구자로서

는 훨씬 앞서가는 '선생님'인데, 같은 연령의 여성이라는 점에서 먼저 말을 걸어주셨다. 그 대화로 얻은 논문이 「여성잡지에서 동아시아 관광도시의 이미지—삼중화(三重化)되는 오리엔탈리즘과 세계화의 교착」(2003년 1월 『매스커뮤니케이션연구(マス・コミュニケーション研究)』 62)이다. 그리고 나서 그 문제를 역사적으로 고찰해보려고 생각하는 계기가 된 것은 2003년에 나리타(成田)연구실에 적을 두고 있던 유학생 줄리 마르토리(Julie Martory) 씨의 『가정의 벗』 연구였다. 프랑스인이면서 메이지의 문헌을 적확(的確)하게 이해하는 그녀의 연구에 자극을 받지 않았다면 메이지기의 잡지를 연구대상으로 삼으려는 생각은 하지 못했을지도 모른다.

단행본으로 나올 때쯤에는 검토회를 열어 각각 이 연구의 입장에서 의견을 주신 도카이(東海)대학 문학부 동료 가시마 다카시(加島卓) 씨, 도쿄(東京)대학 대학원 학제(學際)정보학부 박사과정의 사가 게이코(嵯峨景子) 씨, 오차노미즈(お茶の水)여자대학 대학원 박사과정의 하시모토 가요(橋本嘉代) 씨에게도 감사를 드린다.

그밖에 릿교대학 대학원 사회학 연구과 및 유학시절 영국 국립에섹스(Essex)대학 대학원 사회학 연구과의 파멜라 콕스(Pamela Cox) 선생님을 비롯하여, 두 학교의 선배들과 연구실 동료에게도 은혜를 입었다. 그리고 모든 분들의 이름을 언급하지는 못하지만, 연구발표와 논의에 같이 해주시고, 또 기회가 있을 때마다 의견을 주신 분들로부터 배운 바가 많다.

또한 출판에 즈음해서는 출판 조성 절차 등에 대해 선배 하시모토 미유키(橋本みゆき) 씨가 친절하게 상의를 해 주었다. 본서는 독립행정법인 일본학술진흥회의 2012년도 과학연구비보조금(연구성과 공개

촉진비)으로 간행된 것이다. 특히 저자에게 학술연구회에서 만난 인연으로 출판에 대한 아낌없는 지원을 해 주신 신와사(森話社)의 니시무라 아쓰시(西村篤) 씨에게는 그 기개에 깊이 감사를 드린다.

앞에서는 연구 초기에는 생각지도 못했던 테마에 이르렀다고 했지는데, 그 결과도 돌이켜 생각해보면 우연한 산물로 보이기도 하지만 필연적인 것은 아니었는가라는 생각이 들기도 한다. 에드워드 사이드의 『오리엔탈리즘(Orientalism)』에는 남성적인 것이라고 관념화 된 서양세계가 일본에서는 로망화되어, 여성문화와 연결되어 있다는 기묘한 사실, 이 사실이 당연한 것 같 같지만, 어딘지 필자에게는 위화감을 느끼게 한 것은, 일찍이 그러한 동경을 글로 적는 잡지 편집을 해본 경험 때문일 것이다. 우여곡절의 표본이라는, 맥락도 없고 제멋대로인 것처럼 보이는 인생 속에서도 역시 필연은 있는 것일지도 모른다. 마지막으로 이러한 저자의 도정(道程)에 이를 받아들여주고 물심양면으로 지지해준 부모님 사사키(佐々木一高)・사사키 마키코(佐々木滿喜子), 그리고 남편에게도 진심으로 감사를 드린다.

2012년 11월 오카다 아키코

〈역자후기〉

본 역서의 원제목은 『『여학잡지』와 서구화–기독교 지식인과 여학생의 미디어 공간』이다. 그렇지만 이 제목을 그대로 사용하지 않고 번역서에는 『국민국가의 지식장과 문화정치학–일본 근대의 기독교 지식인과 여학생의 미디어 공간』으로 재구성했다.

실제 본문에서도 메이지기의 미디어들이 일본 내에서 서구화와 일본의 문명화를 절충시키면서 국민국가를 구축해 내고자 하는 방향들이 었음을 제시하고 있다. 물론 그 미디어들이 가진 장(場)이 서로 동일성과 차이성을 가졌지만 그 행위자들이 가진 사상적 배경이나 연대성, 그 내부의 모순과 대립에 의해 형성되는 국민국가의 문화정치학을 다루고 있는 것이다.

특히 여성교육도 여성들을 위한 사회교육이 아니라, 좋은 아내가 되고 좋은 '어머니'가 되어, 아이를 낳아야 한다는 의미에서 '양처현모주의' 이데올로기 주입이었던 것이다. 그리고 문명국가로 나아가기 위해서는 가정이 중요한 기반이기 때문에 '국민의 균질화'와 '국민 재생산'을 위해 남녀 구별 없이 도덕 교육을 실시한 것들이 그것이다. 그 이데올로기 창출 과정을 미디어들을 통해 분석하고 그 프로세스를 보여주고 있다.

그렇지만 이러한 논의가 기존 선행연구와 차이를 갖는 것은, 그 미디어들이 원래 저널리즘으로 존재한 것이 아니라 미디어로서 분화되는 과정을 제시하면서 '저널리즘'의 탄생을 그려내고 있다. 그 과정과 연동해서 미디어끼리의 논쟁이나 미디어에 참가하는 행위자들의 견해자

이들이 만들어내는 지식의 장을 동시에 보여주고 있다.

기존의 미디어 연구라고 한다면, 미디어나 저널리즘이 존재하고, 그것을 근거에 두고 내영을 분석하여, 그 내용이 가진 성격을 제시하는 것이었지만, 본 역서에서는 그러한 미디어들이 미디어로서 탄생하는 과정 자체를 논하고 있다. 그 과정에서 잡지 미디어가 여성잡지나 부인잡지 등으로 규정되어 가는 논리나 신문 미디어 속에서도 소신문, 대신문이 입장적 차이 속에서 각각 성장하는 가운데 저널리즘으로 자리를 잡아가는 프로세스를 보여주는 것이다.

그것은 잡지 미디어와 신문 미디어가 논쟁을 벌이기도 하면서, 지식담론을 전파해 가는데 그 과정에서 타킷이 되는 독자층이 일부에서 일반 국민 모두에게 확대되었음을 보여준다. 그것은 국민의 균질화를 도모한 '국민국가' 만들기였음을 드러내주는 것이었다. 특히 노골적으로 서구 국민국가가 가족을 통한 국민통합을 달성한 것에서 힌트를 얻고, 그를 모방하여 일본 역시 '가족국가=근대국가'를 선전했음을 보여주고 있다.

말 그대로 '국민'을 만들어내는 미디어였는데 이것이 제도로서 자리를 잡아가면서 그 제도의 기능을 수행할 뿐만 아니라, 그 기능 수행이 근대 국민국가가 고유성을 담보로 국민의 가치관을 국가체제에 지극히 친화적으로 흡수하는 '날조' 과정이었음도 보여주고 있다. 미디어의 역할은 근대 국민국가 구축과 연동되었음을 시사해 주는 것이다.

그렇지만 본 역서는 미디어와 국민국가론에 대한 문제를 다루지만, 기존 선행연구와 다른 점은 '국민국가와 지식장'의 관계이다. 이 지식장이라는 말에는 양의성(兩義性)이 함의되어 있다.

본 역서에서는 국민국가가 창출되었다는 논리에 그치는 것이 아니라, 그 국민국가가 구축되는 과정과 지식장의 문제를 제시하고 있다. 지식장이란 지식과 장(場)을 합쳐놓은 것인데, 장이라는 말이 한국어로서는 조금 어색할 수도 있고, 일본어를 그대로 가져온 인상을 줄 수도 있다. 그렇지만 이 장이라는 말을 그대로 사용한 것에는, 나름대로 의도가 있었다. 특히 본 역서에서는 아주 커다란 의미를 갖는다. 장이 어떤 고정된 실체로서 장소를 가리키기도 하지만, 장(場)은 역으로 개인이나 단체가 사회에서 자신의 위치를 잡아가는 전략적인 '공간'의 의미로도 설정했기 때문이다.

원 저자가 상정한 것은 후자 쪽, 즉 개인 혹은 모임 자체가 독자적인 이론을 갖고 나름대로 새로운 자율성을 확보한 영역을 가리키는 것으로 '챔프(champ, 프랑스어의)', '장(場)' 혹은 '계(界)'로 설정하고 있다. 이러한 의미를 적극적으로 살려서 본 역서에서는 장(場)을 그대로 사용했고, 이 장이라는 말을 사용하면서 중국어의 띠팡(地方, d fang)이라는 어휘와 통하는 부분이 있다는 것을 새롭게 알게 되었다. 구체적으로 어느 한 지역이나 지방, 지역적 의미도 있지만, 공간적으로 '상정'되는 지점이나 '의식 내용', '행동 범위' 등등의 의미로도 사용된다는 점에 착안해서, 그 이미지를 살려 장이라고 표현하는 것이 맞다고 보았다.

이 장이라는 말은 다시 '미디어장', '저널리즘장', '교육장', '문학장', '가정장' 등등으로 규범화 되는데, 이것은, 제도화 되는 장의 의미가 아니라 그 장이라는 것에 직접 참가자라는 당사자성에 초점을 두어, 그 실천의 장이라는 점도 중시했다. 그것은 달리 말하면, 제도화 된 장에 참가하지만, 그 제도 속에서 다시 기존의 입장과 형식에서 탈피하여 새로운 것으로 차이화를 통한 '장'의 구축 과정에 주목한다는 의미이기도 하다. 그것은, '장'을 구축이 양면성을 띠지만, 그 장의 구축이 갖는 의미를 중시한다는 논리이다. 그것은 각각의 영역에서 독자적인 '장'을 각각의 상황에서 체현해 낸다는 의미이기도 하다.

이것은 장르화로서 '장'의 개념과도 중첩되어 다루고 있는데, 그것은 양면적 의미에서 '위험'성을 갖는다. 위험성이란, 무언가 행동의 실천 주체로서 새로운 장의 구축이라는 긍정적인 면을 갖는 이론이기도 하지만, 그것이 고정적이고 배제성을 띤 '옥시덴탈리즘'에 빠질 우려가 있다는 의미이기도 하다. 즉, 장을 형성하거나 장을 구축하는 의미에서 주체적이기도 하지만, 그 장이 가진 '의도성'과 '무의식성'이 접합되는 그 지점은 국가화의 논리로 수렴될 위험성이 존재한다는 것을 확인시켜주는 것이다.

구체적으로 본다면, 메이지기 계몽 잡지의 선구자로 뽑히는 『메이로쿠(明六)잡지』에 나타난 미디어의 방침에 '논의나 논쟁을 의도적으로 만들어내고 그것을 지식의 생산방법으로 생각한다는 것'은 커다란 시사점을 준다. 미디어의 방침에 논의나 논쟁을 의도적으로 만들어 내고, 그것을 통해 지식을 생산해 낸다는 의미는 무언가가 '의도적으로 고안된다는 것'인데, 그것은 사회에 뭔가를 의식화시킨다는 의미이기도 하기 때문이다. 반대로 미디어는 또한 뭔가를 의식적으로 생산해 내지 않으면 독자로부터 외면당할 숙명에 있기도 하기 때문이다. 미디어나 저널리즘은 '대중'을 타깃으로 하고 시대를 비추는 거울이기도하지만, 동시에 그 시대의 대립이나 논쟁을 그 자체 미디어가 존속하기 위해 끊임없이 '만들어'가야 하기 때문이다. 바로 이것이 '현실적'이면서도 한편으로는 현실이 아닌 이상론이나 동경의 세계를 제시하여 환시(幻視)하게 하지 않으면 유지되지 않는 측면이 있기 때문이다.

즉, 『여학잡지』에서 '부인문제', '교육과 도덕', '폐창문제', '속발논쟁'을 다룬 것은, 잡지 미디어의 직접적 행위자들에 의해 제안되고 생산되는 논리들이었던 것이다. 다시 말해서 그 내용은 '그 미디어 참가자의 사상적 고안물'인 것이며, 그것이 상징이 되고, 동시에 논쟁을 불러일으키면서, 하나의 '의견 공동체' 이데올로기를 만들어가는 장이었던 것이다. 그것은 지식을 전달하고 전파하고 제공, 선도하는 역할로서의 지식장이기도 하지만, '지식을 의도적으로 만들어 내는 장'으로서, 그 지식장의 의미는 주체적이고 자유스러운 것으로 보이지만, 그 내부에는 '행위자의 의도'가 숨어있다는 것을 폭로해 주는 것이다.

그렇지만, 또한 자유롭다거나 후자의 논리처럼, 의도적 지식을 만들어내는 의미와 그것을 새롭게 사회에 도전해 가는 논쟁으로 내건다는 의미에서는 가능성을 내포하고 있었다. 그것 자체가 이미 구조 해체적이면서 재구조화가 반복되고 있는 지식장의 의미이기도 하다.

특히 반복하지만, 이것은 또한 미디어의 아이덴티티를 묻는 문제이기도 하다. 특히 정론(政論)과 학술저널리즘이 처음부터 존재했던 것이 아니라, 그러한 미디어가 언론의 장을 형성하면서, 시세의 흐름 즉 대상의 변화에 의해 미디어가 분화되었기 때문이다. 즉, 근대사회의 기능분화와 동반하면서 장르화가 이루어진 것이다. 즉, 신문이나 잡지 내부에서 배치된 코너들이 결국 세분화되어 교육, 문예, 부인론이라는 장르가 구분이 되고, 그것이 다시 전문적인 평론지, 교육지, 문예지, 부인 잡지라는 방면으로 나타나고, 의식화 된다. 그것은, 내용 자체의 코너화라는 발상으로 출발한 '코너 자체가' 하나의 분야가 되어 새롭게 분화를 초래한 것이다. 이를 의식하면서 제목에 '잡지 미디어'라고 붙였고, 본 역서에서는 『여학잡지』를 중심에 두고 타 잡지와 저널리즘과의 논쟁, 차이점, 공통점 등을 다루고 있었기 때문에 제목에 '잡지'라고 했다. 잡지와 미디어 사이를 띄어쓰기 한 것도 이러한 이유에서이다.

특히 잡지 미디어를 띄어쓰기 하면서 재고한 것은, 미디어의 분화와 장르의 분화 기점이 '서구를 모방할 것과 일본적인 것'을 조정하던 시기와 중첩되는 점도 고려했다. 서구화와 일본화의 축심(軸心) 조정은, 단순하게 에토스의 치환으로 이루어졌다기보다는 그러한 서구화나 일본화의 에토스들이 조정되는데 있어서 미디어들의 논쟁이 있었고, 역으로 그 논쟁은 결국 미디어의 분화와 에토스의 재구축을 이루어내는 프로세스 그 자체로서의 역할이 존재했던 것이다.

그리고 잡지의 코너를 배치하는 문제도, 실은 메이지기의 사회 해석 논리가 그대로 반영된 '코너 이데올로기'였던 것이다. 즉, 교육, 가정이라는 명칭을 가진 코너나 그것이 분화되어 하나의 장르로서 잡지나 저널리즘에서 다루어지는 것은, 일본 내부에서 상정한 서구 수용과 일본 내부의 재편이었던 것이다. 그런데 문제는 그 모범으로 작용한 서구란, '실체적으로 존재하는 선진국'으로서의 서구가 아니라 '선진국으로 나아가고 있던 개발도상국 중의 하나'에 불과했던 서구였다는 점이다. 메이지에 상상된 서구는, 산업혁명에 의해 산업화가 진행되고, 중산계층이 새로운 층위를 이루게 된 '새로운 세상'이었던 것이다. 특히 노동계급이 등장하고, 계급의 논리가 침투되는 세계사적인 흐름을 일본 내부에 수용하는 프로세스에서 발생한 계층의 분화가 잡지 코너의 분화와 중첩되고 있었던 것이다. 그 과정 속에서 사적영역과 공적영역의 분할로 나타나고, 고정화 된 '남성=노동, 여성=가사'라는 개념이 형성된 것이다. 이것이 신화로 자리를 잡게 되는 것이 근대가족이고, 가정이데올로기로 연결된 것이다. 이 가정이데올로기는 바로 양처현모

이데올로기였고, 일본적 '검소주의' 이데올로기로 연결되어 갔다. 그러한 점에서 유교의 변형이 아니라 서구적 가정이데올로기와 잡지 미디어의 역할에 의한 것임을 보여주는 것이다.

본 역서에서 중점적으로 다루는 일본의 양처현모론은 영국의 빅토리아시대를 모방하여 육아 담당을 중시하는 입장에서 '육아를 담당하는 여성=어머니 교육'이 등장하는 역사성과 연결된 것임을 보여준다. 특히 본 역서에서는 여성의 인격 교육과 도덕교육은 근대 국가건설에 기여할 수 있는 여성 교육에 대해서 그 범위를 둘러싸고 이와모토 요시하루와 니토베 이나조가 벌인 논쟁에서도 여실히 보여주었다. 물론 중등교육에 머무르는가, 아니면 고등교육까지도 상정했는가라는 의미에서 여성교육의 내용이 가진 한계점을 지적하는 것도 중요하지만, 그 보다는, 그러한 여성의 역할이라는 것을 설정해 두고 미디어가 경쟁하면서 이를 전파할 때 그것을 수용하는 여성들'쪽' 반응의 문제이다. 한편으로는 이를 수용하고 이데 새로운 형태를 제시하는 형태로 전개되었지만, 그것 자체가 이미 설정된 논리였고, 그것이 전제되어서 수용이야 변용인가라는 제2의 문제가 생겼음을 지적했다.

그것은 마치 그것 자체가 존재해야만 하는 것으로 설정된 틀 속에서 수용과 개선이 이루어졌기 때문에, 그 설정 자체가 이미 서구를 모방으로 했지만, 그것은 이미 '비(非)실재적인 서구' 즉 '보고 싶은 서구'였던 것처럼, 서구 모방이라는 상상에 의해 만들어진 '틀'이었던 것이다. 그것은 기독교 남성지식인이 전파하는 논리이고 그것을 미디어가 담당했지만, 그것을 다시 여성들도 자신들이 보고 싶어하는 '틀'로서 상정한 근대 여성의 모습이었음을 밝혀냈다.

이러한 현모양처이데올로기나 가정이데올로기도 남성기독교 지식인들이 '상상을 통해' 제시한 여성 계몽이지만, 그 계몽 속에 여성의 주체성이 존재한다고 받아들이고 이를 추종하게 된 개량이라는 이상주의의 공존은, 저널리즘 자체의 분화(계몽과 낭만주의처럼)를 일으키는 기점이 되고, 바로 미디어가 국민국가에서 지식장에서 각각 즉, 지식장의 틀과 그것을 수용하던 수용자측(지식장에 직접 가담하는 측면도 존재) 상호가 각축하면서 만들어낸 그것 가체에 잡지 미디어가 그 역할을 담당했다는 것을 보여주는 것이다.

이러한 전개는, 오리엔탈리즘의 에드워드 사이드(Edward Said)가 깨닫게 해준 '중심주의적 시선'의 문제를 통해 발견되었다. 즉 국민국가 내부에서도 남성과 여성, 즉 남성이 상상한 여성 논리 속에는 교육이 특히 그러했지만 '허락과 제한'이라는 남성중심주의적 담론에 의해 구성된 것임에 불과하다는 것으로 응용한 것이다. 그것은 또한 캐리어(Carrier)의 논리를 통해 헤게모니를 쥔 자들의 옥시덴탈리즘이 존재한다는 것을 통해 잡지 미디어의 행위자들의 옥시덴탈리즘을 규명하고 있는 것이다.

결과적으로 이것은, 여성의 근대화 프로젝트였으며, 이는 에릭 홉스봄(Eric Hobsbawm)이나 베네딕트 앤더슨(Benedict Anderson)의 이론을 빌려오면서 전통의 발명과 상상의 공동체 논리를 재해석해 냈다. 잡지 미디어에서 공유하던 한정된 지식을 우편제도가 발달됨과 동시에 전국으로 퍼져나가고, 그것은 잠재적으로 존재하는 공명자들을 만들어 낸 것이다. 그 속에서 '전통이 공유되고 창출'되는 지식장 즉 '미디어공동체'가 형성되었다는 논리인 것이다. 그리고 피에르 부르디외(Pierre Bourdieu)의 '상징투쟁'론을 원용하면서, 『여학잡지』의 '서구화'가 가진 의미, 행위자의 표상전략이 가진 문제를 분석해 낸 것이다.

그것은, 각각의 '장', 즉 저널리즘, 교육, 문학, 가정에서 새로운 에토스(ethos)의 상징투쟁을 보여준 것이다. 특히 미디어장에서 지배적 논리로 작동하는 도덕적 가치관과 애국심의 만남이라던가, 신앙적 요소를 탈색하면서 형성된 내셔널리즘의 내적 성격을 보여준다. 그렇기 때문에 오히려 내부자의 눈에는 그것이 보이지 않게 되고 당연한 논리로 내면화되고, 내부에서는 생명력을 가질 수 있는 것일지도 모른다. 그런데 이것은 일본뿐만이 아니라, 국민국가가 가진 문제인데, 그런 의미에서 글로벌적인 문제일지도 모른다.

물론 이러한 결론이 또 하나의 그 새로운 지식장으로 출현하는 역할이기도 하지만, 그것을 결코 강요하는 것은 아니다. 그럼에도 불구하고, 이것도 하나의 지식장이 가질 수 있는 가능성이라는 측면에서는 본 역서의 의의가 있는 것은 아닐까 싶다.

원래 본 역서의 원서는 2014년도에 처음 접했는데, 이를 번역 간행하게 된 것은, 중국에서 새로운 역자와의 만남에 의해서 촉발되었다. 2014년 11월에 이야기를 나누었는데, 1년이 안되어 간행하게 되었다. 좀 서두른 감은 있지만, 그것은 '국민국가와 지식장'이 가진 의미를 전후 70년이라는 시기에 맞추어, '잡지 미디어'의 역할을 통해 재고하려는 의도에서 간행을 서두른 것이다. 이는 중국인 연구자 본 일본을 한국어로, 중국어와 한국어, 일본어를 구사하는 조선족 연구자가 한국어로, 그리고 한국인이면서 일본어를 연구하는 연구자가 한국어로 번역한 것이다. 동아시아를 연구테마로 삼는 점에서는 공통성이 있지만, 아이덴티티가 다른 세 연구자가 '번역 에이젼트'로서 새롭게 시도한 '지식장'인지도 모른다. 그것이 갖는 의미는 통일되지 않는 각각의 위치에서 표현하는 단어들이 어떻게 또 다른 세계를 보여주는지를 실감하게 하는 것이고, 그것이야 말로 새로운 지식장을 구축하는 길임을 깨닫는 계기가 되었다.

그렇지만, 이러한 특별한 시도에도 불구하고 학고방 대표님과의 만남이 없었으면 이 원고는 사장되었을 것이다. 자리를 잡지 못하던 원고가 저서로서 탄생한 것이다. 원저자의 말처럼 이 원고도 '맥락도 없고 제멋대로인 것처럼 보이는 우여곡절의 인생 속에서도 역시 필연은 있는 것'이라는 '필연의 길'이었는지도 모르겠다. 그러한 의미에서 더욱 특별하게 학고방출판사에게 감사를 드린다.

2015년 여름

말없이 흐르는 송화강을 바라보며

역자 일동

저 자

오카다 아키코(岡田章子, Okada Akiko)

1967년 도쿄 출생, 릿쿄(立教)대학 사회학박사. 전공은 문화사회학, 잡지 미디어론, 젠더론. 현재 도카이(東海)대학 문학부 광고미디어학과 조교수. 주요 업적으로는 『잡지 미디어의 문화사-변모하는 전후 패러다임』(2012, 편저), 「스캔들의 양의성-메이지의 여학생 비난에서 '신여성'으로」, 『대중문화』 제8호, 2013년, 「『여학잡지』에서 기독교 개량주의와 문학-'문학장' 형성의 의의」, 『사회학평론』, 2009년, 「여성잡지에서 동아시아 관광도시의 이미지-삼중화되는 오리엔탈리즘과 글로벌화의 교착」, 『매스 커뮤니케이션연구』, No.62, 2003년 외 다수.

공역자

정의(鄭毅, zheng yi)

중국 길림(吉林)대학 법학연구과 법학박사. 현재 북화(北華)대학 교수, 북화대학 동아역사문화학원 원장. 일본 호세이(法政)대학 법학부 초빙연구원, 야마가타(山形)대학 지역교육학부 방문학자, 건국대학 아시아・디아스포라연구소 방문연구원. 주요 저서로는 『요시다 시게루(吉田茂)의 제국의식과 중국 정책관 연구』『곤경을 헤쳐나간 지혜』 외 다수.

염송심(廉松心, lien Song-xin)

중국 동북사범(東北師範)대학 역사학과 문학박사. 현재 북화(北華)대학 교수. 한국학연구소 소장. 건국대학 아시아・디아스포라연구소 방문연구원. 주요 저서로는 『18세기 중국과 조선 문화교류연구』『조선족 문화의 전승과 발전』외 다수.

전성곤(全成坤, Jun Sung-Kon)

일본 오사카(大阪)대학 문학연구과 문화형태론(일본학) 전공, 문학박사. 북경외국어대학 객원교수를 거쳐 현재 북화(北華)대학 교수. 일본학연구소 소장. 주요 저서로는 『동아시아 문화공동체』, 『내적오리엔탈리즘과 그 비판적 검토』외 다수.

국민국가의 지식장과 문화정치학

: 일본 근대의 기독교 지식인과 여학생의 미디어 공간

초판 인쇄 2015년 8월 10일
초판 발행 2015년 8월 15일

저　　자 | 오카다 아키코(岡田章子, Okada Akiko)
공 역 자 | 鄭毅 · 廉松心 · 全成坤
펴 낸 이 | 하운근
펴 낸 곳 | 學古房

주　　소 | 경기도 고양시 덕양구 통일로 140 삼송테크노밸리 A동 B224
전　　화 | (02)353-9908 편집부(02)356-9903
팩　　스 | (02)6959-8234
홈페이지 | http://hakgobang.co.kr/
전자우편 | hakgobang@naver.com, hakgobang@chol.com
등록번호 | 제311-1994-000001호

ISBN 978-89-6071-540-0 93330

값 : 32,000원

이 도서의 국립중앙도서관 출판시도서목록(CIP)은 서지정보유통지원시스템 홈페이지(http://seoji.nl.go.kr)와 국가자료공동목록시스템(http://www.nl.go.kr/kolisnet)에서 이용하실 수 있습니다.(CIP제어번호: CIP2015021531)

■ 파본은 교환해 드립니다.